Joachim Negel
Das Virus und der liebe Gott

Joachim Negel

Das Virus und der liebe Gott

Unzeitgemäße Betrachtungen

FREIBURG · BASEL · WIEN

Geschrieben in den Monaten September bis Januar
im Jahre 2 der Pandemie
in Freiburg im Üechtland in strenger Klausur.

Korrekturgelesen in den frühen Märztagen 2022,
da die Welt von jetzt auf gleich eine andere wurde.

© Verlag Herder GmbH, Freiburg im Breisgau 2022
Alle Rechte vorbehalten
www.herder.de
Umschlaggestaltung: Verlag Herder
Umschlagmotiv: © antova / GettyImages
Satz: dtp studio eckart | Jörg Eckart
Herstellung: CPI books GmbH, Leck
Printed in Germany

ISBN (Print) 978-3-451-39476-8
ISBN E-Book (PDF) 978-3-451-83818-7
ISBN E-Book (E-Pub) 978-3-451-83691-6

Das Virus hat ein Gottesprädikat:
Es ist allgegenwärtig.

Fulbert Steffensky

Ich gehöre eher zu den strukturell
trostlosen Menschen.
Wir sind eine vom Glauben
abgefallene Gesellschaft,
die nicht mehr an ein Paradies
oder das ewige Leben glaubt.

Thea Dorn

Der Gott, den es nicht gibt, in mir ein dunkler Riß,
ist meiner Seele nah, sooft ich ihn vermiß.

Christian Lehnert

Das letzte Wort, das ich im Wörterbuch des Universums
für die Menschheit als Ganzes und die Milliarden
ihrer Individuen finde, heißt: TOD ...
Aber: Ist dieses Wörterbuch vollständig?
Ist es abgeschlossen?
Enthält es in den riesigen Lücken zwischen den bisher
entzifferten Vokabeln nicht noch Wörter,
die noch nicht entziffert sind?

Fridolin Stier

Wie um alles in der Welt soll es der Mensch auch schaffen,
selbst in Ordnung zu bleiben, wenn um ihn herum nichts
in Ordnung ist?
Oder ist die Frage bereits falsch eingeleitet,
weil eben nichts *in* der Welt weiterhilft?
Weil die Kunst, in einer unordentlichen Welt selbst in Ordnung
zu bleiben, nur um *Himmels* oder *Gottes Willen* zu erlernen ist?

Thea Dorn

Du brauchst dich vor dem Schrecken der Nacht nicht zu fürchten
noch vor dem Pfeil, der am Tag dahinfliegt,
nicht vor der Pest, die im Finstern schleicht,
vor der Seuche, die wütet am Mittag.
Denn der Herr ist deine Zuflucht,
du hast dir den Höchsten als Schutz erwählt.
Dir begegnet kein Unheil,
kein Unglück naht deinem Zelt.

Psalm 91

Anamnese
oder
Situationsbeschreibung
Eine Gemengelage der
Stimmungen und Gefühle

Im Monat März vor zwei Jahren: Eine Verstörung ergreift die Gemüter. Was soeben noch Forderung globalen Wirtschaftens war: Spontaneität, Flexibilität, Steigerung, Wachstum, Vernetzung, offene Grenzen, ist von einer Woche auf die andere verboten. Ein sog. Lockdown wird verhängt, Flugzeuge bleiben am Boden, Städte und Länder werden geschlossen, Kindergärten, Schulen und Universitäten zugesperrt: eine Art globale Fastenzeit (Quarantaine ≙ Quadragesima), die sich über alles legt wie ein dumpfer Nebel. Das offene Gesicht und die ausgestreckte Hand gelten plötzlich als gefährlich; man geht sich aus dem Weg, und wo dies nicht möglich ist, trägt man Maske und hält Abstand. Umarmung und Händedruck, einst Zeichen von Freundschaft und Kollegialität, werden ersetzt durch ein Stoßen der Ellbogen oder ein Treten an den Fußknöchel.

Zugleich in den Nachrichten die von Tag zu Tag sich verändernden Prognosen der Virologen und Ökonomen; ihnen kommt das schwierige Amt der neuen Priester und Propheten zu; man erwartet, daß sie Fragen beantworten, Heilsversprechen geben, Sicherheit schenken: Wie lange wird es dauern, bis ein wirksamer Impfstoff gefunden ist? Welche logistischen Probleme sind zu lösen, um in möglichst kurzer Zeit 60, 80, 100 Millionen Menschen zu impfen, am Ende gar drei oder vier Milliarden? Wie lange ist der Lockdown wirtschaftlich durchzuhalten? Wann kippt das System?

Es ist die Stunde von Vater Staat, von dem alles erwartet wird (umfassende Sicherheit, unendliche Milliardenzuschüsse, vollkommene Ablässe der Entschuldung), und dem man zugleich tief mißtraut – eine geradezu klassisch zu nennende ödipale Situation. Laufen da nicht Notstandsverordnungen vorbei an Parlament und Recht?! Sind wir nicht geradewegs dabei, in einen staatlich verordneten Gesundheitspaternalismus zu schlittern?! Und so tauchen sie auf, die Unheilspropheten und Apokalyptiker, die Querdenker, Zweifler, Magier der Entlarvung, die auf ihre Weise versuchen, die verstörende Wirklichkeit in den Griff zu bekommen: Dunkle Mächte müssen hinter dieser Geschichte stecken, China und Amerika, Bill Gates und die Wallstreet, die der Welt mittels Vakzine bio-digitale Chips injizieren wollen. Überhaupt, so schwarz, wie sie uns vorgestellt wird, ist die Pandemie gar nicht. Kann man das Virus denn sehen? Nein, das kann man nicht, man muß dran glauben, aber wir glauben nicht daran, denn wir wissen, was hier gespielt wird: Eine globale Diktatur soll installiert werden!

Oder aber die anderen, die kleinen Blockwarte, die hämischen Maßregler, die Wichtigtuer und Erbsenzähler, die schulmeisterlich auf der Einhaltung noch der fragwürdigsten Hygieneregel beharren: Wehe, jemand übertritt die behördlichen Maßgaben auch nur um ein weniges; der Denunziant, dein Freund und Helfer, ist sofort zur Stelle; die Boulevardzeitungen helfen nach Kräften nach. Wir sind schließlich Staatsbürger und wissen, was man von uns erwartet!

Zusammen mit diesen zweifelhaften Gestalten schließlich die Scharlatane, nicht nur die medizinischen, sondern auch die politischen, esoterischen, religiösen: *„We should try disinfectant, it kills the virus within minutes."* – *„Mundkommunion überträgt das Virus nicht, da ist der transsubstantiierte Jesus vor."* – *„Von Impfen ist abzuraten, man kann dem Virus nur traumenergetisch oder vegan beikommen."*

Das Internet, so hilfreich es in dieser Situation auch ist, fungiert zugleich als Aufregungs- und Empörungsbeschleuniger. Die nicht enden wollende Informationsflut schwemmt eben auch unendlich viel Banalität, Dummheit und Lüge in jede Seele, sie überfordert noch den besonnensten Menschen, macht auf Dauer apathisch und dumpf. Wie soll man dem monothematischen Overkill auch standhalten („Corona" auf allen Kanälen), abgesehen davon, daß man nicht zehn Stunden am Tag auf die Mattscheibe starren kann. Wir sind Wesen aus Fleisch und Blut, wir sind der körperlichen Nähe und Präsenz bedürftig, wir haben einen Leib, wir atmen, wir essen, wir verdauen und schlafen, wir haben Sehnsucht nach Bewegung, nach Liebe, nach Zärtlichkeit und Umarmung. Die Kinder zumal und die Jugendlichen, die alleingelassenen Alten in den Seniorenheimen, die Sterbenden auf den Fluren der überfüllten Krankenhäuser, die Krematorien, in denen sich die Särge stapeln, all die stille Verzweiflung in den Familien, die überforderten Eltern, die in sogenanntem „Home-Schooling" den Nachwuchs monatelang selber unterrichten müssen, die geheime Gewalt in den Wohnungen, die stille oder auch sehr laute Aggressivität, die sich da plötzlich Raum schafft: Man ist mit sich selber konfrontiert in einer Weise, die einen spüren läßt, wie wenig man das eigene Leben im Griff hat, wie rasch man sich abhandenkommt, wenn die Umstände schwierig werden. Ein leiser, stiller Krieg, der an die Seelen geht und auf Dauer die Nerven zerrüttet.

Und doch ist diese Beschreibung einseitig. Denn da gibt es so vieles, das überrascht, und zwar vom ersten Tag an: Wieviel an Improvisationsfreude, an spontaner Nachbarschaftshilfe, an Tapferkeit, Geduld, Solidarität und Bereitschaft, in die schwierige Situation einzuwilligen, das Beste draus zu machen. Da werden plötzlich ungeahnte Ressourcen mobilisiert: In Mailand und Rom etwa das abendliche Singen auf den Balkonen, um einander aufzumuntern; in Zürich und Bern der spontane Verzicht vieler Vermieter auf die Mieteinnahmen, um den Ladenbesitzern das Überleben zu ermöglichen; Gourmet-Restaurants in Berlin und Hamburg, die ihre Köstlichkeiten tausendfach in die Spitäler liefern, um den Krankenschwestern und Ärzten eine Freude zu machen. Überhaupt der tief empfundene ehrliche Dank gegenüber den vielen ungenannten Menschen, die tagaus tagein das Leben am Laufen halten: Müllmänner, Kassiererinnen, Bäckerinnen, Brief- und Paketträger, das Pflegepersonal in den Krankenhäusern (in Spanien wird es über Wochen abendlich auf den Straßen mit Applaus bedacht). Zu erwähnen wären aber auch die vielen neuen Formen von Nachbarschaftshilfe: Telefonketten sorgen dafür, daß Alte und Hinfällige regelmäßig angerufen werden; Nachbarschaftsgruppen kaufen füreinander ein; vor Haustüren finden sich plötzlich Blumensträuße und buntbemalte Kieselsteine als nachbarschaftlicher Gruß. Und dann jene dichte, weitgespannte Welterfahrungsgemeinschaft nicht nur im Leiden, sondern auch und vor allem im Kampf gegen die Pandemie, man denke nur an die Wissenschaftler, die in einem geschichtlich einzigartigen transnationalen Ruck binnen weniger Monate erste Vakzine entwickeln, um der Pandemie zu begegnen: Wieviel an entsagungsvoller Arbeit, wieviel an kartäuserhafter Askese ist nötig, um über winzigste Details an Erkenntnisse zu gelangen, aus denen dann Hilfe für viele erwachsen kann!

Aber auch diese eindrückliche Seite weltweiter Corona-Solidarität ist noch einmal zu hinterfragen. Haben nicht die Länder der südlichen Hemisphäre unter den Einschränkungen am meisten zu leiden? Brasilien, Indien, die subsaharischen Staaten Afrikas? Hört man noch etwas von den Flüchtlingen aus Syrien und dem Maghreb, die auf den griechischen Inseln schon vor der Corona-Pandemie in Sammellagern unter unsäglichen Lebensumständen ausharren mußten? Ihre Lage hat sich noch einmal verschärft. *„Die im Dunkeln sieht man nicht"*, schrieb einst Bert Brecht. Wahrlich, die Corona-Sonne hat die Welt in ein fahles Zwielicht getaucht, und mag das Gewölk nach zwei Jahren sich auch gelichtet haben, so wissen wir nicht im mindesten, was uns noch alles erwartet, wissen nicht, ob das verstörende Wetterleuchten womöglich Vorzeichen noch ganz anderer Unwetter ist.

In dieser weltweit einzigartigen Situation, gespeist nicht zuletzt aus der Erfahrung, wie sehr in den vergangenen drei Jahrzehnten seit dem Zusammenbruch der bipolaren Nachkriegsordnung die Welt zum globalen Dorf geworden ist, fällt auf, wie wenig den Kirchen zur Corona-Krise einfällt.[1]
Natürlich: Auch in vielen Pfarrgemeinden gab und gibt es höchst eindrucksvolle Beispiele von Improvisationsgeschick, Einsatzfreude und gelebter Solidarität. Aber das ist es nicht. Es scheint, daß angesichts der Corona-Krise es den Kirchen, ja den Christen insgesamt, die Sprache verschlagen hat, wo man doch gerade von ihnen, die ihr Leben aus einer Hoffnung schöpfen, die über den Tod hinausgeht, ein starkes Wort erwartet hätte. Während vom kirchlichen Verlautbarungschristentum sonst zu bald jedem Thema eine Stellungnahme zu erwarten ist (Nachrüstungsdebatte, Verantwortung weltweiter Konzerne, Abtreibungsfrage, Atomkraft, Afghanistaneinsatz), geben sich Bischöfe und Theologen im Blick auf eine *theologische Deutung* der Corona-Krise seltsam wortkarg. Ob das mit der seit vielen Jahrzehnten schwelenden Krise des Gottesglaubens zu tun hat? Natürlich ist es wohlfeil, zu erwarten, man möge zu einem Verhängnis, wie es im Frühjahr 2020 über uns gekommen ist, sofort und restlos einen allseits befriedigenden Kommentar abgeben. Kirchenleute sind da nicht we-

niger überfordert als Politikerinnen und Journalisten. Überhaupt gilt ja, daß, je mehr uns etwas Unfaßbares auf den Leib rückt, die Worte versiegen. Leid und Not bringen zwar Klage und Jammer hervor, und insofern sind sie beredt – zuletzt aber wollen sie schweigend ausgetragen werden. Gerade das vollmundige Bereden des Unsäglichen ist fehl am Platz. Leid und Mitleid sind niemals geschwätzig.

Und doch fehlt da etwas. Denn auch der eindrucksvollste Aktivismus und die diskreteste Solidarität können nicht verbergen, daß die Frage, was denn die Corona-Pandemie eigentlich mit Gott zu tun habe, kaum gestellt wird. Es ist ja schön, wenn etwa Papst Franziskus in seinem Geleitwort zu „Christsein und die Corona-Krise", herausgegeben von Kardinal Kasper und George Augustin, schreibt: „Ich bin dankbar für viele Zeichen spontaner Hilfsbereitschaft und heldenhaften Einsatzes von Pflegekräften, Ärzten und Priestern. Wir haben in diesen Wochen die Kraft gespürt, die aus dem Glauben kommt."[2] Zugleich fällt aber auf, daß selbst der Papst in Hinsicht auf eine Überwindung der Pandemie seine Hoffnung weniger auf das Bittgebet setzt oder ein explizites Wunder, als auf die rasche Entwicklung eines wirksamen Impfstoffs. Ob das merkwürdige Schweigen von Theologie und Lehramt bezüglich der Frage, was Gott mit der Corona-Pandemie zu tun habe, nicht womöglich darin begründet liegt, daß in den letzten Monaten nur noch einmal deutlicher geworden ist, was man sowieso insgeheim weiß: Daß, wenn es hart auf hart kommt, von Gott gar nichts zu erwarten ist, der Mensch vielmehr ganz auf sich allein gestellt ist?[3]

So scheint mir die gegenwärtige Pandemie-Krise die seit langem schwelende Krise der Gottesfrage auf die Spitze zu treiben: Wer eigentlich soll das sein, jener Gott, „der alles so herrlich regieret"?[4] Wenn er „alles regieret" (und das ist tradierte Glaubensüberzeugung aller biblischen Religion), dann regiert Gott (auf welche Weise auch immer) auch das Corona-Virus. Haben wir dieses Virus also ihm zu verdanken? Wenn ja – inwiefern? Was führt Gott im Schilde? Wenn aber nein – inwiefern „regiert" er dann „alles so herrlich"? Regiert er wirklich alles so herrlich?

Man merkt, in welche denkerischen Abgründe die Corona-Krise uns führt. Und man versteht gut, daß Lehramt und Theologie nur ungern an diese Fragen rühren. Denn hier steht mit einem Mal alles zur Debatte: die Frage nicht nur nach einem geschichtlich identifizierbaren Wirken Gottes in der Welt, sondern zuletzt überhaupt die Frage nach der Existenz Gottes, wie Schrift und Tradition sie bekennen. Was soll das auch für ein Gott sein, dessen Schöpfungswerk sich unablässig in evolutionären Prozessen vollzieht, weshalb Pest-, Cholera- und Milzbrandbazillen, Corona-, Polio- und Millionen andere Viren, Erdbeben, Vulkanausbrüche und Tsunamis, Überschwemmungen, Frost- und Dürreperioden aus der Sicht des Menschen zwar schreckliche Übel sein mögen, aus der Sicht der Evolutionsbiologie hingegen notwendiger Bestandteil einer in ständigen Werde- und Zerfallsprozessen befindlichen Biosphäre?![5]

Die Theodizeefrage führt sich hier selber ad absurdum. Denn was uns das Leben ermöglicht: eine evolutiv sich fortschreibende Natur, wird uns über kurz oder lang auch das Leben kosten. Moderne Formen kosmischer Spiritualität, die „Mutter Natur" bzw. „die Schöpfung" zur Geberin alles Guten stilisieren, helfen da nicht weiter. Die Natur, so wie wir sie kennen, ist hoch ambivalent, weshalb die alte häretische Frage sich auch nicht so einfach erledigen läßt: Könnte es sein, daß der biblische Schöpfungsbericht von Anfang an den Mund zu voll nimmt, wenn er verkündet, die Schöpfung sei „im Anfang" „sehr gut" gewesen? (Gen 1,1.31) Die frühe Kirche wußte sich gegenüber der stringenten Argumentation eines Häretikers wie Marcion, der im Kosmos das Werk eines zweifelhaften Demiurgen erblickte, nicht anders zu helfen, als auf dem Zeugnis der Schriften des Alten Bundes zu beharren[6] – mit der fragwürdigen Konsequenz, alles Böse jetzt dem Handeln des Menschen (dieser anderen Seite der Natur) anzulasten. Ob man „verblendeter Freiheitsdrang" sagt oder „Hochmut" oder „selbstidolisierendes Sein-Wollen-wie-Gott": Alle diese Versionen, die in der einen oder anderen Variante auch in den letzten Monaten wieder zu hören waren, als es darum ging, Gründe für die rasche Ausbreitung des Corona-Virus zu finden[7], kaschieren nur die alte marcionitische Frage: Wie konnte das Böse aus dem Guten hervorkriechen, wenn es denn wirklich das Gute war?[8]

Die Sprachlosigkeit der Kirchen angesichts der Corona-Krise hat diese fatalen Probleme einmal mehr offengelegt. Denn wo die Natur in ihrer lebenschaffenden wie lebenvernichtenden Ambivalenz erkannt ist, taugt sie als Epiphaniestätte eines seine Geschöpfe liebenden Schöpfergottes nur bedingt. Wie aber soll man je von Gott reden können ohne die Welt als seinem Erscheinungsraum? Ähnliches gilt für jene Ereignisabfolge, die wir „Geschichte" nennen. Bei Homer, Herodot und Vergil, ähnlich wie bei den biblischen Propheten und den Geschichtstheologen der christlichen Spätantike und des Hochmittelalters, haben Gott oder die Götter in dem, was die Menschen befällt, ihre Hand im Spiel. Geschichte ist für sie deswegen Heils- bzw. Unheilsgeschichte. Moderne Historiographen hingegen denken Geschichte immanent-kausal. Von Gott keine Spur.[9]

Und so verlagert sich die Erfahrung Gottes seit der frühen Neuzeit immer mehr in die menschliche Innerlichkeit (dieser anderen Seite der Geschichte): *sola fide, sola gratia, solo verbo!* Diese Entwicklung hält bis heute an – man denke nur an Karl Rahners Versuch einer Rückführung aller Theologie auf transzendentale Anthropologie. So bestechend dieser Ansatz auch ist, so stößt man auch hier alsbald an die Grenzen des Sagbaren. Wer könnte ernsthaft Begegnungen jener lebendigen Art für sich reklamieren, wie die großen Mystiker dies tun? Wer, wie Rahner, behaupten, er habe „Gott, den Lebendigen", als „liebenden Einheitspunkt aller Wirklichkeit" erfahren, als jenes „Herz der Welt", zu welchem man „Du" sagen könne, „weil mein Gebet bei ihm ,ankommt'"[10]? Im Zuge der Krise abendländischer Metaphysik ist uns mit dem Glauben an Gott als sapiential-ordinativer Weltvernunft ja in weiten Teilen auch die transzendentale Innerlichkeit des Menschen als Residuum einer unsterblichen Seele abhandengekommen.[11] Und so steht man erneut da in seinem kurzen Hemd. Wie soll man noch von Gott reden, wenn Natur und Geschichte entzaubert sind und Mystik allenfalls etwas für eine Handvoll Religionsvirtuosen ist?

In dieser Situation überrascht es nicht, daß Bischöfe und Kirchenpräsidentinnen, kaum daß das Virus entdeckt und die Gefahr seiner pandemischen Verbreitung erkannt war, sich allenthalben beeilten, einer nicht sonderlich interessierten Öffentlichkeit zu versichern, daß Covid19 natürlich „keine Strafe Gottes" sei. Das Gebot der Stunde sei vielmehr die Einhaltung der allgemeinen Hygieneregeln sowie Solidarität mit den Risikogruppen, den Infizierten und den sie Pflegenden. – Ist das alles, was wir zu sagen haben? Für solche Trivialitäten, die natürlich vernünftig sind und überhaupt nicht in Frage gestellt werden sollen, braucht es kein Christentum. Wenn die Kirchen nur wiederholen, was sowieso *common sense* ist, dürfen sie sich nicht wundern, wenn sie als „nicht systemrelevant" eingeschätzt werden. Allen Schwierigkeiten, den Gottesglauben fundamentaltheologisch zu begründen, zum Trotz: Haben wir aus dem Riesenfundus einer zweitausendjährigen Tradition denn nicht mehr zu sagen als das, was „die Welt" oder „die Gesellschaft" sich selber sagen kann? Ist uns kein erhellender Außenblick möglich, der noch einmal in ein anderes Licht zu stellen wüßte, was uns da ereilt?

Im Folgenden soll versucht werden, diese Sprachlosigkeit zumindest ein wenig zu unterlaufen, und zwar mit Hilfe einiger biblischer Urgedanken. Jeder von ihnen erinnert uns an unsere Endlichkeit. Erfahrung von Endlichkeit läßt auf unthematische Weise einen Horizont des Unendlichen aufblitzen; gerade deshalb ist uns die Erfahrung unserer Endlichkeit ja so peinlich: Sie erinnert daran, daß wir im Gegensatz zu den Göttern, den *immortales*, *mortales* sind, endliche, vergängliche und insofern fragwürdige Wesen:

> Eintagswesen! Was ist einer, was einer nicht? Eines Schattens Traum ist der Mensch

heißt es bei Pindar (5. Jhdt. v. Chr.), dem größten der griechischen Kultdichter. Doch dieses Schattenhafte weiß sich immer wieder auch erhellt:

> Wenn aber gottgeschenkter Glanz kommt,
> ruht helles Licht und freundliches Dasein auf den Menschen.[12]

Von ganz ähnlichen Doppelbewegungen berichten die biblischen Erzähler. Wie Pindar erinnern sie daran, daß wir aus der Gnade eines Größeren leben, der/das zuzeiten auf unserem Antlitz erscheinen will (vgl. 2 Kor 3,18). Was heißt das genau? Im Sinn einer sapiential-ontologischen Diagnose seien vor dem Hintergrund der Corona-Pandemie zwölf Kerngedanken biblischer Gottesrede/Menschenrede betrachtet (die Zwölf ist eine heilige Zahl), denen im Sinne eines Übergangs zu den sich anschließenden therapeutischen Überlegungen ein dreizehnter Gedanke (die Dreizehn ist eine überaus unheilige Zahl) angefügt sei. Aber wir sind ja nicht nur heilig, sondern wie oft unheilig, und das Heilige muß sich immer wieder gegen das Unheilige, Unerlöste behaupten. Deswegen werden wir überall dort, wo zu fragen ist, wie man die Corona-Pandemie theologisch fassen soll, immer auch die kulturellen Bedingungen reflektieren müssen, unter denen sich ein heutiges Reden von Gott vollzieht. Der christliche Glaube steht ja nie einfach in sich, sondern hat immer elementar mit der Kultur zu tun, mit der er verflochten ist. Ändern sich die lebensweltlichen Kontexte, so auch die Bedingungen der Möglichkeit, religiös zu sein. Nur wo man diese mentalitätsgeschichtlichen und wissenschaftstheoretischen Veränderungen im Blick hat (Naturalisierung, Ökonomisierung, Digitalisierung unserer Lebenswelt), wird nachvollziehbar, warum es uns als Angehörigen einer posttraditionalen Gesellschaft so schwerfällt, halbwegs glaubwürdig von Gott zu reden – und zwar nicht nur in Zeiten der Pandemie.

Umgekehrt gilt freilich dasselbe. Die Pandemie legt ja nicht nur die theologische Sprachlosigkeit der Kirchen und damit die Fragwürdigkeiten des von ihnen vertretenen Theismus offen, sondern ebenso die Abgründe einer sich selbst genügenden Postmoderne: Wie soll man mit der Endlichkeit der eigenen Existenz auch umgehen und wie mit dem Tod, auf welchen wir alle zulaufen, wenn es außer diesem Leben nichts gibt und Gott eine Illusion ist? Auf der Suche nach einer Antwort bleibt uns nichts anderes übrig, als die schwierige Kunst des stereophonen Hörens zu pflegen, d.h. sowohl auf die Denkvoraussetzungen unserer Zeit als auch auf die Einsichten einer in Vergessenheit geratenen christlichen Lebenspraxis zu lauschen. Nur dann werden wir – vielleicht – in den Stand gesetzt, aus dem reichen Schatz einer zweitausendjährigen Christentumsgeschichte die eine oder andere Arznei gegen die Malaisen unserer Zeit (etwa unserer Sprachlosigkeit angesichts der Corona-Pandemie) zu destillieren.

Freilich – jedes Antitoxin, unvorsichtig dosiert, kann toxische Wirkungen entfalten. Deshalb gilt im Blick auf die Hausmittel der christlichen Tradition das gleiche wie für die Ratschläge einer nachchristlichen Moderne: Erst wenn solche Arznei durch den Destillierkolben einer kritisch über sich selbst aufgeklärten Lebenspraxis gelaufen ist, mag es Grund zur Hoffnung geben, sie möge auch uns Heutigen bekömmlich sein. Aller Pharmazie, mag sie wissenschaftlich auch noch so ausgereift sein, liegt ja eine Alchemie zugrunde. Alchemie ist eine merkwürdige Mischung aus Wissenschaftspraxis und Wissenschaftstheorie, Lebenswissen und Lebensgefühl. Als solche hat sie weltanschauungskonstituierende Funktion, und insofern ist Alchemie der sozio-intellektuelle und -kulturelle Schmierstoff, welcher einer Gesellschaft allererst ihr Zusammenleben ermöglicht[13] – das gilt für die hinter uns liegenden christentümlichen Kulturen Europas in gleicher Weise wie für unsere mehrheitlich agnostische Spätmoderne.[14] Wenn etwa die Publizistin Thea Dorn im Rahmen einer von den öffentlichen Fernsehanstalten aus Anlaß der Corona-Pandemie gesendeten Talkshow bekennt: *„Ich gehöre eher zu den strukturell trostlosen Menschen. Wir sind eine vom Glauben abgefallene Gesellschaft, die nicht mehr an ein Paradies oder das ewige Leben glaubt"[15]*, so kann sie mit dieser Aussage bei ihren Mitdiskutanten (einem Virologen, einem Ministerpräsidenten, einem Journalisten, einem Arzt) Zustimmung voraussetzen – alle lächeln etwas merkwürdig verlegen und nicken verhalten. Wenn hingegen Karl Wallner, medienaffiner Zisterzienserpater, im österreichischen Fernsehen von der „Pandemie-Krise als missionarischer Chance" spricht und sie insofern als einen „Fingerzeig Gottes" bezeichnet[16], so schütteln viele nur den Kopf. Unabhängig davon, ob die von Pater Wallner vorgebrachten Argumente etwas taugen, erscheint schon die bloße Tatsache, daß hier jemand im öffentlichen Raum affirmativ von Gott spricht, als purer Anachronismus. Die von theologischer Seite vorgebrachten Überlegungen lassen sich dem Lebensgefühl vieler Zeitgenossen kaum noch vermitteln. „Der Atheismus", so Thomas Pröpper schon vor mehr als dreißig Jahren, „ist zum alles beherrschenden *Klima* geworden und in seiner praktischen Gestalt, von Gottes Handeln sich nichts zu erwarten, auch unter Christen weiter verbreitet, als man wohl eingestehen möchte."[17] Weshalb ist das so? Läßt sich beschreiben, was da passiert ist?

Wenn es einen Ort gibt, wo die menschliche Lebenswirklichkeit in ihren mentalitäts- und soziohistorischen Grundlagen reflektiert und erzählerisch verdichtet wird, so die Gegenwartsliteratur. In ihr komprimiert sich, was Menschen denken und empfinden. Zeitgenössische Literatur ist so etwas wie ein psycho-sozialer Seismograph der herrschenden Stimmungen, Gemütslagen, Themen, Fragen, Hoffnungen und Ängste. Insofern hat sie hohen diagnostischen Wert. Und damit ist nun auch die Abfolge der Argumentationsschritte unserer Überlegungen deutlich: Anamnese – Diagnose – Therapie. Sie orientiert sich ihrerseits an einem literarischen Werk, nämlich an der unter dem Titel *„Doktor Erich Kästners Lyrische Hausapotheke"* 1936 im Atrium-Verlag Zürich erschienenen Gedichtsammlung des gleichnamigen Kinderbuchautoren. (Daß Erich Kästner mit seinem Titel seinerseits an Heinrich Heine anschließt, der einmal die Bibel „die Hausapotheke der Menschheit" genannt hat, sei am Rande erwähnt.[18]) Kästner gibt in seiner Gedichtsammlung eine ganze Reihe von therapeutischen Ratschlägen zu den verschiedensten Malaisen sozialer und individueller Art, denen ein Mensch erliegen kann: Trübsinn, Einsamkeit, Hysterie, Depressivität, Aggressivität, Larmoyanz, Konformismus, Narzißmus, Antriebslosigkeit, Selbstmitleid, Fatalismus usw. Seine Ratschläge sind in hohem Maße beherzigenswert, nicht zuletzt in den merkwürdigen Zeiten, in welchen wir uns gegenwärtig befinden.

Ist unsere Kapitelabfolge von Kästners „Lyrischer Hausapotheke" inspiriert, so folgt, wie sich am entliehenen Untertitel des vorliegenden Buches ablesen läßt, die Argumentationsform unserer Überlegungen dem Werktitel eines anderen Schriftstellers: Friedrich Nietzsche. In seinen vier *„Unzeitgemäßen Betrachtun-*

gen" von 1873–1876 (dreizehn solcher Betrachtungen waren ursprünglich geplant) bürstet Nietzsche das Geläufige, allzu Läufige seiner Zeit gegen den Strich: die hochmütige Bildungsphilisterei; den flachen Optimismus der Gründerjahre; die Hypertrophie einer sich an sich selbst berauschenden Aufklärung; den Tiefsinn der Romantiker, aber auch deren Unfähigkeit, sich von den Erkenntnissen der aufstrebenden Disziplinen Nationalökonomie und Naturwissenschaften beunruhigen zu lassen; freilich auch die sehr vergleichbare Unfähigkeit dieser beiden jungen Wissenschaften, ihre Skepsis gegenüber der Tradition auch auf sich selbst anzuwenden, m.a.W.: ihre Unfähigkeit, gegenüber der eigenen Skepsis ebenso skeptisch zu sein. In den *Unzeitgemäßen Betrachtungen* kriegt noch jeder sein Fett ab. – Klingt die Polemik, die Nietzsche seinerzeit praktizierte, in ihrer sprachlichen Gestalt heute auch eher schal, so ist die Argumentationsform seiner Betrachtungen nach wie vor von Interesse: Eine Art Stereophonie, in welcher zu jedem Traditionsargument, das vor dem Hintergrund seiner Zeit einmal als bedenkenswert erscheinen konnte, alsbald ein ihm korrespondierendes Gegenargument präsentiert wird. Und so erhellt im wechselseitigen Widerspruch ein Argument das andere.[19]

Um eine solche Stereophonie des Aufeinander-Hörens, um eine solche Vielperspektivität des Sehens von weit her ist es uns in den hier vorliegenden *Unzeitgemäßen Betrachtungen* zu tun.[20] Denn die Corona-Pandemie stellt ja nicht nur die von den Theologen häufig bemühte Kompetenz zur Deutung der „Zeichen der Zeit" in Frage; sie stellt auch und nicht zuletzt den Lebensstil unserer globalisierten Spätmoderne in Frage. Der geistige Horizont, unter welchem man als postideologischer Mensch lebt, pendelt hin und her zwischen Melancholie und Sensibilität, anarchischer Lockerheit, unendlicher Wandlungsfähigkeit und latenter Hysterie. Widerstandsfähigkeit gegen die Zumutungen des Lebens läßt sich so nicht entwickeln.

Und so stellt sich die Frage, was das eigentlich bedeuten mag, wenn ein winziges Virus von jetzt auf gleich unseren ganzen Lebensstil über den Haufen wirft. Ob mit der Pandemie vielleicht nur offenbar geworden ist, was wir insgeheim längst ahnten: Daß so, wie wir in den Jahrzehnten nach 1945, 1968, 1989 in

Westeuropa lebten, es einfach nicht weitergeht? Wie lange mag es den hier erreichten Hochstand an spätbürgerlicher Zivilisation, an Reichtum, an humanem Empfinden, sozialer Wohlfahrt und medizinischer Vorsorge noch geben? Geht das nicht alles auf Kosten unserer natürlichen Umwelt? Auf Kosten auch der Armenhäuser dieser Welt, die ganz selbstverständlich das Recht für sich reklamieren, ein angemessenes Stück vom Kuchen abzubekommen, und die, wenn es dieses Stück nicht bei ihnen gibt, sich ungebeten an unsere Tische setzen? (Die sog. Flüchtlingskrise von 2015 ist ja nur der Vorgeschmack dessen, was an globalen Migrationsbewegungen noch auf uns zukommen wird.) – Aber natürlich kann man noch ganz andere Fragen stellen: Wie steht es angesichts der Globalisierung mit der Frage nach dem Verhältnis von Kosmopolitismus und Regionalismus? Es dürfte kein Zufall sein, daß wir in einer Zeit der erstarkenden identitären Bewegungen leben, und dies auf rechter wie linker Seite. Wie steht es mit den Herausforderungen durch die unumkehrbaren Entwicklungen auf den Gebieten der Demographie, der Ökologie, des Weltklimas? Wie mit der Irrealisierung der Welt durch die Neuen Medien? Welche Veränderungen in unserem seelischen Befinden, wenn Wirklichkeit nur noch virtuell existiert? Welche Gefahren für die Regierungsform der Demokratie (man muß nicht erst auf die Präsidentschaft von Donald Trump verweisen)?

Jedenfalls macht sich allenthalben Verstörung breit. Und die Theologie, wo sie nicht schweigt, ergeht sich häufig im Geläufigen, betätigt sich als Schallverstärker dessen, was man sowieso hört. Kann es das sein? – Das kann es nicht sein, und so stellt sich die Frage: Was könnte die Theologie, was könnten die Kirchen, schöpfend aus dem kulturellen Tiefengedächtnis Europas, von dem heute kaum noch jemand etwas weiß, zu einer Erhellung unseres Gegenwartsdenkens beitragen, und zwar jenseits der hektischen Tagesparolen?

Auf diese Frage Antwort zu geben, ist das Anliegen unserer Unzeitgemäßen Betrachtungen. Sie laufen auf das zu, was wir in Anlehnung an Erich Kästner etwas vollmundig unsere „Theologische Hausapotheke" nennen (dazu weiter unten mehr).

Bevor wir sie jedoch öffnen, sollen als literarisches Intermezzo oder auch als kleines seelenkulinarisches „amuse bouche" zunächst einige der derzeit vielgelesenen Stimmen aus dem Genre der Pest- und Seuchenliteratur zu Gehör gebracht werden. Denn dort geben sich Dinge zu sehen, die auch und gerade für die theologische Doktorei von höchstem Interesse sind: ein Panoptikum vergangener und gegenwärtiger Mentalitäten in ihren unterschiedlichsten Brechungen, ein Pest- und Epidemiediagnostikum präzisester Art. Ob nach der hier vorlegten ersten, noch eher oberflächlichen Anamnese und nach den im zweiten Teil unserer Betrachtungen angestellten Diagnosen die zuletzt erteilten Therapeutischen Ratschläge dann fruchten werden, oder ob der Befund nicht womöglich längst lauten wird: „austherapiert"[21] – das ist die alles entscheidende Frage, die wir uns für das Ende unseres Buches aufheben. Dann wird sich zeigen, ob unsere hier zusammengestellte „Hausapotheke" in Zeiten wie den gegenwärtigen zu etwas nütze ist oder nicht.

Intermezzo und Übergang
Literarische Verarbeitungen von Seuchen- und Epidemieerfahrungen

Es dürfte kaum ein Zufall sein, daß in den Wochen nach Ausbruch der Pandemie in den Buchhandlungen zehntausendfach *Die Pest* von Albert Camus nachgefragt wurde und tausendfach *Il Decamerone* von Boccaccio, ferner Novellen und Romane wie *Nemesis* von Philip Roth[22], *Bereitschaftsdienst* von Hans Erich Nossack[23], *Die Liebe in den Zeiten der Cholera* von García Márquez[24], später dann auch *Eine Seuche in der Stadt* von Ljudmila Ulitzkaja[25], kaum aber Alessandro Manzonis weitausladende Erzählung *Die Brautleute* (*I Promessi Sposi*), einer der ganz großen europäischen Pestromane.

Manzonis Roman, ein veritables Epos, 1827 erstmals erschienen, zwischen 1840 bis 1842 gründlich überarbeitet und bis heute immer wieder neu übersetzt[26] und verfilmt, erzählt von einer Welt, die es nicht mehr gibt, einer Welt, in der aufgeklärtes Weltwissen, romantisches Freiheitspathos und seelenvoller Gottesglaube relativ problemlos ineins gehen konnten. Protagonisten des Romans sind Lucia und Renzo, ein junges Paar aus einem Dorf bei Lecco südlich des Comer Sees, das kurz vor der Hochzeit steht, jedoch aufgrund der gewalttätigen Zeitläufte immer wieder getrennt wird, nicht zuletzt, weil der lokale Feudalherr Don Rodrigo, ein veritabler Despot, selbst an Lucia Gefallen findet. Auch wenn ganz am Ende des Romans die Fäden sich entwirren und die Liebenden glücklich zueinander finden, hat man es hier gerade nicht mit einem „happy end" im banalen Sinne zu tun. Was dem Leser auf knapp tausend Seiten geboten wird, ist vielmehr ein Panoptikum widersprüchlichster Figuren, deren Leben immer wieder überschattet ist von Angst und Not und heimgesucht wird von Katastrophen – nicht zuletzt der großen Mailänder Pestepidemie von 1629, geschildert in sieben langen Kapiteln.[27] Und doch erscheint dieses höchst zerbrechliche Leben an keiner Stelle als ein auswegloses Gefängnis. Im Gegenteil: „Alles Leiden, verschuldet oder nicht, wird sinnvoll dadurch, daß es begriffen wird als Stimulans, sich dem allgemeinen Sog zur Bestialisierung zu widersetzen." Der Willkür der Mächtigen und Reichen und der Dummheit der auf ihren Vorteil bedachten Armen „stellt Manzoni eine auf die spirituelle Potenz des Menschen gegründete Rangordnung gegenüber; in ihr bestimmt sich die Stellung des einzelnen nach dem Maß an innerer Freiheit, das er, im Vertrauen auf die verborgene Präsenz Gottes in der Welt, sich selbst und seiner Umwelt gegenüber aufbringt."[28] Und so sieht man in diesem Roman eine nirgends versagende Barmherzigkeit am Werk; menschliche Verkehrtheit und Misere bleiben von ihr milde umhüllt, so dramatisch und fürchterlich sich die Verwicklungen im einzelnen auch ausnehmen mögen. Als deren Quintessenz kommen Lucia und Renzo zuletzt überein, „daß Unglück und Nöte zwar häufig kommen, weil man ihnen Grund zum Kommen gegeben hat, aber daß auch die vorsichtigste und unschuldigste Lebensführung nicht genügt, um sie sich fernzuhalten, und daß, wenn sie kommen, ob durch eigene Schuld oder nicht, sie durch das Vertrauen in Gott gemildert und für ein besseres Leben nützlich gemacht werden können." Und so endet Manzoni seinen Roman mit den Worten: „Dieser Schluß, obwohl er von einfachen Leuten gezogen worden ist, scheint uns so richtig, daß wir ihn hier ans Ende setzen wollen, gleichsam als Kern der ganzen Geschichte."[29]

Manzonis Jahrhundertroman ist nicht nur ein Lobpreis der Liebesfähigkeit des Menschen in Zeiten von Seuche und Krieg, sondern auch ein Erlösungsroman. Rahmender Horizont der in ihm erzählten *comédie humaine* ist ein christlicher Glaube, der in einer „Mut und Widerstandskraft erfordernden lebenspraktischen Haltung" gründet, einer durch und durch „unasketischen, heiterweltoffenen Katholizität"[30], die es in dieser Form vielleicht nie gegeben hat, die aber als *erzählte* Welt zahllosen Lesern die Hoffnung auf ein Leben unter der Providenz Gottes ermöglichte.

Freilich – Manzonis Werk scheint heutige Leser kaum mehr zu erreichen (auch päpstliche Empfehlungen helfen da nicht weiter[31]). Wie sonst wäre zu erklären, daß in den Monaten der Corona-

Pandemie nicht dieses Werk, sondern die genannten anderen auf den Toplisten der Buchhandlungen standen? Keine Frage, alle sind sie im Vergleich zu Manzoni von ähnlicher literarischer Qualität. Während jedoch in den *Promessi Sposi* ein auktorialer Erzähler Vernunft und Glaube, individuelles Freiheitsstreben und politische Verantwortung unter den Auspizien einer fragilen Gesellschaftsordnung und einer bedrohlichen Natur in ein feines Gleichgewicht zu bringen weiß und darin einen göttlichen Horizont aufscheinen läßt, der alles milde überwölbt, stehen in den anderen Werken Seuche und Epidemie als Symbol für die metaphysische Sinnlosigkeit der Welt.

Da ist als erstes Albert Camus' großer Pestroman von 1947 zu nennen. Dieses Hohelied der Freundschaft und des solidarischen Kampfes gegen das nie zu besiegende Unheil von Natur und Geschichte ist so bekannt, daß wir uns eine Nacherzählung im Detail schenken können. Der christliche Glaube zeigt sich hier (anders als bei Manzoni) in einer wenig sympathischen Form. Vertreten wird er durch Pater Paneloux, einem Jesuiten, dessen Predigten von einer augustinisch imprägnierten Straftheologie durchdrungen sind. Diese wird in ihrer Rigidität später zwar aufgegeben; aber der Versuch des Paters, das Leiden der Unschuldigen in einem theologischen Gesamtsystem unterzubringen, stößt auf entschiedene Ablehnung durch Dr. Rieux, die Hauptfigur des Romans. Nachdem Rieux und Pater Paneloux dem langen, qualvollen Sterben eines Kindes hilflos hatten zusehen müssen, kommt es zu einem Zwiegespräch zwischen ihnen:

> „,Es gibt Zeiten in dieser Stadt [sagte Rieux], da ich nur mehr meine Empörung spüre.' ,Ich verstehe', murmelte Paneloux. ,Es ist empörend, weil es unser Maß übersteigt. Aber vielleicht sollen wir lieben, was wir nicht begreifen können.' Rieux richtete sich mit einem Schlag auf. Mit der ganzen Kraft und Leidenschaft, deren er fähig war, schaute er Paneloux an und schüttelte den Kopf. ,Nein, Pater', sagte er. ,Ich habe eine andere Vorstellung von der Liebe. Und ich werde mich bis in den Tod hinein weigern, eine Schöpfung zu lieben, in der Kinder gemartert werden.'"[32]

Eine der religionskritischen Pointen des Romans besteht darin, daß Pater Paneloux, der sich angesichts der Haltlosigkeit seiner Theologie den Sanitätstruppen angeschlossen hat, zuletzt selber an der Pest erkrankt – und so seinerseits von der „Strafe Gottes" getroffen wird. Rieux kann mit solchen Deutungsmustern nichts anfangen. Sein einziges Ziel ist die Gesundheit der ihm anvertrauten Menschen, „zuallererst ihre Gesundheit". „Das Heil der Menschen", von welchem der Pater spricht, ist „ein zu großes Wort" für ihn. Wo hingegen Arzt und Priester im Kampf gegen Schmerz und Tod zusammenarbeiten, kann selbst der Gott, an den Paneloux glaubt und an den Rieux nicht glaubt, sie nicht scheiden.[33]

Ein ganz anderer Tonfall beherrscht Hans Erich Nossacks *Bericht über die Epidemie* [1973]. In dieser überaus bedrückenden dystopischen Erzählung (im Hintergrund steht die Erfahrung des Zweiten Weltkriegs) geht es nicht um eine der bekannten Seuchen, welche die Menschheit immer wieder heimsuchen; vielmehr handelt es sich um eine tödlich verlaufende und an die Wurzel menschlicher Existenz und menschlichen Selbstverständnisses gehende Suizid-Welle. Weltweit und massenhaft legen Menschen, junge und gesunde zumal, Hand an sich, um unvermittelt, ohne jede Vorwarnung und nachvollziehbare Gründe aus dem Leben zu scheiden. Zu einer nur noch statistisch relevanten Größe anonymisiert, wird der Tod der Einzelnen um seine Einzigartigkeit und seine Würde gebracht. Da alle soziologischen, psychologischen und religiösen Deutungsmuster versagen, lehrt der epidemische Suizid-Horror zuguterletzt nur dieses Eine: *„daß einen Millimeter neben der Wirklichkeit das Nichts ist."*[34] Wenn die Wirklichkeit keine Illusionen mehr bereithält, so die existential-ontologische Botschaft des Romans, kann nur die *„Routine des Daseins"* über die Leere hinwegtäuschen, *„das ist die einzige Chance."*[35] Nicht nachdenken, weitermachen! Mit dieser ernüchternden Nicht-Perspektive bricht der Bericht ab.

Wiederum Philip Roths Roman *Nemesis* [2010] handelt von einer im Sommer 1944 in der amerikanischen Stadt Newark ausbrechenden Polio-Epidemie. Seinen Protagonisten, den

23jährigen Eugene Cantor, wegen seiner athletischen Statur von allen nur „Bucky" genannt, zeichnet er als moderne Hiob-Gestalt. Bucky ist hin und her gerissen zwischen seinem Pflichtgefühl, als Trainer auf einem Sportplatz den angesichts der Epidemie verängstigten Kindern gute Ferientage zu gestalten, und der Sehnsucht nach seiner Freundin Marcia, die in einem Feriencamp außerhalb der Stadt auf ihn wartet. Gepeinigt vom schlechten Gewissen, seine Zöglinge im Stich zu lassen, entscheidet er sich auf Drängen seiner Freundin schließlich für das Ferienlager – und produziert damit ungewollt die Katastrophe. Bucky schleppt das Virus in das Lager ein und steckt eine Reihe von Kindern sowie die Schwester seiner Freundin an. Zwei der Kinder sterben, er selber erkrankt schwer und überlebt nur dank seiner robusten Konstitution, freilich mit irreversiblen Folgen: Für den Rest seines Lebens ist er an den Rollstuhl gefesselt. Bucky, der immer schon eher skeptisch auf die religiösen Riten der jüdischen Gemeinde von Newark blickte[36], gibt angesichts seiner Behinderung und angesichts der Schuld, die er auf sich geladen zu haben glaubt[37], dem Gott seiner Kindheit den Abschied. In seinen Augen ist Gott ein „großer Verbrecher", ein „allmächtiger", dem Menschen „feindselig" zugewandter „Demiurg"[38], eine widerliche „Zweifaltigkeit" in Gestalt der „Vereinigung eines perversen Arschlochs mit einem bösartigen Genie".[39] Bucky Cantors Geschichte endet im Selbsthaß und in der Gottesbeschimpfung.

Muß dies das letzte Wort sein? – Mit Arnie Mesnikoff, einem der ehemaligen Zöglinge von Bucky Cantor, führt Philip Roth gegen Ende des Romans eine alternative Sichtweise ein. Auch Arnie war in jenem Sommer 1944 an Polio erkrankt, auch bei ihm hatte das Virus zu Verkrüppelungen geführt. Anders aber als sein ehemaliger Sportlehrer hatte sich Arnie mit der Krankheit arrangiert, hatte studiert, als Architekt für behindertengerechte Bauten Karriere gemacht, geheiratet und eine Familie gegründet. Dreißig Jahre später blickt er versöhnt auf sein Leben zurück. Interessant ist dabei, daß nicht zuletzt die Ablehnung der Gottesidee es dem atheistisch gesonnenen Arnie ermöglicht hat, auf die Suche nach einem Verantwortlichen für seine Erkrankung zu verzichten und eben dadurch zu einem eigenverantwortlichen Leben zu finden:

„Ich glaube, was Mr. Cantor meinte, wenn er das schmähte, was er als Gott bezeichnete, war eigentlich die Macht des Zufalls."[40] „Er konnte nicht akzeptieren, daß die Polioepidemie in Weequahic und Camp Indian Hill eine Tragödie war. Die Tragödie mußte in Schuld verwandelt werden. Es muß eine Notwendigkeit geben für das, was geschieht. Eine Epidemie bricht aus, und er sucht nach einem Grund. [...] Daß das Ganze sinnlos, zufällig, absurd und tragisch ist, stellt ihn nicht zufrieden. Auch nicht, daß die Ursache ein sich stark ausbreitendes Virus ist. Er forscht verzweifelt nach einem tieferen Grund, [...] die Suche nach dem Warum wird zur Manie, und er findet es entweder bei Gott oder in sich selbst oder – mysteriös und mystisch – in einer schrecklichen Vereinigung dieser beiden zu einem einzigen Zerstörer. So sehr ich auch angesichts der Vielzahl der Schicksalsschläge, die über ihn hereingebrochen sind, mit ihm sympathisiere, muß ich doch sagen, daß das nichts als dumme Hybris ist – nicht die Hybris des Wollens oder Verlangens, sondern die Hybris eines phantastischen, kindischen Gottesbegriffs. Wir haben das alles schon einmal gehört und wollen es nicht mehr hören, selbst wenn es von einem durch und durch anständigen Menschen wie Bucky Cantor kommt."[41]

Nicht mehr an Gott als den großen Sinnstifter denken zu müssen, vielmehr mit dem Zorn auf ihn und mit der quälenden Frage nach dem „Warum" auch die verzweifelte Hoffnung auf einen nicht-existierenden transzendenten Trost zu begraben – genau dies kann eine Strategie sein, in allem trostlosen Leid endlich eine gewisse Form von Trost und Ruhe zu finden:

Ich selber möchte nichts als ruhn.
Des großen Gottes großes Tun
ist für mich schlicht Getue.
Ich schweige still, wo alles singt,
und lasse ihn, da Zorn nichts bringt,
nun meinerseits in Ruhe –

so der Frankfurter Lyriker Robert Gernhardt in seinem parodistischen Gedicht „„Geh aus mein Herz' – oder: Robert Gernhardt liest Paul Gerhardt während der Chemotherapie", mit welchem er sich von den quälenden Resten seines protestantischen Konfirmandenglaubens verabschiedete.[42] Bucky Cantor war zu einer solchen agnostisch-spirituellen Katharsis nicht in der Lage.

Nemesis von Philip Roth ist vielleicht der radikalste unter den zeitgenössischen Pestromanen. Jegliche Form eines übergeordneten Sinns wird abgelehnt. Gott gibt es nicht, und so ist „Sinn" etwas, das sich der Mensch ausschließlich selber geben kann. Damit rührt Philip Roth an eine der frühesten literarischen Verarbeitungen der Pestthematik: an den *Decamerone* Giovanni Boccaccios.[43] In diesem literaturgeschichtlich wohl „berühmteste[n] Text über das Wüten einer Seuche"[44] entschließen sich zehn Mitglieder der Florentiner *Jeunesse dorée*, sieben Frauen und drei Männer, achtzehn bis achtundzwanzig Jahre alt, allesamt reich, kultiviert und schön und zum Teil erotisch miteinander verbandelt, im Frühjahr 1348 nach dem Besuch eines Requiems in der Dominikanerkirche Santa Maria Novella spontan zur Flucht aufs Land, um an einem lieblichen Ort – einer gutsherrlichen Villa in schönster Parklandschaft – die Gefahren der Pest, die in Florenz wütet, hinter sich zu lassen. Man vereinbart, sich an zehn Tagen (*decamerone* stammt aus dem Griechischen und bedeutet „zehn Tage") jeweils eine Geschichte zu erzählen, so daß bei zehn Erzählerinnen und Erzählern nach zwei Wochen – Ruhepausen mit eingerechnet – hundert Erzählungen zusammenkommen.[45] Danach kehrt die muntere Gesellschaft (obgleich die Seuche noch nicht abgeklungen zu sein scheint) nach Florenz zurück und geht bei der Basilika Santa Maria Novella, wo sie sich zu Beginn der Rahmenerzählung getroffen hatte, wieder auseinander.[46]

Il Decamerone wird in einem Atemzug mit den Dichtungen Dantes und Petrarcas genannt. Und so ist es nur natürlich, daß er, wie deren Werke, unterschiedlichste Deutungen erfahren hat. Alles beginnt mit einer Einleitung, die an Drastik nichts zu wünschen übrig läßt:

„Seit der gnadenvollen Menschwerdung des Gottessohnes waren bereits tausenddreihundertachtundvierzig Jahre dahingegangen, als über das ehrwürdige Florenz, die erhabenste aller Städte Italiens, die todbringende Pest hereinbrach. Diese – entweder durch die Einwirkung der Gestirne verursacht oder durch den gerechten Zorn Gottes als eine Züchtigung für unser schändliches Treiben über uns Sterbliche verhängt – war schon einige Jahre früher im Morgenland aufgeflammt, wo sie eine unendliche Anzahl von Opfern dahingerafft hatte, um sich dann, ohne Aufenthalt von einem Ort zum andern eilend, gen

Westen auf grauenvolle Weise auszubreiten. Doch ob man auch jeglichen Unrat von eigens dazu bestellten Leuten aus der Stadt entfernen ließ, allen Kranken den Eintritt verwehrte und mancherlei Verordnungen zum Schutze der Gesundheit erließ, vermochten doch weder Vorsicht noch die verschiedenartigsten Vorkehrungen der Seuche Einhalt zu gebieten. Ebenso erfolglos erwiesen sich die demütigen Bitten, die nicht einmal, sondern unzählige Male auf feierlichen Prozessionen und bei jeder Gelegenheit von frommen Seelen zum Himmel emporgesandt wurden.“[47]

Und dann präsentiert Boccaccio eine Beschreibung der Seuche, die lange als authentischer Augenzeugenbericht galt, in Teilen aber einem viel älteren Text geschuldet sein dürfte: der Darstellung der Pest, wie der griechische Historiker Thukydides (* vor 454 v. Chr.) sie in seiner „Geschichte des Peloponnesischen Krieges“ bietet.[48] Nach einer präzisen Schilderung der Krankheitssymptome (Schwellungen in der Leistengegend und unter den Achseln, die in „schwarze und schwarzblaue Flecke an den Armen, auf den Rippen und an verschiedenen anderen Körperteilen“ übergehen und innerhalb weniger Tage zum Tode führen[49]) folgt, analog zu Thukydides, eine eher stereotyp gehaltene Darstellung zunächst der Ratlosigkeit der Ärzte, dann der wachsenden Unruhe in der Bevölkerung aufgrund der rasant zunehmenden Verbreitung der Krankheit sowohl bei Menschen als auch beim Vieh, schließlich des Ausbruchs allgemeiner Panik und, damit einhergehend, des Zusammenbruchs der sozialen Ordnung: ungenügende Pflege der Infizierten und Sterbenden durch gierige Bedienstete, die sich wie Herren aufspielen; Auflösung noch der engsten Familienbande; das Umsichgreifen einer schamlosen Lebensgier; das würdelose Verscharren der Verstorbenen in Massengräbern ohne Requiem und Gebet; höhnische Respektlosigkeit vor Gott.

Bei aller stereotypen Darstellung der Pest und ihrer Folgen muß freilich eine Bemerkung auffallen. Boccaccio schreibt:

„Die Grausamkeit des Himmels [la crueltà del cielo] – und vielleicht auch die der Menschen – war so groß, daß, wie man annimmt, zwischen März und Juli innerhalb der Stadtmauern von Florenz mehr als 100.000 Menschen aus dem Leben gerissen wurden [...], deren Einwohnerzahl, vor diesem Massensterben, wohl niemand so hoch eingeschätzt hätte.“[50]

Nicht die maßlose Übertreibung der Zahl der Toten[51] interessiert uns an diesem Text; es ist vielmehr die Begründung, die auffallen muß. Während sich zu Beginn seiner Schilderung Boccaccio noch unschlüssig zeigt, auf welche Ursache der Pestausbruch zurückzuführen sei („verursacht entweder durch die Einwirkung der Gestirne oder durch den gerechten Zorn Gottes als eine Züchtigung für unser schändliches Treiben"), spricht er nach etwa der Hälfte seiner Einleitung unvermittelt von der Grausamkeit *(la crueltà)* des Himmels. Man hat verschiedentlich gelten machen wollen, daß es sich bei dieser Formulierung um einen Grenzbegriff hin zur „Blasphemie"[52] handle, um eine selbstbewußte Abweichung vom „theologischen Mainstream"[53] mittelalterlichen Denkens oder um den Ausdruck eines modernen Agnostizismus *avant la lettre*.[54] Das alles sind anachronistische Interpretationen. Wir wissen nicht, wie Boccaccio seine Rede von der „Grausamkeit des Himmels" verstanden wissen wollte; dazu steht dieser Ausdruck viel zu isoliert da. Zudem ist die Rede von der Grausamkeit Gottes, von seinem Zorn, von der Verdunklung seines Willens und der ethischen Promiskuität seines Handelns biblisch sehr wohl bezeugt – man denke nur an die entsprechenden Passagen in den Abrahamsüberlieferungen (Gen 18–19; vgl. Gen 6,17), im Buch Hiob (vgl. u. a. Ijob 5,18), an den Psalm 88, an die einschlägigen Stellen beim Propheten Jesaja (Jes 6,1–13; 45,7) sowie an das vielfältig dokumentierte Verstockungshandeln Gottes: „Da verschloß der Herr das Herz des Pharao", „da verstockte er den Sinn der Kinder Israels"[55], „da ließ er seinen Zorn auf Mose fallen und wollte ihn töten" (vgl. Ex 4,24).[56] Biblischer Überzeugung zufolge ist Gott einfach zu groß, als daß er sich unserem Begreifen in jeder Hinsicht faßbar machen ließe (Ijob 38–42). Dasselbe gilt für die theologischen Traditionen jüdischer wie christlicher Provenienz. So wenig es *die* biblische Klärung des Problems „Gott und das Übel" gibt, so wenig findet sich irgendwo „*die*' Lehre ,*der*' Kirche über das Übel im Zusammenhang dargelegt" und ein für alle Mal verbindlich gemacht.[57] Es gibt stattdessen unterschiedliche, nicht selten widersprüchliche Erfahrungsaspekte des Übels *(malum)*, die zusammenzuführen im Laufe der Jahrhunderte zu höchst unterschiedlich akzentuierten Antworten geführt hat.[58] Christliche Theologie bedeutet seit jeher vor allem dies: „mit der eigenen Gegenwart in die biblischen Texte einzukehren"[59], um im Hören auf die Tradition sowohl die persönliche Lebenssituation besser zu verstehen als auch im Spiegel der eigenen Erfahrungen die biblischen Texte und die durch sie inspirierten Lesarten neu zu begreifen.[60] Und eben da zeigt sich nun in der Formulierung Boccaccios in der Tat etwas Neues:

Es fällt auf, wie sehr Boccaccio „die Pest als unerbittliche Zerstörungsmacht" und „unaufhaltsame Naturgewalt" präsentiert, „nicht als Instrument eines gütigen Gottes."[61] Zugleich legt die Pest die animalische Grundstruktur der menschlichen Seele offen: Die meisten Menschen sind in Zeiten der Gefahr sich selbst der Nächste. Und damit ist nun auch die Leitmotivik der hundert Erzählungen vorgegeben, auch wenn diese immer wieder humorvoll ironisch gebrochen wird: Der Mensch ist triebgesteuert, und mit seiner Moral ist es nicht weit her! Dies wird nicht nur am Zusammenbruch der sozialen Ordnung deutlich, sondern auch und nicht zuletzt an der nüchternen Beschreibung der mangelnden Trostfähigkeit der Religion gerade dort, wo man ihrer am meisten bedarf: „Nirgendwo bei Boccaccio erscheint der christliche Glaube als stärkende Kraft, als sittlicher Widerstand gegen den allgemeinen Verfall oder als selbstlose Hilfe in der Not [...]. Das Christentum ist noch präsent als leerlaufender, verwirrter und reduzierter kultischer Betrieb, gelegentlich auch als redensartliche, konventionelle Erklärung der Katastrophe, nicht aber als lebendige Erfahrung oder gar als Motiv ethisch-politischen Wiederaufbaus. Boccaccio läßt [... Tausende von ...] Menschen vor unseren Augen leiden, sterben und eilig verscharrt werden, ohne je eine religiöse Wendung zu gebrauchen, etwa daß die Seelen jetzt in Gottes Frieden ruhen [...]. Kein tröstender Blick fällt ins Jenseits; kein Wort von einem überirdischen Ausgleich, kein Beispiel eines christlich getrösteten oder gar liebenden Menschen [...], kein Hauch von einem *Dona eis requiem*."[62] Das christliche *memento mori* ist vielmehr durch ein stoisch-epikureisches „*memento bene vivere*" ersetzt; die Aufforderung, im Angesicht des drohenden Todes Vorsorge zu treffen für die Rettung der Seele, durch die Aufforderung, sich um ein gutes Leben zu kümmern heute und hier.

Und damit ist nun auch die mentalitätsgeschichtliche Aktualität dieser bald 650 Jahre alten Novellensammlung am Tag. Was bei Boccaccio im Stil eines ernüchterten Nominalismus daherkommt *(Der Wille Gottes bleibt unergründlich! Die Ursache der Seuche mag man herausfinden, ihren Grund kann niemand nennen!)*, ist in Zeiten der Corona-Pandemie allgegenwärtige Überzeugung geworden: Vom Himmel ist gar nichts zu erwarten! Gott (sollte es ihn geben) schweigt, wir müssen unser Lebensglück selber in die Hand nehmen, müssen Solidarität üben und im übrigen, da jeder Tag der letzte sein kann, den jetzigen Tag so vollständig wie möglich ausschöpfen und genießen.[63]

Daß eine solche Lebenskunst keineswegs in platte Genußsucht und triebhaften Egoismus ausarten muß, vielmehr einhergehen kann mit der Freude am anderen und der Förderung von dessen Glück, ist im Decamerone in den kommentierenden Gesprächen der Freunde zwischen den Geschichten allenthalben zu spüren. Hier ist neben aller ungezwungenen Heiterkeit immer auch eine Ernsthaftigkeit am Werk, neben der geradezu heidnisch-unschuldigen Freude an der erotischen Liebe und den schicksalsträchtigen Volten der Göttin Fortuna die Sorge, daß es dem anderen doch wohlergehen möge. Die drastische Derbheit, durch die sich nicht wenige der Geschichten auszeichnen, wird durch diese Sorgfalt freundlich überstrahlt, menschliche Schwächen, die spöttisch, ironisch, satirisch aufs Korn genommen werden, augenzwinkernd belächelt und belacht. Und so ist es auch kein Zufall, daß die letzten Novellen, die am Zehnten Tag erzählt werden, jenen gewidmet sind, *„die edel oder wahrhaft großmütig in Liebesangelegenheiten oder anderen Dingen verfuhren".*[64] Wie zur Relativierung aller vorher gewagten Frivolitäten wird hier das Hohelied der uneigennützigen Liebe gesungen.[65] Wenn im Menschen etwas Göttliches wohnt, dann ist es die Fähigkeit zu selbstvergessener Großmut. Und so erweist sich Boccaccios Decamerone, diese *commedia umana* par excellence, als irdisches Gegenstück zur *Divina Commedia* Dantes.[66] Von himmlischen Dingen habe er nichts zu erzählen gewußt, sagt Boccaccio; für diese fühle er sich nicht zuständig. Aber im Irdischen kenne er sich aus, und wenn sein Werk insbesondere bei seinen Leserinnen[67] dazu beigetragen haben sollte, das Leben und dessen Unerträglichkeiten etwas erträglicher zu gestalten, ihm vielleicht sogar ein paar freundlichere Seiten abzugewinnen, so habe sich seine jahrelange Mühe gelohnt. Und so schließt er seinen Decamerone mit einem doppelten Dank: „in Demut Dem, der mich mit seiner Hilfe nach mancherlei Mühen bis an das ersehnte Ziel geleitet hat" (ein Rest an Gottesfrömmigkeit bleibt); in freundlicher Erinnerung jener, die immer schon seine vorzüglichen Adressatinnen waren: „Ihr meine reizenden Damen".[68]

Boccaccios Decamerone hat eine kaum auszuschöpfende Wirkungsgeschichte entfaltet. Dabei ist es nicht allein der ungezwungenen Erzählform geschuldet, daß dieses Werk bis heute seine Leser findet, sondern auch und nicht zuletzt der welttheatralischen Vielstimmigkeit der in ihm versammelten Geschichten und Grotesken, Fabeln und Parabeln. Von Shakespeare über Chaucer, Cervantes und Rabelais bis hin zu Stendhal, Joyce, Grass und García Márquez reicht die Liste derer, die sich von Boccaccio inspirieren ließen. Und so kommen wir zum letzten unserer „Pestromane": *„El amor en los tiempos del cólera"* des kolumbianischen Literaturnobelpreisträgers Gabriel García Márquez, zu Deutsch: *„Die Liebe in den Zeiten der Cholera"*.

Das spanische Wort „cólera" ist vieldeutig. Es ist Synonym der gleichnamigen bakteriellen Infektionskrankheit (darauf hebt der Titel der deutschen Übersetzung ab), hat aber auch die Bedeutungen *Wut, Galle, Zorn* (analog spricht man im Deutschen von einem „cholerischen" Temperament). Im kolumbianischen Spanisch kann es darüber hinaus Synonym sein für „fervor": *Leidenschaft, Hitze, Liebeswahn*. Diese Vieldeutigkeit von körperlichem und seelischem Delirium macht sich der Roman zunutze.

Die Geschichte ist lang und kompliziert und doch rasch erzählt. Ein Telegrafenbursche, Florentino Ariza, achtzehn Jahre alt, verliebt sich unsterblich in die schöne Fermina, ein Schulmädchen aus vornehmem Hause. Er schreibt ihr täglich Liebebriefe, glühende Geständnisse, die auf Dauer ihre Wirkung nicht verfehlen. Ein Gefühlsgebilde entspinnt sich, das aus nichts als Blicken, nächtlichem Geigenspiel und Erfahrungslosigkeit besteht und schließlich in ein wechselseitiges Heiratsversprechen mündet. Als

Ferminas Vater die Liaison entdeckt, trennt er die beiden rabiat. Das Mädchen wird zu Verwandten aufs Land geschickt und heiratet später den Arzt Juvenal Urbino, der es von einem Cholera-Anfall geheilt hatte. Mit ihm führt es fünfzig Jahre lang eine leidenschaftslose, auf gegenseitigem Respekt beruhende Vernunftehe. Florentino bleibt unverheiratet und wartet: einundfünfzig Jahre, neun Monate und vier Tage. Um seine Sehnsucht zu übertünchen, führt er ein Leben als gewissensloser Herzensbrecher, hat in den einundfünfzig Jahren, neun Monaten und vier Tagen Affären mit mehr als sechshundert Frauen, doch keine ist seinem Herzen so nah wie Fermina. Und so zögert er nicht, als er die Nachricht vom Tod seines Nebenbuhlers erhält; noch am Abend von dessen Beerdigung erklärt er sich Fermina neu, doch die weist ihn ab: Zu schnell, zu ungestüm, zu taktlos. Florentino läßt sich nicht entmutigen. Sein erneutes, nun behutsameres Werben erstreckt sich über einhundertvierzig unbeantwortet bleibende Briefe, in denen er Fermina Schritt für Schritt über ihre Einsamkeit nach so vielen Ehejahren hinweghilft. Und so willigt Fermina, alt geworden wie Florentino und ähnlich vom Leben gezeichnet wie er, schließlich in eine Freundschaft ein, aus der im Laufe der darauffolgenden zwei Jahre eine Liebe werden wird. Zuguterletzt unternimmt sie mit Florentino, der sich in dem halben Jahrhundert ihrer Trennung vom armen Telegrafenburschen zum reichen Flußreeder emporgearbeitet hat, eine Schiffsreise auf dem Río Magdalena. Auf dieser „Hochzeitsreise" gelingt es dem Paar, „ohne Umwege zum Kern der Liebe vorzudringen"[69], eine Berührung der Hände, der Körper, der Seelen. Und hier nun kommt der Roman auf seinen Höhepunkt. Um Fermina endgültig für sich zu haben, schickt Florentino alle Passagiere an Land, läßt auf dem Dampfer die gelbe Cholera-Flagge hissen und befiehlt dem Kapitän, den Fluß wieder hinaufzufahren. Als dieser wissen will, wie lange das Hin und Her zwischen Flußmündung und dem Ausgangshafen La Dorada dauern soll, gibt Florentino jene Antwort, die „dreiundfünfzig Jahre, sieben Monate und elf Tage und Nächte" darauf gewartet hatte, endlich gesagt werden zu dürfen: *„Toda la vida" (Das ganze Leben)*.[70]

Das titelgebende Stichwort *Cholera* spielt in dem Roman auf den unterschiedlichsten Ebenen eine Rolle. Da sind zunächst die immer wieder auftauchenden Epidemiefälle, zurückzuführen auf die tropische Hitze, die ewige Feuchtigkeit und den Schmutz in den ärmlichen Quartieren der Städte und Dörfer am Río Magdalena. Im Leben des Arztes Juvenal Urbino spielen sie eine beträchtliche Rolle. Ferminas Mann ist ein hochgeachteter Spezialist in Sachen Cholera; seine Fachkenntnisse hat er sich in Europa erworben, mit dem Bau einer Kanalisation und einer funktionierenden Wasserversorgung Unzähligen das Leben gerettet. – Da ist aber auch der obsessive Liebeswahnsinn Florentinos, den die Liebe ereilt wie andere die Cholera. Ein Kreuzen der Augenpaare damals im elterlichen Patio, wo Florentino eine Besorgung zu machen hatte, und der junge Kerl ist für den Rest seines Lebens infiziert. Eine bakterielle Entzündung mag man heilen können, eine seelische Entzündung von solcher Tiefe nicht. Und so trifft Florentino, als er von der Vermählung Ferminas erfährt, „mit erbitterter Entschlossenheit" die Entscheidung, sich „am Leben und bei guter Gesundheit zu halten, da sich sein Los im Schatten von Fermina Daza erfüllen" wird.[71] Nur ein verfrühter Tod könnte ihn in seinem Kampf um die Liebe besiegen; er hingegen hofft, Ferminas Ehemann zu überleben. Und eben hier spiegeln sich „cólera" im Sinne von Leidenschaft, Hitze und Liebeswahn, und „cólera" im Sinne von tödlich verlaufender Infektion ineins. Der Gleichklang der Wörter (vergleichbar dem mittelitalienischen Wortspiel „l'Amor i la Mort") ist Hinweis, wie sehr sich die kommenden einundfünfzig Jahre, neun Monate und vier Tage zu einem karibischen Decamerone verdichten werden, in dem zwar nicht Geschichten erzählt, aber tausende von nicht gelesenen Briefen geschrieben werden. – Warum gelangt ein Roman, der so grotesk ist, so obsessiv und phantastisch zugleich, zu solchem Weltruhm?

Neben den hohen erzählerischen Fähigkeiten seines Autors mag einer der Gründe in einer merkwürdigen Koinzidenz liegen. 1981 identifizierten US-amerikanische Forscher ein neuartiges Virus, dem sie den Namen HIV (Human Immunodeficiency Virus) gaben. Nach einer unterschiedlich langen, symptomfreien Latenzphase führt dieses Virus in der Regel zu der Krankheit AIDS: *Acquired Immunodeficiency Syndrome*, auf Deutsch: Erworbenes Immunschwächesyndrom. Die Krankheit verläuft, ähnlich wie die

Cholera, tödlich. In Europa erreichte Aids in den Jahren 1986–87 seinen Höhepunkt. Die Krankheit galt, da sie vor allem auf sexuellem Wege übertragen wird, als „Lustseuche". Im Sommer 1985 erscheint Garcías Roman auf Spanisch, vierzehn Monate später liegen die Übersetzungen in Deutsch, Englisch, Französisch, Italienisch vor.

Habent sua fata libelli. Selten hat dieses Sprichwort so zugetroffen wie hier. Bis heute sind von Gárcias Roman weltweit über siebzehn Millionen Exemplare verkauft, und die Corona-Pandemie hat zu einem neuen Schub geführt. Der Grund für diesen andauernden Erfolg liegt wohl darin, daß dieser Roman (über seine süffige Erzählkunst hinaus) an die Grundlagen menschlichen Selbstverständnisses rührt: Eros und Thanatos, Liebe und Tod, von denen schon die Bibel sagt, das eine sei so stark wie das andere und beides habe unmittelbar mit dem Grund allen Lebens zu tun, mit Gott[72], weswegen sie uns ja auch heillos überfordern. Wer auch könnte der „Autorität des Todes"[73] je standhalten? Wer der Gewalt der Liebe, die bekanntlich „das Schwierigste ist auf der Welt"?[74] Und wer Gott?

Damit geraten wir vor die entscheidenden Zusammenhänge dieses großen Pestromans. „Ich glaube nicht an Gott, aber ich fürchte ihn"[75] – dieser Satz, den sich der altgewordene Florentino Ariza im Moment der Wiederbegegnung mit seiner Jugendliebe Fermina Daza leise vorsagt, ist nur scheinbar paradox. Das Leben ist in vielerlei Hinsicht für uns sowohl zu groß als auch zu klein (davon erzählen beider Leben, das Florentinos und das Ferminas, auf eindrückliche Weise) – und der in ihm sich verbergende Gott ist von einem Dämon wie oft nicht zu unterscheiden. Und so gerät in Reichweite, weshalb dieser Roman der wohl erfolgreichste aus dem Genre der zeitgenössischen Pestliteratur hat werden können: Wir rühren, sagt er uns, an die Sterne und sind davon zugleich hoffnungslos überfordert. Gerade diese Überforderung aber ist Ausdruck unserer Größe. Mit anderen Worten: Man darf und soll *alles* vom Leben erwarten, auch wenn man es meist nur in homöopathischen Dosen bekommt. Wer weniger will, versündigt sich am Leben, denn dieses will ausgeschöpft werden bis zuletzt. Jedoch auch, wer mehr will, versündigt sich, weil er sich

an der Endlichkeit seiner Existenz vergreift. Wir sind keine Götter. Manchmal aber geschieht auch den Sterblichen Großes. Wer
immer „in einem Alter, in dem man nichts mehr von Leben zu
erwarten hat"[76], eines Glückes gewürdigt wird, in welchem sich
„das ganze Leben"[77] noch einmal neu verdichtet (und sei es nur für
Stunden oder Tage), hat mehr erhalten, als den Sterblichen möglich ist. Denn sterblich zu sein heißt, in den Zeiten der Cholera
zu leben. Sie ist unser Schicksal. Cholera aber ist nicht nur eine
widerliche Krankheit[78], sondern *Leidenschaft, Hitze, Liebeswahn*. Sie
ist das Größte und zugleich Fürchterlichste, das uns widerfahren
kann. Und sie dauert „ein ganzes Leben". Wohl dem, der mit ihr
umzugehen weiß.

✢ ✢
✢

Sechs verschiedene Perspektiven auf Krankheit, Elend, Tod, auf
die Endlichkeit des Lebens sowie die Unfähigkeit des Menschen,
auf würdige Weise mit ihr umzugehen (erinnert sei an den tragi-
schen Bucky Cantor in Philip Roths Roman *Nemesis* sowie an Hans
Erich Nossacks *Bericht über die Epidemie*). Sechs verschiedene Perspektiven aber auch auf die Größe des Menschen, seine ungeheure
Leidensfähigkeit sowie sein Vermögen zu Großmut und Vergebung *(Promessi Sposi)*, seinen Hunger nach einem leidenschaftlich-
erfüllten Leben (García Márquez, *Die Liebe in den Zeiten der Cholera*),
seiner Entschlossenheit, diesem empörenden Pest-Schicksal die
Stirn zu bieten und solidarisch zu sein mit den Elenden (Albert
Camus). Zuletzt aber auch eine Perspektive auf das unnachahm-
liche Talent des Menschen zu Humor, Ironie, geistreichem Witz
und seiner dem Überleben überaus förderlichen Begabung, ohne
jeden Zynismus den Tod fröhlich ausblenden zu können (Boccaccios *Decamerone*).

Was bei all dem auffällt, ist freilich, daß das von göttlichem
Erbarmen hintergründig durchtränkte und von der Vorsehung
wie unmerklich geleitete Schicksal der *Promessi Sposi* in Manzonis
Roman einsam auf weitem Felde steht. Eine unangekränkelte affirmative Haltung gegenüber dem Leben und seinem Gott, wie sie

hier geschildert wird, ist bei keinem unserer sonstigen Autoren anzutreffen, weder bei Boccaccio, der doch ganz selbstverständlich von Gott zu sprechen weiß, noch bei García Márquez, dessen karibischer Barockkatholizismus den farbigen Hintergrund für seinen überaus prallen Roman abgibt. Ob das Leben einen über unsere eigenen Sinngebungen hinausgehenden, weil in Gott gründenden Sinn hat, bleibt zweifelhaft, wenn es nicht gleich ganz geleugnet wird.

Und eben hierin liegt nun auch die Misere aller Theologie begründet, von der wir zu Beginn sprachen. Gott ist uns abhanden gekommen – nicht nur in den sog. säkularen Milieus außerhalb der Kirche, sondern auch und nicht zuletzt mitten in ihr selbst. Man sieht es denen, die sich Christen nennen, an, daß sie nicht mehr wissen, wie man beten soll, und dies bis weit in die Pfarrgemeinden und die episkopalen Hierarchien hinein; in den Klöstern und Theologischen Fakultäten steht es nicht besser. Wohl deshalb haben wir in Zeiten wie denen der Corona-Pandemie kaum mehr etwas zu sagen, was über das hinausgeht, was sowieso alle sagen – hören wir Kurt Marti, den kürzlich verstorbenen reformierten Dichterpfarrer aus Bern:

> Auch ich kann nicht beten.
> Ich glaube, man sieht uns allen an,
> daß wir nicht beten können.
> Man sieht es auch denen an,
> die weiterhin beten oder zu beten meinen.
> Dennoch kann ich mir
> die Sprache der besseren Zukunft nicht vorstellen
> ohne etwas wie Gebet.[79]

Sprache scheint aus dem Gebet zu leben und wahrhaftige Sprache aus dem wahrhaften Gebet. Verhält sich dies so, dann legt sich folgende Überlegung nahe: Könnte angesichts unserer sechs Pestromane und deren Perspektiven auf die Welt solche gebetsfähige Sprache nicht vielleicht neu zu gewinnen sein durch Rückbesinnung auf jene anderen Romane und Novellen, die das Fundament des jüdisch-christlichen Gottesglaubens bilden und die zusammengefaßt sind zwischen zwei Buchdeckeln unter dem griechischen Titel: τὰ βίβλια *(ta biblia)*, die Bücher = Die Bibel? Was gibt uns diese Tradition zu denken? Welche mentalitäts-, religions- und wissenschaftsgeschichtliche Überlegungen im Blick auf Religion, Theologie und Kirche lassen sich, herkommend von ihr, anstellen? Und welche Überlegungen im Blick auf unsere gegenwärtige Gesellschaft insgesamt? Das eine ist ja vom anderen nicht zu trennen; was die Gesellschaft befällt, befällt auch jene, die sich Christen nennen.

Es sei also der waghalsige Versuch einer *grundlegenden* (!) Diagnose unternommen. Zwölf biblische Gedanken werden im folgenden aufgerufen, um mit ihrer Hilfe Phänomene, die charakteristisch sind für unsere Corona-Situation, zu analysieren. Ihnen wird sich, nach einem weiteren dreizehnten Gedanken, erneut ein Intermezzo anschließen. Wer weiß, vielleicht ergeben sich aus all dem ja ein paar therapeutische Ideen, wie umzugehen sei mit uns selbst und der Not unserer gegenwärtigen Zeit.

Diagnose
oder
Erinnerungen an das Grundlegende, Triviale[80]

1. *„Das Leben währet siebzig Jahr, und wenn es hoch kömmt, sind es achtzig ... "* (Ps 90,10) – oder: Von der Angst vor dem Tod

Berlin, Ende April 2020, zweiundvierzigster Tag im nationalen Lockdown. Der Präsident des Deutschen Bundestages Wolfgang Schäuble meldet sich zu Wort: *„Wenn ich höre, alles andere habe vor dem Schutz von Leben zurückzutreten, dann muß ich sagen: Das ist in dieser Absolutheit nicht richtig. Wenn es in einer liberalen Demokratie überhaupt einen absoluten Wert gibt, dann den der Würde des Menschen. Die ist unantastbar. Aber sie schließt nicht aus, daß wir sterben müssen."*[81] Eigentlich eine Trivialität, an welche Wolfgang Schäuble erinnert. Und doch macht dieses knappe Statement sofort seine Runde. Es wird bis heute zitiert.

Daß ein landesweit bekannter Politiker und Staatsmann, der seit dreißig Jahren auf bewundernswerte Weise die Folgen eines Attentats meistert, nicht nur nüchtern über die eigene Endlichkeit spricht[82], sondern den Respekt vor der Würde insbesondere alter und gebrechlicher Menschen nicht ausschließlich oder vor allem in der Verhinderung ihres Sterbens sieht, sondern in der Art des Umgangs mit ihrer Sterblichkeit, läßt aufhorchen. Warum ist das so? Anscheinend weil im Ausfall auch noch der letzten religiösen Gewißheiten der Tod für uns zu einer derartigen Zumutung geworden ist, daß wir um jeden Preis verhindern wollen, daß auch nur irgendjemand an SARS-CoV-2 stirbt, wenn wir schon das Sterben an sich nicht verhindern können.

Dagegen bestand einmal die Weisheit einer religiösen Lebensführung darin, Umgangsformen mit dem Unverfügbaren zu kultivieren. *„Denn alles Fleisch ist wie Gras und seine Herrlichkeit wie des Grases Blume. Das Gras verdorrt und die Blume verwelkt, aber des Herrn Wort bleibt in Ewigkeit"* (1Petr 1,24f.). Man liest diese Worte und hat sofort den zweiten Satz von Brahms' Deutschem Requiem im Ohr – ein ergreifendes *Memento mori*, das so tröstlich wirkt, weil es vor dem Hintergrund eines Größeren gesungen ist. Hier wird das Leben gründlich relativiert, und zwar in des Wortes doppelter Bedeutung: Indem seine Bezüglichkeit zu einem Größeren betont wird, kommt gerade in seiner ganzen Vergänglichkeit seine einzigartige Bedeutung an den Tag: „Das Leben ist der Güter Höchstes nicht … "[83], und zwar weil das höchste Gut (das *summum bonum*, das *agathon*) der Gott ist.[84] Von ihm her gewinnt alles Endliche seinen Unendlichkeitswert. Das *malum metaphysicum* (um mit Leibniz zu sprechen), die Tatsache, daß wir nicht Gott sind, entpuppt sich hier mit einem Mal als *bonum metaphysicum*: „Was nennst du mich gut?", fragt Jesus den reichen Jüngling. „Niemand ist gut als Gott allein." (Mk 10,18 parr) Aus dieser sich in Gott gründenden Selbstrelativierung bezieht Jesus sein ganzes Selbstbewußtsein. Und so ist er seinerseits gut und wirkt – begütigend (Mt 11,28–30): Die Verkrampfungen lösen sich, die Angst, zu kurz zu kommen, schwindet.

Wo diese Zusammenhänge in Vergessenheit geraten, läuft man Gefahr, das Leben zur „letzten Gelegenheit"[85] zu minimieren. „Er hatte noch so viel vor", liest man dann in den Todesanzeigen. Der da noch so viel vorhatte, war ein Mann von 82 Jahren. Dagegen galt einmal als weise, wer wußte, was es heißt, sterben zu lernen. Das „Denken an den Tod" (griech. *melétē thanátou*, lat. *meditatio mortis*) als äußerste Sorge um das Leben ist Ausweis abendländischer Lebenskunst seit ihren Anfängen bei Platon[86], den Epikureern und der Stoa[87] bis hin zur christlichen Mystik und zur Volksfrömmigkeit.[88] „Übe dich täglich darin, mit Gleichmut das Leben verlassen zu können"[89] ist nicht Übung in fragwürdiger Nekrophilie, sondern Einübung in Gelassenheit und Lebensmut. Denn nur, wer die Angst, zu kurz zu kommen (d. h. die Angst vor dem Tod), hinter sich gelassen hat, weiß zu leben.[90] Daß uns diese Haltung in weiten Teilen fremd geworden ist, liegt wohl auch am Verlust der religiösen Perspektive.[91] Und so bleibt nur die Verlängerung des irdischen Lebens um jeden Preis. Jedoch: Gegen den Tod ist kein Kraut gewachsen, auch kein Impfstoff! Wir glaubten, durch Hospiz-Bewegung und Palliative Care sei ein Bewußtseinswandel eingetreten. Das Gegenteil ist der Fall. Man schaue sich nur die Veränderungen der Friedhofskultur in den letzten zwanzig Jahren an: Die Rasanz, mit der selbst in traditionell katholischen Gegenden die Friedhöfe als Orte dörflicher und städtischer Erinnerungskultur verschwinden, verschlägt einem den Atem. Wo auf den Gräbern einmal zu lesen war „*Hic iacet N.N. expectans resurrectionem suam*"[92], finden sich heute leere Wiesen und kaum sichtbare Urnenfelder, wenn man nicht gleich ganz zur kompostierbaren Aschekapsel im Friedwald oder zur Seebestattung übergeht. Die Toten werden unsichtbar. Wir ertragen ihre Gegenwart nicht. Sieht so ein erwachsener Umgang mit der eigenen Endlichkeit aus?

2. „...und es rang ein Mann mit ihm, bis die Morgenröte aufstieg" (Gen 32,25) – oder: Von der Fremde und Dunkelheit Gottes

Natürlich nicht. Und so kommen wir zu einer zweiten biblischen Grundeinsicht: „*Furchtbar ist es, in die Hand des lebendigen Gottes zu fallen.*" (Jes 6,5; Ex 33,20; Dt 4,24; Hebr 12,29) – Dieser Satz wird theologisch viel zu selten bedacht. Der Grund liegt zum einen wohl darin, daß wir die Heiligkeit Gottes fast ausschließlich von ihrer hellen Seite her denken. Aber kommt man damit durch? Haben Abraham, Isaak und Jakob, haben Mose und Jeremia, Jesaja und Elija nicht gezittert vor Gott, weil Ihm, dem Lebendigen, zu begegnen alles andere als eine harmlose Angelegenheit ist? Wer auch könnte Gott je standhalten? Wer unversehrt aus der Begegnung mit ihm hervorgehen? (Vgl. Gen 32,23–32) Wer angesichts der bodenlosen Weite, in die das Reinigende seiner Wahrheit versetzt, sich bewähren? (Vgl. Lk 5,8) Mit gutem Grund wußte man deshalb katholischerseits einmal zu beten „Parce nobis, Domine", „Verschone uns, Herr" – und zwar vor Dir![93] Denn so verlockend Gott auch sein mag –: Er ist, als der allesumfassende und allesgründende Urgrund, immer auch der ganz Andere und insofern der Unbekannte, Fremde, Unheimliche, der *deus absconditus*, wie Martin Luther sagt, jener Gott, der uns immer nur im Vorübergang seinen

Rücken zeigt, sein Angesicht nie (vgl. Ex 33,20–23; 1Kön 19,13), weshalb, wer Gott sehen will, immer „das Nachsehen" hat.
Auch und gerade die Erfahrung des *deus absconditus* ist nun freilich eine Gotteserfahrung, allerdings eine in hohem Maß irritierende:

> Herrgott! Ich fiel aus deiner Hand
> grad in des Teufels Krallen.
> Doch hör! Der kleine Unterschied
> ist mir nicht aufgefallen [,]

so Robert Gernhardt in einem seiner Vierzeiler, betitelt „Von Fall zu Fall"[94], geschrieben während seiner tödlich verlaufenden Krebserkrankung – freilich, nicht erst die moderne Dichtung, schon das Alte Testament weiß um diese Zusammenhänge, man denke nur an das Buch Hiob: Ist der Versucher, der sich an Hiob austobt, der Teufel? Oder ist es am Ende Gott selbst?[95] Wie auch immer die Antwort ausfallen mag: Es gibt Erfahrungen, egal ob göttlicher oder daimonischer Art, auf die würde man gerne verzichtet haben. Überhaupt scheint im Untergrund einer jeden Erfahrung (und sei sie noch so gnadenvoll) das Unnennbare zu dräuen. Das Unnennbare ist der Gott. Ihm zu begegnen, ist heikel, mag die Hoffnung Israels und der Kirche auch noch so sehr darin bestehen, daß das Heikle, Riskante, Gefährliche der Gottesbegegnung sich zuguterletzt ins Helle, Tröstliche wandle.

Genau hier liegt das Problem: Wir denken das biblische Offenbarungsgeschehen viel zu schnell von seinem glücklichen Ende her und vergessen dabei den schmerzlichen Weg, der bis dahin zurückzulegen war. Dies ist die doketische Versuchung aller Religion: die Härte und Widerständigkeit des Lebens durch spirituelle Surrogatbildung abzufedern. Als Israel aus Ägypten auszog, lagen nicht die fruchtbaren Auen des Gelobten Landes vor ihm, sondern vierzig Jahre Wüstenwanderung. Und als Jesus sich in die Arme seines Gottes warf, war nicht Ostern, sondern Karfreitag.

„War Israel glücklich mit seinem Gott? War Jesus glücklich mit seinem Vater?", so fragt einer, der sich gegen die allenthalben anzutreffende sedative Verzweckung Gottes zur Wehr setzt: Johann Baptist Metz, der Gründervater der Neuen Politischen Theologie. Er starb,

neunzigjährig, nur wenige Wochen vor Beginn der Pandemie. Was hätte er zu ihr wohl zu sagen gehabt? Vermutlich hätte er Fragen gestellt. Vielleicht diese: *„Macht Religion glücklich? Macht sie ‚reif'? Schenkt sie Identität? Heimat, Geborgenheit, Frieden mit uns selbst? Beruhigt sie die Angst? Beantwortet sie die Fragen? Erfüllt sie die Wünsche, wenigstens die glühendsten?"* – „Ich zweifle"[96], so Metzens Antwort. Was uns die Corona-Pandemie einmal mehr vor Augen führt, ist, wie sehr die Erfüllung der Verheißungen Gottes aussteht. Wir leben in einer Welt, in der bis auf weiteres der Tod das Regiment führt. Ein Ende ist nicht abzusehen. Das ist unsere existentielle Situation. Aus ihr ergibt sich unsere Berufung als Christen: Eingedenk der Auferweckung Jesu aus dem Tod sollen wir der Toten eingedenk sein; wir sollen Gottes Treue für sie einklagen, denn seine Nähe, die sich an Jesus machtvoll erwies, ist uns fern. Wie aber könnten wir um Gottes Ferne wissen, wenn er uns in seiner Ferne nicht immer wieder so merkwürdig nahe wäre?! GODISNOWHERE – dieses karfreitagliche Rätselwort läßt sich doppelt lesen: GOD IS NOW-HERE – GOD IS NOW HERE. (Vgl. Mk 15,39) Dieser Dialektik geistlich Ausdruck zu verleihen in Liturgie und Gebet, Predigt und Katechese, politischem, sozialem und diakonalem Handeln wäre Ausdruck einer reifen, erwachsenen Religiosität.

3. „Gedenke meiner, o Herr ... " (Ps 106,4/ Lk 23,42) – oder: Von der Vergänglichkeit des menschlichen Gedächtnisses

Worin genau aber besteht diese Dialektik? Und worin die Fähigkeit, ihr Ausdruck zu verleihen? – Nun, sie besteht in dem Wissen, sterblich zu sein, zugleich aber dem Tod sein Recht zu bestreiten. Und damit kommen wir zu unserem dritten biblischen Urgedanken: *„Gott hat den Tod nicht gemacht"*, so das alttestamentliche Weisheitsbuch, *„und er hat keine Freude am Untergang der Lebenden. Zum Dasein hat er alles geschaffen [...]; denn die Gerechtigkeit ist unsterblich."* (Weish 1,13–15)

Ob die Gerechtigkeit unsterblich ist, weiß niemand, auch nicht die Weisheitslehrer der Bibel. Eines allerdings wissen wir alle: Gerechtigkeit widerfährt den Toten nur, wenn es eine Wirklichkeit gibt, in der sie leben. Was für eine Wirklichkeit aber könnte das sein? Das menschliche Gedächtnis eignet sich hierfür definitiv nicht, denn es ist nicht nur in hohem Maße unzuverlässig, sondern vergänglich. Wer heute seiner Verstorbenen gedenkt, tut es morgen nicht mehr. Der auf Todesanzeigen häufig zu lesende Satz „Wir werden ihn nie vergessen" mag ein frommer Wunsch sein, zeugt im Grunde aber von Gedankenlosigkeit. Natürlich werden wir den lieben Verstorbenen vergessen, spätestens wenn wir selber ins Grab sinken. Wir mögen dann noch so sehr hoffen, daß andere sich unserer und seiner erinnern – das alles hilft nicht weiter. Denn abgesehen davon, daß höchst fraglich ist, ob unsere Toten etwas davon haben, wenn wir uns ihrer erinnern, wird irgendwann überhaupt niemand mehr irgendeines Menschen eingedenk sein, denn im kosmischen Kältetod, dessen Eintreten so fest steht wie das Amen in der Kirche, erlischt auch noch der letzte Gedankenflimmer. Gibt es Gott nicht, jenes universale Gedächtnis, in welchem alles, was einmal war, ist und gewesen sein wird, aufbewahrt bleibt, dann erlischt das Gedächtnis der Toten auf immer. Stattdessen eisige Leere, eine starre Nulllinie, blinde, kalte, stumme Absurdität.

Gegen diese Perspektive, die sich als die wissenschaftlich allein statthafte aufspreizt (Woher eigentlich „weiß" „die" empirische Wissenschaft, daß mit dem Tode „alles aus" ist?![97]), erhebt das biblische Hoffnungswort von der Auferweckung der Toten entschiedenen Protest. Geboren ist dieses Wort aus der österlichen Erfahrung der Jesusjünger, die da lautet: *Der Herr ist wahrhaft auferstanden!*" (1 Kor 15,3–5 → Lk 24,34) *„Aus dem Tode errettet, stirbt er nicht mehr, denn sein Leben lebt er für Gott.*" (Röm 6,9) Obgleich man nicht recht weiß, wie man diese Erfahrung bezeichnen soll: geschichtlich, mythisch, poetisch, hellsichtig, traumverloren[98], spricht das Wort, in welchem sie sich bezeugt, von einer „Zukunft für alle, für die Lebenden und die Toten":

> „[G]erade weil es von einer Zukunft für die Toten spricht, davon, daß sie, die längst Vergessenen, unvergeßlich sind im Gedenken des lebendigen Gottes und für immer in ihm leben, spricht dieses Hoffnungswort von einer wahrhaft menschlichen Zukunft, die nicht immer wieder von den Wogen einer anonymen Evolution überrollt, von einem gleichgültigen Naturschicksal verschlungen wird. Gerade weil es von einer Zukunft für die Toten spricht, ist es ein Wort der Gerechtigkeit, ein Wort des Widerstands gegen jeden Versuch, den immer wieder ersehnten und gesuchten Sinn menschlichen Lebens einfach zu halbieren und ihn allenfalls für die jeweils Kommenden, die Durchgekommenen, gewissermaßen für die glücklichen Endsieger und Nutznießer unserer Geschichte zu reservieren. [...] Schließlich macht auch kein Glück der Enkel das Leid der Väter wieder gut, und kein sozialer Fortschritt versöhnt die Ungerechtigkeit, die den Toten widerfahren ist"[99] –

so noch einmal Johann Baptist Metz, der mit diesen Worten Grundgedanken der Kritischen Theorie (M. Horkheimer, Th. W. Adorno, W. Benjamin) aufnimmt – und mit ihnen ein zentrales Erbe jüdischen Gottdenkens.[100] Der biblische Protest gegen einen metaphysisch sich aufspreizenden Positivismus, der (weil er die Frage nach Gott für erledigt hält) sich nicht nur mit der definitiven Vernichtung der Opfer der Menschheitsgeschichte abfindet, sondern überhaupt das Menschengeschlecht für ein im stumpfsinnigen Gebrüte der Evolution zufällig auftauchendes und in ihm alsbald wieder untergehendes Epiphänomen hält –: Eben dieser Protest wird so zum Ausweis einer Moralität, die der Erde die Treue hält, indem sie ihre Hoffnung energisch auf den Himmel setzt.

Damit ist freilich noch nicht gesagt, daß es den „Himmel" auch gibt. Natürlich ist es denkbar, daß der Protest gegen den Tod ungehört verhallt; daß da keine göttlichen Ohren sind, die unseren Schrei vernehmen; kein ewig liebendes Gedächtnis, in welchem aufbewahrt und gerettet ist, was immer da war, ist und gewesen sein wird. All das ist denkbar, so unausdenkbar es auch ist.[101] Wie sich dazu verhalten?

4. „Der Tor spricht in seinem Herzen: ‚Es gibt keinen Gott!'" (Ps 14,1) – oder: Von der Fragwürdigkeit des modernen Wissenschaftspositivismus

Man verhält sich dazu, indem man versuchsweise eine Gegenfront eröffnet. Die angriffige Gegenfrage zum Wissenschaftspositivismus lautet denn auch: Wieso soll es Gott eigentlich nicht geben? Sobald ich frage „Warum kann ich die Welt erkennen?" (oder genauer: „Warum gibt sie sich mir zu erkennen?"); sobald ich frage: „Warum ist da etwas und nicht vielmehr nichts?", „Wozu überhaupt das Ganze?", habe ich die Frage nach dem Grund von allem gestellt. Den Grund von allem nennt die abendländische Tradition „Gott". Ob es dem so selbstsicher daherkommenden Gotteszweifel nicht guttäte, sich versuchsweise einmal selber mit dem Zweifel zu paaren? Man kann auch als Agnostiker dabei nur lernen, und zwar ein neues Fragen in folgender Form:

Warum eigentlich hat so etwas wie eine Sinnfrage überhaupt aufkommen können? Aus keinem anderen Grund als diesem: Der Mensch ist in besonderer Weise geistbegabt; und so kann er die Welt nicht nur erkennen (das kann auf seine je eigene Weise nicht nur das Tier, sondern noch das primitivste Koli-Bakterium); der Mensch kann in seinem Erkennen der Welt sich selbst erkennen.

Mit anderen Worten: Der Mensch ist auf eminente Weise selbstreflexiv; er weiß um sich selbst, und er weiß, daß er um sich selber weiß und daß die anderen um ihn wissen. Und so stellt sich
ihm unwillkürlich die Frage nach sich selbst: *Warum gibt es mich?*
Warum gibt es dich? Wer bin ich eigentlich? Was hat es auf sich mit dieser
Welt, von der ich ein Teil bin?

Hinter solchen existentiellen persönlichen Fragen verbirgt
sich eine noch einmal grundsätzlichere Frage: Wie eigentlich ist
es möglich, daß Geist in Welt ist (Geist nicht als Epiphänomen im
Sinne neuronaler Illusion, sondern als reale Wirklichkeit[102])? Man
kann die Frage auch im Sinne der klassischen Erkenntnismeta-
physik formulieren: Wie ist es möglich, daß Geist und Welt in
einer Weise aufeinander abgestimmt sind, daß einerseits die Welt
sich dem Menschen zu erkennen gibt, andererseits der Mensch die
Welt erkennen kann?[103] Oder noch einmal anders: Woher eigentlich rührt unsere Wahrheitsfähigkeit – Wahrheit nicht im Sinne
subjektiver Sinnkonstruktion, sondern in der emphatischen Bedeutung des Wortes: empirisch, ästhetisch, moralisch, existentiell? Wahrheit im Sinne einer sukzessiven Annäherung an die in
der Welt herrschenden Naturgesetze (immerhin produzieren wir
auf der Grundlage der Kenntnis dieser Gesetze technische und
medizinische Gerätschaften, die höchst präzise funktionieren);
Wahrheit aber auch im Sinne einer sukzessiven Annäherung an
die Schönheit einer Fuge von Bach; an die Wirklichkeit des Menschen, den ich liebe; an das Unrecht, das man dem abgelehnten
Asylbewerber antut, usw. usf.

Wie sehr wir mit solchen Fragen an den metaphysischen
Grund menschlichen Erkennens rühren und damit an den Grund
der Welt insgesamt, hat niemand so präzise gewußt wie Friedrich Nietzsche. Sein luzider, wenige Monate vor dem Zusammenbruch niedergeschriebener Satz *„Ich fürchte, wir werden Gott nicht*
los, weil wir noch an die Grammatik glauben"[104] legt davon eindrucksvoll Zeugnis ab. „Grammatik" steht ja nicht einfach für sprachin-
terne Logik, die mit der Welt nichts zu tun hätte, sondern für eine
grundsätzliche Erkennbarkeit der Welt. Wie soll Sprache (d.h. der
interne Zusammenhalt von Grammatik und Semantik) je vernünftig sein, wenn, was sie abzubilden bzw. einzuholen versucht („die

Welt" oder „die Wirklichkeit") grundsätzlich unvernünftig bzw. unerkennbar ist? Die logische wie sachliche Korrespondenz von erkennender Vernunft und erkennbarer Welt („adaequatio intellectus et rei") ist nun aber nichts, was der Mensch aus eigener Kraft herstellen kann, sondern gründet in einem Vernunft und Welt gemeinsam Gründenden. Diese den Korrespondenzen von erkennendem Menschen und sich zu erkennen gebender Welt nicht nur transzendental vorlaufende, sondern sie ontologisch gründende Instanz, in welcher aufscheint, was „Wahrheit" der Welt (im Sinne ihrer Erkennbarkeit) ist, „Einheit" der Welt (im Sinne ihrer vielfältig ineinander verfugten Selbsterhaltungs- und Erkenntnisprozesse) sowie „Gutheit" und „Schönheit" der Welt (im Sinne ihrer den sie erkennenden Menschen beeindruckenden Alterität) – eben diese die Korrespondenzen von erkennendem Menschen und sich zu erkennen gebender Welt fundierende Instanz nennt die abendländische Tradition „Gott".[105] Wir mögen aufgrund der Ergebnisse der modernen Hirnforschung dann noch so sehr davon überzeugt sein, daß Selbstbewußtsein und Willensfreiheit neuronal induzierte Illusionen sind[106]; wir mögen uns im Gefolge Nietzsches noch so sehr bemühen, die Erkennbarkeit der Welt metaphysikkritisch rückzuführen auf den Konstruktionswillen des Menschen[107], oder im Gefolge Foucaults leugnen, daß überhaupt „die Welt uns ein erkennbares Gesicht zuwendet"[108], so kommen wir doch nicht umhin, zuzugeben, daß die Behauptung, menschliche Selbstreflexivität sei Illusion und die Welt überhaupt sinnlos, einen Geltungsanspruch formuliert, weshalb (wenn man nicht einfach nur Unsinn reden will) zumindest für diese Behauptung die behauptete Nicht-Existenz von Wahrheit suspendiert ist.[109]

Ob es einem gefällt oder nicht: Der Wahrheitsgedanke ist nicht aus der Welt zu schaffen. Und damit ist auch der Gottesgedanke nicht aus der Welt zu schaffen, denn wer immer die Existenz von Wahrheit im emphatischen Sinn des Wortes behauptet, behauptet die Verwurzelung des Menschen in einer Wirklichkeit, die seiner Erkenntnis- und Wahrheitsfähigkeit vorausläuft und sie gründet. Thomas von Aquin hat diese zwingende Einsicht in die Formel gekleidet: „*Omnia cognoscentia cognoscunt implicite Deum in qualibet cognitione*", alles Erkennen erkennt in jedem beliebigen

Erkenntnisakt implizit Gott[110] (mag an dieser Stelle auch noch vollständig offen sein, was hier mit dem Wort „Gott" gemeint ist – ganz sicher nicht schon der geschichtsmächtige Gott der biblischen Überlieferung, der Gott Abrahams, Isaaks und Jakobs, der Gott und Vater Jesu Christi, sondern eher eine unserem Erkennen vorauslaufende und es gründende sapiential-ordinative Weltvernunft im Sinne eines ewigen Nous, Logos oder Pneuma – eine Vorstellung, die nicht nur für jeden Gebildeten der Antike, für Platon und Aristoteles, für die Neuplatoniker und die Vertreter der Stoa eine pure Selbstverständlichkeit war, sondern, vermittelt über den Augustinismus und die Scholastik, noch für einen Kant, Hegel, Schelling und Fichte unbezweifelbar war und bis tief ins 20. Jahrhundert unhinterfragbarer Ausgangspunkt aller Theologie gewesen ist.[111] Noch so unterschiedliche Geister wie Heidegger, Wittgenstein, Jaspers und Scheler, noch die Kritische Theorie der Frankfurter Schule sowie ein Jürgen Habermas leben von diesem Wissen). In der Koinzidenz von erkennendem Subjekt und sich zu erkennen gebendem Objekt ist für einen Moment die Disparatheit der Welt aufgehoben. In jedem Erkenntnisakt (und beziehe er sich auf noch so simple, alltägliche Zusammenhänge) ist ein Hauch des meine Erkenntnisakte gründenden Geistes am Werk. Dieser Geist ist intentional nicht herstellbar; vielmehr erhellt er mir immer schon die Welt und darin mich mir.

Natürlich haben wir mit diesen Überlegungen keinen Gottesbeweis geliefert; und doch kommt man nicht umhin zuzugeben, daß eine Welt, in der rationales Denken möglich sein soll, „eine Welt sein [muß], in der es ‚eine natürliche Sympathie zwischen den tiefsten Wahrheiten der Natur und den tiefsten Schichten des menschlichen Geistes' [...] gibt, andernfalls würde die Übereinstimmung von Denken und physischer Welt unerklärt bleiben."[112] Das aber bedeutet: Wenn das Universum „imstande ist, Geist hervorzubringen", der nicht nur fähig ist, die Wirklichkeit zu erkennen, sondern sogar so etwas wie einen „Lebenssinn" in ihr zu erfahren, dann „[kann] das Universum [...] kein rein materieller Zusammenhang sein"[113], dann muß es eine dem menschlichen Geist zumindest potentiell affine Struktur haben.[114a]

Wo aber rührt diese Struktur her? Hat sie sich (so das Postulat der evolutionären Erkenntnistheorie[114b]) im Laufe einer Jahrmilliarden langen bio-kosmischen Selbstorganisation auto-evolutiv bzw. auto-poietisch herausgemendelt? Vielleicht. Wir wissen es nicht. Und werden es nie wissen. Denn zum Zweck einer konsistenten Ergründung dieser Zusammenhänge müssen wir immer schon voraussetzen, was zu begründen wir doch allererst angetreten waren: unsere Geistbegabtheit, die uns allseits umschließt. Wir können nicht aus unserer Geistesverfaßtheit heraustreten, um uns gleichsam als im entomologischen Bestiarium aufgespießte Insekten von außen zu betrachten. Die Erste-Person-Perspektive ist und bleibt irreduzibel.[115] So wenig wir uns *auf* den Kopf gucken können, so wenig können wir uns *in* den Kopf gucken. Was wir Kopfguckerei nennen, sind unendlich verschlungene, instrumental *vermittelte* Umwege (etwa die computertomographisch erstellte Enzephalogrammanalyse), um der materialen Grundlagen unseres Geistes ansichtig zu werden. Was sich dort zu sehen gibt, sind nicht wir, ist kein Ich und keine Person; es sind auch keine Gedanken, Einfälle, Ideen; keine Hoffnungen, Sehnsüchte und Ängste; keine Farben und Formen, keine Erinnerungen und Träume, keine Trauer und keine Freude, sondern immer nur neurotechnisch visualisierte Hirnprozesse, die der Forscher interpretiert, d. h. denen er nachträglich einen *Sinn* (!) unterlegt – und sei es der, daß sie keinerlei Sinn haben, vielmehr völlig sinnlos sind. Der chirurgische Neurologe mag noch so viele Gehirne sezieren, er wird dabei niemals einen Gedanken entdecken. Folgt daraus, daß es Gedanken nicht gibt?

Und so scheint die Frage nach dem Woher und Warum des Geistes auf dem Boden der Empirie unbeantwortbar. Unbeantwortbar auch die Frage, weshalb der Mensch (und mit ihm in unterschiedlicher Form die vielen infrahumanen Gattungen[116]) mit dieser merkwürdigen Gabe begabt ist. Im Grund verhält es sich hier wie mit der großen Warumfrage schlechthin: *Warum eigentlich gibt es etwas und nicht vielmehr nichts?* »*Warum gibt es mich?*« »*Warum gibt es Dich?*« »*Woher bin ich?*« »*Wohin gehe ich?*« »*Was ist mit den Toten?*« »*Was ist mit mir selber?*« »*Wer bin ich eigentlich?*« Die empirischen Wissenschaften bleiben uns auf solche Fragen die Antwort schuldig. Ist es deshalb sinnlos, solche Fragen zu stellen? Sind nicht sie die eigentlich interessanten Fragen? Vielleicht, weil sie empirisch unbeantwortbar sind und uns doch nicht in Ruhe lassen?

Man mag es drehen und wenden, wie man will, das Paradox ist nicht aufzuheben: So sehr die Welt unfaßbar größer ist als ich, so sehr bin ich doch in gewisser Weise größer als sie, denn ich kann sie denken.[117] Von hier aus wird der zitierte Satz des Thomas von Aquin, in jedem Erkennen leuchte auf implizite Weise der göttliche Ermöglichungsgrund allen Erkennens auf, noch einmal plausibler. Unsere in Auseinandersetzung mit dem Wissenschaftspositivismus versuchsweise gestellte Gegenfrage führt denn auch zu folgender These: Die Dinge sind erkennbar, weil ihnen eine spezifische Wahrheitsfähigkeit eignet: ihre im göttlichen Logos, Pneuma oder Nous als dem schöpferischen Prinzip aller Wirklichkeit gründende Geschöpflichkeit. Wiederum der menschliche Geist ist fähig, die Dinge zu erkennen, weil er und die Dinge ihren gemeinsamen Grund in derselben Wirklichkeit haben: im göttlichen Logos, Pneuma oder Nous als dem schöpferischen Prinzip aller Wirklichkeit. Denn Gott ist die jeglichem Erkennen transzendental vorauslaufende und es gründende Wirklichkeit. Wir können aus Gott als dem Ursprungslicht allen Erkennens nicht eine Sekunde herausfallen; wir sind von Ihm allseitig umgeben, und zwar immer schon und immerfort.[118]

Bedeutet dies nun aber, daß wir aus Gott selbst dann nicht herausfallen, wenn wir sterben? Oder erlischt im Moment des Sterbens mit unserer geistigen Selbstpräsenz, die körperbasiert ist, auch die Erkennbarkeit der Welt? Und mit ihr die Erkennbarkeit Gottes? Und damit die Beziehung Gottes zu uns (mag dieser Gott im Übrigen weiterhin auch noch so sehr für sich selbst existieren)?

Wir wissen es nicht. Wir können auf das lebensrettende, weil ewige Gedächtnis Gottes nur setzen. Wir können darauf setzen, daß in Ihm, in welchem alle Erkennbarkeit der Welt ihren eigentlichen und letzten Grund hat, auch unsere Verstorbenen liebend erkannt und deshalb gerettet seien.[119] – Wir können es aber auch sein lassen. Wir können uns dem Gotteszweifel ergeben und jenen fernen Horizont, der unser Leben rahmt (und mehr als Rahmung unseres Lebens ist Gott nie), zur Illusion erklären (dies freilich nur um den Preis des intellektuellen Selbstwiderspruchs[120]). Wir können dies tun und haben Anteil am Lebensgefühl vieler unserer Zeitgenossen, die von Gott nichts Rechtes mehr wissen und vielleicht nicht einmal mehr wissen wollen.[121] (Der Berliner Philosoph und Wissenschaftstheoretiker Holm Tetens spricht von einer regelrechten „Theismusphobie"[122] bei der Mehrheit der Vertreter seiner Zunft; freilich findet sich diese Aversion auch bei vielen sonstigen Intellektuellen, woran die Kirchen nicht ganz unschuldig sind: Was hat man nicht alles schon im Namen Gottes geglaubt und behauptet!) Aber sollte das alles sein? Heißt ein moderner Mensch zu sein vor allem dies: zu wissen, daß es einen übergeordneten Sinnzusammenhang nicht gibt?[123] Deshalb akzeptiert zu haben, daß das Leben keinen anderen Sinn hat als den, welchen wir ihm selber angedeihen lassen?[124] Davon überzeugt zu sein, aus einem Nichts zu kommen und nach ein paar Jahrzehnten wieder zu verschwinden im großen ganzen Nichts?[125] Sollte das unsere geistige Situation sein? Und wenn sie es ist: Wie soll man mit ihr umgehen?

5. „In jenen Tagen waren Worte des Herrn selten ... " (1Sam 3,1b) – oder: Von der Mut- und Einfallslosigkeit der Christen

Nun, man kann sich der skizzierten Situation ergeben: nüchtern, melancholisch, achselzuckend, desinteressiert – wie auch immer. „Résignation à l'absurde" nennt dies Albert Camus, der freilich sehr genau wußte, was das bedeutet und sich deshalb keineswegs damit abfinden wollte[126]; „fidele Resignation" Max Frisch, dem die Sache schon leichter von der Hand ging[127]; oder wie es lapidar beim Apostel Paulus heißt: „Wenn es eine Auferstehung der Toten nicht gibt, dann laßt uns essen und trinken, denn morgen sind wir tot."[128] Sowieso existiert bei den meisten von uns, wenn überhaupt, nur noch ein ironisches Verhältnis zum Christlichen, ja zum Gottesgedanken insgesamt. Man weiß mit dieser merkwürdigen kulturellen Hinterlassenschaft kaum mehr etwas anzufangen, respektiert sie (wenn man sie nicht ganz zu den Akten gelegt hat) halb widerwillig, halb höflich wie jene alte Erbtante, die keiner so recht ernst nimmt, die aber bei gewissen familiären Anlässen irgendwie immer noch dabei ist. – Bisweilen finden sich freilich Menschen, in denen dieses Erbe tief eingewurzelt ist, die deshalb (obgleich völlig Menschen im Heute und Hier) nicht nur ganz anders denken und empfinden, sondern (aus diesem Erbe schöpfend) anders leben und handeln. Einer von ihnen war der Jesuit Alfred Delp (1907–1945). In einem seiner Kassiber, geschrieben mit gefesselten Händen in der Gestapo-Haft acht Wochen vor seiner Verurteilung zum Tod, finden sich folgende rätselhaft faszinierende Sätze:

> „Innerlich habe ich viel mit dem Herrgott zu tun und zu fragen und dran zu geben. Das Eine ist mir so klar und spürbar wie selten: Die Welt ist Gottes so voll. Aus allen Poren der Dinge quillt er gleichsam uns entgegen, wir aber sind oft blind. Wir bleiben in den schönen und den bösen Stunden hängen und erleben sie nicht durch bis an den Brunnenpunkt, an dem sie aus Gott herausströmen. Das gilt [...] für alles Schöne und auch für das Elend. In allem will Gott Begegnung feiern und fragt und will die anbetende, hingebende Antwort."[129]

Was für Worte! Und welch eine Situation, in der sie geschrieben wurden! Man bedenke, daß die Kriegsmonate im Herbst 1944 in Deutschland und Europa, aber auch in weiten Teilen der sonstigen Welt von weit horriblerer Qualität waren als die Frühjahrswochen 2020, da die Corona-Pandemie ausbrach. Kann man sich vorstellen, die Kirchenleitungen in Deutschland, Österreich und der Schweiz mitsamt den Bischöfen in Frankreich, England, Italien usw. hätten ein Hirtenwort verfaßt, in welchem die Zeiten der Corona-Pandemie als zutiefst gotteshaltig und deshalb segensträchtig bezeichnet würden?

Die Welt ist Gottes so voll – gerade in diesen Zeiten der Pandemie? *Aus allen Poren der Dinge quillt Gott uns gleichsam entgegen* – nicht zuletzt aus der Lebens- und Todesbedrohtheit unserer Existenz? *In all diesen Fürchterlichkeiten und Fragwürdigkeiten will Er, der Heilige, unsere anbetende, hingebende Antwort* – heute mehr denn je?

Welchen Aufschrei ein solches Hirtenwort verursacht hätte! –
Zynismus! Sarkasmus! wären noch die harmloseren Vorwürfe, die
seine Autorinnen und Autoren zu gewärtigen gehabt hätten.
Aber wir reden im Irrealis. Denn in den gegenwärtigen Zeiten „sind Worte des Herrn selten; Visionen nicht häufig" (1 Sam
3,1b), und eine starke Theologie, argumentativ kraftvoll und, weil
existentiell beglaubigt, geistlich potent, kaum irgendwo zu finden. Da heißt es unisono aus bischöflichem Munde: „Die Corona-
Pandemie ist keine Strafe Gottes. Gott liebt uns, er will uns nicht
strafen."[130] Sehr schön. Nur: Wo spürt man dies, gerade jetzt in Co-
rona-Zeiten? Was eigentlich soll das sein, Gottes Liebe? Verbreitet sie gute Gefühle? Bewirkt sie angenehme Träume? Macht sie
glücklich? Schenkt sie Geborgenheit, Sicherheit und Trost? Bewahrt sie einem Corona-Kranken das Leben, zumindest ein paar
Tage oder Wochen? (Noch einmal sei erinnert an die kritischen
Fragen von Johann Baptist Metz.)

Damit hier kein Mißverständnis aufkommt: Die gute Absicht
der bischöflichen Rede ist offensichtlich und soll nicht im mindesten diskreditiert werden. Schließlich ist mit der Rede von Krankheit, Krieg, Teuerung und Hungersnot als „Strafe Gottes" für
unsere Sünden im Laufe der Kirchengeschichte viel zuviel Unheil
angerichtet worden[131], wobei dieses Unheil seinen Ursprung schon
in den biblischen Erzählungen selbst hat; als ein Beispiel unter vielen seien die Zehn Ägyptischen Plagen genannt, die der biblische
Redaktor als höchsteigenes Tatwort Gottes auf die Untertanen des
Pharao herabregnen läßt (Ex 7,1 – 11,10). Wenn freilich ähnlich wie
die Ägyptischen Plagen das Corona-Virus mit Gott nichts zu tun
hat (denn Gott liebt uns ja) –: Was eigentlich hat Gott dann mit der
Welt zu tun?[132] Die Schlußfolgerung liegt ja nahe: Gott schickt uns
keine Strafen, aber er schickt uns eben auch keine Vakzine; die
müssen wir schon selber erfinden.

Und so kann, um die Weltwirklichkeit Gottes zu retten, das
Pendel bisweilen in die andere Richtung ausschlagen (die Schwach-
brüstigkeit der Schönwettertheologie ist ja offensichtlich). Dann
wird streng biblisch, um nicht zu sagen biblizistisch, mit einem
Tun-Ergehen-Zusammenhang argumentiert, in welchem sich der
Wille Gottes manifestiere; die Corona-Pandemie sei die leidvolle

Konsequenz unserer hedonistischen Gottvergessenheit (die Spekulationen einer links-ökologischen Gaia-Mystik[133] vereinen sich hier mit den ideologischen Selbstherrlichkeiten eines unerleuchteten Rechtskatholizismus[134]). Mit einer solchen Argumentation führt man zwar eine jahrhundertealte Lesart der Heiligen Schrift fort, unterschlägt zugleich aber, daß diese Lesart in den biblischen Texten selbst schon problematisiert wird – erinnert sei an die Bücher Hiob und Kohelet oder aber an die entsprechenden Passagen der neutestamentlichen Jesusüberlieferung.[135] Aber selbst, wo es nicht ganz so grell daherkommt, etwa in der im Frühjahr 2020 gehaltenen Osterpredigt eines namhaften deutschen Diözesanbischofs, läßt einen die präsentierte Argumentation ratlos. Um die entscheidende theologische Frage nach der Fragwürdigkeit der Welt und damit der Fragwürdigkeit Gottes als ihres Schöpfers gar nicht erst aufkommen zu lassen, wird die Corona-Pandemie zum Stichwortgeber, um an die „Positivität der Geschlechterdifferenz"[136] zu erinnern; diese zu leugnen (d. h. Homosexualität zu befürworten) ist gleichbedeutend mit der Leugnung des göttlichen Schöpferwillens. Und so ist es auch kein Zufall, daß in Konsequenz der selben Gottvergessenheit eine industrialisierte Landwirtschaft abgerückt ist von einer „artgerechte[n] Tierhaltung"[137], was am Ende zu Zoonosen führt, d. h. zu Krankheiten, die vom Tier auf den Menschen überspringen. Hätte man dem genuinen Schöpferwillen Gottes Gehorsam geleistet, und zwar in all seinen Hinsichten (vgl. Gen 1,28–30), so hätte eine Pandemie wie SARS-CoV-2 in dieser Form wohl nicht ausbrechen können.[138] Man spürt die Absicht und ist verstimmt.

Das ist unsere kirchliche Situation: Theologische Richtigkeiten, die kaum jemanden erreichen; verschämte Gottvergessenheit, die durch pastorale Geschäftigkeit kompensiert wird; oder aber biblizistische Rechthaberei bzw. intellektuelles Harakiri *direttamente*. Wo hätte man in den vergangenen Monaten aus bischöflichem oder sonstwie berufenem Munde (nicht zuletzt aus der universitären Theologenzunft, der der Verfasser dieser Seiten angehört, der sich deshalb diesen Tadel ausdrücklich selber ans Revers heftet) auch nur *einen* aufregenden Gedanken gehört?[139] Das Evangelium, dieses nun wahrhaft aufregende, verstörende

Manifest, stört kaum noch jemanden auf. Kein Wunder, daß wir nicht mehr „systemrelevant" sind. Obgleich – systemrelevant mögen in den hinter uns liegenden Jahrhunderten die Kirchen gewesen sein; das Evangelium war nie systemrelevant. Eher systemverstörend.

Genau hier liegt das Problem. Weil Gottes so bedrängende wie beglückende Wirklichkeit, wie sie uns an der Gestalt Jesu von Nazareth aufleuchtet, in hohem Maße fragwürdig geworden ist, begnügt man sich kirchlicherseits damit, die Liturgien zu sistieren (nicht zuletzt die Liturgien der Kar- und Osterwoche[140] – ein kulturgeschichtlich einzigartiger Bruch) und im Übrigen die Einhaltung der allgemeinen Hygienevorschriften anzumahnen. „Bleiben Sie gesund!" – so die neue Segensformel, wie sie einem aus allen Lautsprechern der Deutschen Bahn und als Abendgruß der Tagesschausprecherin im Fernsehen entgegenschallt. Eigentlich nur konsequent. Wenn „die große Gesundheit"[141] das einzige ist, was uns nach dem Tode Gottes verbleibt, und der sog. Sinn des Lebens sich in den „siebzig, achtzig Jahren" (Ps 90,10) erschöpft, die es aus eigener Kraft zu füllen gilt, bleibt uns jenseits von Geldverdienen, Freizeittreiben und elaborierter Hygienepflege (vgl. 1 Kor 15,32 / Jes 22,13) tatsächlich nicht viel übrig. Ist die Geschichte hier zu Ende?

6. „Seh' ich den Himmel, das Werk deiner Finger ..." (Ps 8,4) – oder: Von der ungeheuerlichen Weite und Tiefe des Kosmos und der nicht minder ungeheuerlichen Größe des Menschen darin

So wie die Dinge stehen, wird man zunächst trocken konstatieren müssen: Ja! – Die Geschichte des Theismus, wie er über Jahrhunderte Kopf und Herz des durchschnittlichen Christenmenschen in Europa geprägt und geformt hat, ist zuende. Und zwar sehr zuende.

Das ist keine revolutionäre Erkenntnis; das ist auch kein Bekenntnis zum Agnostizismus oder gar zum Atheismus; es ist schlicht die Folgerung aus den Beobachtungen, zu denen man als halbwegs wacher Mensch an jedem Sonntagvormittag in jeder beliebigen Stadt in Deutschland, Österreich und der Schweiz, in England, Frankreich, Spanien, den Niederlanden und Belgien und selbst in einer unlängst noch so rabiat-katholischen Gegend wie Irland genötigt ist: Ein paar Häuflein grauhaariger Menschen versammelt sich hier und da zu Gottesdienst und Gebet, dazwischen ein, zwei Familien mit kleinen Kindern, die Generation zwischen 12 und 60 fehlt komplett.[142] Fragt man die Leute, was sie da meinen, wenn sie sagen *„Gott Vater, Schöpfer des Himmels und der Erde, und Jesus Christus, eingeborener Sohn vor aller Zeit, Mensch geworden aus Maria der Jungfrau, hinabgestiegen in das Reich des Todes, aufgefahren in den Himmel, sitzend zur Rechten des Vaters, von dannen er kommen wird zu richten die Lebenden und die Toten"* – so stößt man auf Achselzucken und ein paar vage, spirituelle Anmutungen. Für sie hat der belgische Theologe Lieven Boeve den hübschen Ausdruck „Etwas-ismus" *(something-ism)* geprägt: „Irgendetwas" muß es da doch noch geben – aber was das ist und wie man es positiv benennen, gar affirmativ bekennen könnte, darüber weiß man nichts Genaues nicht.[143] Und so ergeht man sich in einem spirituell getönten Humanismus, der auf die Einbergung des Einzelnen in einen größeren Gott-Welt-Mensch-Zusammenhang abhebt, auf das Gefühl eines überrationalen Vertrauens in den Zusammenklang von Ich und Welt, verziert mit ein paar jesuanischen Freundlichkeiten. Das alles ist nicht falsch, aber doch kaum mehr als zehn Prozent dessen, was einem das christliche Glaubensbekenntnis zu denken gibt. Dessen harte Essentials (Menschwerdung des göttlichen Logos in Jesus von Nazareth, der Glaube an die erlösende Kraft seines Kreuzes, seiner Auferstehung und Himmelfahrt und seiner Wiederkunft in Herrlichkeit, der Glaube schließlich an Gott als dreifaltiger Liebe) – alle diese Essentials sind weitenteils verabschiedet. Man kann sehr gut ohne den christlichen Gott leben, vielleicht sogar besser als in früheren Zeiten mit ihm.

Was ist da passiert? Zweifellos ein im abendländischen Europa über die letzten 200 Jahre sich hinziehender Prozeß, der auf allen Ebenen gravierende Veränderungen im menschlichen Welt- und Selbsterleben nach sich gezogen hat: *Entzauberung der Welt* durch eine fortschreitende *Naturalisierung, Technisierung und Ökonomisierung der Lebenswelt* (Kosmos und Natur sind nicht mehr durchsichtig auf Gott); *Historisierung und Soziologisierung aller Gottesvorstellungen* (ihnen liegen keine unableitbaren Offenbarungen zugrunde; sie sind vielmehr vom Menschen ersonnene Erzählungen); *moralisierende Verzweckung der Religion* als dem letzten noch ausweisbaren Sinn christlichen Glaubens (was der ererbten Religion vollends den Garaus gemacht hat).

Diese Prozesse sind oft beschrieben worden – nur eine Stimme sei hier genannt, Jürgen Habermas:

„In den industriell entwickelten Gesellschaften beobachten wir heute zum ersten Mal den Verlust der, wenn schon nicht mehr kirchlich, so doch immer noch durch verinnerlichte Glaubenstraditionen abgestützten Erlösungshoffnung und Gnadenerwartung als ein *allgemeines* Phänomen; es ist zum erstenmal die Masse der Bevölkerung, die in den fundamentalen Schichten der Identitätssicherung erschüttert ist und, in Grenzsituationen, nicht aus einem vollständig säkularisierten Alltagsbewußtsein heraustreten und auf institutionalisierte oder doch tief internalisierte Gewißheiten zurückgreifen kann."[144]

Die mentalen Säkularisierungsprozesse, die Habermas hier im Blick auf die frühen 1970er Jahre beschreibt, haben sich seitdem noch einmal verschärft, und zwar in einem Maße, daß einem als Mensch, dem am christlichen Glauben liegt, Hören und Sehen vergeht. Nicht nur die kirchlichen Landschaften zerbröseln in geradezu galoppierendem Tempo (die pandemiebedingte Sistierung der Gottesdienste gibt dem Ganzen eigentlich nur noch den Rest); auch eine transzendenzgebundene Selbstverortung des Menschen ist kaum noch vermittelbar, geschweige denn als selbstverständlich vorauszusetzen. Um es ins Bild zu bringen: Die Luft, die wir atmen, ist entgöttlicht, und unsere Organe passen sich dieser veränderten Atmosphäre immer mehr an – bis tief hinein in die Kirchen. Man mag noch katholisch sein oder evangelisch, hier und da sonntags den Gottesdienst besuchen und die großen Feiertage ehren – *de facto* ist man Agnostiker.

Warum dies so ist, liegt auf der Hand: Man kann nicht auf Dauer gegen seine Zeit leben. Man lebt immer mit und in ihr. Selbst wenn man glaubt, theistisch eingestellt zu sein, selbst wenn man sich für einen spirituellen Menschen hält (was immer das sein mag) –: Man ist agnostisch-skeptisch, der christlichen Tradition gegenüber halberlei distanziert, ist kritisch gewandet und angefressen vom Glaubenszweifel, ob man sich dies eingesteht oder nicht. Um es mit Ernst Bloch zu sagen: Im Europa des 16. Jahrhunderts war selbst der größte Ungläubige tiefer von der Wirklichkeit Gottes durchdrungen als im 20. Jahrhundert dies dem gläubigsten unter den Christen möglich ist.[145]

Aber hat diese Entwicklung notwendig so verlaufen müssen? Der kanadische Philosoph und Kulturwissenschaftler Charles Taylor ist da anderer Meinung. In seinem 2007 veröffentlichten Alterswerk *A Secular Age (Ein säkulares Zeitalter)* spürt Taylor dem nach, was er die „‚Selbstverständlichkeit' der abgeschlossenen Perspektive" nennt: „Damit meine ich jene Formen unserer ‚Welt'" (genauerhin unserer Weltwahrnehmung), „die für das ‚Vertikale' oder ‚Transzendente' keinen Platz lassen, sondern es ausschließen, unzugänglich oder sogar undenkbar machen."[146] („*We never advance a step beyond ourselves*" nennt der bei Taylor oft zitierte David Hume diese Grunderfahrung: Uns gelingt es nicht, auch nur einen Schritt über uns hinaus zu tun; wir bleiben in unserer Endlichkeitsperspektive gefangen, und alles, was wir an Transzendenzerfahrung zu machen meinen, ist zuletzt nichts anderes als unsere in der Immanenz verfangene Selbstbespiegelung, die im Tod zu ihrem Ende kommt.[147]) Taylor fragt, welche Umkehrung der Perspektive nötig wäre, um die aus dem Blick geratene Transzendenzdimension menschlichen Welt- und Selbsterlebens nicht nur auf neue Weise denkbar, sondern vielleicht sogar auf neue Weise erfahrbar zu machen, und er antwortet mit dem Hinweis auf eine „Spiritualität ohne Religion"[148], wie sie jenseits der christlichen „Großerzählung" von nicht wenigen Menschen praktiziert wird: So sehr das Wissen um die Unermeßlichkeit des Kosmos zur völligen „Zerrüttung unserer Vorstellung von Gottes ordnender Präsenz" führen kann, so sehr können genau dieselben Unermeßlichkeitserfahrungen zum „Ort eindringlicher spiritueller Sinnelemente" werden.[149]

Nach Taylor ist es nicht auszuschließen, daß wir „am Anfang eines neuen Zeitalters der religiösen Suche" stehen. Deren Ergebnis könne freilich niemand vorhersehen.[150] Denn in Frage stehe ja nicht mehr (wie noch im 18. oder frühen 19. Jahrhundert) Gott; in einem Zeitalter des Naturalismus und Transhumanismus sei es der Mensch, der in Frage stehe. Habe man aber erst einmal begonnen, die Frage nach dem Menschen zu stellen, so stehe alsbald auch die Frage nach der *Welt* des Menschen im Raum, d. h. die Frage nach dem Kosmos. Was hat es auf sich mit ihm? Wohnt ihm ein Sinn inne?

Wo solche Fragen laut werden, wird man die Einsichten der modernen Kosmologie und Astrophysik herbeirufen müssen: Was geben uns diese Wissenschaften im Blick auf uns selbst und die Welt zu denken? Religiöses Ahnen wie Zweifeln beginnt ja immer in den Tiefenschichten der Seele, beginnt „mit der schockierenden [...] Bewußtseinserfahrung von Geburt und Tod: daß aus Nichts etwas kommt – und daß das Gekommene ins Nichts verschwindet. Woher und wohin?"[151] und daß da zugleich eine Ungeheuerlichkeit uns überwölbt, das nächtliche Universum, das war, bevor wir wurden, und das immer noch sein wird, wenn es uns längst nicht mehr gibt.

Was ist das mit uns angesichts dieser Ungeheuerlichkeit und Tiefe der Natur, aus der wir aufgetaucht waren im Moment unserer Geburt und in der wir dereinst wieder untergehen werden? Löst unser Geist sich auf, wenn wir sterben? Erlischt er, so wie unser Körper sich verkrümelt hinein in seine molekularen und submolekularen Strukturen, um die Basis zu bilden für neues Leben, das nichts mit uns zu tun hat? Ein ewiges Stirb und Werde, das sich sinnlos fortwälzt, um – vielleicht – irgendwann für einen Moment in einem anderen Menschen zu Bewußtsein zu gelangen, aber dieser Mensch sind nicht wir?

Man kann diese Fragen auch drastischer stellen: Was eigentlich sind wir? Die zwei, drei Kilo zermahlenen Knochenkalks, wie sie nach der Kremierung unseres Leichnams übrigbleiben? Durchaus brauchbarer Dünger für neues Leben? Oder sind wir Geist, Seele und Leib, Zweifel, Sehnsucht, Schmerz, Trauer, Liebe und Glück, Schuld, Freude, Leid und Hunger nach Versöhnung? Wenn letzteres (und daran ist nicht zu zweifeln), so sind wir beides: Aufschau zum Himmel, dessen erhabenem Schweigen wir eine Antwort ablauschen wollen, denn „der bestirnte Himmel über mir" ist unendlich viel größer als ich; Versenkung in den Brunnengrund unserer Seele, ob uns nicht von dort ein Wort komme, denn das „moralische Gesetz in mir" kündet von der „Unendlichkeit" meiner Person. Wie beides miteinander verknüpft sein könne oder ob es beziehungslos auseinanderfalle, hatten sich schon Immanuel Kant[152a] und F.W.J. Schelling[152b] gefragt. Wie kann der Mensch *als* Freiheitswesen Teil der Natur sein? Wie geht das zusammen: Sternenstaub und doch seiner selbst bewußter Geist? Produkt anonymer Evolutionsprozesse und doch unverrechenbares, ethisch verantwortliches Subjekt?[152c]

Beide, Kant wie Schelling, wußten, wie tief hinab in uralte Vergangenheit solches Räsonieren reicht. Die heftigsten, urtümlichsten Erschütterungen des homo sapiens haben ja in der Tat hier ihren Ursprung: in der Entdeckung von Kosmos und Seele, Weltall und Geist. Wir vergessen, daß die frühesten Regungen menschlicher Welt- und Selbsterkundung mit Himmelsbeobachtungen und kalendarischen Berechnungen verbunden sind – man denke an die großen Kulturen der Chinesen, der Babylonier und Ägypter, an die meso-amerikanischen Reiche der Inka und Azteken. Ihre Augen richteten sich des nachts auf den Himmel, jenes ungeheure, welttheatralische Wunder, für das es keine Worte gibt. Solche Beobachtung geschieht nicht „von außen", als sei „der bestirnte Himmel über mir" ein nüchtern zu taxierendes Objekt. Für die Alten war der Himmel göttlich, und die Sterne waren Götter. Das ist nicht irgendein Aberglaube, über den man, aufgeklärt wie wir sind, lächeln dürfte. Wer immer von uns Heutigen auch nur einmal in der Wüste war oder im Gebirge oder an sonst einem abgeschiedenen Ort und sich in den nächtigen Himmel versenkt hat (am besten tut man dies im Liegen), ahnt, warum die großen Religionen aus den Sternennächten geboren sind. Denn da versinken die Horizonte. Die Welt wird weit. Man schaut nicht *auf* die Milchstraße, man ist *in* ihr! Die Vorstellung „Himmlisches Oben" und „Irdisches Unten" schwindet; man findet als Betrachter jenes kosmo-astralen Bilderbuches, das sich vor einem aufblättert, in dessen Geschichte hinein, ist von ihr nicht mehr zu trennen – ein atemberaubendes Gefühl.[153]

Und fängt an zu sinnieren: Wenn denn wirklich gölte, was das Kinderlied uns singt: *„Weißt du, wieviel Sternlein stehen? Gott, der Herr, hat sie gezählt, daß ihm auch nicht eines fehlet ..."* – wenn dies wirklich gölte: müßte Gott dann nicht in jeder Sekunde seine astrostellare Statistik korrigieren und ergänzen? Der Kosmos ist ja in steter Bewegung. Schöpfung war nicht gestern, Schöpfung ist dauernd und mehr noch in Zukunft. Schöpfung ist immer – zitieren wir eine längere Passage aus einem wunderbaren Artikel von Johannes Röser, überschrieben *„Ein Sommernachtstraum"*:

„Pro Sekunde werden in dem unserer Beobachtung und Messung zugänglichen Weltall mindestens 30.000 Sterne geboren und wahrscheinlich ebenso viele Planeten. Insgesamt sind vermutlich eine Trillion Sterne am Entstehen. Das ist eine 1 mit achtzehn Nullen.

Und gleichzeitig sterben unzählige Sonnen ab. Weniger massereiche wie unsere Sonne blähen sich zu einem Roten Riesen auf, um zu einem Weißen Zwerg zu kollabieren und in einem Nebel zu verschwinden. Andere extrem massereiche Gebilde hauchen in einem letzten hochexplosiven Akt als Supernova ihr ,Leben' aus, schleudern dabei ihre gesamten äußeren Schichten ins All hinaus, um dann zu einem Neutronenstern oder einem Schwarzen Loch zusammenzustürzen. Die Lebensdauer dieser Sterne mit gewaltigster Wasserstoff-Kernfusion und einer Lichtstärke vom Viertausendfachen – oder mehr – unserer Sonne dauert im Gegensatz zu unserem langsam verbrennenden Heimatgestirn oft nur fünfzig bis hundert Millionen Jahre. Eine kosmische Katastrophe jagt die nächste. Und was ist mit den noch kaum verstandenen Schwarzen Löchern, die inmitten der Galaxien oder in der Mitte von extrem leuchtstarken Quasaren gewaltige Mengen an Materie in sich verschlingen, um andererseits wieder Jetstreams von Plasma, Gammastrahlen und sonstigen Teilchen über zigtausende Lichtjahre Entfernung hinauszustoßen – sind die auch göttlich gezählt?

Die Kosmologen haben nicht gezählt, sondern aufgrund von Berechnungen geschätzt, daß es mindestens zweihundert Milliarden Galaxien gibt mit jeweils um die dreihundert Milliarden oder noch viel mehr Sonnen [...] darin, deren Licht [...] bereits viele Millionen bis Milliarden Jahre zu uns unterwegs war[.], wenn wir es empfangen. Sobald wir es ,sehen' [...], existiert das Ursprungsobjekt möglicherweise oder höchstwahrscheinlich schon gar nicht mehr.

Unterm heimelig romantischen Mond kann uns also rasch sehr unheimlich ums Herz werden, wenn man die Ausmaße von Raum und Zeit bedenkt – und immer weniger weiß, was genau Wirklichkeit sei. Wie [...] begrenzt ist das vermeintlich unbegrenzte Universum tatsächlich? Und was kommt ,dahinter'? Überhaupt keine Anschauung verbindet sich mit der Frage, was ,außerhalb' sei, weil es mathematisch-physikalisch kein ,Außerhalb' dessen gibt, was durch die Raumzeit bestimmt und seit dem Urknall ins Dasein getreten ist. [...] Noch schwieriger wird es für die religiösen Vorstellungen, sofern sie sich auf diese seltsamen Konstruktionen auch nur ein wenig einlassen und diese mit unseren unmittelbaren, sehr einfachen Anschauungen von Zeit und Ewigkeit verbinden wollen. Denn sämtliche klassischen Begrifflichkeiten versagen. Vor allem dann, wenn wir Ewigkeit intuitiv doch mehr oder weniger als eine unendlich verlängerte Zeit denken. Aber wenn es keine Zeit ,vor' dem Urknall ,gab', in dem Zeit zusammen mit Raum überhaupt erst entstand, was gab es dann? Jedenfalls keine ,Ewigkeit' im landläufigen Sinn.

Und Gott? ,Wo' war ,Gott', als ,Nichts' war, ,als' es ,nichts' ,gab' außer ,Nichts' – [...] ,vor' dem ,Urknall', ,vor' der Energie aller Energie. ,Woher' ,kam' ,Gott'? ,Wer' ,zeugte' ,Gott'? Warum überhaupt ,Gott'?

Jedes Wort, das sich hier einen religiösen Zutritt zu verschaffen sucht, ist falsch, untauglich zur Beschreibung einer Dimension, die keine Dimension hat und keine Dimension ist. Dann aber kommen die nächsten Fragen: Wo war Gott in den Milliarden Jahren seit dem Urknall, als niemand [...] an ihn dachte, als es überhaupt nichts gab, das an ihn hätte denken können? [...] Wozu dieser lange Atem der Zeit ganz ohne ein Gottesbewußtsein, ganz ohne Gottesbeziehung? Gott, so sagt es die konventionelle Theologie, habe sich im Menschen [...] einen Dialogpartner erschaffen wollen. Warum aber blieb Gott derart lange so ,einsam'? Bis irgendwann erst sehr spät der Mensch aus evolutiven Zufällen und Gesetzmäßigkeiten heraus als intelligentes Wesen entstand – so daß sich über sein komplexes Gehirn Offenbarung ereignen konnte, ein Geistesblitz, eine Art zweiter Urknall, der den Menschen das Mysterium als Mysterium ahnen ließ.“[154]

All die hier gestellten Fragen vermitteln eine erste, wenn auch noch so vage Vorstellung von der Maßlosigkeit nicht nur des Kosmos, sondern auch der Gottesidee, die sich an ihm entzündet. Und vermitteln zugleich eine Ahnung von der Ungeheuerlichkeit, die der Mensch selber ist. Denn angesichts der kosmischen Größenverhältnisse stellt sich ja unwillkürlich die Frage: „*Was ist der Mensch?*“ (Ps 8,5a) Die Antwort liegt auf der Hand: Gar nichts! Selbst die Lebensspanne der gesamten menschlichen Gattung ist im Vergleich zur räumlichen und zeitlichen Erstreckung des Kosmos bestenfalls ein kurzes Aufflackern; wir sind angesichts der kosmischen Größenverhältnisse in bio-physikalischer Hinsicht vernachlässigenswert, eine *quantité négligeable*.

Und doch sind wir mehr als der Kosmos; wir sind *in qualitativer Hinsicht* um ein Unendliches größer als er. Denn wir können ihn denken. Wir können bis auf wenige Millisekunden vor den sog. „Big Bang“ zurückrechnen. So sehr wir Teil des Kosmos sind, der uns kalt und stumm dünkt, ein Produkt der Natur, die um sich selber nicht weiß, so sehr „schlägt die[selbe] Natur in uns die Augen auf und bemerkt, daß sie da ist.“[155] Im Menschen wird die Natur selbstreflexiv, sie springt gleichsam aus sich selber heraus und wird im Menschen ihrer selbst ansichtig. Das ist ein ungeheurer Vorgang, über den man gar nicht genug staunen kann. Im Menschen blitzt etwas auf, was sich materiell nicht verrechnen läßt: Geist, Selbstbewußtsein, Personalität. Und darin leuchtet auf, was man seine „Würde“ nennt. Insofern ist auch das biblische Wort vom Menschen als der „Krone der Schöpfung“ nicht irgendeine anthropomorphe Übertreibung, die wir, wissenschaftlich ernüchtert, beschämt zur Seite legen müßten; dieses Wort ist vielmehr treffend durch und durch. Denn im Menschen „guckt“ „die Natur“ sich selber gleichsam in den Kopf. Und „sie weiß“, daß sie das tut, denn im Menschen wird sie selbstreflexiv.

Aber damit nicht genug: Die ungeheuren Erstreckungsmaße des Kosmos scheinen sich im Menschen zu wiederholen. Es gibt im menschlichen Gehirn etwa so viele neuronale Verschaltungen wie Sonnensysteme in der Milchstraße: 100 Milliarden (10^{11}) Nervenzellen, die durch etwa 100 Billionen (10^{14}) Synapsen miteinander verbunden sind.[156] Man höre und staune erneut: Damit die Natur im Menschen sich zur Selbsttransparenz aufsteigern kann, braucht es eine Geistbegabung, zu deren materialer Grundlage eine neuronale Komplexität nötig ist, die sich mit der Komplexität des unauslotbaren Kosmos vergleichen läßt.[157]

Aber selbst damit sind wir noch nicht am Ende; vielmehr geraten wir hier vor einen weiteren zentralen Gedanken: Das zuletzt ganz und gar Staunenerregende ist ja, daß der Mensch den Kosmos erkennen kann. Mit anderen Worten: Es scheint dem Kosmos selber eine mathematisch faßbare Rationalitätsstruktur zugrunde zu liegen, die sich im Menschen als einem winzigen Teil des Kosmos wiederholt. Makrokosmos und Mikrokosmos, Welt und Mensch spiegeln sich ineinander. Menschlicher Geist und materiale Natur sind aufeinander abgestimmt, sonst könnte es kein Erkennen geben.

Was hat dies alles nun mit Gott zu tun? – Sehr viel. Die hier nur eben angedeuteten Zusammenhänge geben uns eine Ahnung von der Ungeheuerlichkeit Gottes. Denn natürlich stellt sich jetzt die Frage, wie es kommt, daß Welt und Mensch so erstaunlich aufeinander abgestimmt sind. Auf diese Frage (wir sahen es schon an anderer Stelle) gibt es keine empirisch verifizierbare Antwort. Wir betreten hier das Gebiet der Philosophie, um nicht zu sagen der Theologie und Metaphysik. Egal welche Antwort ich auf diese Frage gebe (ob ich als frommer Mensch sage: Der Konnaturalität von Kosmos und Mensch liegt ein diese Ordnung gründender Geist voraus, der noch in den trivialsten Erkenntnisakten als die ihnen vorlaufende Möglichkeitsbedingung aller Erkenntnis miterkannt wird[158]; oder ob ich als materialistischer Agnostiker sage: Das alles ist ein zwar höchst erstaunlicher, zuletzt aber völlig bedeutungsloser Zufall der kosmo-biologischen Evolutionsprozesse[159]) – ich betreibe Philosophie und nicht empirische Naturwissenschaft; ich betätige mich als Metaphysiker, nicht als Physiker. Wir kommen aus dieser Schleife nicht heraus.[160] Sobald ich frage *„Warum kann ich die Welt erkennen?"* (oder genauer: *„Warum gibt sie sich mir zu erkennen?"*); sobald ich frage: *„Warum ist da etwas und nicht vielmehr* *nichts?"*, *„Wozu überhaupt das Ganze?"*, habe ich die Frage nach dem Grund von allem gestellt. Den Grund von allem nennt die abendländische Tradition „Gott".

Noch einmal: Mit den hier vorgestellten Überlegungen haben wir keinen Gottesbeweis geführt. Man kann Gott nicht beweisen, denn dann müßte man die Bedingungen der Möglichkeit des eigenen Beweisens beweisen – eine logische Unmöglichkeit. Immerhin aber bekommen wir eine Ahnung von der Ungeheuerlichkeit Gottes – wenn man denn für die Wirklichkeit Gottes optiert. Festzuhalten ist: Dem Gottesglauben kommt epistemisch immer nur die Qualität einer religiös-metaphysischen Option[161] zu, mehr ist der Gottesglaube wissenschaftstheoretisch gesehen nie – allerdings ist er eine gut, sogar sehr gut begründbare Option.[162] Es ist (noch einmal sei's gesagt) an der Zeit, daß der allenthalben grassierende Gotteszweifel, der so beinhart selbstsicher daherkommt, sich endlich selber einmal mit dem Zweifel am Zweifel paart. Warum soll es Gott eigentlich nicht geben? In jedem Fall ist Gott logischer als das pure Nichts. Denn aus dem Nichts kann nichts entstehen außer Nichts. Aber das Nichts ist nicht. Wie soll man glauben, daß im Anfang – nichts „ist" (Wie eigentlich kann ein Nichts „sein"?) und wie soll man darüber hinaus dann auch noch glauben, daß aus diesem Nichts, aus dem nichts werden kann, weil es ja gar nicht „ist", dann etwas geworden ist? Wenn im Anfang nichts ist, dann ist auch nie etwas geworden. Aber die Welt ist. Und ich bin auch. – Wem das nicht zu denken gibt, dem ist nicht zu helfen.[163]

Das unerhörte Wunder, daß etwas ist und nicht vielmehr nichts, ist der entscheidende Grund, dafür zu optieren, daß „im Anfang" etwas ganz anderes ist als Nichts. Warum? – Nun, dem frommen Menschen erschöpft sich jenes singuläre Geschehen, das die Physik (wenig sinnvoll[164]) als „Urknall" bezeichnet, nicht in sich selbst; denn Frömmigkeit (egal ob religiös, philosophisch oder agnostisch) fragt nie nur nach dem „Wie?", sondern immer nach dem „Warum?" *Warum gibt es die Welt?* ist nun aber keine Frage der empirischen Wissenschaften. Und doch ist sie die eigentlich interessante Frage. Der fromme Mensch beantwortet diese Frage mit dem Hinweis auf einen sich selbst wissenden Grund, der alles, was ist, ins Dasein ruft (Röm 4,17b), und sich durch die Tatsache, daß etwas ist und nicht vielmehr nichts, unwiderleglich offenbar macht (Röm 1,19f.): *„Im Anfang war das Wort“* (Joh 1,1), *„Im Anfang schuf Gott Himmel und Erde“* (Gen 1,1), *„Seh' ich den Himmel, das Werk deiner Hände ...“* (Ps 8,4) Aus einem voluntativen Schöpfungsakt sei alles entstanden, nicht aus einem „Nichts“ oder einem anonymen „Zufall“ (wobei „Zufall“ ja vielleicht nur ein hilfloser, agnostischer Name für den „unbekannten Gott“[165] ist, denn was „uns“ da als spätere Welt „zufiel“, ist womöglich nur das, was „längst“ „fällig“ war, und der/das „Zufallende“ ist der-/dasjenige, der/was am/im Grunde von allem wirkt.)

Wie auch immer: Die Tatsache, daß es den Kosmos gibt und daß es den Menschen gibt, die Tatsache, daß es mich gibt und dich gibt und sich das Leben, allen Fragwürdigkeiten und Absurditäten zum Trotz, immer wieder auch als sinnvoll und schön erweist, ist dem Frommen Anlaß zu dem Bekenntnis, daß *„im Anfang“* (בְּרֵאשִׁית *[b^{e}reschit]*) bzw. *„im Grunde“* (ἐν ἀρχῇ *[en arché]*)[166] ein allmächtig-schöpferisches Wort ist, das da lautet: ES WERDE LICHT. ES WERDE DIE WELT. ES WERDE DER MENSCH. DU WERDE. UND DU AUCH. UND DU. UND ÜBERHAUPT IHR ALLE. ICH WILL, DASS IHR SEID! ICH WILL, DASS DU BIST! „Denn das Bewirkende“, sagt Aristoteles, „ist immer größer als das Bewirkte.“[167] Gott als der Schöpfer des in seinen Ausmaßen schier unermeßlichen Kosmos ist qualitativ anders als der Kosmos. Gott „umfängt“ und „überwölbt“ die Welt, „die Himmel und die Himmel der Himmel können ihn nicht fassen“ (1Kön 8,27); zugleich aber „trägt und hält“ „er“ die Welt „in seinen Händen“ (Ps 139,5); sein Geist durchwebt und durchwirkt sie, wie es in der jüdischen Weisheitsliteratur heißt: „In allem ist dein lebendiger Geist.“ (Weish 12,1. Vgl. 8,1b; Apg 17,28.) Nur deswegen können wir ja die Welt erkennen. Daraus aber folgt: Wenn schon der Kosmos in seinen Ausmaßen ungeheuerlich ist, dann ist Gott als der Schöpfer des Kosmos das oder der Ungeheuerliche schlechthin. Ungeheuerlich ist das Heilige. Vom Heiligen muß man reden, man muß es in Worte bringen, denn es ist unerträglich, dem letzten Grund namenlos ausgesetzt zu sein, er macht uns schaudern und staunen zugleich: *fascinosum et tremendum.*[168]

Angesichts genau dieser Zusammenhänge erhebt sich nun freilich der Protest dessen, dem wir schon einmal unser Ohr geliehen hatten: Friedrich Nietzsche. Nietzsches Widerspruch richtet sich gegen den massiven Anthropomorphismus der biblischen Tradition: Zersprengt nicht ein Kosmos, wie ihn uns die moderne Astrophysik vor Augen stellt, jede Vorstellbarkeit von einem liebenden Schöpfergott? Und führt die Tatsache, daß der Kosmos (dem derzeitigen Standardmodell zufolge) in ca. 22 Milliarden Jahren seine maximale Ausdehnung erreicht haben, dann kollabieren und den entropischen Kältetod sterben wird, die Vorstellung von einem guten Ende der Welt in einem alles versöhnenden endzeitlichen Gericht nicht ad absurdum?

„Warum heute Atheismus?", fragt Nietzsche und gibt zur Antwort:

„‚Der Vater' in Gott ist gründlich widerlegt; ebenso ‚der Richter', ‚der Belohner'. Insgleichen sein ‚freier Wille': er hört nicht, – und wenn er hörte, wüsste er trotzdem nicht zu helfen. Das Schlimmste ist: er scheint unfähig, sich deutlich mitzutheilen: ist er unklar? – Dies ist es, was ich, als Ursachen für den Niedergang des europäischen Theismus, aus vielerlei Gesprächen, fragend, hinhorchend, ausfindig gemacht habe [...]."[169]

Wie so oft legt Nietzsche auch hier den Finger auf die Wunde. Was man in den Monaten der Corona-Pandemie allenthalben vernehmen konnte, war schon zu seiner Zeit, Ende des 19. Jahrhunderts, ein Grundtopos der Religionskritik: Allem Anschein nach ist da kein machtvoll liebender Vater, der uns erhört, wie wir's gerne hätten. Die theologischen Beschwichtigungsfloskeln, daß der grundgütige und barmherzige Gott nur Gutes wolle, daß er uns immer nahe sei, in guten wie in schlechten Zeiten, verfangen nicht mehr. Schlimmer noch: sie kaschieren die theologische Ratlosigkeit und werden „schnell zum Bumerang. Denn in der Krise sind uns auch ganz andere Mächte und Gewalten nahe – eben jene, die für Gefahr an Leib und Seele sorgen. Wer hat uns in der Krise denn faktisch in der Hand? In wessen Hand befinden wir uns in dieser Situation wirklich? Wir mögen letztlich in die Hand Gottes fallen" (bekanntlich kann man niemals tiefer fallen als in diese), „aber vorher haben die Mächte des Todes ihre Hand

im Spiel"[170] – erinnert sei noch einmal an den verstörenden Vierzeiler von Robert Gernhardt:

> Herrgott! Ich fiel aus deiner Hand
> grad in des Teufels Krallen.
> Doch hör! Der kleine Unterschied
> ist mir nicht aufgefallen.

Insofern scheint der Corona-Pandemie tatsächlich **Offenba-
rungscharakter** zuzukommen, allerdings in einem ganz anderen Sinn, als es einem Menschen, der in den herkömmlichen
Gottesvorstellungen großgeworden ist, lieb sein kann. Wenn Ignatius von Loyola sagt: *„Gott umarmt uns durch die Wirklichkeit"*[171], dann
muß man sehr aufpassen, daß solch ein Satz nicht alsbald zynisch
wird. Denn die Wirklichkeit – das ist ja nicht nur die Wärme der
Sonne, der sanfte Frühlingswind und das Lächeln eines lieben
Menschen; das ist auch und nicht zuletzt die Gewalttätigkeit dieser Welt, das ist das Coronavirus, das sind Krieg und Folter, Krankheit, Alter und Tod. Will man im Ernst von einem Folterknecht
oder dem Pestbazillus umarmt werden? Insofern müssen wir noch
einmal auf jenen Schüler des Ignatius zurückkommen, der uns
schon einmal nachdenklich werden ließ: Alfred Delp. Wenn Delp
wenige Wochen vor seiner Hinrichtung schreibt: *„Die Welt ist Gottes so voll. Aus allen Poren der Dinge quillt er gleichsam uns entgegen, wir
aber sind oft blind"* – so ist zu fragen: Wofür sind wir blind? Die Antwort liegt auf der Hand: Wir sind blind für die Ungeheuerlichkeit
Gottes, dessen Verschiedenheit zur Welt stets größer ist als seine
Vergleichbarkeit mit ihr. Der klassische Gedanke der *analogia en-
tis* klingt hier an: Die innige, nicht mehr zu steigernde Nähe Gottes zum Menschen, wie sie sich in jedem Erkenntnisakt realisiert
(*„omnia cognoscentia cognoscunt implicite deum in qualibet cognitione
..."*), ist unterfangen und getragen von seiner je noch einmal größeren Majestät und Hoheit. Je näher Gott uns ist, als umso größer
und erhabener erweist er sich: ER, der Heilige, der von keinem Gedanken adäquat erfaßt, geschweige denn ausgeschöpft wird. Als
der den Kosmos „Unterfangende", „Überwölbende" und „Durch-
dringende" quillt Gott uns tatsächlich aus allen Poren entgegen.
Angesichts der Ungeheuerlichkeit der interstellaren Räume und

der ebenso ungeheuerlichen Tatsache, daß wir sie denkerisch erfassen können; angesichts der milliardenfachen Differenziertheit der Schneeflocken im Winter[172a], der stupenden Intelligenz noch der primitivsten Pflanzen und Tiere[172b], ist es eigentlich unmöglich, *nicht* um Gott zu wissen, *nicht* von Gott zu sprechen, *nicht* an Gott zu glauben. Man sieht Ihn ja förmlich überall am Werk. Doch gerade darin ist Er der schlechterdings Andere, der *deus semper maior*, von dem die scholastische Tradition völlig zu Recht sagt: *comprehendi nequit* (ER kann nicht begriffen werden)[173], *definiri nequit* (ER kann nicht eingegrenzt werden)[174], *experiri nequit*: ER kann in seiner allesumfassenden und -durchdringenden Wirklichkeit nie als Er selbst erfahren werden[175], denn erfahrbar ist für den Menschen immer nur Einzelnes unter Einzelnem. Gott aber ist kein Einzelnes, ER ist nicht Ding unter Dingen, ER ist, wie Schrift und Tradition einhellig bekennen – „alles"[176] und zugleich „jenseits von allem".[177] Und gerade darin ist er im Verhältnis *zur* Welt noch einmal anders, als die Dinge *in* der Welt zu- und gegeneinander anders sind. Kurzum: Gott ist, wie Nikolaus Cusanus sagt, als das oder der im Verhältnis zu Kosmos und Welt „Ganz Andere" *(omnis / omne aliud)* das oder der „Nicht Andere" *(non aliud)*.[178] Und darin ist Er uns auf das Innigste zugewandt. Wie das?

7. „Ich habe aus dem Osten einen Adler gerufen ... " (Jes 46,11a) – oder: Von der hilfreichen secunda manus der Fremdprophetie

Bevor wir uns im dritten Teil unserer Überlegungen („Therapeutische Ratschläge") an den Versuch einer Antwort auf diese Frage machen, müssen wir Nietzsche, diesen unerbittlich präzisen Diagnostiker, zuende hören. Jene religionskritische Einrede, aus der wir soeben zitiert hatten, endet nämlich mit der Folgerung:

„Es scheint mir, dass zwar der religiöse Instinkt mächtig im Wachsen ist – dass er aber gerade die theistische Befriedigung mit tiefem Misstrauen ablehnt."[179]

Man kann diesen Satz problemlos umdrehen: Zwar verliert der personale Theismus biblischer Provenienz zusehends an Überzeugungskraft; aber der religiöse Instinkt ist nicht totzukriegen – jedenfalls nicht bei jenen herausragenden Menschen, die sich ein Gespür bewahrt haben für das Widerborstige, Unverrechenbare, Fremde, Überständig-Ekstatische, Verfemte, weil Schwierige, Herrliche des Lebens: Himmel, Lust und Seligkeit, das Wissen um Sünde, Schmerz, Tragik und verschwenderische Freude. Für solche Menschen steht Nietzsche selbst, dieser „ängstliche Adler", als welchen ihn sein Biograph Werner Ross einmal bezeichnet hat.[180]

Wieso ängstlicher Adler? Inwiefern ist der religiöse Instinkt nicht totzukriegen? Und warum wird dies gerade an Nietzsche deutlich? – Womöglich, weil an seiner Lebensgeschichte sich ablesen läßt, daß der Verlust jeglicher Vorstellung eines übergeordneten Sinns kaum ohne Phantomschmerz abgeht. In der Tat wußte Nietzsche wie nur wenige, daß der Verlust der Verankerung des Menschen in der Gotteswirklichkeit eine unabsehbare Kette weiterer Verluste nach sich zieht: *„Stürzen wir nicht fortwährend"*, seit wir um den Tod Gottes wissen, *„rückwärts, vorwärts, nach allen Seiten?"*, so läßt Nietzsche seinen tollen Menschen fragen, dem die schmerzliche Pflicht obliegt, die Botschaft vom Tode Gottes zu verbreiten. *„Gibt es noch ein Oben und ein Unten? Irren wir nicht wie durch ein unendliches Nichts?"*[181] – Wer so fragt, hat begriffen, was die Desavouierung der Gottesidee für das Selbstverständnis des Menschen bedeutet: hinausgeworfen zu sein aus einem wohlgeordneten Kosmos, in welchem der Mensch jahrtausendelang als Naturwesen („Krone der Schöpfung"), als Geistwesen („geschaffen nach dem Bilde Gottes") und als geschichtliches Wesen (eingebettet in eine „Heilsgeschichte") einen ihm angemessenen Ort innehatte. Das alles ist ab sofort obsolet, und so muß sich der Mensch nun selber seinen Kosmos erschaffen – aber ist diese Aufgabe nicht „zu gross für uns"?[182] Sie ist zu groß, denn mit der titanischen Wahrheitstat, Gott als eine Illusion entlarvt zu haben, kommt eine noch schmerzhaftere, weil geradezu skandalöse Wahrheit an den Tag:

Daß nämlich der menschliche Intellekt überhaupt unfähig ist, ungetrübtes Medium der Wahrheit zu sein.

An genau dieser Stelle erweist sich Nietzsche als jemand, der aus der Sicht der Theologie die wichtige Aufgabe der Fremdprophetie[183] übernimmt. Wie kaum jemand vor ihm hat Nietzsche geradezu seismographisch gespürt, daß da etwas an sein Ende kommt: eben jener Theismus der biblischen Tradition, wie er über die längste Zeit das europäische Denken beherrschte, und von dem man spürt, daß er nicht mehr trägt. Zugleich aber hat Nietzsche (ebenfalls wie kaum jemand vor ihm) begriffen, was dieser Umschwung im Welt- und Selbsterleben des europäischen Menschen bedeutet. Obgleich in höchstem Maße ätzender Kritiker des christlichen Glaubens[184], weiß Nietzsche, wie sehr an der Wirklichkeit Gottes die Erkennbarkeit aller Wirklichkeit hängt. Die Gottesidee ist nicht irgendein ideologisches Reservat der christlichen Kirchen, das man getrost einzäunen und dann ihnen überlassen könnte. Die Gottesidee ist, ganz im Gegenteil, der logische Angelpunkt, in welchem sich die Welt dreht.[185] In dem Maße, in dem die Grundlegung der Welt in Gott fragwürdig wird, wird zugleich auch die Erkennbarkeit der Welt fragwürdig. Wo die Strukturen menschlichen Denkens nicht mehr als Abglanz des in Gott gründenden Seins begriffen werden, sondern als etwas im Laufe der menschlichen Gattungsgeschichte sich selbst Konstruierendes, das dem Menschen vorspiegelt, Wirklichkeit zu erkennen, da ist Erkennen nicht mehr korrelationale Angleichung des Denkens an das Sein *(adaequatio rei et intellectus)*, sondern nominalistische Konstruktion von Wirklichkeit *(adaequatio rei ad intellectum)*. Nicht Gott gründet die Wahrheit menschlichen Erkennens, sondern das menschliche Erkennen gründet Gott. Hat man diese Erkenntnis einmal ans Herz herangelassen, dann wird der Zusammenbruch verständlich, den sie bewirkt: *„Wie vermochten wir das Meer auszutrinken?"*, fragt entsetzt jener tolle Mensch, als welchen Nietzsche sich selber zeichnet. *„Wer gab uns den Schwamm, um den ganzen Horizont wegzuwischen? Was thaten wir, als wir diese Erde von ihrer Sonne losketteten? Wohin bewegt sie sich nun? Wohin bewegen wir uns?"*[186] Das Entsetzen ist ehrlich gemeint. Anders als die vielen Salonatheisten seiner und unserer Zeit versteht sich Nietzsche als jemand, der begriffen hat, welch fürchterliche Konsequenzen sich aus seiner Entdeckung ergeben. Wenn es Gott nicht gibt (nichts anderes meint ja der Satz „Gott ist todt"; – und „wir haben ihn getötet" meint genau diese Entdeckung, „Gott" als Illusion entlarvt zu haben), so ist der Mensch genötigt, sich die Wahrheit seiner Welt selbst zu erbauen. Aber steht eine solche Wahrheit noch für das, was das Wort „Wahrheit" meinte? Natürlich nicht. Bezeichnete „Wahrheit" einmal etwas, das dem Menschen vorgegeben ist und zu entdecken wäre, so steht das Wort jetzt für „etwas, *das zu schaffen ist* und das den Namen für einen *Prozeß* abgiebt, mehr noch für einen Willen der Überwältigung, der an sich kein Ende hat: Wahrheit [...] als ein processus in infinitum, ein *aktives Bestimmen, nicht* ein Bewußtwerden von etwas, das ,an sich' fest und bestimmt wäre. Es ist ein Wort für den ,Willen zur Macht'."[187]

Die Volte, die Nietzsche hier schlägt, ist atemberaubend. Die sog. Wahrheitsliebe des Menschen, sein Wille, den Dingen auf den Grund zu gehen, ist in Wirklichkeit Ausdruck des Willens, die eigenen Erkenntnismaßstäbe den Dingen aufzudrängen, um sie sich gefügig zu machen.

Freilich, Nietzsche denunziert dies nicht, weil es sich hierbei um ein moralisches Problem handelte. Ganz im Gegenteil: Nicht aus mangelndem Willen zur Wahrheit hat der Mensch den göttlichen Grund aller Wirklichkeit nach seinem eigenen Bilde konzipiert; sondern diese Idee hat er aus seiner sog. Wahrheitsliebe heraus geradezu konzipieren *müssen*, weil die in ihr sich realisierende Vorstellung eines (vermeintlich) letzten, alles tragenden Grundes dieser Welt die konsequente Ausblühung einer Vernunft ist, die die Welt nach dem eigenen Bilde erschafft. „Mit einiger Ruhe, Sicherheit und Consequenz", so Nietzsche, konnte der Mensch die längste Zeit seiner Geschichte denn auch nur deshalb leben, weil er für diese Zusammenhänge kein Auge hatte. Jetzt aber, da offensichtlich geworden ist, daß der Mensch sich in seinen Erkenntnisakten ständig selber auf den Leim geht, sind mit der Entlarvung der Gottesidee als einer selbstfabrizierten Illusion nicht nur die „Gefängnisswände[.] dieses Glaubens" zusammengestürzt, sondern mit diesem Glauben auch das eigene „,Selbstbewusstsein'"[188], hängt dieses doch wesentlich an der Fähigkeit des Menschen, die

Welt als einen wohlproportionierten, d. h. logozentrischen Kosmos wahrnehmen und in ihm sich beherbergen zu können.

Es ist diese grundstürzende Erkenntniskritik, die Nietzsche zum Propheten des 21. Jahrhunderts macht; auf ihn beziehen sich (ob bewußt oder nicht) all jene Gegenwartsphilosophien, die in den virtuellen Räumen unserer Cyberwelten nur mehr die letzte Ausblühung dessen erblicken, was man sowieso schon wußte: Wirklichkeit als solche gibt es nicht! „Wirklich" ist ein Vorurteil, denn wirklich ist einzig und allein das, was wir Wirklichkeit *nennen!* – Dies ist Nietzsches Entdeckung, und er war alles andere als glücklich darüber.[189]

8. „... der ist wie ein Mann, der sein Gesicht im Spiegel betrachtet, dann weggeht und im selben Moment vergessen hat, wie er aussieht" (Jak 1,22–24) – oder: Von der Fluidität der Welt, der Wankelmütigkeit des Menschen und dem Nichtvermissen Gottes

Ganz anders, so scheint es, nimmt man diese Erkenntnis in den Kreisen der überzeugten Postmodernisten[190] auf. Dort bestimmt sie bei Unzähligen das Lebensgefühl, ohne daß deswegen (anders als bei Nietzsche) auch nur ein Funken Entsetzen spürbar wäre. Man hat sich an den Gedanken der Vervielfältigung der Wahrheitsperspektiven gewöhnt und findet ihn eigentlich ganz passabel. Hat es denn nicht auch etwas Verlockendes, sich immer wieder neu ausprobieren zu können, ohne sich gleich festlegen zu müssen auf diese oder jene Identität?! Eignet dem Begriff „Wahrheit" nicht auch etwas Faschistisches?! Da wird man eingeschworen auf das Eine Große Ganze: „Ein Volk, ein Reich, ein Führer!" „Ein Herr, ein Glaube, eine Taufe ... " (Eph 4,5) Da gibt es kein Wenn und Aber, kein Fragliches, kein Hypothetisches. Da ist Klarheit gefordert, Entschiedenheit, Präsenzpflicht. Hingegen der unendliche Möglichkeitssinn, das Bunte, Verspielte, Leichtfüßige, das Unernste, das immer noch einmal mit anderen Möglichkeiten liebäugelt – wie lebensfreundlich ist es doch, wie angemessen dem Menschen, der sich nur selten auf zentralperspektivische Eindeutigkeit trimmen läßt, vielmehr doppelbödig ist, fragwürdig, zwielichtig, heikel und prekär. Wie will man einem so bedenklichen Wesen mit Wahrheit kommen? Gar mit einer, die für alle Ewigkeit feststeht wie das Amen in der Kirche?

Freilich, auch das Leichtfüßige hat seinen Preis. Je länger man sich in der *Poikilía*[191] aufhält, der vielgestaltig-schillernden Buntheit und dem Allerlei der tausend Möglichkeiten, umso anstrengender wird einem die Welt; und umso heftiger kann das Pendel ins Gegenteil umschlagen. So konkurrieren Interessengruppen, die eigentlich nichts miteinander zu tun haben (identitäre Rechte und identitäre Linke, Apologeten eines anthropologischen Kulturalismus, eines narratologischen De-Konstruktivismus oder eines biogenetisch fundierten Essentialismus bzw. Naturalismus) um die Deutungshoheit hinsichtlich von Begriffen wie „Natur", „Kultur", „Gesellschaft", „Freiheit", „Mensch", aber auch „Gesundheit", „Krankheit", „Geschlecht", „Geburt" oder „Abstammung" usw.:

»Ob ich 69 bin oder 49, ist nicht festgelegt durch mein Geburtsdatum, sondern durch mein Lebensgefühl. Die Meldebehörde möge bitte den Eintrag in meinem Ausweis ändern.«[192]

»›Männlich‹ und ›Weiblich‹ sind keine biologischen Vorgaben, sondern kulturelle Zuschreibungen.«[193]

»Wenn transgender, warum dann nicht auch transrace?«[194]

»Lebensgeschichten sind nicht erlebte Wirklichkeiten, sondern narrative Konstrukte!«[195]

Solche Selbstdefinitionen gehen davon aus, daß es Wirklichkeit im Sinne einer naturalen Fundierung der uns begegnenden Phänomene nicht gibt, vielmehr alle Wirklichkeit Konstruktion ist. Ihnen zugrunde liegt eine emotionsgeladene Erfahrung, die der Leipziger Philosoph Christoph Türcke in folgender Maxime zusammenfaßt: *„Sentio ergo sum:* Ich bin das, als was ich mich fühle.

Diese Ontologisierung der Empfindung ist auf kein politisches Milieu mehr beschränkt. [...] In der Internetöffentlichkeit, wo jeder direkt eintreten, sich ungehemmt mitteilen und alles, was seinen Empfindungshaushalt ausmacht, in eine narzißtische Blase einschließen kann, hat sie ein globales Treibhaus gefunden."[196] Und mit einem Mal (ohne daß man sich dessen versehen hätte) stellt man fest, wie sehr sich die Extreme berühren[197]:

Der Klimawandel ist lediglich eine unbewiesene Behauptung, meint der ehemalige US-Präsident Donald Trump, in die Welt gesetzt von bösen Linken. Er konstruiert sich die Weltklimalage durch „alternative Fakten" so wie andere ihr Lebensalter, ihre Lebensgeschichte oder ihre sexuelle Identität konstruieren. So wenig die zynische Haltung eines Donald Trump, der Lügen mit wissenschaftlichen Studien gleichstellt, mit den politischen Anliegen der Vertreter der LGBTTI-Community in einen Topf geworfen werden soll (was absurd wäre), so sehr liegt ihnen gleichwohl eine vergleichbare epistemische Einstellung zur Wirklichkeit zugrunde: nämlich die eines radikalen (De-)Konstruktivismus. Wirklichkeit als solche gibt es nicht, genauso wenig wie es „die" Natur gibt. Einzig unsere eigene kognitive Welt gibt es; in diese sind wir eingesperrt wie der Flugzeugpilot in seiner Kabine während des Blindflugs. Er ist angewiesen auf die Daten, die ihm seine Instrumente liefern, aber ob diesen *Daten* eine Wirklichkeit „da draußen" entspricht, oder ob sie nur *Fakten* sind (d. h. *fakes*), gemacht von seinen Instrumenten, die ihm eine Wirklichkeit „da draußen" suggerieren, wird er nie erfahren. Denn dazu müßte er aus seiner Kabine aussteigen. Wo immer er dies tut, findet er wiederum nur eine Welt vor, die ihm seine Instrumente anzeigen: seine Augen und Ohren, sein Tast-, Geruchs- und Geschmacksvermögen. Kommt er durch diese aber jemals in Kontakt mit der Wirklichkeit, wie sie ist? Oder nicht immer nur so, wie seine Instrumente ihm die Wirklichkeit zeigen? Der Konstruktivist behauptet letzteres, denn der göttliche „Blick von nirgendwoher"[198] ist ihm versagt. Und so glaubt er, über die Wirklichkeit „als solche" nichts sagen zu können. Wer immer dies versuche, sei ein unbelehrbarer Metaphysiker, Ontologiker, Essentialist.

Das Problem ist nun freilich, daß der radikale Konstruktivismus, nimmt er sich selber ernst, das Konstruktivismustheorem genauso auf sich selber anwenden muß wie auf alle andere Wirklichkeit. Im selben Augenblick jedoch wäre sein Konstruktivismus widerlegt: *„Alle Kreter lügen', sagt der Kreter."* Solche performativen Selbstwidersprüche fechten den Konstruktivisten nicht an. Der Konstruktivismus ist sein Credo. Er glaubt an ihn wie der Christ an die Gottessohnschaft Christi. Auch die kann man nicht beweisen. Man muß an sie glauben. Und plötzlich merkt man, wie sehr der Konstruktivismus unterschwellig von Theologie durchzogen ist – allerdings von einer überaus schlechten; denn hier gerät im Wortsinn alles durcheinander. „Durcheinandergeraten" heißt auf Griechisch „diabállein" (διαβάλλειν), ins Werk gesetzt vom Meister der Lüge: dem diábolos. Die große Maxime des Diabolos, jenes Versuchers, der alles infrage stellt, indem er lauthals vorgibt, das Leben zu bejahen, lautet: *„Verum et factum convertuntur"*![199] Wahr ist nur, was gemacht ist, und zwar von uns! Das Ergebnis ist, daß man vor lauter *fakes* die Welt nicht mehr sieht. Nicht ein mir Vorgegebenes (ein *datum*), sondern ein von mir Zurechtgemodeltes (ein *factum*) ist die Welt. Wo dies gilt (und in den Köpfen von vielen gilt dies), da wird der Mensch zum Schöpfer nicht nur *seiner* Welt (das ist er ohne Frage), sondern der Welt überhaupt. Welt überhaupt ist die, welche ich für wahr halte: *„Verum est quod factum est."*[200] Wiederum Wahrheit muß, wo sie sich nicht selber durchsetzt, durchgesetzt werden. Wie sonst wäre sie Wahrheit?! Und so ist es nur konsequent, wenn die identitären Ansprüche der einen Seite heftige identitäre Gegenreaktionen auf der anderen provozieren; auf jede Behauptung eine spiegelverkehrte Gegenbehauptung, eine einzige große Stichomythie:

»Wer seine Lebensgeschichte neu erfindet, ist ein Betrüger, zumindest aber ein Erinnerungsfälscher.«[201]

»Nicht nur das biologische Geschlecht, auch die kulturelle Geschlechtsidentität ist neurobiologisch definiert.«[202]

»Gedichte von schwarzen Menschen können nur schwarze Menschen übersetzen.«[203]

»Wer Rassist ist, bestimmen wir.«[204]

Identitätskämpfe dieser Art, hin und her pendelnd zwischen essentialistischen und relativistischen, biologischen und narratologischen, identitätsfluiden und massiv identitätsfixierenden Positionen, haben (wir sahen es) mehr miteinander zu tun als man auf den ersten Blick meint; sie sind alle auf ihre Weise reduktionistisch, weil sie die irreduzible Komplexität der Wirklichkeit mit sog. „nichts-als"-Argumenten kleinreden.

Es liegt auf der Hand, warum solche Formen von Argumentation in der Unübersichtlichkeit einer sich globalisierenden Welt Konjunktur haben: Reduktionistische Welterklärungen beruhigen, indem sie das offene Fragen stillstellen. Sie entspringen der Angst vor der Ungeborgenheit und Fragwürdigkeit menschlicher Existenz. Der Islamwissenschaftler Thomas Bauer spricht von einem fatalen Hang zur „Vereindeutigung der Welt", der sich gegenwärtig an den verschiedensten Fronten bemerkbar mache: geopolitisch-nationalistisch, sozio-ökonomisch, psychologisch, ästhetisch, religiös usf. Dahinter stehe (nicht zuletzt befördert durch die rasant zunehmende Irrealisierung der Welt durch die Neuen Medien) ein massiver Vertrauensverlust in die Wirklichkeit, weshalb man sich auf jede Sinnpartikel stürze, die auch nur ein wenig an Inhalt, Richtung und Realitätsdichte verheiße.[205]

Diese Beobachtung wird durch eine paradoxe Entwicklung nicht nur in den Kognitions- und Sozialwissenschaften, sondern auch und gerade in den Naturwissenschaften gestützt. Eigentlich möchte man meinen, daß es wenigstens in den letzteren um vorurteilslose Sachlichkeit geht. Gerade aber in den das Selbstverständnis des Menschen berührenden Neurowissenschaften, in der Bio-Informatik und der Evolutionsbiologie herrscht nicht selten ein Naturalismus vor, der nicht mehr nur methodisch motiviert ist (wogegen gar nichts einzuwenden ist), sondern eine metaphysische Wendung annimmt. Einer solchen Sichtweise zufolge ist alle Wirklichkeit nicht nur rückführbar auf Materie; im letzten ist sie *nichts als* Materie, wobei den allermeisten entgeht, daß „Materie" gar kein Begriff der modernen Naturwissenschaften ist, sondern der klassischen Philosophie und ohne den Parallelbegriff „Form" rein gar nichts aussagt. Es scheint, als ertrüge man es nicht, daß Geist sich nicht errechnen läßt, daß er einer anderen Wirklichkeitsdimension angehört als der empirisch reduzierbaren. Und so geraten wir vor ein höchst merkwürdiges Paradox: So sehr man in den Natur- und Sozialwissenschaften um die Vorläufigkeit allen Wissens weiß, um die Relativität jeder Form von Geistesanstrengung, so sehr verbeißt man sich gerade dort in die Suche nach *der* physikalischen Weltformel, nach *der* makro-ökonomischen Großtheorie, nach *dem* genetischen Designprogramm, mit Hilfe derer sich die Probleme endlich lösen oder doch zumindest definitiv begreifen ließen. Populärwissenschaftliche Publikationen von so bedeutenden Autoren wie Jacques Monod, Steven Hawking, Richard Dawkins, Bernulf Kanitscheider, Steven Weinberg oder Gerhard Roth versuchen eine kosmo-naturalistische Gesamtschau, bieten totalisierende Narrative an, die sich ganz „dem Sog einer transzendenzlosen Welt"[206] überlassen, denn alleine die gilt als „wissenschaftlich". Dabei vergißt man, daß jedes totalisierende Narrativ nicht Physik betreibt, sondern Metaphysik. Was ist Metaphysik? In ihrer klassischen Form als Lehre vom Sein bzw. als Lehre von der Wirklichkeit bietet sie einen Gesamtentwurf von Welt, Mensch und Gott. Als solche ist sie eine Art rationalisierte Mythologie. Der Vorwurf, Mythologie zu betreiben statt faktenbasierter Wissenschaft, trifft die genannten Autoren deshalb in ähnlicher Weise wie die von ihnen inkriminierte Theologie. Und so geraten wir vor einen hoch paradoxen Befund:

> „Wir fliehen Gott und suchen ihn doch festzuhalten. Wir zelebrieren die totalen Welterklärungen und überlassen uns doch resignierend einem alles zernagenden Zweifel. Die moderne Geistesgeschichte kann ohne das Absolute, den Gott, nicht existieren und will ihn doch loswerden."[207]

Daher das ständige Wechselbad zwischen den Extremen: einerseits ein Skeptizismus, dem alles Wissen nur auf Widerruf wahr ist; anderseits ein Verlangen nach kognitiver Sicherheit, das wie oft umkippt in einen reduktionistischen Ontologismus oder Sozio-Naturalismus.[208] Daß beides einander widerspricht und zugleich aufs engste zusammenhängt, wird nicht bemerkt.

Bemerkt wird freilich ein anderes. Denn aus dem beschriebenen, tief verinnerlichten Gefühl, daß alles, was festzustehen scheint, stets aufs Neue hinterfragt werden kann, menschliches

Wissen eine Art Wanderdüne darstellt, auf der ein sicheres Haus zu errichten unmöglich ist, entsteht ein merkwürdiges Gefühl der Leere, eine zermürbende Mischung aus Langeweile, Überdruß, nervöser Unruhe und moralinsaurer Gereiztheit. In seiner *Kritik der zynischen Vernunft*, geschrieben 1983, hat Peter Sloterdijk dieses „Lebensgefühl im Zwielicht", wie er es nannte, eindringlich als eine „Selbstdementierung der Aufklärung"[209] beschrieben, als „ein eigentümliches Gefühl von Zeitlosigkeit,

> das hektisch ist und ratlos, unternehmerisch und entmutigt, in lauter Zwischendrin gefangen, der Geschichte entfremdet, der Zukunftsfreude entwöhnt. Der Morgen nimmt den Doppelcharakter von Belanglosigkeit und wahrscheinlicher Katastrophe an, dazwischen spielt eine kleine Hoffnung auf Durchkommen. [...] In den kooperativen Kneipen, am Abend, streift der Blick Poster, auf denen steht: *Die Zukunft wird wegen mangelnder Beteiligung abgesagt.* [...] Man lebt von Tag zu Tag, von Ferien zu Ferien, von Tagesschau zu Tagesschau, von Problem zu Problem, von Orgasmus zu Orgasmus, in privaten Turbulenzen und mittelfristigen Geschichten [...] Die Zeitungen schreiben, daß man sich darauf einzurichten habe, wieder mehr ums Überleben zu kämpfen, den Gürtel enger zu schnallen [...] und die Ökologen sagen es auch. Anspruchsgesellschaft, pfui Geier. Man spendet in schwachen Minuten für Eritrea [...], aber dahin fahren wir nicht. Man möchte ja noch viel von der Welt sehen und überhaupt: *,noch eine ganze Menge leben'.* Man fragt sich, was man als nächstes macht und wie es so weitergeht. Im Feuilleton der *Zeit* streiten sich die Kulturkritiker um die richtige Art, pessimistisch zu sein."[210]

Wie würde eine Stimmungsdiagnose heute, vierzig Jahre später und unter dem Eindruck einer Perpetuierung der Krise (Nine/Eleven, Banken- und Griechenlandkrise, Euro-Krise, Syrien- und Flüchtlingskrise, Klimakatastrophe, Krise der Demokratie – man denke an die Präsidentschaft von Donald Trump, Coronakrise usw.) aussehen? Vermutlich schriller und depressiver, hektischer und fatalistischer zugleich. Die großen Fortschrittsnarrative haben ausgedient, *„the fairy tales of eternal economic growth"* (Greta Thunberg) will niemand mehr hören. Alarmistische Verfallsdiagnosen helfen freilich auch nicht weiter, gefragt ist Ambiguitätstoleranz. Wer mit den Zwiespältigkeiten einer aus dem Ruder laufenden Spätmoderne halbwegs geschmeidig umzugehen weiß, ist klar im Vorteil.[211]

Aber hilft das weiter? Merkwürdig ist ja, wie sehr wir es gegenläufig zur propagierten Ambiguitätstoleranz mit einem Selbstoptimierungskult auf allen Ebenen zu tun haben. Im Mittelpunkt der Aufmerksamkeit stehen die Influencer und Selfie-Knipser; die meisten Klicks sammelt, wer sich am besten in Szene zu setzen, d. h. zu vermarkten weiß. Das funktioniert auf allen Ebenen, in Kultur, Wirtschaft, Politik und Wissenschaft. Kleidung, Urlaub und Essen, Wohnungseinrichtung mit Vintage-Möbeln, ausgefallener Musikgeschmack, Lifestyle-Sportart, die maßgeschneiderte Ayurveda-Therapie ... : Durch seinen Lebensstil unterscheidet sich der Mensch.[212] Ob es den Menschen hinter der gespielten Selfie-Rolle gibt, interessiert nicht. Gibt es überhaupt ein „Dahinter"? Ist nicht vielleicht die Oberfläche die einzige Wirklichkeit und alle vermeintliche „Authentizität" oder gar persönliche „Tiefe" eine rührende oder auch peinliche Illusion?

Und so geraten wir vor ein noch grundlegenderes Problem. In dem geradezu sprichwörtlich gewordenen Buchtitel von Richard David Precht aus dem Jahr 2007 ist es präzise auf den Punkt gebracht:

„Wer bin ich – und wenn ja, wie viele?"

(Der Titel ist großartig, das Buch weniger.[213]) *„Ich ist ein anderer" („Je est un autre"),* so der noch einmal berühmtere und präzisere Ausspruch aus den sog. „Seher-Briefen" von Arthur Rimbaud vier Generationen zuvor.[214] Weiß man vielleicht noch, w a s der Satz bedeutet (er zielt auf die innere Fragmentierung des Ich, auf die Vielschichtigkeit und Vielstimmigkeit unserer Psyche), so weiß man gleichwohl nicht mehr, w e n dieser Satz bedeutet. Das festgefügte Ich franst nach allen Seiten aus; das auktoriale Subjekt, welches einmal selbstbewußt „ich" zu sagen wußte *(cogito ergo sum)* und soziologisch festen Stand hatte (man war Handwerksmeister, Familienvater, Katholik; man war Sozialdemokrat, Gewerkschaftler, Lehrer oder Arzt), erweist sich zusehends als ein Avatar, ein narrativ konfiguriertes Phantom, das man vielleicht glaubt zu sein, ohne freilich sagen zu können, ob man es auch ist, denn mit der vielperspektivischen Auflösung aller Gewißheiten ist ja auch jenes Ich, das in der Lage wäre, diese Auflösung zu beobachten, aufgelöst.

In der zweiten Hälfte des 20. Jahrhunderts haben Psychoanalyse, Genealogisches Denken, Phänomenologie, hermeneutischer Perspektivismus und strukturalistische Medientheorie diese kritische Selbsthinterfragung aller Gewißheiten noch einmal weitergetrieben – und zwar immer in den Fußstapfen Nietzsches. Definitive Wahrheiten gibt es nicht, weil aus anderer Perspektive sich die Dinge immer wieder neu und anders darstellen. Zwar verwendet man im Alltag noch die alten Sprachcodes, man redet von „Ich" und „Du" als dem Selbstverständlichsten der Welt; man spricht (Genderfluidität und *diverse sex* hin oder her) von „Männern" und „Frauen" (Wie sonst ließen sich Gleichstellungsbeauftragte rechtfertigen?), „Vätern" und „Müttern", „Freiheit" und „Verantwortung", „Geist" und „Natur", „Gott" und „Welt"; aber ob diesen Redeweisen irgendeine Wirklichkeit entspricht, ist für viele mittlerweile fraglich.

Mit der rasant zunehmenden Irrealisierung der Welt durch die Neuen Medien verschärfen sich diese Verundeutlichungsprozesse noch einmal mehr. In den Hyperwelten des Cyberspace gibt es Wirklichkeit im strengen Sinn des Wortes nicht. Es gibt nur *Bilder* von Wirklichkeiten. Bilder von Wirklichkeiten (sog. Simulakren[215]) sind „*Fakten*", wörtlich „Gemachtheiten" – gemacht von denen, die sie behaupten.[216] Wo es keine Wahrheit im Singular gibt, sondern nur Wahrheiten, gibt es zwar noch Zeichen, aber die sind schwer zu entschlüsseln. Zwar ist alles sag- und darstellbar, aber nichts bedeutet etwas wirklich. „Im Kontext einer Hyperrealität sind Worte […] und Tatsachen nicht mehr wahr, weil sie mit dem, was ist, korrespondieren, sondern weil irgendjemand sie irgendwann geäußert hat. Alles wird selbstreferentiell. Aussage beweist Aussage, Verweise beweisen Verweise, und die Unordnung der Dinge zieht sich zunehmend selbst als letzten Grund heran, vermag sich aber nicht mehr zu stützen, geschweige denn sinnvoll zu verankern." „Nach dem Verlust Gottes", dieses „entfernteste[n] und zugleich konkreteste[n] Grund[es] aller Wirklichkeit", „bleibt ein Loch zurück", und aus diesem „pfeift uns das kalte Nichts entgegen"[217] – so Ariadne von Schirach, eine der gegenwärtig tonangebenden Essayistinnen im Land. Der Nietzscheanische Ton ist unüberhörbar.

Lange hat man versucht, dem Verlust der Wirklichkeit mit Ironie zu begegnen. *„Ich mache mir die Welt, wie sie mir gefällt"* singt Pippi Langstrumpf; *„Ich geb' Gas, ich will Spaß"* ein NDW-Popper aus den frühen 1980er Jahren namens Markus; *„Ich will alles, und zwar sofort"*, so ein Song aus derselben Zeit. „Was viele postmoderne Denker als überzeugte Anhänger des Teams ‚Alles Glück ist irdisch' sowohl beschrieben als auch gefordert haben, nämlich die Abkehr von jeglicher Vorstellung eines übergeordneten Sinns [...] und dem daraus folgenden theoretischen Verbot, jenseits der ewigen Zeichenbewegung noch irgendeine Bedeutung zu sehen"[218] – eben dies findet in der Hyperrealität des Cyberspace seine endgültige Erfüllung.

UND DANN KAM DAS VIRUS!
LOCK-DOWN. NICHTS GEHT MEHR.

Einbruch der Wirklichkeit in Gestalt einer Bedrohung, die unsichtbar bleibt und doch für viele tödlich ist. Vielleicht ist es das, was uns gegenwärtig so verstört: Konfrontiert zu sein mit einer Realität, der sich niemand entziehen kann, weil sie *wirklich* wirklich ist und nicht nur eingebildet wirklich.[219] Und eben dieses wirklich Wirkliche überkommt uns in Gestalt schmerzlicher Endlichkeitserfahrung. Wir werden gezwungen, hinzusehen und anzuerkennen: Es gibt sie, die Wirklichkeit. Und sie ist keineswegs immer schön. Was jetzt?

9. „Wer ist der Mensch, der das Leben liebt und bessere Tage zu sehen wünscht?" (Ps 34,13) – oder: Von der Hoffnung auf den Himmel, um der Erde die Treue zu halten

Auch hier kann uns Nietzsche auf die Sprünge helfen. Denn bei aller ätzenden, nicht selten ungerechten, wie oft aber merkwürdig hellsichtigen Kritik am Christentum hat er etwas von dessen tiefer Wahrheit erahnt: Diese Religion (oder sagen wir besser, ihre Art, das Leben zu betrachten) leitet uns zu etwas höchst Bedenkenswertem an: Weder ist das Leben absolut zu setzen noch ist es gering zu achten. Es geht vielmehr darum, das Leben gerade *in* seiner Relativität in höchstem Maße ernst zu nehmen. Denn allein *in* seiner Relativität, d. h. in seiner Bezogenheit auf Gott, findet der Mensch zu seinem ihm eigenen Schwergewicht.

> Wer so „um Gottes Willen" den Menschen liebt, ist einer, „der am höchsten bisher geflogen und am schönsten sich verirrt hat", ein solcher „bleibe uns in alle Zeit heilig und verehrenswerth".[220]

Man hätte einen solchen Gedanken bei Nietzsche nie vermutet. Doch dieser subtile Berserker überrascht immer wieder; seine Affirmation des Willens zur Macht als Essenz allen Lebens findet sich stellenweise unterbrochen von Aussagen, die wie ein Widerruf klingen:

> „Ein Ungestilltes, Unstillbares ist in mir; das will laut werden. Eine Begierde nach Liebe ist in mir, sie redet in der Sprache der Liebe [...]
> Aber ich lebe in meinem eigenen Lichte, ich trinke die Flammen in mich zurück, die aus mir brechen.
> Ich kenne das Glück des Nehmenden nicht".[221]

Das Glück des Beschenktwerdens kennt nur, wer um seine Angewiesenheit weiß, um den Mangel, der ihn bewohnt. Nietzsche weiß um den Mangel, all seinen sonstigen Selbstaffirmationen zum

Trotz. Deswegen erscheint ihm auch der faustische Wille, Ursache seiner selbst („causa sui") zu sein, wie eine alberne oder verzweifelte Münchhausiade: „sich selbst aus dem Sumpf des Nichts an den Haaren in's Dasein zu ziehn" –: welch „logische Nothzucht und Unnatur", welch „ausschweifender Stolz [...], sich tief und schrecklich gerade mit diesem Unsinn zu verstricken", welch „mechanistische Tölpelei"![222] Und so kann er dem Relativitätsgedanken durchaus etwas abgewinnen. Zum eigenen Reichtum findet ja nur, wer seine Schätze nicht krampfhaft aus sich selbst herauszieht, sondern sie sich schenken läßt. Freilich, wer, was er vom Leben erhalten hat, für sich behält, verliert es. Allein im verschwenderischen Geben und Schenken realisiert sich menschliche Größe und Schönheit. Erst hier zeigt sich, wie reich man ist und wie immer reicher man werden kann.[223] Wo, wenn nicht in der Selbstverschwendung leuchtet etwas auf von jener Lust, die Ewigkeit will, „tiefe, tiefe Ewigkeit"?[224]

Gedanken genau derselben Art finden sich bei Alfred Delp, zu dem wir im folgenden zurückkehren (von Nietzsche herkommend ein gewaltiger Sprung, aber die beiden sind einander näher, als man ahnt; wir werden sehen). Da hält Delp im Frühsommer 1944, wenige Wochen vor seiner Verhaftung, anläßlich des Hochfestes der Himmelfahrt Christi eine seiner großen Predigten. Nur ein Leben, das himmelfahrtssüchtig ist, wird „einen tanzenden Stern gebären"[225] können (so ließe sich Delp mit einem Wort Nietzsches paraphrasieren). Der „tanzende Stern" – das ist in Delps Sprache der Atemraum Gottes, innerhalb dessen dem Menschen das Herz weit wird und die Seele hell; ein solches Leben ist die „höchste[.] Form des Daseins", „das Hinausbrechen über uns selbst", „die Wirklichkeit der herrlichen Transzendenz", „beglückender Sinn", „reifende Wirklichkeit unseres Daseins". Nur eine Existenz, die solcherart „in die Herzmitte Gottes geht", erlangt jene „Intensität", die man braucht, um die Erde lieben zu können. Denn es gilt:

„man verrät den Himmel, wenn man die Erde nicht liebt,
und man verrät die Erde, wenn man nicht an den Himmel glaubt."[226]

In dieser wechselseitigen Verschränkung von Immanenz und Transzendenz liegt das Geheimnis nicht nur der Menschwerdung Gottes, sondern auch der Gottwerdung des Menschen (vgl. Eph 1,18f.; 2 Petr 1,4c) – der christliche Glaube zielt auf beides; ohne das eine ist das andere nicht zu haben. Delp will seinen Zuhörern mitten im zerbombten München nichts anderes sagen als dies:

Je mehr der Mensch Gott liebt, umso mehr liebt er jene Wirklichkeit, derer Gott bedurfte, um sich dem Menschen mitzuteilen. Ein solcher ist weltverliebt im besten Sinne des Wortes, denn einen anderen Weg, sich dem Menschen mitzuteilen, als die Welt hat Gott nicht. – Und umgekehrt: Je mehr der Mensch die Welt liebt und sich an sie verausgabt, umso näher kommt er jenem Gott, der immer nur *in* seiner Schöpfung und *durch sie hindurch* berührt werden kann, niemals aber unter Umgehung ihrer Schönheiten und Widerwärtigkeiten. Ein solcher ist gottverliebt im besten Sinn des Wortes, ist das gerade Gegenteil eines Hans-Guck-in-die-Luft, eines Cyber-Space-Bewohners oder Transzendentalbläßlings. Ein solcher liebt leidenschaftlich die Welt, weil er leidenschaftlich Gott liebt und ihn nirgendwo anders finden kann als hier und jetzt in seiner Welt.

Sobald man das eine vom anderen trennt, hat man entweder einen weltlosen Gott, eine blutlose Chimäre, ein fades Seelen- und Hirngespinst; oder man hat eine transzendenzlose Welt, die sich in ihrer flachen Selbstvorfindlichkeit erschöpft und sich darin zu Tode läuft. Neben der tiefen Diesseitigkeit des Mystikers gibt es eben auch die flache, banale Diesseitigkeit des Verbrauchers und Konsumenten. Von ihr sprach Nietzsche, als er seinen Zarathustra die dystopische Vision vom „letzten Menschen" ausmalen ließ, eine Mischung aus hedonistischer Brutalität, trockenem Nützlichkeitsdenken und fröhlich-fadem Zynismus; in ihr erblickte er die fatale Signatur einer Moderne, die ausschließlich immanent sein will und deshalb zuletzt an ihrer frigiden Selbstzufriedenheit, der sog. „Blinzelkrankheit", zugrunde geht:

9. „Wer ist der Mensch, der das Leben liebt ...?"

Wehe! Es kommt die Zeit, wo der Mensch nicht mehr den Pfeil seiner Sehnsucht über den Menschen hinaus wirft, und die Sehne seines Bogens verlernt hat, zu schwirren! [...]
Wehe! Es kommt die Zeit, wo der Mensch keinen Stern mehr gebären wird. Wehe! Es kommt die Zeit des verächtlichsten Menschen, der sich selber nicht mehr verachten kann. [...]
‚Was ist Liebe? Was ist Schöpfung? Was ist Sehnsucht? Was ist Stern?' – so fragt der letzte Mensch und blinzelt.[227]

Die von Nietzsche in seiner Beschreibung des letzten Menschen diagnostizierte Blinzelkrankheit nennt die Medizin „Myopie", Kurzsichtigkeit. Der letzte Mensch sieht nur noch seine unmittelbare Umgebung scharf, weiter Entferntes wie die Sterne nimmt er, wenn überhaupt, bloß verschwommen wahr.[228] Liebe ist ihm auf einen Hormonausstoß zusammengeschrumpft. Deshalb kennt dieser Mensch auch keine Sehnsucht mehr nach etwas, das ihn übersteigt. Schöpfung, Kreativität, Poesie, Sünde, Gnade und Vergebung, Verbrechen und Sühne, Himmlisches Hochzeitsmahl, Erlösung und Glückseligkeit – alles, wofür einmal das Wort „Gott" stand, gibt es nicht mehr, hat es nie gegeben, das sind Illusionen vergangener Zeiten. Man ist realistisch geworden. Den Bogen spannen verspannt, und so gibt man sich ganz entspannt; der scharfe Pfeil könnte verletzen, also versichert man sich gegen seine Gefährlichkeit; übermäßige Anstrengung schadet nur der Gesundheit. Die Welt ist diesem Menschen auf das Mittelmaß einer gigantischen Benutzeroberfläche zusammengeschrumpft, auf der alles Ferne nah erscheint, weil die Grenzen von Wirklichkeit und Abbild sich zusehends auflösen. Im Jargon der von den Internetkonzernen angepriesenen Metaversen und Cyberwelten wäre Nietzsches „letzter Mensch" jener, der als Avatar seiner selbst völlig identisch geworden ist mit sich selbst.

Nietzsches Rede vom „letzten Menschen", im September 1883 veröffentlicht, hat etwas Visionäres; sie beschreibt die Visionslosigkeit einer rein aufs Machbare fixierten, pragmatischen Welt. Auch wenn, wie es scheint, Alfred Delp diesen Text nicht kannte (zumindest nimmt er nirgends Bezug auf ihn), so sind seine im Gestapo-Gefängnis Plötzensee verfaßten Überlegungen zu einem

„Theonomen Humanismus" den Überlegungen Nietzsches nicht
unähnlich:

> „Der kommende Humanismus [...] soll ein echtes Erwachen des Menschen zu
> sich selbst sein [...]: ein Erwachen des Menschen zu seinen Werten und Wür-
> den, zur ehrlichen Erkenntnis seiner göttlichen und humanen Möglichkeiten;
> eine Überwindung aber zugleich der schweifenden, ungebundenen Kräfte und
> Leidenschaften, in denen der Mensch in seinem eigenen Namen und in aller
> Verliebtheit in sich selbst den Menschen zerstört hat. Dies soll keine Rede wi-
> der die Leidenschaft sein. Wehe dem Menschen, der ohne sie zu leben ver-
> sucht. Auch dies wäre ein Weg unter die Menschen hinab. Der Mensch soll
> sich noch einmal begegnen, schon als Sturm, der entfacht, schon als Glut und
> Feuer. Und doch muß diesen elementaren Ereignissen [...] das Zerstörerische
> genommen werden, das Grenzenlose und Uferlose, das den Menschen auf-
> löst und zerfetzt hat. Die Leidenschaft des Menschen zu sich selbst, um die
> es geht, muß in eine Verhaltenheit eingefangen werden, die ihr alles läßt an
> Wucht und Feuer und ernster wirkender Liebe zum Menschen: die ihr aber zu-
> gleich alles nimmt, was jeder Leidenschaft leicht eignet an Blindheit, an Verlo-
> renheit, an Distanz- und Instinktlosigkeit."[229]

Es liegt auf der Hand, daß der Humanismus, von welchem Delp
hier spricht, nichts mit jenen Humanismen zu tun hat, deren Vertreter sich bildungsbeflissen eine Büste von Goethe auf den Ka-
minsims stellen oder existentialistisch betroffen über die Tiefe des
Lebens sinnieren. („Oh Voltaire! Oh Humanismus! Oh Blödsinn!",
hätte Nietzsche hier ausgerufen.[230]) Delps Humanismus ist streng
theonom, d. h. er zieht sein Bild vom Menschen nicht aus dem Menschen, sondern aus jenem Gott, dessen Abbild biblischer Überzeugung zufolge der Mensch ist. Allein eine solche streng theonome
Ausrichtung läßt den Menschen immer tiefer hineinwachsen in jenen *Raum der Humanität*, dessen Fundament nicht der Mensch ist,
sondern Gott. Und so schreibt Delp anläßlich des Festes Epiphanie
1945, wenige Tage vor seiner Verurteilung zum Tod (der Prozeß ist
auf den 11. Januar angesetzt):

> „In dieser Stunde meines Lebens wird mir eines klarer als es sonst manchmal
> war: ein Leben ist verloren, wenn es nicht in ein inneres Wort, in eine Haltung,
> eine Leidenschaft sich zusammenfaßt. Der Mensch muß unter einem gehei-
> men Imperativ stehen, der jede seiner Stunden verpflichtet und jede seiner

Handlungen bestimmt. Nur der so geprägte Mensch wird Mensch sein können, jeder andere wird Dutzendware, über den andere verfügen."[231]

Und dann kommt der entscheidende Satz:

„Den Rebellen kann man noch zum Menschen machen, den Spießer und das
Genießerchen nicht mehr."[232]

Solche Formulierungen finden sich dutzendfach auch bei Nietzsche.[233] Und doch ist da ein Unterschied ums Ganze. Denn in seinem entschiedenen Protest gegen einen traumverlorenen blut-
leeren Idealismus, gleich welcher Provenienz (einen Protest,
den auch Delp teilt), schüttet Nietzsche das Kind mit dem Bade
aus. In seiner Reaktion gegen ein „verharmlostes, verbürgerlich-
tes Christentum, das seinen Bekennern tatsächlich oft nicht viel
mehr war als eine Versicherungsanstalt für diesseitige und jensei-
tige Wohlfahrt", reduziert sich Nietzsche (so Delp) auf einen sich
in sich selbst verkrampfenden Willen zur Macht, der dann „jede
Transzendenz, jeden Sinn, der über die Erde hinausreicht, wegwi-
schen muß."[234]

Für Delp hingegen gilt: Wer Zarathustras Parole „Ich beschwöre
euch, meine Brüder, bleibt der Erde treu"[235] die Treue halten will, muß
auf die Karte Gottes setzen, denn nur dort findet der Mensch zu
sich selbst. Alles andere ist präpotente Eiferung am eigenen
Selbst, die sich totläuft. Hingegen in der kritischen Analyse einer
Massen- und Herdenkultur, die dem Einzelnen unmerklich alle
Kraft entzieht und ihn stumpf werden läßt gegenüber der allseits
dräuenden Verdummung und Verrohung (man denke nur an die
politische Propaganda seiner Zeit[236]), weiß sich der Jesuit dem mit
dem Hammer philosophierenden Visionär wieder ganz nahe.

Und besteht nicht hierin die geradezu unheimliche Aktualität beider Autoren? Man lese nur Delps Kritik am kirchlich sozia-
lisierten „Massenmenschen"[237] und vergleiche sie mit Nietzsches
dystopischer Vision vom „letzten Menschen". Wie es kaum möglich ist, sich bei Delp *nicht* erinnert zu fühlen an die Mediokrität
gegenwärtiger Christlichkeit (das Salz ist schal geworden, und die
kirchliche Rede von „Gott" wie oft eine freundliche Harmlosig-

keit, die dem Leben nicht standhält), so sind umgekehrt bei Nietzsche die Berührungen mit den Life-Style-Figuren der Postmoderne und ihrer Convenience-Kultur in hohem Maße offensichtlich:

Krankwerden und Misstrauen-haben gilt ihnen [sc. den letzten Menschen] sündhaft: man geht achtsam einher. Ein Thor, der noch über Steine oder Menschen stolpert!

Ein wenig Gift ab und zu: das macht angenehme Träume. Und viel Gift zuletzt, zu einem angenehmen Sterben.

Man arbeitet noch, denn Arbeit ist eine Unterhaltung. Aber man sorgt, dass die Unterhaltung nicht angreife.

Man wird nicht mehr arm und reich: Beides ist zu beschwerlich. Wer will noch regieren? Wer noch gehorchen? Beides ist zu beschwerlich.

Kein Hirt und Eine Heerde! Jeder will das Gleiche, Jeder ist gleich: wer anders fühlt, geht freiwillig in's Irrenhaus. [...]

Man ist klug und weiss Alles, was geschehn ist: so hat man kein Ende zu spotten. Man zankt sich noch, aber man versöhnt sich bald — sonst verdirbt es den Magen.

Man hat sein Lüstchen für den Tag und sein Lüstchen für die Nacht: aber man ehrt die Gesundheit.

‚Wir haben das Glück erfunden' — sagen die letzten Menschen und blinzeln. [...]

Es ist Eis in ihrem Lachen.[238]

Diese Sätze klingen geradezu prophetisch, man kann in ihnen (so Konrad Paul Liessmann, dem wir hier folgen) problemlos „eine Vorwegnahme der Achtsamkeitstrainings unserer Tage" sehen: Alle Gegensätze lassen sich mit ein bißchen *Mindfullness* in Wohlgefallen auflösen; „Unternehmensphilosophie" nennt man das. Überhaupt ist die postmoderne Gesellschaft keine Arbeitsgesellschaft mehr, denn Arbeit muß Spaß machen. Der Spaß darf aber nicht zu anstrengend werden. Die Hierarchien sind flach, man duzt sich vom Chef bis zur Putzfrau. *„Kein Hirt und Eine Heerde!"*, lautet Nietzsches Kommentar. Und auch sonst kann man nur staunen über seine Hellsicht. *„Wer will noch regieren? Wer noch gehorchen? Beides ist zu beschwerlich"* – wenn man an die Schwierigkeiten denkt, für Öffentliche Ämter nicht nur geeignete, sondern vor allem bereitwillige Kandidaten zu finden (etwa für den Vorsitz der SPD; in den Augen eines altgedienten Gewerkschafters wie Franz Müntefering war dies noch „das schönste Amt der Welt neben dem Papst"), findet man Nietzsches Worte eindrucksvoll bestätigt. Wie viele der Repräsentanten unserer Gesellschaft werden nicht zerrieben zwischen den hedonistischen Ansprüchen der Öffentlichkeit und der moralischen Überfrachtung ihrer Ämter und müssen sich zugleich arrangieren mit der Übermacht struktureller Vorgegebenheiten (Finanzwelt, Medien, Technik usw.), an der sie selber kaum etwas ändern können. Bedenkt man darüber hinaus den Zwang, ständig medial präsent zu sein, nicht nur in den klassischen Medien Zeitung und Fernsehen, sondern auch im Internet, so wundert es nicht, daß viele unter denen, die solche Ämter innehaben, sich zurückziehen und nur noch Privatleute sein wollen – vom öffentlichen Druck, stets die richtige Entscheidung treffen zu müssen, obwohl man ratlos ist und nicht weiß, wie es weitergehen soll, ganz zu schweigen. Der Suizid des hessischen Finanzministers Thomas Schäfer im März 2020, ausgelöst durch die Herausforderungen der Corona-Pandemie, ist da ein Fanal.

Und dann der Zwang zur Uniformität: „*Jeder will das Gleiche, jeder fühlt sich als Gleicher, wer anders fühlen sollte, geht freiwillig in's Irrenhaus.*" Man muß das nicht gleich so scharf formulieren wie Nietzsche, „aber der längst zur Norm erhobene Trend, daß jede noch so marginale Abweichung therapiebedürftig erscheint, könnte auch als jener Preis betrachtet werden, den die Gleichheit unter anderem erfordert."[239]

Und dann die ewige Besserwisserei – der letzte Mensch hält sich für klug; Information wird mit Wissen verwechselt, das Smartphone „weiß alles". Wenn man die von keinerlei Selbstzweifel angekränkelten Kommentare in den Internetspalten selbst der großen Qualitätszeitungen liest, kann man sehr nachdenklich werden. Längst ist ja die Euphorie, das Internet würde zur Demokratisierung des Wissens beitragen, einer Ernüchterung gewichen. Statt zur Generierung sog. Schwarmintelligenz ist es in vielen Fällen zur Generierung eklatanter Schwarmdummheit gekommen – man denke nur an die elenden Shitstorms, wenn eine Meinung geäußert wurde, die von der gerade aktuellen Variante der Political Correctness auch nur um ein paar Zentimeter abweicht.[240]

Aber auch den gegenwärtigen Gesundheitskult hat Nietzsche vorhergesehen. *„Man hat sein Lüstchen für den Tag und sein Lüstchen für die Nacht: aber man ehrt die Gesundheit.'* Nicht nur in Zeiten einer Pandemie entfalten diese Sätze in ihrer Bissigkeit eine erstaunliche antizipatorische Kraft. Die Lüste selbst unterliegen [...] dem Regime der Gesundheit, das trifft das Rauchen ebenso wie den Sex, das Essen ebenso wie das Trinken, und es trifft auch die rar gewordenen geistigen Genüsse: nur keine allzu radikalen Gedanken, nur keine inkorrekten Formulierungen, nur keine Sprache, die irgendein Gleichstellungsprinzip verletzten könnte, [...] nur keine Spitze, die jemandem wehtun, nur keine Hypothese, die in falsche Hände geraten könnte. Die Schere im Kopf sorgt dafür, daß man es sich auf der richtigen Seite der Geschichte behaglich einrichten kann und sich in seinem intellektuellen Wohlbefinden auch nicht weiter stören lassen muß"[241] – die Algorithmen des Internets tun ein übriges: Sie verhindern, daß man auf Nachrichtenseiten gelenkt wird, die einen in der kuschelwarmen Blase aufstören könnten.

„Der letzte Mensch scheut [...] den Konflikt und den Schmerz, er nimmt *,ein wenig Gift ab und zu'*, um angenehm zu träumen und *,viel Gift zuletzt: das macht ein angenehmes Sterben'.* Unmöglich, an dieser Stelle nicht an die Debatten um den assistierten Suizid erinnert zu werden, bei dem es ja längst nicht mehr nur um die selbstbestimmte Beendigung eines unheilbaren, schmerzhaften Leidens geht, sondern um ein angenehmes Sterben, das den Betroffenen ebenso zugute kommt wie den Angehörigen und den Sozialversicherungssystemen. Je mehr die Befürworter des assistierten Suizids unerträglich gewordene existentielle Nöte beschwören, die diesen als Akt der Menschenwürde erscheinen lassen, desto deutlicher zeigt die Praxis der Sterbeindustrie, daß der angenehme Tod, für den die helfende Hand eines anderen eingefordert wird, als immanente Konsequenz eines angenehmen Lebens aufgefaßt wird."[242] – Und so endet das Lied vom letzten Menschen, wie es begonnen hat: *„,Wir haben das Glück erfunden' – sagen die letzten Menschen und blinzeln."*

Aber ist dieses Glück wirklich so verachtenswert, wie uns Nietzsches Zarathustra suggerieren will? Wenn man an die Ängste denkt, in denen noch unsere Großeltern angesichts der Sorge um das tägliche Brot lebten; wenn man sich die ständige Bedrohung durch Naturkatastrophen, Dürre, Epidemien und plötzlichen Tod vor Augen hält, denen die Generationen vor uns ausgesetzt waren, dann weiß man medizinische Vorsorge, soziale Sicherheit und Wohlfahrt sehr wohl zu schätzen. Und müßte voller Staunen und Dankbarkeit sein! Noch nie ging es so vielen Mensch so gut, noch nie war man so umhegt als Kind und Alter, als Kranker und Armer, als Arbeitsloser und Fremder – und muß mit Nietzsche feststellen: „Im Großen gerechnet, ist in unserer jetzigen Menschheit ein ungeheures Quantum an *Humanität* erreicht. Daß dies im allgemeinen nicht empfunden wird, ist selber ein Beweis dafür: wir sind für die *kleinen Nothstände* so empfindlich geworden, daß wir das, was erreicht ist, als unbillig übersehen."[243]

Eben ein solcher Notstand ist im Frühjahr 2020 mit der Corona-Pandemie über uns hereingebrochen. Mit ihr meldet sich in rabiater Weise Wirklichkeit zurück – also etwas, das wir vermeinten, im Griff zu haben. Stattdessen hat es uns im Griff – eine in hohem Maß irritierende Erfahrung. Die vielen Versuche, mit ihr fertig zu werden (Lock-Down, Social Distancing, permanente Desinfektion usw.), verenden im Hamsterrad der Zoom-Konferenzen, Video-Chats und WhatsApp-Gruppen. Und so verstärkt die über uns gestülpte Corona-Glocke nur einmal mehr, was sich bei vielen seit langem breitmacht: trotz permanentem *being online* das Gefühl zu haben, wie in Nebel zu leben, abgefedert zu sein von aller Realität, nicht in realer Gegenwart *(présence réelle)* zu existieren, sondern in merkwürdiger Abwesenheit aller Wirklichkeit *(absence réelle)*, in hohler Virtualität. Lange haben wir uns nicht mehr so ohnmächtig gefühlt wie in den letzten zwei Jahren.

Hundert Jahre vor der Erfindung der Hyperwelt des Internets bietet Nietzsche eine Beschreibung unserer Gestimmtheiten, wie sie dichter nicht sein könnte. Der *homo digitalis* in seiner Unendlichkeitsmaschine kommuniziert zwar mit seinesgleichen ununterbrochen und überall auf dem Globus; im Grunde aber sitzt er im Mief seiner platonischen Höhle, unfähig, sich auf die Wirklichkeit einzulassen. Dieser alle Höhen und Tiefen des Lebens meidende Grottenbewohner, der nicht einmal mehr eine rechte ekstatische Lust, sondern gerade noch ein pornographisches Genüßchen zustande bringt („ein Lüstchen für den Tag und ein Lüstchen für die Nacht"), er hat das Glück erfunden, eine in der *Brave New World* der medialen Selbstzufriedenheit und psycho-hygienischen Wellness eingerichtete Mediokrität.

Und so ist die Welt, was sie ist. Nach dem Tode Gottes (und Gott gibt es ja nicht; wir sind schließlich aufgeklärt) ist alles Glück irdisch, allzu irdisch, am Ende unterirdisch. Da mag zwar noch eine vage Sehnsucht sein nach wirklicher Wirklichkeit, die man sich nicht selber zusammenlügen muß. Aber Sehnsüchte sind, wie Träume, Schäume. Den Rest erledigen die Krisen. Ihrer wird man zusehends überdrüssig, denn keine von ihnen ist zu lösen, jede von ihnen schlägt einem in anderer Weise aufs Gemüt. Und so macht sich, eingetaucht ins Zwielicht einer eigentümlich existentiellen Desorientierung, eine Mischung aus apokalyptischer Grundstimmung und achselzuckender Wurschtigkeit breit, weil keiner mehr weiß, wie es noch weitergehen soll. Alles müßte sich ändern, und zwar radikal, damit die Welt bleiben kann, wie wir sie kennen und lieben![244] – Aber nein, dann müßten wir uns ja ändern, soll sie doch kommen, die Sintflut, Hauptsache sie kommt „nach uns", zu retten ist der Karren sowieso nicht mehr![245]

Damit geraten wir einmal mehr vor das Lebenszeugnis eines Menschen wie Alfred Delp. Wie ein Quertreiber aus einer anderen Welt steht es unserem persönlichen, gesellschaftlichen, kirchlichen Agnostizismus entgegen: *„Die Welt ist Gottes so voll. Aus allen Poren der Dinge quillt er gleichsam uns entgegen, wir aber sind oft blind."* – Was können uns vor dem Hintergrund des Gesagten diese Worte sagen? Inwiefern nehmen sie Gedanken Nietzsches auf und lassen sich von ihnen ins rechte Lot bringen, um diese dann ihrerseits ins rechte Lot zu bringen?

10. „Stark wie der Tod ist die Liebe ... "
(Hld 8,6bc) – oder:
Vom Mut zu Risiko und Kontingenz

Schaut man auf das Leben Alfred Delps[246], so fallen vor allem zwei Aspekte ins Auge: Mut zur Kontingenz, Mut zum Risiko. Beide Haltungen stehen freilich nicht zusammenhanglos nebeneinander; sie entfalten die ihnen spezifische Kraft vielmehr aus der Konzentration auf die Mitte allen Lebens. Mitte allen Lebens ist Gott. Von ihm her gewinnt alles seine Wahrheit, seine ihm eigene Rechtsamkeit, Lauterkeit, Schönheit. Gerät dieses Gefüge aus dem Gleichgewicht, geht die Mitte verloren, so muß der Mensch sich selber Wahrheit sein, muß seine Rechtsamkeit selber herbeibiegen, muß, was schön an ihm ist, aus eigener Potenz produzieren. Im Nationalsozialismus erblickte Delp eine solche Sinnproduktionsmaschine: eine leere Mitte, um die betäubt ein großer Wille kreist. Dieser Wille sieht nichts als sich selbst; deshalb kann er nichts anderes wollen als sich selbst – ein grandioser Narzißmus, geboren aus einer tief verstörenden Lebensangst. Um diese Angst zu bannen, muß alles, was dem Willen zur Selbstbehauptung zuwider steht, eliminiert werden. In einem solchen Denken ist „Gott" nicht nur ein Fremdwort; es muß, weil es den Menschen an die Unmöglichkeit erinnert, *maître et possesseur du monde* zu sein, ausgemerzt werden – und mit ihm die Wirklichkeit, für die es steht.

Von Anfang an ist Delp dem nationalsozialistischen Regime gegenüber kritisch eingestellt. Die Behinderung der kirchlichen Jugendarbeit, die aggressive Militarisierung des Alltags, die groben Lügen der Propaganda, die zunehmende Ausgrenzung jüdischer Deutscher aus dem öffentlichen Leben: all das ekelt ihn an.[247] Gleichwohl ist die Schwelle zum aktiven Widerstand noch nicht überschritten. Bis in den Sommer 1934 gibt sich Delp der Illusion hin, man könne die nationalsozialistische Jugenderziehung gleichsam „als ‚Sauerteig' von unten her" christlich durchsäuern.[248] Als ihm klar wird, es mit einem Gegner zu tun zu haben, der nicht mit sich spaßen läßt, übt er sich in seinen öffentlichen Predigten und Artikeln in teils deutlicher, teils verhaltener Kritik am System – die jesuitischen Ordenseinrichtungen, für die er arbeitet, sind ständig gefährdet.[249] Doch spätestens seit dem Frühjahr 1942, da Delp über seinen Ordensoberen Augustin Rösch als Soziologe in den Kreisauer Kreis um den Grafen Moltke eingeführt wird, ist er entschlossen, den Dingen im nationalsozialistischen Deutschland nicht mehr ihren Lauf zu lassen – der Wille, dem Rad in die Speichen zu greifen (um eine berühmte Formulierung Bonhoeffers aufzunehmen[250]), ist nun auch bei Delp zu klarer Entschiedenheit herangereift. „Wer nicht den Mut hat, Geschichte zu machen, wird ihr armes Objekt", sagt er in jenen Tagen zu einem Freund. Und dann: „Laßt uns tun!"[251]

Daß solche Entschiedenheit nicht aus jugendlicher Tollkühnheit erwächst, sondern aus einem tiefen Ernst gegenüber dem Leben, liegt auf der Hand. Und daß sie um die möglichen Konsequenzen weiß, ebenfalls. Schon Mitte 1935 hatte Delp in Auseinandersetzung mit der Philosophie Martin Heideggers geschrieben:

„Das Zeichen dieser Zeit [...] wird sein, daß im Menschen sich die Menschen scheiden. Es werden Menschen dasein, die nur von der Endlichkeit sprechen und predigen und träumen und damit einen kleinen Götzen meinen [...]. Und es werden da Menschen leben, die Ja sagen zum ganzen, vollen Menschentum und die deshalb Bild Gottes genannt werden und sind. [...] Diese Zeit sucht letztlich nach dem wahren Menschen. Sie wird ihn nicht eher finden, als sie bereit ist, [über] den Menschen [...] hinauszugehen, um ihn dort zu suchen und zu finden. Und das ist ihre Tragik, daß sie den Menschen nicht findet, weil sie Gott nicht sucht, und daß sie Gott nicht findet, weil sie keine Menschen hat."[252]

Neun Jahre später, in der Gestapo-Haft, werden diese Sätze auf bestürzende Weise konkret. Denn Delp erlebt sich angesichts des drohenden Todesurteils unerbittlich „vor sich selbst"[253] gebracht; eben dadurch aber erfährt er sich unerbittlich als „vor Gott gestellt"[254]: Wer bin ich eigentlich? Wer bin ich in meiner letzten Tiefe und Wahrheit? Solche Fragen lassen sich nicht mit dem Hinweis auf die familiäre, konfessionelle oder landsmannschaftliche Herkunft beantworten, auf Beruf, persönliche Vorlieben, psychische Eigenarten und Schrullen, politische Meinung oder das Verbraucherverhalten. Wer ich im letzten bin, bleibt mir entzogen. Denn diese Frage, so sehr sie mich in meinem Innersten meint, zielt auf eine Antwort, die ich mir nicht selber geben kann. Sie zielt auf ein Wissen um mich, über das nicht ich verfüge, sondern jene Wirklichkeit und Wahrheit, für die das Wort „Gott" steht.

Nur wer bereit und hinreichend fähig ist, *„ich"* im Vollsinn des Wortes zu sagen (*„Ich bin gemeint und nicht irgendein jemand!"*), ist in den Augen Alfred Delps ein gottesfähiger Mensch. Erziehung zu einem verantwortungsbewußten Selbst und damit zur Gottesfähigkeit bedeutet insofern Erziehung zu jener innersten Mitte, für die das Wort „Gewissen" steht. Ein Gewissen hat nur, wer seiner selbst gewiß ist. Seiner selbst gewiß ist man aber nie aus wilder Selbstentschlossenheit (hier liegt für Delp der entscheidende Fehler aller existentialistischen Dezisionismen, egal ob nietzscheanischer oder heideggerscher Provenienz), sondern allein im Hören auf jene Mitte, für die das Wort „Gott" steht. Wer solcherart zu hören weiß, ist fähig, Verantwortung zu übernehmen für sich und sein Handeln. *Verantwortung* übernehmen heißt, *Antwort* geben. Antwort gibt nur, an wen *ein Wort* ergangen ist. Das entscheidende Wort kann aber nur vernehmen, wer willens ist, auf die innere Stimme seines Gewissens zu hören. Allein dort klingt auf, was niemand sich selber sagen kann: jener Name, bei welchem man von Ewigkeit her gerufen ist.

Man sieht auf Anhieb den himmelweiten Unterschied zwischen einer kollektivistischen Ideologie wie der des Nationalsozialismus und einer theonomen Ethik, wie Alfred Delp sie vertritt. Parolen wie „Führer befiehl, wir folgen!" oder „Du bist nichts, dein Volk ist alles" sind in seinen Ohren schrille Blasphemien. Die Würde des je einzelnen Menschen besteht ja gerade darin, über alle äußeren Zweckbestimmungen und -setzungen hinaus von sich selber her etwas zu sein und eben deshalb selbstverantwortet handeln zu können. Daher der deutliche Mahnruf: „Der Mensch darf seine Freiheit nicht abgeben."[255] Denn nur in der Freiheit des Gewissens kann der Mensch auf jenen Ruf antworten, in welchem er zu sich selbst findet, weil erst dieser ihn vollgültig zu sich selbst bringt.

Genau hier sieht Delp höchste Gefahr am Horizont. Der kollektivistische Massenmensch (und als einen solchen bezeichnet er auch „den müde gewordenen Menschen in der Kirche, der dann auch noch die Unehrlichkeit begeht, seine Müdigkeit hinter frommen Worten und Gebärden zu tarnen"[256]) ist „Gottes nicht nur nicht mehr willig und bedürftig"; er ist „Gottes nicht mehr fähig."[257] Und dann das scharfe Urteil: Dieser Mensch sind wir! „Wir sind Gottes nicht mehr willig, fähig und bedürftig […,] sehr harte Sätze über unser Leben. Aber sie stimmen […] Das beweist jeder Tag."[258]

Man wird den Kontext berücksichtigen müssen, in welchem solche Sätze formuliert sind. Wenn Delp schreibt:

> „Der Mensch heute ist krank. […] Er spürt noch nicht manche innere Einbuße und Organverkümmerung, die er […] eintauscht [für seine technische Macht und Herrschaft, die ihn ganz benommen macht von sich selbst]"[259],

so wird man festhalten müssen, daß pauschalisierende Urteile solcher Art in einer Zeit der Diktatur geschrieben sind. Obgleich der Krieg militärisch längst verloren ist, verfügt das Regime immer noch über Millionen fanatischer Anhänger.[260] In Delps Augen sind solche Leute krank. Sie haben das Kostbarste verloren, was es gibt: jene innere Freiheit, die einen Menschen „unantastbar und unberührbar" macht, „allen äußeren Mächten und Zuständen zum Trotz." Wer „sich an die Unfreiheit gewöhnt und selbst die ödeste und tödlichste Sklaverei als Freiheit aufreden läßt […], ist kein wirklicher Mensch, sondern Objekt, Nummer, Statist, Karteikarte."[261] – Nur am Rande: Wie würde Delp die Vertreter heutiger Formen selbstverordneter Unfreiheit bezeichnen? Facebook-Philister? Internetblasen-Bewohner? Selfie-Spießer? Coffee-to-go-Egomane? Wattierter Dotcom-Autist?

Wie auch immer, für Delp ist es nicht die Stunde, um zu nörgeln. Klerikale Quengelei und Wehleidigkeit sind in hohem Maße kontraproduktiv. Delp findet hier deutliche Worte:

> „Der könnende und weltkluge Mensch ist sehr empfindlich gegen jede vermeintliche oder wirkliche Anmaßung. Die Sorgfalt und Zuverlässigkeit, zu denen das technische Leben die Mehrzahl der heutigen Menschen zwingt, ge-

ben ihnen auch ein Auge für die Schlamperei und Sudelei, mit denen wir in der Kirche unsere ‚Funktionen' im weitesten Sinn des Wortes verrichten."[262] Deshalb seine Aufforderung zu kritischer Zeitgenossenschaft. Man muß die Augen weit aufmachen und sich betreffen lassen von dem, was ist, von aller Klugheit, Könnerschaft und Feinfühligkeit der Zeit, in welcher man lebt, aber auch von ihrer Not, ihrer Fragwürdigkeit und Verblendung – und man wird feststellen: Es gibt „keine grundsätzlich christusfeindliche und kirchenfeindliche Zeitstufe"; „jede geschichtliche Stunde ist von sich aus fähig, ‚Gelegenheit für das Reich Gottes' zu sein".[263] Deshalb, so Delp, ist es auch nicht erlaubt, sich aus der Geschichte wegzustehlen in eine „desinteressierte Arche"[264], gar den Tod fromm zu verklären, in einer „Art Dispens vor den Bitternissen des Lebens."[265] Erst wenn man ihn mit seinem ganzen ausweglosen Schrecken ernst nehme, könne der Tod dem Menschen zur Bewährung werden und eine tröstende Wirklichkeit erschließen, die da laute: Dieses Leben und dieser einzelne Mensch sind nicht das Letzte; sie sind eingeborgen in einem größeren Raum, in der Güte des Schöpfers – und deshalb versinken sie nicht im Nichts.

Genau in diese Erfahrung scheint Delp in den letzten Wochen und Tagen seiner Gestapo-Haft hineingefunden zu haben: „Gott hat mich beim Wort genommen und aufs Äußerste gestellt", schreibt er Ende November 1944 in einem Briefkassiber.[266] „Wir sind auf ein Seil gesetzt und sollen über einen Abgrund laufen", zwei Tage zuvor.[267] „Gott hat mich gestellt. Nun heißt es, dem gewachsen zu sein, so und so."[268] Gleichwohl gibt es über die eigene Situation hinaus immer auch wieder grundsätzliche Reflexionen über den Menschen, so in jener schon zitierten Skizze, betitelt „Theonomer Humanismus", eine Art soziopolitisches Manifest für eine Gesellschaft, wie sie nach dem verlorenen Krieg wiederaufzubauen wäre; anthropologische und theologische Reflexion laufen hier ineins:

1. Es geht nicht ohne ‚Existenzminimum' an gesichertem Raum, gesicherter Ordnung und Nahrung. Dieser Sozialismus des Minimums ist [...] das Erste, der Anfang. Kein Glaube und keine Botschaft [...] helfen dem Menschen, wo dieses Minimum als gesicherte Stetigkeit nicht zur Verfügung steht.

2. Es geht nicht ohne ein Minimum an Wahrhaftigkeit in jedem Belang.
3. Es geht nicht ohne ein Minimum von Personalität und Solidarität. Solidarität organisch-hierarchisch verstanden.
[4. + 5.] Es geht nicht ohne ein Minimum von allgemeiner Hingabe an die Transzendenz. [...] Der Mensch muß über sich selber hinauswollen, wenn er überhaupt Mensch bleiben will. Die öde, massenhafte Gedankenlosigkeit zerstört, was im Menschen an Wucht und Feuer und ernster wirkender Liebe zum Menschen brennt, was aber so leicht umschlägt in Blindheit, Verlorenheit, Distanz- und Instinktlosigkeit, wenn die Hingabe an das Ewige – nein: an den Ewigen fehlt. [...]
[6. + 7.] Dieses innere Existenzminimum des Menschen möchte ich umschreiben durch die Worte, mit denen ich echte ehrliche innere Vollzüge meine: Furcht – Ehrfurcht; Anbetung – Liebe; Freiheit – Gesetz.[269]

So fragmentarisch diese Notizen sind, so lassen sie erahnen, wie wenig die Frage nach dem Menschen sich von der Frage nach Gott trennen läßt. In der Menschwerdung des Logos ist Gott „eine weltimmanente Tatsache"[270] geworden. Alles, was ist, hat durch das Geschehen von Weihnachten eine neue, unzerstörbare Würde und Tiefe erlangt. „Seitdem ist auf dem Untergrund aller Dinge Gott, der Herr, zu finden."[271] Das hat gewaltige Konsequenzen für die Selbstwahrnehmung des Menschen. Denn wenn in der Inkarnation der ewige Logos das Menschengeschick bis ins Äußerste auf sich nimmt, dann ist Gott nicht mehr nur in den hohen Stunden der Freude und des Glücks zu finden, sondern auch und nicht zuletzt in den dunklen, schmerzlichen Stunden der Not und des Sterbens. Und hier ist nun wohl auch der Ort erreicht, an welchem das mehrfach zitierte Wort Alfred Delps seinen tiefsten Einschlagspunkt hat:

„Das Eine ist mir so klar und spürbar wie selten: Die Welt ist Gottes so voll. Aus allen Poren der Dinge quillt er gleichsam uns entgegen, wir aber sind oft blind. Wir bleiben in den schönen und den bösen Stunden hängen und erleben sie nicht durch bis an den Brunnenpunkt, an dem sie aus Gott herausströmen. Das gilt für alles Schöne und auch für das Elend. In allem will Gott Begegnung feiern und fragt und will die anbetende, hingebende Antwort."

Die alte schmerzliche Frage, wo denn Gott sei in unserer Not, herausgeschrien in den Klageliedern des Jeremias, im Buch Hiob, im

Psalm 88 und nicht zuletzt im Kreuzesschrei Jesu (Mk 15,34 par), bekommt hier nicht nur einen sehr eigenen Klang; sie findet ihre Antwort in einer starkmütigen Haltung sowohl gegenüber dem beharrlich erfragten Gott als auch gegenüber dem, der solcherart fragt. – Ob sich von hier aus womöglich jene im Zusammenhang mit der Corona-Pandemie so häufig aufgeworfene Frage neu zu lesen gibt: die Frage nach einer Theodizee, d. h. der Rechtfertigung Gottes als eines machtvoll Liebenden angesichts des Leids in der Welt?

11. *„Denk an deinen Schöpfer in deinen frühen Jahren, ehe die Tage der Krankheit kommen und die Jahre dich erreichen, von denen du sagen wirst: Ich mag sie nicht!“ (Koh 12,1)* – oder: Vom Hinter-sich-Lassen aller Versuche einer Theodizee

Wie kann Gott das zulassen ...? – Dieser Schrei, diese Klage, wie oft mögen sie ertönt sein in den ersten Tagen und Wochen der Pandemie? Man denke an Städte wie Bergamo, Madrid, São Paulo, an Länder wie den indischen Bundesstaat Maharashtra, wo das Virus binnen kürzester Zeit Tausende, manchmal Zehntausende Menschen hinwegraffte. Mögen viele unter den Toten auch alte Menschen gewesen sein, die statistisch gesehen am Ende ihres Lebens standen, weshalb es aus medizinischer Sicht innerhalb dieser Alterskohorte zu einer sog. Übersterblichkeit kam, so ist doch in den Augen der Angehörigen gerade diese Häufung der Todesfälle das Erschreckende. Das „normale“ Sterben (Aber wann wäre Sterben je normal?) bekommt dadurch den Anschein des Außergewöhnlichen, Empörenden. Und so erhebt sich der Schrei: *Wie kann Gott das zulassen ...?*

Ja, wie kann Gott es zulassen, daß wir mit jedem Tag älter werden, ab etwa dem dreißigsten Lebensjahr die körperlichen Spannkräfte abnehmen, weil die Regeneration unserer Zellstrukturen immer unvollkommener gelingt, und am Ende unseres Lebens uns schließlich der Tod erwartet, den einen früher, die andere später?

Diese Frage ist überhaupt nicht ironisch, sondern ganz nüchtern gemeint. Kann man im Ernst wollen, daß wir nicht älter werden? Älter werden heißt Veränderung in jeder Hinsicht: körperlich, geistig, seelisch, wobei diese drei Dimensionen vielfältig ineinandergreifen. Das Neugeborene wächst, es nimmt täglich an Gewicht und Kräften zu, aber auch an Kenntnis seiner Umgebung. Es lernt zu kommunizieren, wird langsam zum Kind, dem alles neu ist, überraschend und faszinierend, bisweilen aber auch erschreckend und fremd. Eben daran wächst es, äußerlich wie innerlich, wird langsam zu einem jungen Menschen. Auch hier ist alles im Fluß. Jugendliche Identitätsfindung geht mit dem Entdecken der Geschlechtlichkeit einher und dem aufknospenden Begehren. Solche Entdeckungen sind leiblich grundiert: das Sich-Verlieben, die Sehnsucht nach dem begehrten Anderen, das Glück der ekstatischen Lust mit ihm oder ihr, aber auch die Trauer nach dem schmerzlichem Ver-Lust, der in der einen oder anderen Weise keinem erspart bleibt; überhaupt das Verlangen, das Wollen, die Selbstverausgabung, das Zeugen neuen Lebens; Schwangerschaft und Geburt (man bedenke, was ein solcher physischer Einsatz der Mutter abverlangt); schließlich das Vater- oder Muttersein selbst; das Sich-Einfinden nicht nur in solche Rollen, sondern das Hineinfinden in diese Wirklichkeit (man wird Vater oder Mutter und *ist* es, man spielt es nicht nur); die Freude an den Kindern, aber auch die Mühen und Plagen, die sie einem bereiten; die Sehnsucht, alles möchte gut werden; die Hoffnung, der Schmerz –: All dies hat seine körperliche Basis und seine leibseelische Einfärbung. Und so verändern sich mit den Metamorphosen unseres Leibes im Laufe der Jahrsiebte auch unsere Einstellungen zur Welt und zu uns selbst – bis schließlich der Lebensbogen sich neigt und wir, der Schwerkraft des ermüdeten Leibes folgend, wieder eintauchen in jene uns umnachtenden Abgründe, aus denen wir einst aufgetaucht waren.

So ist das Leben. Anders ist es nicht. Wollte man es anders, man verweigerte sich ihm. Wer wollte auf ewig Kind sein: *infans* oder *puer/puella*? Wer immerzu Jugendlicher: *adulescens/iuvenis*? Kann man sich wünschen, auf der Stufe des vitalen Dreißigjährigen stehen zu bleiben, des *vir* oder der *mulier*, die sich gerade ihr Leben aufbauen? Gehören zum Leben und der Lebensreife nicht auch der Blick auf die großgewordenen Kinder und die Enkel und damit einhergehend die Minderung und schließlich das Alter, die *senectus*? Und hat nicht jedes Lebensalter neben seinen Nöten auch seine Größe – auch wenn man dem frivolen Studentenlied beipflichten muß, daß *post iucundam iuventutem* die Molesten des Alters wenig angenehm sind und die Erde, die uns dereinst haben wird *(nos habebit humus)*, kalt ist und dunkel? Trotz solchen Wissens und des sehr verständlichen, wenn auch hilflosen Wunsches *redde iuventutem* –: Alterten und stürben wir nicht, um Platz zu machen für die nächste Generation, es gäbe keine neugeborenen Kinder, keine Jugend und kein Mannesalter; es gäbe keine Neuanfänge, keinen Aufbau, keine Innovation. Nichts. Es gäbe ausschließlich alternde, altgewordene, schließlich uralte, vergreiste Menschen. Wer wollte im Ernst in einer solchen Welt leben!?

Ob es uns gefällt oder nicht: Das Altern, mit ihm die beschwerlichen, ja häßlichen Begleiterscheinungen („Das Alter ist eine unheilbare Krankheit", sagt Seneca[272]) und schließlich das Sterben sind die Einlaßbedingung von Kindheit und Jugend; der Tod die Einlaßbedingung des Lebens. Die Klage „Wie kann Gott das zulassen?" mag zwar im konkreten Einzelfall sehr verständlich sein (Es gibt Schicksale, vor denen kann man nur erschaudern); sie ist zuletzt aber ähnlich sinnlos wie die Klagen: „Warum sind wir nicht unsterblich?" „Warum sind wir nicht Gott?"

Noch einmal: Solche rhetorischen Fragen sind weder ironisch noch gar zynisch gemeint. Sie sind ganz nüchtern. Allein solche Nüchternheit gibt uns die nötige Klarheit, der sogenannten Theodizeefrage angemessen zu begegnen. Sie lautet: Wie kann der gute und gerechte Schöpfer, so er denn allmächtig ist und seine Schöpfung liebhat, das Leid, die Not, die Schuld und überhaupt das ganze Elend in dieser Welt zulassen?

Die Frage findet sich in dieser Form wohl erstmals bei Epikur († 271 v. Chr.)[273] und hat dann über Marcion († um 160 n. Chr.) und die durch ihn ausgelösten schöpfungstheologischen Streitigkeiten in der frühen Kirche[274] sowie über Augustinus (354–430 n. Chr.) Eingang gefunden in den Gedächtnisschatz abendländischen Denkens. Hinsichtlich der Frage, wie Gottes allmächtige Güte mit dem realexistierenden Bösen koexistieren könne, versammeln sich hier die scharfsinnigsten Gedanken des Thomas von Aquin und Luthers, Leibniz', Kants und Hegels bis hin zu den bissigen Bemerkungen Voltaires, Lichtenbergs und Heinrich Heines. Noch in der Gegenwart erhitzt die Theodizee-Frage die Gemüter, man denke nur an die verschiedenen Versuche einer Philosophie bzw. einer Theologie „nach Auschwitz" (Adorno, Hans Jonas, J.B. Metz), an die fundamentalanthropologisch bzw. psychoanalytisch gegründeten Symbolhermeneutiken von Paul Ricœur (*La symbolique du mal*) und Eugen Drewermann (*Strukturen des Bösen I–III*) sowie an die Bearbeitungen, die diese Frage in den großen Romanen der zeitgenössischen Literatur gefunden hat: bei Camus und Sartre, bei Reinhold Schneider, Joseph Bernhart, Elias Canetti und Gabriel Marcel; erwähnt sei aber auch die grundstürzende autobiographische Erzählung der Berliner Schriftstellerin Esther Maria Magnis: *Gott braucht dich nicht. Eine Bekehrung* (2013), vielleicht die eindringlichste Auseinandersetzung mit der Theodizeeproblematik in den letzten Jahren, noch dazu von einer sprachlichen Wucht, die in der Gegenwartsliteratur ihresgleichen sucht.

Es versteht sich von selbst, daß wir die riesigen Debatten, die mit dem Stichwort „Theodizee" verknüpft sind, hier auch nicht ansatzweise aufrollen können.[275] Immerhin aber sei auf jene überaus prägnante Formulierung verwiesen, die diese Frage bei dem spätrömischen Neuplatoniker Boëthius (480–525 n. Chr.) gefunden hat. Sie lautet:

Si quidem Deus est, unde mala? Bona vero unde, si non est?

Wenn es Gott gibt, woher das Übel? Woher aber das Gute, wenn es ihn nicht gibt?[276]

In dieser Isosthenie siedelt sich die Theodizee-Frage an; sie läßt sich weder nach der einen noch nach der anderen Seite auflösen, und so ist auf theoretischer Ebene eine allseits befriedigende Lösung „wohl letztlich nicht auffindbar".[277]

Aber vielleicht läßt sich der Frage ja praktischerseits näherkommen. Denn da stellen wir fest, daß nur wenig von dem, was wir erleben, eindeutig gut oder böse ist; es ist immer irgendwie gemischt. Kann man aber das Fragwürdige, Zweifelhafte des Lebens ablehnen? Wenn ja, so müßte man wohl auch das Gute und Schöne, das wir erleben, ablehnen, denn es ist auf vielfältige Weise mit dem Leidvollen und Bösen verwoben. Man kann nicht den einen wundervollen Seidenfaden aus dem Lebensnetz lösen und diesen für sich allein affirmieren. Es gibt ihn nur deshalb, weil es alles andere auch gibt. – Dies führt uns ein weiteres Mal zu Nietzsche:

> „Grundsatz: jedes Erlebniß, in seine Ursprünge zurückverfolgt, setzt die ganze Vergangenheit der Welt voraus. – Ein factum gut heißen, heißt Alles billigen! Aber indem man Alles billigt, billigt man auch alle vorhandenen und gewesenen Billigungen und Verwerfungen!"[278]

Schon wieder ein unzeitgemäßer Gedanke des großen Unzeitgemäßen! Nietzsches Bemerkung läßt die Vergangenheit und damit die Frage, wie umzugehen sei mit dem ganzen Elend von Natur und Geschichte, in einem neuen Licht erscheinen. Denn ob es uns gefällt oder nicht: Das Schlimme der Vergangenheit ist wie oft die Voraussetzung des Guten der Gegenwart. Noch einmal Konrad Paul Liessmann:

> „Über den Kolonialismus der Vergangenheit zu klagen und die Globalisierung, die diesen doch notwendig voraussetzt, zu feiern, gehört mittlerweile zum guten Ton. Die Vergangenheit vom Standpunkt der heutigen Moral zu verurteilen, vergißt [jedoch], daß sich die Gegenwart damit ihrer Grundlagen beraubt. Der Gedanke, daß wir, indem wir die Errungenschaften der Moderne bejahen, auch alle Ungerechtigkeiten, Grausamkeiten und Kriege, die zu deren Voraussetzung gehören, bejahen müssen, ist freilich unangenehm. Am liebsten wäre es uns doch, wir könnten so manche Vergangenheit ungeschehen machen, ohne dabei zu bedenken, daß dies streng genommen unsere Nichtexistenz zur Folge hätte haben müssen. Es mag ehrenwert sein, wenn junge weiße Ameri-

kaner die Kolumbusstatuen stürzen und damit ihr Mißfallen über den Initiator kolonialistischer Welterschließung ausdrücken. Nähmen sie diese Kritik ernst, müßten sie sich in Meer stürzen und dorthin zurückschwimmen, woher ihre Vorfahren sich nach der Neuen Welt aufgemacht hatten. Das tiefe Ungenügen am Leben gründet in einer Verstrickung, in der das Gute nicht ohne das Böse zu haben ist."[279]

Es geht bei Gedanken wie den hier zitierten nicht im Geringsten um eine sogenannte „Malitätsbonisierung"[280], d.h. um den Versuch, das Böse in seinen existenzvernichtenden Extremformen von Krieg, Vertreibung, Mord (das *malum morale*), aber auch in Gestalt der vielen natürlichen Übel (der *mala physica*) dadurch zu „entübeln"[281], daß man ihm einen Sinn unterlegt – dergestalt etwa, daß man an Schwierigkeiten wachsen könne; das als furchtbar Erlebte sich in der biographischen Rückschau als heilsame Fügung erweise; das Helle des Lebens ohne das Dunkle nicht so leuchtend erstrahle; jedes Böse unfreiwillig auch Gutes hervorbringe usw. Spätestens angesichts zweier Weltkriege sowie der Menschheitsverbrechen der großen totalitären Regimes im 20. Jahrhundert sind solche pädagogisierenden, teleologisierenden, moralisierenden oder ästhetisierenden Deuteformen des Bösen zerbrochen. Der Zweifel gegenüber der Welt, wie sie ist, ist jedoch wesentlich älter. Schon Georg Büchner hatte den Schmerz als „Fels des Atheismus" bezeichnet. „Das leiseste Zucken des Schmerzes, und rege es sich nur in einem Atom, macht einen Riß in der Schöpfung von oben bis unten"[282] – man lese die herzzerreißenden Klagen eines Émile Cioran, Andreas Gryphius, Johann von Tepl oder des biblischen Hiob, und man weiß, was hier gemeint ist.

Um eine „bonisierende" Entschärfung der Frage nach dem Übel, dem Bösen und der Schuld geht es also nicht, wenn wir hier Nietzsche einspielen. (Bekanntlich hat Nietzsche den körperlichen Schmerz selber bis zur äußersten Neige auskosten müssen; dem Verdacht einer allfälligen „Malitätsbonisierung" ist er enthoben.) Es geht vielmehr darum, der umgekehrten Versuchung zu widerstehen: dem der Bonitätsmalisierung – m.a.W.: Wir sollen dem Bösen nicht auf den Leim gehen, indem wir alles und jedes in seinem fahlen Lichte sehen.[283] Eine solche Versuchung ist mephistophelischer Natur:

Ich bin der Geist der stets verneint!
Und das mit Recht; denn alles was entsteht,
Ist wert, daß es zugrunde geht;
Drum besser wär's, daß nichts entstünde.[284]

Man kann so argumentieren, und nicht wenige tun es: Schopenhauer etwa und gewisse Formen des Buddhismus. Leben ist Leiden, nicht nur Leiden aufgrund der Endlichkeit allen Lebens, sondern auch Leiden aufgrund der aus der Begrenztheit des Lebens resultierenden Lebensangst und des auf sie reagierenden Selbstbehauptungswillens, der seinerseits dann wieder unendlich viel Leid verursacht: Aggressivität (latent oder offensichtlich), überhaupt die vielen Eroberungskriege („Bevor die anderen sich's unter den Nagel reißen, nehm' ich's mir!"), Folter, Vertreibung, Genozid – aber man braucht gar nicht ins Extrem gehen; die täglichen Demütigungen, die einem die Endlichkeit dieses Lebens abverlangt, können schon schlimm genug sein. Erinnern wir uns an Eugen Roths Vierzeiler „Fünftagewoche“:

Wie wär' geworden alles gut,
hätt' Gott am sechsten Tag geruht.
Er wär' nur kommen bis zum Affen.
Der Mensch wär' blieben unerschaffen.

In der Tat: Wäre es nicht besser, es gäbe uns nicht! Hätte uns nie gegeben! Würde uns nie geben! – Soweit will nun freilich kaum einer von denen gehen, die immer gleich mit der Theodizeefrage zur Hand sind, wenn irgendwo auf der Welt ein Unglück geschieht, eine Naturkatastrophe ausbricht, eine Hungersnot, ein Virus, eine Pandemie. Nur: Kann man im Ernst die Theologie mit der Theodizeefrage beginnen? Was denn eigentlich steht am Beginn aller Rede von Gott, was ist ihr Auslöser? Die Klage? Der Schrei? Das große Warum? (Johann Baptist Metz war dieser Meinung.[285]) Oder steht am Beginn aller Theologie das Staunen, die Verwunderung, die freudige Überraschung, das ahnende Fühlwissen um eine große Affirmation? – Hören wir noch einmal Ariadne von Schirach:

„Er hat gegessen. Er hat getobt. Jetzt malt er, die Faust um einen grünen Filzstift geschlossen. Konzentriert. Dann legt er den Stift weg und sagt in die Runde: ,Es ist schön, daß ich auf der Welt bin.' Henri ist ein kleiner Junge, vier, vielleicht fünf Jahre alt. Manchmal brüllt er los, einfach so. Er schlägt auch gerne, aber er hat schon gelernt, es nur einmal zu tun und den unweigerlich folgenden Ermahnungen angemessen zerknirscht zu begegnen, den rosigen Mund großmütig verzogen. Henris Mutter hebt die Schultern und läßt sie langsam wieder sinken, während sie ausatmet und zum x-ten Mal sagt: ,Henri, nicht ... ' Und dann dieser Satz, Worte, die hell genug sind, an Saturn und Neptun vorbei ins Tannhäuser Tor zu leuchten [...]: ,Es ist schön, daß ich auf der Welt bin.'
Diese Freude braucht keinen Grund, wie die Liebe keinen Grund braucht und doch tausend aufzählen könnte, wenn sie es müßte. Henri saß einfach am Tisch und hat gemalt, und es war alles auf unaufgeregte Weise okay, also Essen da und Mama da und andere Menschen da, und das zusammen hat irgendwie genügt, um einen Satz auszusprechen, der ausreicht, um darauf ein halbes Leben zu bauen. Und die andere Hälfte? Gleicher Satz, andere Richtung: ,Es ist schön, daß du auf der Welt bist.'"[286]

Ja, es ist schön, auf der Welt zu sein. Es ist schön, daß es die Welt gibt, daß es mich gibt und dich gibt. Daß es uns gibt. – Wer oder was aber ist dieses „es", das uns gibt? Wer gibt mich mir? Wer gibt dich dir? Wer gibt uns uns? Warum eigentlich gibt es uns und die Welt?

Mit Fragen dieser Art ist einmal mehr die Frage nach dem Grund von allem gestellt. Es ist offensichtlich, daß diese Frage nicht immer explizit laut wird. Aber die Antwort auf sie wird lebenspraktisch gegeben (Wie sonst sollte man leben?!), und zwar in Gestalt einer das Leben und die eigene Existenz affirmierenden Seinsfrömmigkeit: „Es ist schön, auf der Welt zu sein." Im Grunde sagte die alte Scholastik nichts anderes, wenn sie formulierte: „Omne ens, inquantum ens, est bonum" – alle Wirklichkeit, insofern sie nur wirklich wirklich ist, ist gut.[287] Und alle Minderungen des Lebens, alle Einschränkungen, ins Werk gesetzt durch die Endlichkeit unserer Existenz, alle Krankheit und zuletzt das häßliche Sterben und der Tod sind Privationserfahrungen an einem vorgängig Guten. Wie gehen wir mit diesen Privationserfahrungen um? Haben Sie das letzte Wort? Lassen wir uns von ihnen überwältigen?

Die Theologie hat hier ihren Offenbarungseid zu leisten. Was fällt ihr angesichts der Corona-Pandemie und der damit einhergehenden Erinnerung an unsere Endlichkeit als Erstes ein? Daß in den Wochen und Monaten der Pandemie nicht Gottes liebende Nähe, sondern vor allem seine Abwesenheit erfahren worden sei?[288] Daß die Corona-Pandemie eine Krise darstelle, die Krisen verstärke, weshalb, wer seit Jahren in der Krise stecke wie die katholische Kirche, es mit Corona noch einmal mehr tue?[289] Daß der Mensch, „evolutionstheoretisch betrachtet“, ein völlig kontingentes Wesen sei, weshalb ein so marginales Etwas nicht darauf hoffen dürfe, daß die Natur Rücksicht nehme auf es?[290] Daß aber auch von Gott nicht mehr zu erwarten sei, als daß seine Zusage sich am Ende der Tage als stichhaltig erweise, weshalb, wer in diesem Leben seine Sach' auf Gott gestellt habe, erst dann erfahre, ob er aufs richtige Pferd gesetzt oder sich verzockt habe?[291] – Alle solche Fragen und Zweifel sind nachvollziehbar, zeugen aber weder von theologischer Originalität noch von existentiellem Witz. Sie riechen nach Kleinmut, Phantasielosigkeit – und hier und da ein bißchen nach Defätismus.

Und damit geraten wir vor ein echtes Problem. Die Penetranz, mit der in der gegenwärtigen Theologie die Theodizeefrage laut wird, macht stutzig. Fällt uns eigentlich gar nichts anderes ein als darüber zu klagen, daß es uns gibt, wie es uns gibt: nämlich als endliche, sterbliche, kontingente Wesen? Es ist nun einmal so: Wir sind nicht Gott. Und so sind wir nicht nur endlich (das ist auch jedes Tier); wir sind, weil mit den höchst ambivalenten Gaben der Freiheit und der selbstreflexiven Vernunft ausgestattet, anders als die instinktgeleiteten Tiere der furchtbarsten Verbrechen fähig. Kein Tier dächte sich Auschwitz aus, Hiroshima oder den GULag. Wahrlich, ein Danaërgeschenk, das die Natur oder der Gott uns da gemacht haben. Freiheit und Vernunft – eine schöne Bescherung!

Wie gehen wir mit ihr um? Wehleidig, indem wir jede Herbe und Minderung, die mit der Endlichkeit unseres Lebens einhergeht, als inakzeptable Zumutung, ja als ein starkes Stück von uns weisen? Man kann das tun. Wir verhalten uns dann wie Iwan Karamasow, der höflich dankend, aber sehr bestimmt, die Eintrittskarte ins Leben ablehnt, weil dieses Billet anzunehmen nicht nur bedeutet, auch die Endlichkeit dieses Lebens anzunehmen und mit ihr das Leid, das mit der Endlichkeit notwendig einhergeht, sondern (schlimmer noch) auch jenes Grauen, das aus der Bosheit des Menschen und dem Mißbrauch seiner Freiheit herrührt.[292] Verhalten wir uns also wie Iwan Karamasow? Wie Bucky Cantor? Wie der Ich-Erzähler in Hans Erich Nossacks Pandemiebericht? Oder finden wir zu jener starkmütigen Haltung, die wie der biblische Hiob sagen kann: *„Der Herr hat gegeben, der Herr hat genommen; gelobt sei der Name des Herrn"*? (Ijob 1,21; vgl. 2,10) Eine solche Haltung muß keineswegs fatalistisch sein oder auf phlegmatische Weise schicksalsergeben. Ganz im Gegenteil. Der große Dulder Hiob ist immer auch der große Streiter Hiob, beides zugleich! Gerade in dieser Spannung liegt ja das Archetypische, Elementare dieser biblischen Figur.

Keine Frage: Das Klagen vor Gott und das Hadern mit Ihm sind *eine* elementare Ausdrucksform des Gebets; der Psalter, Gebetbuch aller jüdischen und christlichen Konfessionen, belegt dies eindrucksvoll. In diesem Buch, in welchem man „sich und das Leben vollständig unterbringt" (Rilke), findet sich eben nicht nur das Eine *oder* das Andere. Da findet sich das ganze Leben in seinem unauslotbaren Reichtum – ein Reichtum sowohl des Glücks als auch des Schmerzes, des starkmütig-mannhaften Protestes wie des Dankes und der rühmenden Freude, freilich auch der Wehmut, der Trauer und der abgrundtiefen Nacht. Wo der theologischen wie der belletristischen Corona-Literatur diese Vielschichtigkeit des Sprechens und Betens, des Sinnierens und Hörens abhandenkommt, gerät ihr die Wirklichkeit aus dem Blick. Am Ende ist da nur noch Wehleidigkeit.

Als Beispiel solcher Larmoyanz sei hier der Corona-Postkartenroman *„Trost – Briefe an Max"* der Schriftstellerin und Fernsehmoderatorin Thea Dorn genannt. Binnen eines knappen Jahres hat es dieses Büchlein auf sage und schreibe sechs Auflagen gebracht; die Kritiken sind weitenteils enthusiastisch. Auslöser bzw. Thema dieses Briefwechsels mit ihrem alten Philosophielehrer Max ist der Tod der 84jährigen Mutter der Ich-Erzählerin. Trotz Warnung der Gesundheitsbehörden war die alte Dame im März 2020 kurz vor dem Lock-Down nach Italien gefahren: *Florenz, die Uffizien – jetzt, wo die Touristen ausbleiben, hat man das alles für sich allein. Eine solche Gelegenheit muß man doch ausnützen!*, twittert sie ihrer konsternierten Tochter. Den begeisterten Kunsttrip bezahlt die alte Dame mit einer Corona-Infektion, an der sie nach ihrer Heimkehr in einem Münchner Krankenhaus verstirbt; allein, ohne Beistand der Tochter, denn die Quarantäne-Regeln sind in diesen ersten Wochen der Pandemie unnachgiebig strikt. Und damit ist das Buch bei seinem Thema angelangt, das es ausgiebig bewirtschaftet. Ein über Dutzende Seiten sich hinziehendes verzweifeltes Rebellieren, Schimpfen, Quengeln, ein „Ich“-Stakkato, das eigentlich nur eins auf dieser Welt kennt: sich selbst und seinen trostlosen Schmerz.[293] – Trost, dieses feine, leise, subtile Seelengespinst, bekommt man in diesem merkwürdigen Buch kaum geboten, stattdessen eine Ladung grelle Wut auf hilflose, überforderte Hygienehirten und Seuchenrittmeister; Wut auch auf die halsstarrige Mutter, die partout ihren Italientrip durchziehen wollte; Wut schließlich der Autorin auf sich selbst, weil ihr außer dem Zorn über die eigene Hilflosigkeit nichts Rechtes einfallen will. Man fragt sich, warum dieses Buch so erfolgreich ist. Ob dies daran liegt, daß es zwischen den Zeilen den Ausfall jeglichen religiösen Trostes thematisiert und die Unfähigkeit der modernen Gesellschaft, halberlei würdig mit der Endlichkeit und dem Tod umzugehen? Ob das Buch deswegen bei so vielen Lesern einen Nerv berührt?

In anderen Zeiten (man denke an Manzonis Brautleute-Roman) nahm man dergleichen an aus der Hand Gottes oder des Geschicks; man ergab sich in den Willen des Allmächtigen; man fügte sich, wie das alte Wort hierfür lautete; begriff es als Gelegenheit zur Reifung des inneren Menschen. Warum konnte man das in Zeiten, die weit weniger privilegiert waren als die unsrigen? – Vermutlich, weil es die religiöse Perspektive einer Versöhnung gab. Der natürliche Lebensbogen von Kindheit, Jugend, Erwachsenen- und Greisenalter (*infans, puer, adolescens, vir, senex*) stand nicht nackt und bloß in sich. Das Leben war nicht „letzte Gelegenheit“.[294] Darüber wölbte sich ein Himmel, den man als Ineinsfall der Lebensalter begriff. Im Angesicht Gottes gibt es keine Zeit; in seinem Gedächtnis ist das Endliche und Verworrene, Zerbrochene und Zerschlagene eingesammelt wie in einem Krug. Durch die Menschwerdung Christi, sein heiliges Kreuz und Leiden, seine glorreiche Auferstehung und Himmelfahrt – dieser ewigen Brücke zwischen Himmel und Erde –, findet es zu seiner Heilung. Nichts geht verloren, keine Träne ist vergessen und kein Schmerz; aller Anfang findet in seine Fülle; alles Zerschlagene im Spiegel der verklärten Wundmale Christi zu seiner Versöhnung. Wenn es diese Perspektive eschatologischer Vollendung nicht gibt, bleibt jedes Leben, wie reich es auch gewesen sein mag, Stückwerk. Und die Theodizeefrage ohne Antwort. Merkwürdig, wie in einer Zeit, die wie keine andere mit einem unausdenklichen Wohlstand gesegnet ist und einer allgemeinen Wohlfahrt, diese Frage jedes Seins- und Gottesvertrauen unterspült. Denn *wir sind eine vom Glauben abgefallene Gesellschaft, die nicht mehr an ein Paradies oder das ewige Leben glaubt.*"[295] Womöglich ist es das, was uns unterschwellig zu schaffen macht, auch wenn wir es nicht zugeben.

Und so geraten wir vor die entscheidende Frage: Gäbe es womöglich auch für uns Wege zu solcher Weisheit, die mit den eigenen Grenzen wie auch denen der anderen gelassen umgehen könnte, sie gar als Reichtum zu erfahren vermöchte, ohne sie allzu sehr aufzuladen? Kurzum: Gibt es in Zeiten der Pandemie, wie wir sie seit nunmehr zwei Jahren durchlaufen, eine Perspektive der Versöhnung über dieses endliche Leben hinaus? Und wenn ja, wie könnte sie aussehen?

12. „...Es ist der Herr!" (Joh 21,7) – oder: Von der nahen Ferne Gottes

Versöhnung nicht nur mit den eigenen Grenzen und Unzulänglichkeiten, sondern mit der Fragilität und Fragmentarität des Lebens überhaupt wird wohl nur dem möglich sein, der eine spezifische Form von Mut aufbringt: *Mut zur Endlichkeit.* Das Wort stammt von Fulbert Steffensky.[296] In ihm klingt an, was bei Alfred Delp Mut zu Risiko und Kontingenz ist. Und doch wird hier noch einmal ein anderer Ton vernehmbar. Denn Mut zur Endlichkeit erschöpft sich nicht in der trivialen Einsicht, daß unsere Lebenszeit begrenzt ist; Mut zur Endlichkeit bedeutet vielmehr die kontinuierliche Übung einer affektiven Einwilligung in die eigene Sterblichkeit. Nur wer lebt, als sei er „allem Abschied voran"[297], hat die Totalitätserwartungen und Totalitätszwänge dieser Welt hinter sich; ein solcher muß sich und den anderen nichts mehr beweisen; er lebt sein Leben aus reiner Empfänglichkeit und kann in solcher Gelassenheit seiner selbst (in einem solchen Von-sich-selbst-Lassen) *sich vollenden – lassen.*

Freilich, zu einer solchen gelassenen Vollendung des eigenen Lebens kann man sich nicht aus eigenen Kräften ermannen. Man muß vielmehr in etwas einwilligen, das größer ist als man selbst. Dieses Größere nennt die biblische Tradition „Gott". Wir wissen nicht, was dieses Wort zuletzt eigentlich bedeutet; es steht für jene personal ansprechbare und personal respondierende Wirklichkeit, die unser Leben überwölbt und unterfängt, ohne daß sie jemals handgreiflich *als sie selbst* erfahrbar würde. Von daher kann es hilfreich sein, sich noch einmal der klassischen Definitionen der Scholastik zu erinnern; sie versuchen in ihrer ganzen Nüchternheit, die narrativ bezeugten Gotteserfahrungen der Bibel auf den Begriff zu bringen: *Deus comprehendi nequit* (Gott kann nicht begriffen werden), *Deus definiri nequit* (Gott kann nicht definiert, d. h. begrifflich eingegrenzt werden), *Deus experiri nequit*: Gott in seiner allesumfassenden Wirklichkeit kann niemals als ER selbst erfahren werden, denn erfahrbar ist für den Menschen immer nur Einzelnes unter Einzelnem. Gott aber ist kein Einzelnes; ER ist nicht Ding unter Dingen. ER ist, wie Schrift und Tradition einhellig bekennen, „alles" und zugleich „jenseits von allem".[298] Wir bekommen von Gott allenfalls den Saum seines Mantels zu fassen; wir sehen allenfalls die Spur seines Vorübergangs, seinen „Rücken". Ihn selber sehen wir nie.[299] Eine kirchliche Gottesrede, die diese uralte Tradition negativer Theologie vergäße, weil sich mit ihr vordergründig kein affirmierender Zuspruch bewerkstelligen lasse, hätte sich des Fundamentes beraubt, auf dem einzig ein tragfähiger Trost erblühen kann. Weshalb?

Nun, die Ungeheuerlichkeit des christlichen Glaubensbekenntnisses besteht ja gerade in folgendem Paradox:

Jener Gott, der nicht begriffen werden kann, weil er jegliche Begrifflichkeit sprengt *(Deus definiri nequit)* und deswegen alle Begreifbarkeit übersteigt *(Deus comprehendi nequit)* –: Er wollte sich neutestamentlichem Zeugnis zufolge in dem Menschen Jesus von Nazareth begreiflich machen: *incomprehensiblis voluit comprehendi.*[300]

Konkret heißt das nichts Geringeres als dies: Jener Gott, den „kein Auge sehen und kein Ohr hören kann"[301] und der deswegen alle Erfahrbarkeit übersteigt *(Deus experiri nequit)* –: Er macht sich erfahrbar in dem Menschen Jesus von Nazareth. Die vielen Jesus-Miniaturen der Evangelien sind hier von erstaunlicher Klarheit. Jesu Art, sein Sprechen von Gott unmittelbar umzusetzen in eine konkrete Lebenspraxis, hat etwas Erleuchtendes. Da ist nichts Verstiegenes, keine verzwängte Ethik oder Gebotstugend, kein politisches Zelotentum und schon gar nicht eine Moral, die sagt: „Du mußt aber!" Da ist aber auch kein besonderer Kultdienst, kein dunkel-brütendes Geheimnis samt Ahnungen und Schauern, sakraler Vor-, Über- oder Hinterwelt. Da ist aber auch keine Quengelei und Nörgelei, kein schmallippiges Vorrechnen an die Adresse Gottes, daß Er sich wieder einmal nicht an seine Verheißungen gehalten habe. Da ist vielmehr ein einladendes Wort *(„Kommt und seht"*[302]*)* und ein zuvorkommender Gestus *(„Was willst du, daß ich dir tun soll?"*[303]*)*; da sind die Gastmähler, zu denen alle eingeladen sind *(„Er gibt sich mit Sündern ab und ißt sogar mit ihnen"*[304]*)*, aber auch eine Liebe zur Einsamkeit des Vor-und-in-Gott-Verweilens *(„In aller Frühe, als es noch dunkel war, stand er auf und ging an einen einsamen Ort, um zu beten"*[305]*)*. Da ist die allenthalben spürbare Freude, Gottes zuvorkommender Nähe gewiß sein zu dürfen *(„Ich preise dich, Vater, Herr des Himmels und der Erde ... "*[306]*)*, da ist ein hingebendes Vertrauen *(„Vater, ich danke dir ... Ich wußte, daß du mich immer erhörst"*[307]*)*, das selbst noch die Verdunkelung der Gottesnähe und die Verrätselung des ihm so vertrauten väterlichen Willens bis ins Äußerste austrägt: *„Vater, wenn es sein kann, nimm diesen Kelch von mir. Aber nicht mein, sondern dein Wille geschehe."*[308]

Diese innere Verfügbarkeit dem jeweiligen Augenblick gegenüber prägt auch seinen Umgang mit den Menschen. Jesus läßt sich stören vom Bedürfen der Menge, den Fragen der Jünger, den Nöten der Armen und Kranken. Die Art und Weise, wie er mit den

Krüppeln und Lahmen umgeht, mit den Ausgesetzten und Hungrigen, den Frauen und Kindern (unerhört in einer patriarchalen Welt), aber auch mit den jüdischen Zolleintreibern, die mit der römischen Besatzungsmacht kollaborieren, mit den römischen Soldaten und Offizieren, die sein Land besetzt halten –: Dies alles hat etwas Rührendes und Verstörendes zugleich. Da ist eine Vollmacht (ἐξουσία)[309], die nicht übermächtigt; eine Autorität, die in all ihrer Klarheit und Selbstverständlichkeit nie autoritär würde. Seine Streitgespräche mit den Sadduzäern und Pharisäern zeigen ihn als jemanden, der in sich ruht, geistesgegenwärtig ist.[310] Noch sein Auftritt vor dem jüdischen Synhedrion[311], vor Herodes[312] und dem Statthalter Pontius Pilatus[313], noch die Art, wie er in die Passion geht, zeugen von dieser gelassenen Hoheitlichkeit, dieser starkmütigen Demut: „Keine Allüre, kein Selbstmitleid, keine Aggressivität; da ist kein falscher Ton, es bleiben nur das Schweigen, die schlichte und doch souveräne Auskunft, das einfache Gebet, ein Schrei, eine Hingabe: eine ausgesetzte und angenommene Gegenwart."[314]

Von diesem erstaunlichen Menschen berichten die Evangelien, er sei, gerade weil er für seine Botschaft von Gottes voraussetzungsloser Liebe den äußersten Selbsteinsatz bis in den Tod hinein (Phil 2,8) gewagt habe, nicht im Tode verblieben; er sei vielmehr hineingenommen in eine unausdenkliche Errettung. Seine Botschaft vom Reich Gottes habe sich an ihm als ihrem „treuen Zeugen"[315] bewahrheitet. Und so sei er „der Erstgeborene der Toten"[316]; in ihm sei buchstäblich „eine neue Schöpfung"[317] angebrochen. Jener unheilvolle „Riß" (um mit Georg Büchner zu sprechen[318]), der durch den ganzen Kosmos hindurchgehe und von welchem noch das „leiseste Zucken des Schmerzes" zeuge, eben jener Riß, der uns spüren lasse, wie sehr wir dem Tode geweiht seien, sei in der Auferweckung Jesu geheilt. Und so gelte von nun an für jeden Menschen, der sich Jesus anschließe, wofür Jesus mit seinem Leben eingestanden sei: So sehr wir auch sterben mögen (denn unser Leben ist endlich), so wenig bedeute dieses Sterben von nun an Vernichtung. Es sei vielmehr hineingenommen in das Sterben Jesu, des menschgewordenen Logos, um in seiner Auferstehung verwandelt zu werden hinein in die Herrlichkeit der Kinder Gottes.[319]

Wie soll man mit dieser schlechterdings unglaublichen Botschaft umgehen?

Was die neutestamentlichen Zeugnisse „Auferweckung vom Tode" nennen, „Auferstehung ins Licht", „Verklärung ins Unzerstörbare", entzieht sich historischer Faßbarkeit. Und doch ist es zum Zündpunkt jener Jesus-Erinnerung geworden, dem das spätantike Christentum seine Geburt als eigenständige Religion verdankt. Wir rühren hier an die „mytho-historische Grunderzählung"[320] des christlichen Glaubens: das ewige göttliche Wort, „in dem und durch welches alles erschaffen ist" (Kol 1,16f.; Joh 1,3), sich in Jesus von Nazareth so sehr ins Menschengeschlecht einfleischend, daß ohne Jesus und sein Lebensgeschick nicht mehr angemessen von Gott gesprochen werden könne. Denn an Jesu Leben und Geschick entzünde sich eine neue Art der Wahrnehmung sowohl Gottes als auch der Welt. Durch den Gehorsam Jesu, dieses hoheitlichen Menschen par excellence, sei das Hoheitliche dieser Welt ins Unrecht gesetzt. Von nun an komme dem Kleinen und Ausgesetzten, dem Verletzlichen, Sterblichen, Fragwürdigen eine Würde zu, vor der alle breitbeinige Würdenträgerei dieser Welt beschämt schweigen müsse. Ein neuer Lebensstil sei ins Werk gesetzt, eine Umwertung aller Werte. Wolle man „hören, sehen, schauen und mit den Händen fassen, was von Anfang an war"[321] und „wodurch alles ist"[322], jenes göttliche Wort, jenen Logos (λόγος), jenen Geist (πνεῦμα) oder Nous (νοῦς), der die Welt im Innersten zusammenhält, so müsse man sich dem Lebensstil Jesu angleichen; man müsse – wie er – sich entwaffnen lassen[323], müsse reine Empfänglichkeit werden, müsse sich in das Kommende *ergeben*: in jenen Gott, der aufgeleuchtet sei auf dem Antlitz Jesu, des Gebenedeiten, und dessen Herrlichkeit auch uns verwandeln wolle zu Christi Gleichgestalt.[324]

Wo leuchten Schattenrisse dieser Gleichgestalt auf? Sie leuchten überall da auf, wo man sich Christi Lebensgestus zu eigen macht, d.h. wo man sich in diesen Gestus *aktiv ergibt*.

Damit ist das entscheidende Stichwort gefallen: sich ergeben. Das Wort ist alt; es hat einen schönen Klang, auch wenn wir es in seinem ursprünglichen Sinn kaum noch verwenden. „Etwas ergibt sich", sagen wir und meinen: Etwas ereignet sich. Damit sich jedoch etwas ereignen kann, muß der, dem etwas widerfährt, sich in das ihm Widerfahrende ergeben. Mehr noch: Er muß es sich zu eigen machen, indem er das Seine hinzutut. Er muß „die Wandlung wollen", wie Rilke in hohem Ton, aber treffend sagt.[325] Das ist nichts Harmloses; es kann sogar in hohem Maße gefährlich sein. Man riskiert sich. Man gibt sich aus der Hand. Und doch ist da zugleich auch ein geschmeidig-widerständiges Moment. „Sich in eine Situation ergeben" meint eine Form von Einwilligung, die in der Einwilligung ihr Eigenes hinzutut und so der Situation Form gibt. Ergebung im hier verstandenen Sinn ist denn auch das genaue Gegenteil von lendenlahmer Passivität. Sie ist „Widerstand und Ergebung" zugleich; sie artikuliert sich in der Dialektik von „Kampf und Kontemplation", „Zärtlichkeit und Kraft"; sie weiß um die Notwendigkeit, politisches Handeln aus dem Geist des Gebets[326] zu betreiben, aus einer tiefen Eingelassenheit in Gott, weil das Handeln sonst zum Machwerk, ja zum Gemächt verkommt. Man darf nicht mehr ständig siegen wollen; man darf sich nicht mehr mit sich selber rechtfertigen wollen *(Schaut her, wie toll ich bin!)*; man darf nicht mehr Herr und Meister seines Lebens sein wollen *(Was ich bin und habe, ist mein Verdienst!)*. Man sieht unmittelbar, wie unsere bis zum Exzeß hochgepushte Selfie-Kultur, diese Zwangsveranstaltung grotesker Selbstinszenierung[327], einer solchen Haltung der souveränen Ergebung diametral zuwider läuft.

Wie findet man hin zu jener jesuanischen Haltung? „Vermutlich", sagt Fulbert Steffensky, „gelingt diese letzte Ergebung, diese letzte Bedürftigkeit nur wenigen Menschen; aber vielleicht gelingt ein Anfang davon vielen."[328] Was wäre ein solcher Anfang? Nun, er bestünde in dem Eingeständnis, ein Ganzer immer nur im Fragment und deswegen der Heilung bedürftig zu sein:

„Gegen die Chaosängste alter Zeiten gab es immerhin den Glauben, daß Gott das Zerbrochene ansieht und sich dem Zersplitterten zuneigt. Man war also nicht völlig auf die eigene Ganzheit angewiesen. Die Ganzheitszwänge steigen da, wo der Glaube schwindet. Wer an Gott glaubt, braucht nicht Gott zu sein und Gott zu spielen. Er muß nicht der Gesündeste, der Stärkste, der Schönste, der Erfolgreichste sein. Er ist nicht gezwungen, völliger Souverän seines eigenen Lebens zu sein. Wo aber der Glaube zerbricht, da ist dem Menschen die nicht zu tragende Last der Verantwortung für die eigene Ganzheit auferlegt.

Es wächst ein merkwürdiges neues Leiden, das durch überhöhte Erwartung an das Leben und der Subjekte an sich selber entsteht. Mein Körper soll fit sein bis ins hohe Alter, mein Aussehen schön. Mein Beruf soll mich erfüllen. Meine Ehe ungetrübt glücklich sein. Der Partner soll der beste Liebhaber sein und die Partnerin die beste Köchin. Die Erziehung der Kinder soll gelingen. Solche Totalitätserwartungen an eine Liebe programmieren ihr Scheitern. So ist das Leben nicht. Die meisten Ehen gelingen halb, und das ist viel. Meistens ist man nur ein halb guter Vater, eine halb gute Lehrerin, ein halb guter Therapeut. Und das ist viel."

Gegen den Totalitätsterror, schreibt Fulbert Steffensky, „möchte ich die gelungene Halbheit loben."

„Die Süße und die Schönheit des Lebens liegt nicht am Ende, im vollkommenen Gelingen und in der Ganzheit. Das Leben ist endlich, nicht nur weil wir sterben müssen. Die Endlichkeit liegt im Leben selber, im begrenzten Glück, im begrenzten Gelingen, in der begrenzten Ausgefülltheit. Hier ist uns nicht versprochen, alles zu sein. Souverän wäre es, die jetzt schon mögliche Güte des Lebens anzunehmen und zu genießen; das Halbe also nicht zu verachten, nur weil das Ganze noch nicht möglich ist. Souverän wäre es, den Durst nach dem ganzen Leben nicht zu verlieren; um es religiös auszudrücken: das Land nicht zu vergessen, in dem auch der Blinde sieht, der Lahme seinen Tanz gefunden hat. Wenn man in dieser Weise der Endlichkeit fähig wäre, dann brauchte die eigene Bedürftigkeit, Schwäche, vielleicht sogar die Todesnähe nicht in Chaosängste zu stürzen. Wenn man der Endlichkeit fähig wäre, dann würde das beschädigte Leben von anderen nicht so maßlos irritieren. Wer nur Ganzheiten erträgt, gerät in Panik, wenn er die Lebensverletzungen der anderen wahrnimmt; wenn Beschädigte in sein Schwimmbad wollen; wenn er Behinderte wahrnimmt, wo er sich doch endlich das Paradies versprochen hatte – auf Mallorca, auf Capri oder auf Teneriffa."[329]

Eine solche jesuanische Gelassenheit dem Fragmentarischen gegenüber hat in unserer Vollkasko-Gesellschaft etwas wunderbar Widerborstiges, Anarchisches. Da riskiert sich jemand aus einem tieferen Vertrauen heraus, denn er weiß: Ich bin nicht Herr und Meister meines Lebens. Ich habe mich nicht gezeugt und ich habe mich nicht geboren. Ich bin mir anvertraut, zugesprochen, zugetraut (vgl. Joh 5,19f.) – manchmal bin ich mir und anderen freilich auch zugemutet. Aber mit dieser Zumutung weiß ein solcher auf kluge Weise umzugehen. Er weiß um seine Merkwürdigkeiten und Unerträglichkeiten; und so weiß er die Unerträglichkeiten der anderen zu ertragen, denn er kennt sich selbst (vgl. Joh 10,14f.). Eine solche Haltung klarsichtiger, klagloser Freundlichkeit, die sich zu ergeben weiß (vgl. Lk 23,46/Ps 31,6), zeugt von innerer Freiheit. Da lebt jemand ganz aus seinen passiven Stärken: aus der Geduld, der Langsamkeit, der Fähigkeit zu Stille, Hören, Lauschen, Warten (vgl. Mk 1,35) – alles leise, unaufgeregte Tapferkeiten. Ein solcher Mensch akzeptiert seine Niederlagen nicht irgendwie zähneknirschend – er weiß mit ihnen umzugehen (vgl. Mk 6,5). Und so hat er einen milden Blick auch für die Niederlagen der anderen (vgl. Joh 8,1–11). Nur zur Endlichkeit befreite Menschen können geschwisterliche Menschen sein; die Bergpredigt nennt sie „sanftmütig" und heißt sie „selig". Es sind jene, die Frieden stiften in dieser Welt (Mt 5,5f.), weil sie nicht mehr siegen müssen. Und so wird ihre Stadt Bestand haben, denn sie wissen sich zur rechten Zeit zu ergeben.

Fragt man, aus welcher Quelle sich die Fähigkeit zu solcher Ergebung speist, wird man antworten müssen: Sie speist sich nicht aus sich selbst. Wer sich zu ergeben weiß, ist ein Mensch, der unter einem Horizont lebt; dieser gibt ihm und den Jahren, die ihm gegeben sind, Rahmen, Gefüge, Halt. Zugleich gibt der Horizont aber auch Weite. Gerade das ist ja das Eigentümliche eines Horizontes: Er ist optisch nicht faßbar, doch ohne ihn bräche die Sichtbarkeit des Gesehenen zusammen. Und damit sind wir neben dem Begriff „Ergebung" bei einem zweiten wichtigen Stichwort angelangt: Horizont. – Wir sagten schon an früherer Stelle[330], daß Gott in unserem Leben nicht vorkommt wie ein Ding unter Dingen; dafür ist Gott viel zu groß. Und dafür ist er viel zu uneindeutig. Die Eindeutigkeiten des Lebens liegen alle auf der Hand. Gott liegt nie auf der Hand. Deswegen ist Gott auch nicht handhabbar. Aber gerade diese Uneindeutigkeit und Größe läßt Gott sein, was uns das endliche Leben nicht sein kann: Rahmung, Fügung, Halt. Je mehr wir uns in diesen Gedanken versenken, umso deutlicher merken wir: Gott in seiner unendlichen Größe ist nie das Bild selbst. Das Bild selbst ist unser Leben. So viele Menschen, so viele Leben, so viele Bilder. Man wird vermutlich noch mehr sagen müssen: Gott kommt in diesen Bildern *als er selbst* gar nicht vor. Er kommt vielleicht vor als frommes Zitat, als religiöse Tradition, als Adressat eines Gebets. Das schon. Aber als er selbst kommt er nicht vor. Wie auch? Wo er doch alles Verstehen übersteigt *(incomprehensibilis)*, jenseits aller Erfahrbarkeit ist *(experiri non potest)*, nicht definierbar *(definiri nequit)*, obwohl er, der Nicht-Definierbare, doch Rahmung *(forma)*, Fügung *(margo)* und Horizont *(finiens circulus)* unseres Lebens ist.

Und plötzlich merkt man: „Wir können nicht von einer Beziehung zwischen Gott und Welt reden, ohne die stets größere Verschiedenheit von Gott und Welt zur Sprache zu bringen. In allem, was wir sind und tun, mögen wir uns auf Gott ausrichten, aber wir können uns in dieser Welt nicht so einrichten, daß Gott zu einem Bestandteil dieser Einrichtung wird."[331] Als der je Größere, der alles übersteigt[332], zugleich aber auch alles durchdringt[333] und gerade *in* seiner radikalen Immanenz *(„In ihm leben wir, bewegen wir uns und sind wir"*[334]) sich noch einmal mehr als der radikal Transzendente erweist, nimmt er uns nichts ab von dem, was wir selbst zu bewerkstelligen haben. „Er bewirkt nichts, was Menschenwerk ersetzt – auch nicht die Eindämmung einer Pandemie."[335]

Hans-Joachim Höhn, dem wir diese letzte Formulierung verdanken, verweist mit Recht auf die reiche und große Tradition negativer Theologie, die im Hintergrund aller affirmativen Theologie steht; ohne sie verbliebe die affirmative Gottesrede im Naiven; mehr noch, sie riskierte, ins Blasphemische abzustürzen. *„Gott, Du mein Fels, meine Burg, meine Feste, in der ich mich berge"*, heißt es im Psalm (Ps 18,3). Aber natürlich weiß der Beter, der so spricht, daß Gott kein Fels ist und keine Burg. Felsen gibt es in den Alpen, und Burgen stehen am Rhein. Aber Gott ist nicht in den Alpen, und er steht auch nicht am Rhein. Wir nehmen Bilder aus unserer Erfahrungswelt und übertragen sie auf Gott, und zwar deshalb, weil in diesen Bildern etwas aufleuchtet, was größer ist als wir und uns deshalb eine Ahnung gibt vom Urgrund der Welt. Aber die Dinge dieser Welt, die uns eine Ahnung geben von ihrem Urgrund, sind nicht dieser Urgrund. Sie müssen überstiegen werden, um an das zu rühren, was in ihnen aufleuchtet, ohne es schon zu sein. Die alte Kirche sprach deshalb von einem dreifach gestaffelten Weg zu Gott, dessen drei Teile nacheinander und beharrlich abgeschritten werden müßten, andernfalls man in den Sackgassen der peinlich-naiven Affirmation oder der agnostischen Sprachlosigkeit stecken bleibe: *(i) via affirmationis, (ii) via negationis, (iii) via eminentiae.*[336] In der Entdeckung, wie nahe uns Gott sein kann, etwa jetzt in den Zeiten der Pandemie („Gott, mein Fels, meine Burg!"), ist im Grunde schon die gegenteilige Erfahrung angelegt, nämlich daß Gott gerade *in* seiner Nähe der überaus Ferne, Unbegreifliche ist: „Weder Fels bist du noch Burg!" „Du bewirkst nichts, was Menschenwerk ersetzt, auch nicht die Eindämmung einer Pandemie!" „Wo bist du eigentlich?" – Erst im kontrafaktischen Zerbrechen aller Affirmation durch die Negation, erst in der Erfahrung also, daß Gott *in* seiner Nähe der mir gegenüber Andere, Größere, hoheitlich Ferne ist, ist das Feld bereitet, um zu begreifen: *Gott ist weder Fels und Burg noch ist er nicht Fels und Burg –: Er ist in diesem Leben, in welchem man sich zuletzt immer nur den Tod holen kann, vielmehr auf ganz andere Weise „Fels und Burg", als die Felsen und Burgen dieser Welt uns „Fels und Burg" sein können.* Ohne Respektierung dieser inneren Dialektik menschlicher Gottesrede bleibt unser Reden von Gott entweder in einem schlechten Sinne naiv oder es verendet in der Sprachlosigkeit. Viele der Predigten und theologischen Wortmeldungen der letzten Monate kranken daran, diese Dialektik entweder nicht oder zu wenig zu respektieren; sie nehmen den Mund entweder zu voll („Gott liebt uns, er beschützt uns zu jeder Zeit") oder sie kauen ihre Sprachlosigkeit leer („Man weiß ja auch nicht, was gilt"). Sie sagen zu viel oder zu wenig, und so scheitern sie.[337]

Bevor wir im nächsten Kapitel, mit dem unsere „Diagnose" abschließt, der Frage nachgehen, wie man denn nun die radikale Alterität Gottes, seine „supereminentia", auf tröstliche Weise soll erfahren können, ist denn auch folgendes festzuhalten:

Ergebung ins Fragmentarische des Lebens ist wohl nur dem möglich, der um die transzendentale Rahmung des Lebens weiß. Nur wo ich nicht mehr Herr und Meister meiner selbst sein muß, vielmehr darauf vertrauen kann, daß das letzte Gelingen (wie das Leben selbst) mir geschenkt ist, ist der Boden bereitet, um mich jenem unnennbaren Grund anzuvertrauen, der aufgeleuchtet ist in der Art und Weise, wie Jesus sein Leben und Sterben lebte. Ohne solche fraglose Rahmung, ohne solche Grundierung zerflösse mir das Leben, stürzte es ab in eine Haltlosigkeit, die nur Panik verursachte und mich zu dem vergeblichen Versuch zwänge, die Totalität meines Lebens selber herzustellen. Doch gegen die Endlichkeit des Lebens ist kein Kraut gewachsen, auch kein Impfstoff. Daher wird die Frage unabweisbar, wie wir mit unserer Endlichkeit umgehen wollen. Lebensverlängerung um jeden Preis? Das bedeutet quälende Sterbensverlängerung. Wenn man das nicht will, stellt sich die Frage, ob das Sterben grundsätzlich als Niederlage zu betrachten ist. Niederlagen rauben Sprache. Deswegen sprechen wir ja auch kaum noch über das Sterben und den Tod. In den Krankenhäusern werden die Toten erst am späten Abend aus den Zimmern gebracht, wenn niemand mehr auf den Fluren ist. Man soll sie nicht sehen. Das könnte beunruhigen. Unruhe halten wir nicht aus. Deshalb leeren sich ja auch die Friedhöfe, diese Orte der großen Stille und Ruhe, an denen man einmal gut verweilen konnte, weil alles Leben aus der Stille kommt und in die Stille zurückgeht.

Noch einmal also: Wie gehe ich mit meiner Endlichkeit um? Wie mit der Perspektive, daß statistischer Wahrscheinlichkeit nach ich in etwa fünfundzwanzig Jahren nicht mehr leben werde? Heißt Umgang mit der eigenen Endlichkeit Ergebung ins Unvermeidliche? Erschöpft? Resigniert? Vielleicht stoisch-lächelnd, weil alles einmal ein Ende hat, und es jetzt zuende geht? Oder ist es ein Sich-Wehren bis ins Letzte, denn der Tod ist ein einziger Skandal, wie Canetti[338] schreibt und Tolstoj[339] und Zola[340] eindrücklich erzählen? Oder wird es ganz anders sein? Ein stilles Wegdämmern, sei es auf natürlichem Wege, sei es durch eine erhöhte Dosis Morphin?

Niemand weiß, wie er sein Sterben erleben wird, und der Tod ist ohnehin ganz unvorstellbar. Man mag in Gedanken bei seiner eigenen Beerdigung dabei sein, bei seinem eigenen Totsein ist man nicht dabei, denn solange wir leben, sind wir von unserem Bewußtsein allseits umgeben. Wenn wir aber tot sind: Wo ist dann unser Bewußtsein?

Eben hier nun geraten wir erneut vor das Steile, Unglaubliche des christlichen Glaubensbekenntnisses. In Aufnahme einer Formulierung des Apostels Paulus (1 Kor 15,35ff.) behauptet es:

Tuis enim fidelibus vita mutatur, non tollitur: „Denn deinen Gläubigen, o Herr, wird das Leben gewandelt, nicht genommen. Und wenn die Herberge der irdischen Pilgerschaft zerfällt, ist uns im Himmel eine ewige Wohnung bereitet."[341] So beten zu können, bedeutete, die eigene Endlichkeit und die seiner Lieben einzubergen in Gottes Schoß; bedeutete, der Rahmung, die meinem Leben Halt und Gefüge verleiht, gewiß zu sein und dabei den Horizont nicht aus dem Blick zu verlieren, der das Leben überwölbt. „Der Horizont selbst", schreibt Hans-Joachim Höhn, „ist weder nichts noch etwas Endliches"; er markiert „eine unerreichbare Grenze". Jedes Kind, das einmal versucht hat, am Meer oder in einem Flußtal auf den Horizont zuzulaufen, weiß: Der Horizont weicht zurück; gerade dadurch aber konstituiert er jenen „Raum, in den der Mensch ungehindert vordringen und in dem er frei navigieren kann."[342] Das Bild ist eindrücklich. Es macht verständlich, was Dietrich Bonhoeffer meinte, als er aus dem Gefängnis an seinen Freund Eberhard Bethge schrieb:

> „Wir können nicht redlich sein, ohne zu erkennen, daß wir in der Welt leben müssen – ‚etsi deus non daretur' [als wenn es Gott nicht gäbe]. Und eben dies erkennen wir – vor Gott! Gott selbst zwingt uns zu dieser Erkenntnis. So führt uns unser Mündigwerden zu einer wahrhaftigen Erkenntnis unserer Lage vor Gott. Gott gibt uns zu wissen, daß wir leben müssen als solche, die mit dem Leben ohne Gott fertig werden [...] Der Gott, der uns in der Welt leben läßt ohne die Arbeitshypothese Gott, ist der Gott, vor dem wir dauernd stehen. *Vor und mit Gott leben wir ohne Gott.*"[343]

Bonhoeffers Formulierung ist berühmt geworden. Höhn bezeichnet sie als „die einprägsamste Formel einer modernen *theologia negativa*" und kommentiert: „Auf den ersten Blick erscheint Bonhoeffers Auskunft recht trostlos. Anscheinend bestätigt sie die Erfahrung einer epochalen Gottverlassenheit. Zugleich dementiert sie den Gedanken einer Gott losgewordenen Moderne und setzt dagegen: Wir leben im Horizont Gottes – also ohne Gott, aber vor Gott. Gott ist nicht Bestandteil des Lebens, sondern [...] letzte Umstandsbestimmung menschlichen Lebens. Angedeutet wird dies von Bonhoeffer mit den Präpositionen ‚vor' – ‚ohne' – ‚mit'. Ein Leben *vor* Gott erspart uns nicht, in der Welt *ohne* ihn zu leben."

Gleichwohl ist dieses „ohne Gott" von einem „mit Gott" unterfangen. Dieses „Vor-und-mit-Gott-ohne-Gott" ist eine Gleichzeitigkeit, kein Nacheinander – das festzuhalten ist entscheidend. Wo wir *im Horizont Gottes* (d.h. *vor Ihm*) erkennen, wie sehr Er uns fehlt (denn wir leben *ohne Ihn*), da stehen wir *mit* Ihm, der, ohne Teil dieser Welt zu sein, Grund und Horizont dieser Welt ist, „in einer Fernbeziehung."[344] So Hans-Joachim Höhn.

Fernbeziehungen sind freilich nicht unproblematisch. Wer je in einer solchen gelebt hat, weiß, wieviel Zeit, Kraft und persönliches Engagement nötig sind, um die Beziehung nicht einschlafen zu lassen. Auch kann „Fernbeziehung" nicht heißen, daß der eine Teil „investiert" und der andere es sich in der Ferne gut gehen läßt, ohne je zu reagieren. Auf Dauer bewirkt das den Tod noch der schönsten Fernbeziehung. Man hätte also ganz gerne gewußt, wie die Unsagbarkeit Gottes *in* ihrer Unsagbarkeit sagbar wird (vgl. 2Petr 2,16); wie der ferne Gott *als* der Ferne in die Nähe rückt (vgl. Eph 2,14); wie der Ewige *in* seiner Unerfahrbarkeit erfahrbar wird und *in* seiner Nicht-Berührbarkeit berührbar (vgl. 1Joh 1,1f.). Kurzum: Wie soll man jenen Gott, von dem es heißt, er sei im Verhältnis zu dieser Welt „ganz anders" *(deus semper maior)*, auf tröstliche Weise erfahren – auch und nicht zuletzt in Zeiten der Pandemie? Trost zu geben vermag ja nur, was uns in unserer Trostlosigkeit erreicht, sie hebt, leichtert, unterfängt. Ein Gott, der größer ist als alles, weswegen wir „vor Ihm ohne Ihn" leben müssen, verbleibt im Abstrakten. Eine Begriffs-Chimäre kann niemanden trösten, und wie man zu ihr beten soll, ist auch unklar – dies bleibt festzuhalten gegen Bonhoeffer und jene, die sich ihm anschließen.

Mit dieser Bemerkung geraten wir vor unser letztes Diagnosekapitel. Denn alle Negative Theologie hat ja ihren Ursprung in handgreiflichen Gottesgeschichten. Von ihnen erzählen die biblischen Schriften Alten und Neuen Bundes. Und damit ist nun auch ein abschließendes Stichwort gefallen: Erzählen! Kann es sein, daß wir von Gott überhaupt nur deshalb etwas wissen, weil Menschen von ihm erzählen? Ist Erzählen nicht vielleicht überhaupt die angemessenste Art, jenem Gott nahe zu kommen, der Trost gewähren kann – gerade in Zeiten der Pandemie? Trost hat ja elementar mit Vertrauen zu tun; das englische Verb *to trust* entstammt derselben Sprachwurzel wie das deutsche Wort „Trost".[345] Vertrauen weckt nur, wessen Geschichten man trauen kann. Was eigentlich wird erzählt, wenn von Gott erzählt wird? Welche Art von Geschichten bekommt man da zu hören?

13. „...die ganze Welt könnte die Bücher, die man schreiben müßte, nicht fassen" (Joh 21,25) – oder: Von der Erzählbarkeit der Trauer und der Auferstehung

Nun, zu hören bekommt man, was Menschen bewegt, beunruhigt oder tröstet, was sie hoffen und Ausschau halten läßt, was sie schmerzt und quält, was sie begeistert und beglückt oder in die Ratlosigkeit stürzt. Jedem Leben eignet etwas Dramatisches. Das Dramatische muß man erzählen. Wie anders sonst sollte man es zu fassen bekommen? (Unsere sechs Beispiele aus der europäischen und amerikanischen Pestliteratur haben uns dies eindrücklich vor Augen geführt.)

Damit gelangen wir zu dem, was man Gottesgeschichten nennt. Denn die Geschichte Gottes mit seinem Volk („Heilsgeschichte" sagt die Theologie dazu) wird ja immer nur in den vielen kleinen Einzelgeschichten faßbar. Solche Geschichten fallen nicht vom Himmel; sie müssen erzählt werden. Und damit wird deutlich: Ohne gute Gotteserzähler keine guten Gottesgeschichten. – Was ist ein guter Gotteserzähler? Es ist einer, der Geschichten zu erfinden weiß, weil er weiß, wo und wie sie zu finden sind. Gute, spannende, überzeugende Gottesgeschichten sind, wie alle guten Geschichten, „in Wahrheit erfunden".[346]

Einer der großen Gotteserzähler deutscher Sprache war Gottfried Bachl. Der Salzburger Dogmatikprofessor – er starb als knapp Neunzigjähriger auf dem ersten Höhepunkt der Pandemie im Mai 2020 – war ein Magier des Wortes. Die Vielschichtigkeit des

Lebens, das Ineinander von Lust und Schmerz, Freude und Trauer, Sehnsucht und Überdruß, Großem, Niedrigem, Zweifelhaftem, aber auch Skurrilem, Absurdem, Witzigem der menschlichen Gottesintuitionen, all das *kam* bei ihm nicht nur zur Sprache, es *fand* zu seiner Sprache. Bachl war jemand, der genau hinschaute und deshalb überall Spuren von Gottes Präsenz und Absenz, von seiner realen Gegenwart und seiner nicht minder realen Abwesenheit zu entdecken und zu benennen wußte.[347] – *„Und er legte ihnen dar, ausgehend von Mose und den Propheten, was in der ganzen Schrift über ihn geschrieben steht"* (Lk 24,27): Diese knappe Bemerkung des Evangelisten Lukas in der Geschichte von den beiden Emmausjüngern könnte auch auf Bachl zugetroffen haben. Religiös zu sein bedeutete für ihn, in Geschichten zu leben, im narrativen Resonanzraum der alttestamentlichen Propheten, der Evangelien, der Paulusbriefe usw. Man erzählt sich und anderen Geschichten; man erzählt sich und einander Geschichten von Geschichten und Geschichten von Geschichten in wieder neuen Geschichten – selbst die Psalmen, die seit mehr als zweieinhalbtausend Jahren zusammen mit den unzähligen Gebeten unbekannter Menschen zum Himmel aufsteigen, sind ja verknappte, auf wenige Worte verdichtete Geschichten. Wie anders soll man das Leben auch verstehen und den in ihm aufscheinenden und sich zugleich entziehenden Gott? Und so ist zu fragen: Was können wir in Zeiten der Pandemie von Menschen wie Gottfried Bachl und den vielen anderen bekannten und unbekannten Gotteserzählerinnen und -erzählern quer durch die Jahrhunderte lernen?[348]

Vielleicht zunächst dies: Christentum ist von Anfang an eine hermeneutische Religion, das ganze Neue Testament ein einziger vielstimmiger Midrasch zu den Schriften des Bundes Gottes mit seinem Volk. Im Spiegel des Alten Testaments, dieses polyphonen Erinnerungsschatzes Israels, im Klangraum der Psalmen, der Weisheitsliteratur, der vielen dramatischen Um-, Ab- und Aufbrüche in den Propheten- und Geschichtsbüchern wird das Fragwürdige, Gewundene, Zweifelhafte und Zerbrochene, aber auch das Sich-Klärende, Sich-Aufhellende, ins Freundliche sich Wendende menschlichen Lebens erzählt. Man denke nur an Israels Exodus, die Wüstenwanderung, die politischen Hilf- und Maßlosigkeiten der Könige Judas und Israels, an den Zweifel und den Zorn der Propheten Amos, Micha und Hosea (aber auch an das Auftreten der vielen Pseudopropheten und Scharlatane im Buch Jeremia), an Jerusalems Untergang, an die Vertreibungen, die zaghafte Rückkehr aus Babylon und den Neuanfang auf gebrochener Erde. Was wäre da nicht alles in Erinnerung zu rufen, welch unermeßlicher Raum an Sprache und Tonfall, um das Bestürzende zu deuten und zu rahmen, das mit der Corona-Pandemie über uns gekommen ist! Und verhält es sich mit Auftrag, Sendung und Geschick Jesu nicht ähnlich? Ist nicht auch seine Lebensgeschichte eine einzige große Parabel, bestehend aus Dutzenden kaleidoskopartiger Gleichnisse, in denen sich das Frag- und Staunenswürdige jenes Gottes, auf den er vertraute, zu erkennen gibt? Was wäre nicht alles aus dem zu lernen – gerade heute und hier!

Zu lernen wäre etwa, daß noch die wunderbarste Errettung aus dem Tod, wie sie uns in den drei großen jesuanischen Auferweckungserzählungen vor Augen geführt wird, etwas Vorläufiges darstellt. Der aus der Fäulnis des Grabes herausgerufene Lazarus (Joh 11), der seiner klagenden Mutter zurückgegebene Jüngling von Naïn (Lk 7,11–17), das dem verzweifelten Jaïrus wiedergeschenkte Töchterchen (Mk 5,35–43 parr) – sie alle werden erneut sterben, schon bald, demnächst, in ein paar Jahren. In einer endlichen Welt kann man sich zuletzt immer nur den Tod holen, er ist das einzige, was sicher ist. Genau gegen dieses Todsichere protestiert der christliche Osterglaube mit aller nur erdenklichen Kraft.

Und so hätte man zunächst und vor allem die neutestamentlichen Auferstehungs*erzählungen* zu erzählen. Aber wie erzählt man sie?

Man könnte sie zum Beispiel in ihrer dynamischen Wirkungskraft erzählen, wie die Johannesbriefe und die Apostelgeschichte das tun: *„Wir wissen, daß wir aus dem Tod in das Leben hinübergegangen sind, weil wir die Brüder lieben. Wer nicht liebt, bleibt im Tod."* (1 Joh 3,14) Das ist ein ungeheurer Satz! Der Tod, von welchem hier die Rede ist, ist nicht der medizinische Exitus. Tod – das ist ein Leben mit heruntergezogenen Mundwinkeln, ein Leben in kleinlichem Neid, aber eben auch in selbstbezogener Ängstlichkeit, in Mißmut und Freudlosigkeit. Es ist „der Tod am Brot allein", wie

Dorothee Sölle das einmal nannte.[349] Wo immer solche Haltungen zugunsten einer großzügigen Liebe zum Nächsten überwunden sind, hebt ein Leben jenseits der Selbstverkrümmung an: *„Denn wo die Lieb' erwachet, stirbt/Das Ich, der dunkle Despot."*[350] Der präsentischen Eschatologie der Johannesgemeinde zufolge beginnt das ewige Leben nicht erst nach dem Tod. Vielmehr gibt es die Gewißheit, schon mitten in diesem sterblichen Leben das eigentlich Tötende am Tod, nämlich die lähmende Angst vor der Hingabe an die Brüder und Schwestern, hinter sich gelassen zu haben. Wo immer dies geschehe, leuchte etwas von jener Liebe auf, wie sie johanneischem Zeugnis zufolge Jesus gelebt habe: *„Ich tue nur, was der Vater mich heißt"; „Ich und der Vater sind eins"* (Joh 8,28; 10,30) – und mit dieser paradoxen Art von Liebe, demütig und souverän zugleich, niemals auftrumpfend, vielmehr dienstbereit und freundlich, aber auch kämpferisch bis zum Zorn engagiert[351] und gerade darin starkmütig und lebensstiftend[352], sei etwas Neues in die Welt gekommen, eine Spur Gottes: die Ahnung, daß der Himmel auf der Erde anfängt[353], weil nämlich die Erde bis hoch an den Himmel reicht[354] und in ihm ihre Vollendung findet.[355]

Solche österlichen Auferstehungserfahrungen sind Erfahrungen im Hier und Jetzt, die ihr Licht von jenem Ereignis beziehen, das die Evangelisten mangels eines besseren Wortes „Auferweckung vom Tod" (Apg 2,24), „Verklärung ins Unzerstörbare, Lichtvolle, Herrliche" (vgl. Lk 9,29–31; 24, 4–6a; Mt 28,1–3) nennen.

Es ist in hohem Maße erhellend, daß Johannes und Lukas diese Erfahrung mit der pfingstlichen Fähigkeit korrelieren, sich einander Gutes zu tun; aus freiem Herzen Not zu lindern; belastende Vergangenheiten hinter sich zu lassen; einander zuvorkommend zu begegnen; im anderen jemanden zu sehen, der genauso gottgeliebt ist wie ich, weshalb man ihm angstfrei, herzlich und offen entgegentreten kann:

> „Am Abend dieses ersten Tages der Woche, als die Jünger aus Furcht vor den Juden die Türen verschlossen hatten, kam Jesus, trat in ihre Mitte und sagte zu ihnen: Friede sei mit euch! Wie mich der Vater gesandt hat, so sende ich euch. Nachdem er das gesagt hatte, hauchte er sie an und sprach zu ihnen: Empfangt den Heiligen Geist. Wem ihr die Sünden vergebt, dem sind sie vergeben; wem ihr die Vergebung verweigert, dem ist sie verweigert." (Joh 20,19–23)

Wir bekommen in diesem kurzen Text den Gründungsakt dessen vor Augen gestellt, was man später „Kirche" nennen wird. Wo immer es Menschen gewährt ist, einander vorbehaltlos zu verzeihen (nicht im Sinne eines flapsigen „Schwamm drüber", sondern im Sinne einer echten Heilung der zerbrochenen Vergangenheit; nichts anderes meint ja „vorbehaltlose Vergebung"), da eröffnet sich ihnen eine Zukunft, da geschieht etwas, von dem sie spüren, daß es nicht ihrer Kraft entstammt, sondern sich aus einem „Anderswoher" an ihnen ereignet. Dieses „Anderswoher" nennt das Neue Testament den „Geist" *(„Er hauchte sie an und sprach: Vergebt einander ... ").* Es ist jene Kraft, die in Jesus am Werk war und die ihn werden ließ, der er war und ist: „der Sohn", der selbstvergessen tut, was „der Vater" ihn heißt.[356] Wer an dieser Beziehung Jesu zu seinem Gott und Vater Anteil hat, wird tun, was er tat: Kranke heilen, Dämonen austreiben, Versöhnung stiften, furchtlos vor den Mächtigen auftreten, selbstvergessen seinen Besitz mit anderen teilen – mit anderen Worten: Er wird das Evangelium verkünden, und zwar, indem er es lebt.[357]

Die frühen Christengemeinden bildeten, wie es scheint, tatsächlich eine solche (Auf-)Erweckungsbewegung im Wortsinn. „Steht auf vom Tod, ihr seid geweckt" – so der Heroldsruf derer, die sich von dieser Bewegung mitreißen ließen.[358] Das spielt sich auf allen Ebenen des Lebens ab: politisch, ökonomisch, sozial, religiös. Die Grenzen zwischen den Sprachen und Kulturen im hellenistischen Umfeld relativieren sich in den Gemeinden der frühen Christen; die Barrieren zwischen Juden und Griechen, Männern und Frauen, Freien und Sklaven, Armen und Reichen werden durchlässig, denn „ihr alle seid ,einer' in Christus" (Gal 3,28).

In Absetzung von den vielen gnostisch-dualistischen Strömungen ihrer Zeit, in Absetzung aber auch von den diversen zelotisch-theokratischen Bewegungen, die allesamt im Wortsinn „häretisch" sind (d. h. die Welt in Gut und Böse aufteilend, in „die" und „wir"), lebt die Jesusbewegung, was man „Versöhnung aus der Kraft des Geistes" nennt: eine tiefe, im auferweckten Christus gründende Diesseitigkeit, die gegenüber den flachen Diesseitigkeiten von Ausschweifung und Amüsement, aber auch gegenüber den brutalen Diesseitigkeiten von Ausbeutung, Zynismus und Gewalt den gewaltlosen, friedstiftenden Glanz des österlichen Wunders verbreitet.[359] Wo immer in den sich bildenden Gemeinden der Hunger gestillt wird, die Armut gelindert und die Kranken gepflegt werden (vgl. Apg 2,44f; 4,32–37); wo immer man „in der Freude des Herrn und in der Einfalt des Herzens" das Brot miteinander bricht (Apg 2,46), ist jener österliche Geist am Werk, der Jesus vom Tode auferweckt hat. Mit anderen Worten: Ostern, und zwar gerade *als* weltverwandelndes eschatologisches Ereignis, ist eine Wirklichkeit hier und jetzt. Und plötzlich merkt man: Nicht nur ist Jesu Transzendenzbezogenheit durch und durch diesseitig; seine Diesseitigkeit ist „voller Transzendenz"[360]. Denn wo immer die Dämonen ausgetrieben werden, ist das Himmelreich „schon mitten unter euch" (Lk 11,20 par; 17,21). Der Evangelist Johannes hat dieses eschatologische Welterleben der frühen Christenheit geerdet mit dem unvergeßlichen Wort: „Wer nicht liebt, bleibt im Tod." (1 Joh 3,14) „Es ist bis heute eine der glaubwürdigsten und eingängigsten Glaubensformeln geblieben."[361]

Die eschatologische Zeit, die der Johannesevangelist vor Augen hatte, mußte gar nicht mehr kommen, sie war für ihn schon da – dort, wo geglaubt und aus dem Glauben gelebt wird. „Die johanneische Hoffnung auf ewiges Leben vollzieht sich diesseits der Todesgrenze."[362] Aber was heißt „Diesseits" und „Jenseits"? Wer diesseits erlöst ist, ist es auch jenseits. Wer von der Wirklichkeit des Geistes Christi ergriffen ist und sie sich zu eigen gemacht hat, ist jemand, den auch der leibliche Tod nicht mehr schrecken kann. Denn was sollte ihn in dieser Welt noch scheiden „von der Liebe Gottes, die aufgeleuchtet ist in Christus Jesus, unserem Herrn"? Der Tod jedenfalls nicht. Die Pest, die im Finstern schleicht, auch nicht. Und die vielen sonstigen Drangsale, die das Leben bereithält (etwa eine Pandemie oder ein Virus), ebenso wenig (Röm 8,31–39). Ein solcher ist, wie der Apostel Paulus schreibt, ein angstfreier Mensch. Der Tod kann ihm nichts mehr anhaben, mag er im übrigen irgendwann auch das Zeitliche segnen, denn in Christus hat er alles erhalten, was wichtig ist. Ein solcher Mensch ist gesegnet, d.h. gutgeheißen („benedictus") in Christus.

Dies alles muß man erzählen; aber man muß es nicht nur erzählen, man muß es tun: Christliche Gemeinde als Realsymbol jener weltverwandelnden Wirklichkeit Gottes, die Jesus aus dem Tod errettet hat.

Was Kurt Marti einmal als Wunsch formulierte: Gott möge „ein Tätigkeitswort werden"[363], das scheint in den neutestamentlichen Christengemeinden[364] (und in nicht wenigen frühchristlichen[365] und spätchristlichen[366] Gemeinden auch) Realität gewesen zu sein. Da findet sich eine von der österlichen Auferstehungserfahrung inspirierte Lebenspraxis, die die Oberflächlichkeiten durchstößt und an die „Innenseite der Dinge"[367] rührt. Das Leben verliert seine unerträgliche Leichtigkeit; es gewinnt an Gewicht, ohne doch lastend zu sein; es setzt eine Dichte frei, eine „Tiefe des Diesseits"[368], in welcher „Ewigkeit" als Qualitativum des Hier und Jetzt aufleuchtet – eine geradezu „messianisch" zu nennende Erfahrung. Jeder Augenblick kann die kleine Pforte sein, durch welche der Messias Eintritt nimmt in die Welt[369], und sei es auch nur ahnungsweise. Mit anderen Worten: Weil wir leben, was Jesus gelebt hat, gilt von uns, was auch für ihn, den Auferstandenen, gilt: *„Christus, von den Toten auferweckt, stirbt nicht mehr. Der Tod hat keine Macht mehr über ihn. Sein Leben aber lebt er für Gott."* (Röm 6,9)

Pathetische Worte. Große Utopie. Wird sie gelebt? Wenn ja, wo? Und wenn nein oder doch nur in homöopathischen Dosen: Wie läßt sich das Utopische, Messianische, das darin aufklingt, hinüberretten in unsere Zeit, in welcher nicht nur die kirchlichen Landschaften rasant zerbröseln, sondern auch auf gesellschaftlicher Ebene larmoyante Mutlosigkeit oder aggressive Fragmentierung das Sagen haben?[370]

Vielleicht muß man einmal mehr den großen Gotteserzählerinnen und -erzählern lauschen, jenen also, denen es gegeben ist, ihr Leben und das ihrer Freunde im Licht des Evangeliums zu erzählen. Etwa Gabriele Wohmann (1932 – 2015): *„Erzählen Sie mir was vom Jenseits"*[371], so der Titel einer ihrer kleinen, hintergründig-boshaften Geschichten. Ein evangelischer Pfarrer ist zu Besuch bei einer alten Dame, Maria-Rosa mit Namen, 84 Jahre alt, der obligatorische Altenbesuch anläßlich ihres Geburtstags, über den sie weiß Gott nicht glücklich ist. Widerborstig gibt sie sich; die ganzen leutseligen Sprüche, daß man doch auch im Alter das Leben genießen solle, es überhaupt auf den Lebensmut ankomme, schließlich sei auch mit 84 Jahren das Leben noch nicht vorbei, nervt die alte Dame kolossal. Und dann fällt plötzlich dieser Satz: *„Erzählen Sie mir was Schönes vom Jenseits!"* Der Pfarrer ist peinlich berührt: „Sehen Sie, liebe Frau Lietzmann, hier auf Erden sollten wir, jeder in sich selbst und um sich herum, das Paradies suchen." – Die alte Dame widerspricht: „Ich halte das für vergeblich." – Man kann ihre Reaktion verstehen. Wem die Molesten des Alters mit all ihren bedrohlichen Konsequenzen vor Augen stehen, der will nichts mehr hören vom „Hier und Jetzt" des Glücks (solche Diesseitsbezogenheit ist abwiegelnde, abgeschmackte Vertröstung); ein solcher hätte gerne gewußt, was es auf sich hat mit der „Schau von Angesicht zu Angesicht" im Lichte Gottes (1 Kor 13,12), ob man dieser Verheißung trauen könne und wenn ja, wie man sich solches vorzustellen habe.

Genau hier geraten wir vor den Erzählcharakter der neutestamentlichen Hoffnungsgeschichten, vor ihr elementar narratives Moment. Was die alte Dame einfordert, ist nicht der banale Hinweis, daß alles Glück irdisch sei, weshalb man es *jetzt* genießen solle, denn was danach komme, wisse keiner. Für solche Alltagsweisheiten braucht es keinen Pfarrer. Was sie wissen möchte, ist vielmehr, ob die Differenzen, die wir ziehen („Diesseits", „Jenseits") sich noch einmal anders fassen ließen, weniger schroff, weniger unversöhnlich. Es geht ihr sehr wohl um das Leben heute und hier, aber so, daß ein Hoffnungshorizont sich über dieses Hier und Jetzt wölbt. Kurzum: Maria-Rosa will „was Schönes" hören, was sie hoffen läßt und ihr die Angst vor dem neuen Lebensjahr nimmt. Denn in den kommenden zwölf Monaten wird sie dem Tod ein erhebliches Stück näher rücken. Doch dem Pfarrer fällt nichts ein, vermutlich, weil ihm die Hoffnung längst abhandengekommen ist.[372] Was aber dann?

Nun, Gründe, weshalb einem die Hoffnung abhandenkommen kann, haben wir reichlich gehört. Man soll diesen Gründen durchaus sein Ohr leihen. Aber muß man deswegen auch den Schlußfolgerungen, die viele aus ihnen ziehen, Glauben schenken? Diese Schlußfolgerungen haben kaum etwas mit Wissenschaft im strengen Sinn des Wortes zu tun. Wo sie in epischer Breite erzählt werden, wie etwa in den Büchern von Yuval Noah Harari *(Homo Deus,*

Eine kurze Geschichte der Menschheit) oder Raoul Schrott *(Erste Erde. Epos)*[373], da verdichten sie sich zum atheistischen Mythos. Was ist der Inhalt dieses Mythos? Es ist die Erzählung, wir seien Zufallsprodukte einer ungerichteten Evolution, die, weil zukunftsblind, keinerlei Zukunft für uns bereithalte. Der Tod habe das letzte Wort, und den Sinn des Lebens müßten wir uns schon selber ausdenken. Solche Erzählungen sind zwar von den gängigen wissenschaftlichen Theorien inspiriert und stehen deshalb in den Buchhandlungen in der Abteilung „Sachbücher"; sie wären freilich besser aufgehoben zwischen den Gesängen Homers und den Märchen der Gebrüder Grimm – wenngleich diese Texte nicht nur literarisch unvergleichlich qualitätvoller sind, sondern auch inhaltlich ehrlicher, weil sie sich nicht anheischig machen, der Weisheit letzter Schluß zu sein. Weisheit ist unerschöpflich. Hingegen der atheistische Mythos ist in hohem Maße erschöpflich, denn seine Perspektive ist die der Quantität. Was ist der Mensch? Ein ephemeres Wesen auf einem ephemeren Planeten eines ephemeren Sonnensystems in einer ephemeren Galaxie am Rande des unermeßlichen Kosmos. Nichts ist der Mensch! Fast nichts. Eine *quantité négligeable*.

Soll man also dem atheistischen Mythos Glauben schenken? Oder versuchsweise vielleicht doch dem biblischen Mythos? Auch das christliche Glaubensbekenntnis, in Jesus, dem Nazarener, sei Ewigkeit aufgeblitzt (ἐξαίφνης), in ihm habe jener Gott, der den Kosmos trägt, das Schicksal des Kosmos auf sich genommen, in ihm sei es *er-tragen* und *er-löst*, weshalb wir einander erträgliche Menschen sein könnten –: auch dieses Glaubensbekenntnis ist ja zunächst und vor allem eine große Erzählung. Ihr Wahrheitsgehalt ist wissenschaftstheoretisch so wenig erweisbar wie der Wahrheitsgehalt des atheistischen Mythos. Auf die epistemischen Waghalsigkeiten des atheistischen Mythos haben wir verschiedentlich hingewiesen. Die epistemischen Waghalsigkeiten des biblischen Mythos, der da lautet: „Ein allmächtig-liebender Schöpfer ist Grund und Ziel aller Wirklichkeit", sind nicht weniger steil.

Welchem Mythos wollen wir Glauben schenken? Und warum überhaupt „Mythos"? – Nun, offensichtlich ist, daß der Mensch nicht nur *animal rationale* ist, vernunftbegabtes Lebewesen, oder *animal sociale*, gemeinschaftsorientiertes Lebewesen, sondern auch und vor allem *animal narrans*: ein Lebewesen, das der Sprache fähig und der Erzählung bedürftig ist.[374] Von Kindheit an erzählen wir unser Leben. Nur dadurch werden wir, die wir sind. Die Philosophen sprechen von „narrativer Identität".[375] Wer wir sind, ist nicht einfach durch unsere Herkunft festgelegt, durch die Daten, die unser Personalausweis festhält. Wer wir sind, erbildet sich im Erzählen. Ich erzähle mir und dir und tausend anderen Leuten meine Geschichte. Meine Lebensgeschichte besteht aus tausend kleinen Geschichten. Das Erzählen meiner Geschichten formt Erinnerung. Ihr schenke ich Glauben, denn ich erzähle sie ja, und die anderen bestätigen sie mir oder korrigieren sie. Ich gehe auf ihre Richtigstellungen ein, integriere sie in mein Erzählen. Und so formt sich im Erzählen meine Identität.

Was erzählen wir konkret? Zunächst natürlich die vielen kleinen Einzelgeschichten des Alltags: Glück und Freude, Erfolg und Niederlage, Krankheit, Rekonvaleszenz, Sterben und Tod. Dann aber erzählen wir auch das Große Ganze, jene Geschichten, die mit „Es war einmal" beginnen. Ob ich sage:

> Vor vierzehn Milliarden Jahren befand sich das Universum in einem Zustand äußerster Dichte: Milliarden mal Milliarden mal Milliarden Tonnen in einem einzigen Tropfen. Dann explodierte es, die Materie zerstreute sich und das Universum breitete sich aus ... [376], irgendwann tauchte in seinen Tiefen der *homo sapiens* auf, nicht allzu lange danach wird er wieder verschwinden ... und noch einmal 22 Milliarden Jahre später wird es im allgemeinen Kältetod mit dem gesamten Kosmos ein Ende haben ...

Oder ob ich sage:

> Im Anfang war das Wort,
> und das Wort war bei Gott,
> und das Wort war Gott.
> Alles ist durch das Wort geworden,
> und ohne das Wort wurde nichts, was geworden ist[377] –

ich erzähle eine Geschichte. Eine Geschichte, die m i r erzählt, was im Anfang war, *en arché* (ἐν ἀρχῇ). – Was war im Anfang? Was *ist* im Anfang? Die Materie oder das Wort? Der Zufall oder eine liebende

Zusage? Die Notwendigkeit der seit Jahrmilliarden geltenden Naturgesetze (sie verdanken sich ein paar Irregularitäten wenige Millisekunden nach dem „Big Bang"), oder ein letzter, für uns Bewohner der irdischen Grotte unauslotbarer Sinn?³⁷⁸ Was *im Letzten* ist (ἐν ἀρχῇ), d. h. *prinzipiell*, wissen wir nicht. Wir wissen nur, daß wir erzählen müssen, „der Geist fürchtet sich vor dem Unbekannten, und so fabuliert er sich ununterbrochen Geschichten, um das Gefühl der Vereinzelung oder der Ohnmacht zu zerstreuen. Eine Erklärung vorzuschlagen ist immer mehr wert als sich ins Nichtwissen zu fügen. Mag sie noch so banal sein, so trägt eine Erhellung doch immer den Sieg über die Nichterklärung davon. Das Bedürfnis, zu verstehen, rührt nicht vor allem aus dem Hunger nach rationaler Erklärung, es ist das Bedürfnis nach Beruhigung angesichts der die Weltordnung bis ins Chaotische bedrohenden Finsternisse. Letzten Endes haben alle diese Erklärungen einen Ursprung: die Angst, keine Erklärungen mehr zu haben."³⁷⁹

Zwei Erzählungen, die eine materialistisch-atheistisch, die andere idealistisch-religiös. Beide sind von mythischer Qualität. Beide sind auf ihre Weise wahr. Gibt es Verbindungen zwischen den Mythen? Kann man beide bewohnen? Kann man sie gar versöhnen?

Wer als Kind seiner Zeit dies versucht, hat sich auf die Seite der kognitiven Minderheit geschlagen. Das ist unbequem und bisweilen lästig, entscheidet aber noch nichts hinsichtlich der Wahrheitsfrage. Was Wahrheit ist, entscheidet sich sowieso nicht vor allem im Labor oder am Schreibtisch, sondern im Leben *(dans la vie de tous les jours)*. Und so schließt sich der Kreis. Denn was im Leben trägt, trägt vielleicht auch im Sterben. Was im Sterben trägt, trägt vielleicht auch im Tod.

Platon erzählt von seinem Lehrer Sokrates, dieser habe sich im Sterben seinen trostspendenden Mythos „vorgesummt", sich mit ihm gleichsam in den Tod hineingesungen.³⁸⁰ Ähnliches, scheint mir, hat jener andere große Geschichtenerzähler getan, als es ihm ans Sterben ging: Gottfried Bachl. Auf dem Trauerbrief, der im Mai 2020 seinen Tod anzeigte, war eine Gedichtstrophe von Christine Lavant zu lesen, jener Dichterin, die in ihren Texten die Kraterlandschaft des Menschseins bis ins letzte ausgemessen hat. Die zitierte Strophe, man kann sie auch singen, lautet wie folgt:

Diagnose

Ich bete zur Dreifaltigkeit
und greife schließlich blindlings zu.
Dann werden meine Augen weit –
denn was ich halte, das bist du.[381]

Wenn es diese Perspektive der Augenweitung nicht gibt, in der sich im Lichte Gottes alles klärt, aufklärt, verklärt, dann hätte das letzte Wort über unser Leben der Tod, jener „schwere Stein", den jeder Mensch „in seiner Brust" trägt[382]; und die Hoffnung, von welcher die Dichterin in der ersten Strophe ihres Gedichtes spricht, wäre ein Trug. Was ist der Inhalt jener Hoffnung? Es ist die Sehnsucht, „alles, was mich so sterbenselend macht", möge „nicht ganz wahr" sein. Diese Hoffnung (denn Sehnsucht *ist* Hoffnung) hängt an genau einem einzigen „Haar im zotteligen Pelz der Nacht".[383] Mit ihm muß man vorsichtig umgehen, es kann so leicht reißen. Und so durchkämmt die Dichterin „das dunkle Fell" „mit angestrengtem Augenlicht", aber sie findet „das Härlein" nicht, an dem alles hängt.[384] Und so betet sie ... betet zur Allerheiligsten Dreifaltigkeit und ... greift ... blindlings ... zu ...

Intermezzo und Übergang

„Aber antwortet bescheiden und ehrfürchtig ..."
(1Petr 3,16a) – oder: Von der Notwendigkeit und
der Schwierigkeit, auf undogmatische Weise
Dogmatik zu betreiben

Wir kommen zum dritten und letzten Teil unserer Betrachtungen; es soll gefragt werden, was aus unseren diagnostischen Überlegungen an therapeutischen Ratschlägen erwachsen könnte. Freilich muß auch hier das Terrain noch einmal vorsondiert werden. Wir sagten ja, daß Antitoxine, unvorsichtig dosiert, toxische Wirkungen entfalten können. Vor Einnahme von Arzneien ist immer der Beipackzettel zu lesen („Vor Unverträglichkeiten und Nebenwirkungen wird gewarnt"). Mit anderen Worten: Erst wenn die Arzneien unserer „Theologischen Hausapotheke" durch den Destillierkolben sowohl einer kritisch über sich aufgeklärten Moderne als auch einer kritisch über sich aufgeklärten Theologie gelaufen sind, mag es Grund zur Hoffnung geben, sie könnten auch uns Heutigen bekömmlich sein. Drei solche Destilliervorgänge seien im folgenden unternommen.

1. *Erster Hinweis: Theologie als verbindliche Dichtung, erprobt im Gebet und in der gemeinschaftsstiftenden Tat.* – Von Adolf von Harnack, dem großen Kirchenhistoriker, erzählt man sich, er habe einen Studenten, der ihm beim Umzug seiner Bibliothek half, angewiesen, er solle die Dogmatik zur schöngeistigen Literatur stellen. Das war despektierlich gemeint, trifft aber etwas Richtiges. Die Sprache des christlichen Glaubens läßt sich in einem sehr präzisen Sinn als „verbindliche Dichtung" bezeichnen: „Dichtung", sofern sie keine im Sinne der Naturwissenschaften oder der historischen Wissenschaften objektivierbaren Sachverhalte artikuliert; „verbindlich", insofern sie objektivierbare Konsequenzen auszulösen vermag: etwa Hoffnungen zu wecken, die von fundamentaler Bedeutung für den Einzelnen wie für die Welt als Ganzes sind. Als „Dichtung höherer Ordnung" hat die Sprache des Glaubens ihre eigene Plausibilität für den, der sich auf sie einläßt.[385] Freilich, Dogmatik als Mythopoetik, die Sprache des Glaubens als eine Form verbindlicher Dichtung: Solche Formulierungen sind dazu angetan, bei nicht wenigen eher Verwirrung als Klärung zu stiften. Kann denn Dichtung wahr sein? Und der Mythos verbindliche Beheimatung schaffen?

Wer so fragt, hat wenig verstanden von der Symbolkraft des Mythos und der Fähigkeit fiktionaler Texte, Wahrheit zu entdecken. Gelingende Dichtung bildet die Wirklichkeit nicht einfach ab, sondern sie erzählt, skizziert und fabuliert Wirklichkeit, tastet sie auf ihre inwendigen, unabgegoltenen Möglichkeiten ab, gestaltet sie aus, fingiert sie neu und entdeckt in genau diesen Prozessen kreativer Poiesis Dimensionen der Wirklichkeit, von denen man bis anhin nichts wußte. Die fingierende Kraft dichterischer Sprache wird zu einem Detektor der Wirklichkeit – man erinnere sich der wirklichkeitsverändernden, weil radikal perspektiverweiternden Wirkung, die Romane wie *Uncle Tom's Cabin* von Harriet Beecher Stowe, *David Copperfield* und *Oliver Twist* von Charles Dickens oder *Les misérables* von Victor Hugo beim Leser freigesetzt haben. In einem sehr präzisen Sinn sind diese Geschichten „wahrer", als „nackte Faktizitäten" „wahr" sind. Ihre Wahrheit liegt auf der symbolischen Ebene, und genau darin besteht ihre Größe.[386] Für die literarische Poiesis gilt deshalb in gleichem Maße, was Paul Klee einmal für das Metier des bildenden Künstlers gesagt hat: *„Kunst gibt nicht das Sichtbare wieder, sondern macht sichtbar."*[387] Ähnlich wie man in der Rezeption eines gelungenen Kunstwerks einen Blick für etwas gewinnt, das bislang außerhalb des Blickfeldes lag, so refiguriert sich in der Rezeption eines gelungenen Gedichts, einer treffenden Parabel, eines bestürzenden Romans die Wirklichkeit (manchmal um ein weniges, manchmal um ein vieles) neu.

Genau solche schöpferischen Refigurierungen der unerlösten Welt sind Ziel der biblischen Verheißungserzählungen. Obgleich die Wirklichkeit, von der in ihnen gesprochen wird, „nicht von dieser Welt" ist (vgl. Joh 18,36), beanspruchen diese Texte, jene Wirklichkeit, die in ihnen zur Sprache komme (nämlich die Wirklichkeit Gottes), habe die Kraft, die Welt von Grund auf zu verwandeln.

Damit ist der spezifisch offenbarende Charakter biblischer Fiktionalität am Tag; er besteht darin, anders als Bonhoeffer dies tut, die Welt im Licht eines verheißungsvollen „Als Ob" zu lesen: „etsi Deus daretur" – leben als ob es Gott gibt. Gerade durch dieses „Als Ob" wird eine produktive Spannung aufgebaut. Denn die Welt, wie wir sie kennen, gibt von Gott als liebend-allmächtiger Wirklichkeit vorderhand wenig zu erkennen. Sie ist unerlöst; in ihr trägt zuletzt immer der Tod den Sieg davon; darin hat Bonhoeffer mit den vielen anderen, die sich auf ihn berufen, recht.

Freilich, *avoir raison n'est peut-être pas avoir grand' chose* (Recht zu haben heißt womöglich, nicht sonderlich viel zu haben).[388] Die biblische Aufforderung, zu leben und zu handeln als ob es Gott gäbe *(etsi Deus daretur)*, verweigert sich der Rechthaberei des nach-theistischen Agnostizismus (womit nicht behauptet sein soll, daß Bonhoeffer einen solchen vertrete[389]). Anliegen der biblischen Texte ist es, eine Perspektive auf die Welt zu vermitteln, die es den Lesern oder Zuhörern ermöglicht, ihre todverfallene Lebenswirklichkeit im Horizont der österlichen Verheißung wahrzunehmen. Hier freilich geraten wir vor den Hermeneutischen Zirkel. Die biblische Botschaft von Jesus als dem auferweckten Gekreuzigten richtet sich nicht an irgendwelche unbeteiligten Religionswissenschaftler oder Literaturhistoriker. Die von den Evangelisten erzählten Jesusgeschichten wollen gerade nicht Belehrungen betreiben, die man verifizieren oder falsifizieren könnte. Ihre Geschichten werden vielmehr im Rahmen von Homilien und Taufkatechesen erzählt, ja sie werden im Rahmen der entsprechenden Liturgien von Taufe und Abendmahl regelrecht inszeniert, begangen, aufgeführt. Und damit gerät uns ein spezifisches Merkmal dieser Geschichten vor Augen: Sie spiegeln (wie insbesondere an den beiden Geschichten von den Emmausjüngern sowie vom reichen Fischfang am Ostermorgen deutlich wird) den liturgischen Rahmen wider, in welchem das, was sie erzählen, erfahrbare Wirklichkeit wird. (Vgl. Lk 24,13–35; Joh 21,1–14)[390] Mit anderen Worten: Jenes „Als Ob", unter welchem die österlichen Geschichten erzählt, erinnert, dramatisch inszeniert und sakramental gefeiert werden, mag zwar fiktional sein, ist aber nicht fiktiv! Vielmehr versetzt es den liturgisch involvierten Hörer des biblischen Textes in einen theologisch qualifizierten Tempusbruch: In den österlichen Texten wird „Zukunft erinnert, weil Vergangenheit erhofft" wird.[391] Im Blick auf das österliche Verheißungswort („Der Herr ist wahrhaft auferstanden" [Lk 24,34]) verliert die heillose Vergangenheit ihren fixen Status. Alles, auch und gerade die Vergangenheit, kann noch einmal neu werden, denn es gilt: „*Kommen wird der, der war. Im Kommen wird der Ursprung offenbar*", weswegen ebenso gilt: „*Was war, kehrt sich als das, was sein wird, kritisch gegen das, was ist.*"[392] Ludwig Wittgenstein hatte für diese Zusammenhänge ein instinktives Gespür, als er schrieb: „*An einen Gott glauben heißt sehen, daß es mit den Tatsachen der Welt noch nicht abgetan ist.*"[393] Ostern lehrt den Menschen in der Tat *sehen*, daß es mit den Tatsachen der Welt noch nicht abgetan ist. Wer diesem Sehen Glauben schenken kann, für den ändert sich alles.

2. *Zweiter Hinweis: Theologie als ihrer selbst unsicher gewordene Selbstreflexion des Menschen vor Gott.* – Nun verhält es sich freilich so, daß immer weniger Menschen dieser Botschaft Glauben schenken. Die entsprechenden soziologischen Erhebungen sprechen eine deutliche Sprache.[394] Die Gründe für diesen eklatanten Niedergang nicht nur der kirchlich-religiösen Praxis, sondern überhaupt des Glaubens an einen theistisch zu adressierenden Gott haben wir eingehend analysiert. Im Zuge der fortschreitenden Szientifizierung und Technisierung der Welt bei gleichzeitiger Naturalisierung und Historisierung des Menschen wird es immer schwerer, im Kosmos mehr zu sehen als eine große informationelle Zufallsmaschine, die nach einigen wenigen vorgegebenen physikalischen Gesetzmäßigkeiten funktioniert, und im Menschen mehr als einen selbstdomestizierten Chemo-Computer, der im Laufe seiner kulturellen Evolution immer neue Weltbilder hervorbringt. Wahrheit im strengen Sinn des Wortes wird keinem dieser Weltbilder zugeschrieben; man erblickt in ihnen interessante Selbstprojektionen des Menschen, ephemere Erzählungen, deren eine nicht wahrer ist als die andere. Je mehr wir Einblick

gewinnen in die kosmo-biologischen und -physikalischen Zusammenhänge unserer Existenz, je mehr uns die historische Kontingenz unserer geistigen Selbstverortungen zu Bewußtsein kommt, umso mehr werden wir auch unserer abgrundtiefen Zufälligkeit gewahr und umso mehr verdunstet bei vielen die Vorstellung, in ihnen lebe etwas Ewiges, Unzerstörbares – etwa eine „Seele", die mehr sei als das Produkt einer etwas komplizierteren Zirbeldrüse. Zwar redet man auch in nachmetaphysischen Zeiten immer noch (oder auch besonders viel) von der Würde des Menschen als eines selbstbestimmten Wesens; nicht zuletzt in der Debatte um den assistierten Suizid wird ja das Selbstbestimmungsrecht und damit das Freiheitsargument stark gemacht. Und doch knirscht es da oft im Gebälk. Dieselben Leute, die die Menschenrechte für sich in Anspruch nehmen, halten sich und ihresgleichen für ephemere Primaten im Versuchslabor der Evolution. Sie reden von Wahrheit, Schönheit und Liebe, reden von Solidarität und Freiheit, und behaupten zugleich, alle diese Werte hätten nicht die geringste ontologische Fundierung. Gleichwohl muß solche philosophisch inkonsistente Rede keineswegs mit einem platten Hedonismus einhergehen. Es ist zuletzt dann doch beruhigend, zu sehen, daß nur wenige Naturalisten sich beim Wort genommen wissen wollen, sich vielmehr auf der pragmatischen Ebene selber widersprechen. Die solidarische Tat für Menschen in Not kann das Leben intensivieren; es ist schön und verschafft in hohem Maße Genugtuung, sich mit anderen einzusetzen für eine gerechtere Welt. Und so kann auf paradoxe Weise gerade der Ausfall der Transzendenzperspektive das Leben intensivieren: Gibt es nur dieses Leben, dann laßt uns alles auf diese eine Karte setzen! (Albert Camus hat hierzu Wichtiges gesagt.[395]) Mit Recht weisen die Soziologen darauf hin, daß es kaum eine Zeit gegeben hat, in der so viele Menschen so aufmerksam waren für die Nöte der Welt – man denke an die unzähligen Hilfsorganisationen und NGOs, von den Heerscharen freiwilliger Helfer in den Notstandsgebieten dieser Welt, von den unzähligen privaten Initiativen gar nicht erst zu reden.

Neben aller Intensivierung kann der Ausfall der Transzendenzperspektive das Leben freilich auch in hohem Maße banalisieren (man erinnere sich der dystopischen Vision Nietzsches von den „letzten Menschen"[396]. Erfüllung muß hier und jetzt zu finden sein, weswegen der 75jährige zu Viagra greift und die 85jährige Weltreisen unternimmt. Der Sinn liegt in dem, was man aus seinem Leben macht; nach diesem Leben gibt es kein Leben; die unaufhaltsam voranschreitende Immanenzverdichtung erlaubt kaum noch einen Blick über uns und dieses Leben hinaus. Und so verblassen die Visionen von einst. Der biblische Traum von dem Land, wo die Blinden ihr Augenlicht finden und die Lahmen ihren Tanz (Jes 35), ist vergessen. Die Sehnsucht nach dem Himmlischen Jerusalem, wo die Tränen getrocknet sind (Offb 21), die Erschlagenen zu ihrem Recht kommen und die Täter begreifen, was sie da angerichtet hatten, ist als Illusion entlarvt. Die Sehnsucht nach der großen Versöhnung von Mensch und Mensch, Mensch und Schöpfung, Natur und Geschichte, Welt und Gott (Jes 11) interessiert kaum noch einen. Wir sind bescheiden geworden. Wir sind Realisten. Wir sind eine in hohem Maße erwartungslose Gesellschaft.

Damit geraten wir erneut vor die Corona-Krise. Sie ist neben vielem anderen ja auch eine theologische Krise, denn in ihr erweisen sich die klassischen Gottesbilder als entleert, verbraucht, untauglich. Und so verschwinden sie. Die Kirche, schreibt Christiane Bundschuh-Schramm, „ist in der Krise genau deshalb so schweigsam, weil sie tatsächlich nichts zu sagen weiß. Ihr sind die starken Worte abhandengekommen, weil sie den starken Gott verloren hat, der die Krise besiegt, der den guten Ausgang kennt und der uns wie damals aus Ägypten aus der Krise herausführt, notfalls nach dem Tod."[397] Freilich ist auch das Publikum abhandengekommen, das für Fragen, wie der jüdisch-christliche Glaube sie aufwirft, ein Ohr hätte. Bei Licht betrachtet ist selbst die Theodizeefrage nur noch für wenige ein Problem. Denn um sie stellen zu können, muß man an Gott glauben. Wo aber die Gottesidee verdunstet ist, wird auch keine Theodizeefrage mehr gestellt. Selbst bei nicht wenigen unter denen, die praktizierende Christen sind, stellt sich angesichts der Tatsache, pandemiebedingt den Gottesdienst nicht besuchen zu können, nur selten ein wirkliches Verlustgefühl ein. Man kann eigentlich auch „ganz gut ohne", man wußte es nur nicht. Kurzum: Das Gebäude ist seit langem schon so morsch (der römische Autoritarismus und die vielen Mißbrauchs-skandale haben zuletzt das Ihre dazu beigetragen[398]), daß ein einziger Fußtritt genügte, um es zum Einsturz zu bringen. Mittlerweile sprechen selbst Bischöfe davon, daß die religiöse Rede von Gott „vorsichtiger, tastender, ahnender" werden müsse, weil das kirchliche Behauptungsgerede niemanden mehr erreiche.[399] Sogar Forderungen nach substantiellen Reformen werden in der einen oder anderen Chefetage laut. Nur, was bedeutet das für eine Theologie, die lehramtlich und weltkatechistisch eingenordet ist?[400] Und welche Konsequenzen ergeben sich daraus für eine Kirche, deren selbstbewußter Wahrheitsanspruch gerade in diesen Tagen wieder einmal zu sehr klaren Urteilen führt: *traditio obstat!*[401] Und wenn man dementsprechend nicht spurt: *Anathema sit!*[402] Fragen über Fragen. Wie auf sie antworten? Vielleicht mit folgendem dritten Hinweis:

3. *Theologietreiben sowohl als praktiziertes Wissen um die Fragwürdigkeit menschlicher Gottesrede wie auch als Einübung in die Fähigkeit, sich selbst und anderen ein Gespür zu vermitteln für die Unglaublichkeit des christlichen Glaubensbekenntnisses.* – Was man im Grunde seit langem wußte, fand im Frühjahr 2020 im Zuge des Lockdowns seinen emblematischen Ausdruck: Wir leben in einer „Zeit der leeren Kirchen".[403] Ihre symbolisch äußerste Verdichtung fand diese Situation am frühen Abend des 27. März 2020 – ein beklemmendes, aber auch höchst eindrückliches Szenario, von den Fernsehanstalten weltweit übertragen[404]:

Papst Franziskus steigt die regennassen Marmorstufen des Petersdoms hinauf. Der Platz vor dem Petersdom ist leer. Er soll symbolisch Raum bieten für die vielen Coronakranken im Lande, für die Verängstigten, für die Trauernden (man erinnere sich, daß die Pandemie in Norditalien besonders hart zugeschlagen hatte). Der Papst spricht zu Abwesenden. Die Assoziation der Menschen- und Gottesverlassenheit drängt sich auf. Es regnet in Strömen – auch auf ein Holzkreuz, dem man seit Pestzeiten besondere Verehrung widmet. Das Gebet verrichtet der Papst schweigend. In der Predigt findet er hingegen deutliche Worte. Hier nimmt er auch eine theologische Klarstellung vor, indem er eine theologische Behauptung unterläßt. Der Papst versteigt sich nicht zu der These, Gott wolle mit SARS-CoV-2 etwas von sich offenbaren: etwa seinen Zorn über die Sünden der Welt. Vielmehr werde durch die Corona-Pandemie etwas von uns selber offenbar. Zwar gebe es eine Natur, die uns immer wieder zu schaffen mache (der Papst wählt als Grundlage seiner Predigt die Geschichte von der Sturmstillung im Markusevangelium[405]); die Frage sei jedoch, wie wir mit solchen Formen von Not und Gefahr umgingen. Und da findet Franziskus deutliche Worte, wobei diese Worte (das zu berücksichtigen, ist wichtig) nicht allein an die Zuhörer und Zuschauer an den Radio- und Fernsehgeräten gerichtet sind, sondern auch an Gott, den er zwischenzeitlich immer wieder betend anspricht:

„Der Sturm [auf dem See] legt unsere Verwundbarkeit bloß und deckt jene falschen [...] Gewißheiten auf, auf die wir bei unseren Plänen, Projekten, Gewohnheiten und Prioritäten gebaut haben. Er macht sichtbar, wie wir die Dinge vernachlässigt und aufgegeben haben, die unser Leben und unsere Gemeinschaft nähren, erhalten und stark machen. [...] ,Warum habt ihr solche Angst? Habt ihr noch keinen Glauben?' [Mk 4,40] Herr, dein Wort heute Abend trifft und betrifft uns alle. In unserer Welt, die du noch mehr liebst als wir, sind wir mit voller Geschwindigkeit weitergerast und hatten dabei das Gefühl, stark zu sein und alles zu vermögen. In unserer Gewinnsucht haben wir uns ganz von den materiellen Dingen in Anspruch nehmen lassen und von der Eile betäuben lassen. Wir [...] haben uns von Kriegen und weltweiter Ungerechtigkeit nicht aufrütteln lassen, wir haben nicht auf den Schrei der Armen und unseres schwerkranken Planeten gehört. Wir haben unerschrocken weitergemacht in der Meinung, daß wir in einer kranken Welt immer gesund bleiben würden. Jetzt, auf dem stürmischen Meer, bitten wir dich: ,Wach auf, Herr!'"[406]

Wie man diese Worte zu deuten hat, bleibt offen. Ob man in ihnen den „gewohnte[n] kirchliche[n] Sound mit dem permanenten Pessimismus-Baß gegenüber der Gegenwart, der Moderne"[407] vernimmt oder doch eher eine nüchtern-erschrockene Selbstermahnung vor Gott, hängt wohl auch vom Ohr dessen ab, der da zuhört. In jedem Fall aber spricht das Szenario von leerem Petersplatz, strömendem Regen, einsamem Papst und dem sich anschließenden, die ganze Nacht über schweigenden Verharren vor dem ausgesetzten Allerheiligsten im geöffneten Narthex des Petersdomes von einer Hilflosigkeit, die geradezu physisch spürbar werden läßt, daß hier ein Mensch sich in eine schwierige Situation schickt, indem er sich Gott übergibt. Und erinnert Papst Franziskus darin nicht von ferne an seinen jesuitischen Ordensbruder Alfred Delp? An dessen in der Haft gewonnene Haltung der Nüchternheit, der Demut, der Tapferkeit gegenüber Gott und den Menschen? Und darin an jenen anderen „jesuitischen" Christenmenschen in Haft: Dietrich Bonhoeffer? Hören wir die Papstpredigt weiter. „In dieser Fastenzeit", so Franziskus,

> „erklingt dein eindringlicher Aufruf: ‚Kehrt um' (Mk 1,15); ‚kehrt um zu mir von ganzem Herzen mit Fasten, Weinen und Klagen' (Joël 2,12). Du rufst uns auf, diese Zeit der Prüfung als eine Zeit der Entscheidung zu nutzen. Es ist nicht die Zeit deines Urteils, sondern unseres Urteils: die Zeit zu entscheiden, was wirklich zählt und was vergänglich ist, die Zeit, das Notwendige von dem zu unterscheiden, was nicht notwendig ist. Es ist die Zeit, den Kurs des Lebens wieder neu auf dich, Herr, und auf die Mitmenschen auszurichten. Und dabei können wir auf das Beispiel so vieler Weggefährten schauen, die in Situationen der Angst mit der Hingabe ihres Lebens reagiert haben. [...]: Ärzte, Krankenschwestern und Pfleger, Supermarktangestellte, Reinigungspersonal, Betreuungskräfte, Transporteure, Ordnungskräfte, ehrenamtliche Helfer, Priester, Ordensleute und viele, ja viele andere, die verstanden haben, daß niemand sich allein rettet. [...] Wie viele Menschen üben sich jeden Tag in Geduld und flößen Hoffnung ein und sind darauf bedacht, keine Panik zu verbreiten, sondern Mitverantwortung zu fördern. Wie viele Väter, Mütter, Großväter und Großmütter, Lehrerinnen und Lehrer zeigen unseren Kindern mit kleinen und alltäglichen Gesten, wie sie einer Krise begegnen und sie durchstehen können, indem sie ihre Gewohnheiten anpassen, den Blick aufrichten und zum Gebet anregen. [...] Gebet und stiller Dienst – das sind unsere siegreichen Waffen."[408]

Gebet und stiller Dienst, nüchternes Abwägen dessen, was nötig ist und was verzichtbar, Wertschätzung des scheinbar Selbstverständlichen, Solidarität mit den Bedürftigen („niemand rettet sich allein"), aber auch kritische Selbsteinschätzung („Was zählt wirklich und was ist vergänglich?"), Geistesgegenwart, Tapferkeit und Humor, Hilfsbereitschaft, Selbstbeherrschung und Fähigkeit zu kreativer Einsamkeit, aber auch Dankbarkeit gegenüber den vielen unbekannten Menschen, die uns das tägliche Leben überhaupt erst möglich machen: Dies alles in Erinnerung zu rufen und selber dahinter zurückzutreten, zeugt von einem Lehramt, das sich zu relativieren weiß, ohne kleinlaut zu werden. Wer so das Lehramt ausübt, ist ein *pontifex*, ein Brückenbauer. Brückenbauer, nicht Brückenabreißer sollen wir sein. Und wäre in Zeiten wie denen der Pandemie eine solche Form von handgreiflichem Brückenbau nicht Ausdruck genau jener Theologie, derer wir bedürfen? –: Aus der Zusage des Evangeliums sich selber und den Menschen, mit denen man zu tun hat, Mut zusprechen; zu bedenken geben, was bedacht werden muß; ermahnen, wo es Not tut; Aufmerksamkeit für die Zeichen der Zeit wecken und Besonnenheit fördern; Nachsicht üben, wo man sich selbst und anderen auf die Nerven geht; Vergebung erbitten, wo man jemanden verletzt hat; Verzeihung aussprechen, wo sie erbeten wird; das Verziehene dem Gedächtnis Gottes anvertrauen und damit dem eigenen Vergessen?

Das alles sind im Grunde schon Ingredienzien der von uns angekündigten Therapievorschläge. Sie werden freilich nur anschlagen, wo man sich als zu ihnen befreit und ermächtigt erfährt. Wer sich zwingt, den anderen nett zu finden, der ihm auf die Nerven geht, ihm zu verzeihen, obwohl das Herz voller Groll ist, Trost auszusprechen, den man selber nicht hat, dem scheitert jede Therapie und jedes Therapeutikon.

Was sind denn Therapeutika bzw. Therapeúmata (θεραπεύματα)? Im klassischen Griechisch bezeichnen diese Wörter Akte der Verehrung, Taten der Aufwartung, Bezeugungen der Hochachtung.[409] Jemandem Hochachtung entgegenbringen, ihm aufzuwarten mit dem, was man hat, setzt bei dem, der solches erfährt, Heilung in Gang. Und heilsbedürftig sind wir alle. Man lebt von der Wertschätzung der anderen: *Es ist gut, daß es Dich gibt! Ohne Dich würde Elementares fehlen!* – in solchen Sätzen leuchtet etwas auf von jener Güte im Grunde der Welt, von der es heißt, sie sei *im Anfang*: ἐν ἀρχῇ *(en arché)*.[410] Und damit geraten wir einmal mehr vor die Ungeheuerlichkeit des biblischen Glaubensbekenntnisses. Es behauptet, daß „im Anfang" nicht ein stummes Nichts sei und wir unser Leben einem bio-kosmischen Zufall verdankten (einer Art Unfall), sondern daß *im Anfang* ein Wort sei, eine Anrede, ein Sinn. Und daß jeder Mensch an diesem Sinn Anteil habe, ob er sich dessen bewußt sei oder nicht.

Ein solcher Glaube ist alles andere als selbstverständlich. Man muß sich immer wieder zu ihm befreien lassen. Nicht selten sind es die Kleinen, die das hierzu nötige Lehramt ausüben. *„Wo war ich, als ich noch nicht in deinem Bauch war"*, fragt das Kind die Mutter. Und da diese nicht recht zu antworten weiß, gibt sich das Kind schließlich selbst die Antwort: *„Ich war in Gott versteckt."*[411] Zu solch federleichter, kinderschwerer Theologie braucht es ein fragloses Welt- und Selbstvertrauen. Doch zu einem solchen Vertrauen kann man sich nicht aus eigener Kraft ermannen. Es wird in einen hineingelegt, es wird in einem geboren. Es ist diese Gottesgeburt mitten in uns, die einen Menschen heilen kann bis in die letzten Fasern und Kapillare seines sklerotischen Herzens. Und mit einem Mal spürt man, daß, wer immer in der Lage wäre, uns zu einer solchen Gottesgeburt zu verhelfen, über eine Menschlichkeit verfügen müßte, die alle Menschlichkeit übersteigt. Ein solcher wäre, was die Alten den Göttlichen Arzt nannten *(divus medicus)*, den Heiland der Welt (σωτήρ τοῦ κόσμου), den Christòs therapeutés.[412]

Freilich, diesem Therapeuten direkt zu begegnen, gelingt nur den wenigsten. Aber es finden sich in Geschichte und Gegenwart Spuren seines Vorübergangs, Therapeutika, die aufzusammeln nicht allzu schwer ist. Man kann sie sich je nach Bedarf zusammenstellen und verfügt damit über das, was wir verschiedentlich unsere *Theologische Hausapotheke* nannten: eine aus dem Geist des Evangeliums schöpfende Form von Lebenskunst, die es einem gerade in schweren Zeiten ermöglicht, halbwegs sinnvoll zu leben. Welche Therapeutika fallen uns da ein – gerade jetzt, in den Zeiten der Pandemie?

Therapeutische Ratschläge
oder
Die kleinen Sakramente des Alltags, einzunehmen am Abend und am Morgen

Im Versuch, auf die zuletzt gestellte Frage zu antworten und damit unsere unzeitgemäßen Betrachtungen zu einem Ende zu führen, fallen einem die vielen neuen Wörter ein, die uns die Pandemie beschert hat: Maskenpflicht, Social Distancing, Home Office, Hochrisikogebiet, Lock Down, Inzidenz, Mund-Nase-Bedeckung, Booster-Impfung, Corona-WarnApp, Impfstatus, FFP2-Maske, Querdenker, Hotspot usw. usf. All ihrer sprachlichen Skurrilität zum Trotz haben viele dieser Neologismen etwas Magisches an sich; sie versuchen, eine Situation, die sich weder medizinisch noch sozial wirklich beherrschen läßt, wenigstens sprachlich in den Griff zu bekommen. Solange wir benennen können, was uns bedroht, wird die Bedrohung als nicht ganz so gefährlich erlebt. Und solange wir Namen haben für die Mittel, die uns Schutz gewähren, erleben wir uns als halbwegs geschützt. Damit geraten wir in Reichweite dessen, was man theologisch „Sakrament" nennt. Was ist ein Sakrament? – Ein Sakrament ist ein geistliches Schutzmittel, ein Apotrópaion, wie die Religionswissenschaftler sagen, ein sichtbares Zeichen unsichtbarer Gnade. In ihm wird anschaulich und vernehmbar, was alle Sichtbarkeit und Sagbarkeit übersteigt und doch gesagt und angeschaut werden muß, wenn man einigermaßen gesund durchs Leben kommen will.

Der Sakramente gibt es nach katholischer Zählung sieben: Taufe und Abendmahl als die beiden unmittelbar von Christus eingesetzten Hauptsakramente; sodann Firmung, Buße und Krankensalbung (letztere in früheren Zeiten auch gespendet als sog. „Letzte Ölung"; zusammen mit der sakramentalen Absolution und der eucharistischen Wegzehr bildete sie die Gruppe der Sterbesakramente); schließlich Eheschließung und Priesterweihe als Standessakramente. Man sieht auf Anhieb, daß es sich bei den meisten dieser Heiligen Zeichen um sog. Übergangsriten handelt: rites de passage. Ein Neugeborenes muß von Familie und Nachbarschaft bewillkommnet werden, und wie täte man das besser als in Gestalt eines vorgegebenen, die Generationen verbindenden Ritus. – Der heranwachsende junge Mensch muß aufgenommen werden in den Kreis der Erwachsenen, und so durchläuft er verschiedene Formen von Mannbarkeitsriten, bis er schließlich in Gestalt der Jünglingsweihe in einen neuen Seinsstatus aufrückt. – Schuld, Buße, Lossprechung und Versöhnung markieren Konfliktsituationen, die neben aller existentiellen Bearbeitung immer auch der sozial-rituellen Rahmung bedürfen. – Die Vermählung von Mann und Frau, die Heraufkunft einer neuen Generation und im Gefolge dessen das Abtreten der alten Generation sind dramatische Geschehnisse, die nur selten problemlos vonstattengehen. Man verläßt das Haus, in welchem man aufwuchs. Man bindet sich an einen Menschen, man verspricht sich ihm (und dies in der ganzen Doppeldeutigkeit des Wortes); man erhält einen neuen Namen, tritt nicht nur in eine weitere Phase des Lebens ein, sondern in einen neuen Existenzstatus; man ist der Mann dieser Frau, die Frau dieses Mannes geworden. Man wird Vater oder Mutter; man spielt nicht diese Rolle, man *ist*, was diese Rolle bezeichnet. – Ähnliches gilt für die Priester-, Mönchs und Nonnenweihe, einen Vorgang von Enteignung und Inbesitznahme der Novizin oder des Kandidaten seitens der klösterlichen Gemeinschaft, der Kirche, der Tradition: Vollzug von Investitur in ein Amt durch Handauflegung, Gebet, Salbung und Geistübertragung. – In solchen sakramentalen Handlungen, eingespiegelt in das Leben Christi, verdichten sich Schwellensituationen des Lebens, seien sie allgemein-menschlicher, seien sie persönlich-biographischer Natur. In ihnen wird dem Fährlichen und Fragwürdigen Rahmung gegeben. Wie sonst sollte man das Leben bestehen?

Auffällig ist nun, daß sich um diese sieben Sakramente, die man immer nur in gewissen Abständen oder überhaupt nur einmal im Leben empfängt, eine Vielzahl sog. Sakramentalien versammelt, rituell-symbolische Handlungen, Gebete und Segensvollzüge, die in gewisser Nachahmung der großen Sakramente spezifischen Anliegen Ausdruck verleihen: das persönliche Morgen- und Abendgebet; das gemeinschaftliche Tischgebet; der Segen über das Brot mit der Messerspitze, bevor man es anschneidet; Glocken-, Altar- und Friedhofsweihe, Begräbnis- und exorzistische Riten, liturgische Spielformen wie die Fußwaschung am Gründonnerstag, die Kreuzverehrung am Karfreitag, die Heilig-Grab-Spiele am Karsamstag, Flurprozessionen, Kranken-, Braut- und Mutter-

segen, Kräuter-, Palmen- und Kerzenweihe, Erntedankfeiern, die
Gräbersegnung am Allerheiligentag, Dreikönigssegen, Blasius-
und Johannissegen usw. usf. Noch die mit einem Gebet beschlos-
sene Gutenachtgeschichte, dem Kind vom Vater am Bett erzählt;
noch das auf die Stirn gemalte Kreuzzeichen, mit dem die Mutter den Nachwuchs auf den Schulweg schickt, sind Sakramentalien, in denen sich etwas von der Zärtlichkeit und dem Ernst des
Lebens mitteilt.

Solche Sakramentalien lassen sich mit Fug und Recht als geistliche Hausmittel bezeichnen. Ihre Variationsbreite ist riesig groß.
Jede Familie, auch wo man kein religiöses Leben im eigentlichen
Sinn des Wortes führt, kennt ihre familienspezifischen Sakramentalien. Da gibt es das Bild der verstorbenen Großmutter, das
an gewissen Tagen geschmückt wird; den Hochzeitstag, den man
in besonderer Form begeht; die Art und Weise, wie man sich verabschiedet oder sich beim Wiedersehen begrüßt. Da gibt es die
Gründungserzählungen, die mit „Weißt du noch ..." beginnen;
Speisen, die nur zu bestimmten Anlässen zubereitet, Schmuck-
stücke, die nur an bestimmten Tagen getragen werden. Auffällig
ist, daß in solchen Gesten, Geschichten und Gewohnheiten des Zu-
sammengehörens Wort, Zeichen und Situation nicht voneinander
zu trennen sind. Man erzählt sich seine Gründungsgeschichten
nur bei bestimmten Anlässen; die Umarmung zur Begrüßung ist
hochritualisiert; die Gutenachtgeschichte endet mit einem Kuß.
Wehe, man stört das Ritual, ändert es durch Unbedachtheit ab, der
Tag, der Abend, das Fest geriete in Unordnung.

Und damit geraten wir vor die uns hier interessierende Frage:
Wie könnten in den Zeiten von Corona, da bald alle Gewohnheiten auf den Kopf gestellt sind, solche geistlichen Hausmittel
neu entdeckt oder überhaupt erfunden werden? Offensichtlich
ist ja, daß man dem Leben eine Form geben muß. Nichts bedroht
unsere Seelengestimmtheit mehr als die endlose Reihe amorpher
Tage, die man im Home-Office vor dem Computer zubringt.

Nun ist es freilich so, daß das sakramental durchtönte All-
tagsgerüst einer selbstverständlichen Religiosität bei den meisten lange vor Corona weggebrochen war. Wer wüßte noch, wie

man im Kreis der Familie, der Freunde und Nachbarn die Adventszeit geistlich gestaltet? Bei wem hätte sich das Wissen bewahrt, dem Mai und dem Oktober mit häuslichem Marienaltar und entsprechenden Andachtsformen jahreszeitliche Gestalt zu geben? Wer wüßte noch die novemberlichen Totengedenktage zu begehen oder die Ostereier mit den alten Motiven handzubemalen und dabei die einschlägigen Lieder zu singen: „Christ ist erstanden", „Das Grab ist leer, der Held erwacht", „Nun freue dich du Christenheit"? Auch die Fähigkeit zu singen ist uns ja lange vor den behördlichen Verboten abhandengekommen, wie überhaupt das religiöse Leben in seinen letzten Resten durch das öffentliche Hygieneregime und die mit ihm verbundenen Restriktionen noch einmal mehr Schaden genommen hat. Ob sich unsere Kirchengemeinden von dem Einbruch, den die Pandemie hinsichtlich des Gottesdienstbesuchs bedeutet, je erholen werden? Ob mit Corona nicht überhaupt definitiv „Die Zeit der leeren Kirchen" angebrochen sein wird?

Vielleicht, daß wir im Versuch, hierauf zu antworten, genau bei jenen Neologismen anknüpfen, die seit zwei Jahren unsere Alltagssprache bestimmen: *Lock Down, Social Distancing, FFP2-Maske, Ansteckung, Hot Spot, Quarantäne, Intubation usw.* – Wer nur etwas näher mit den traditionellen Praktiken des christlichen Glaubens vertraut ist, wird alsbald merken, daß nicht wenige dieser neuen Wörter einen religiösen Hintergrund haben. Nur ein Beispiel:

K aum jemand erinnert daran, daß das deutsch ausgesprochene Wort *Quarantäne* mittelfranzösischer Herkunft ist *(quarantaine)* und nichts anderes meint als die Zahl Vierzig, auf lateinisch: *Quadragesima* (der liturgische Ausdruck für die österliche Fastenzeit). Wer in Quarantäne geschickt wird, geht auf Tauchstation, und zwar vierzig Tage lang. Solche Zeiten der Absonderung bzw. Ausgrenzung gibt es biblisch zuhauf: Vierzig Tage und vierzig Nächte währt die Sintflut (Gen 7,4.14); vierzig Jahre ist Israel unterwegs in das Gelobte Land. Vierzig Tage verweilt Mose bei der Kundgabe der Tora auf dem Berg Horeb (Ex 24,18; 34,28); vierzig Tage hält sich Jesus fastend und betend in der Wüste auf, den inneren und äußeren Dämonen ausgesetzt (Mt 4,2; Lk 4,2). Vierzig

Tage sind es, die der Auferstandene mit seinen Jüngern verkehrt, bevor er in den Himmel aufgenommen wird. Quarantäne ist ein Ausnahmezustand, den man leicht auch religiös deuten kann: Wo alle Welt in Quarantäne geht, erscheint das fastenzeitlich-klösterliche Leben auf einmal brandaktuell.[413] Da ist ein Traum gelöster Ruhe, aber auch bedrängender Stille, bedrohlich und wohltätig zugleich. Vielleicht vernehmen wir hier die leiseren Stimmen in uns selbst, der anderen, der Natur, eines Buches, gar eines Gottes, der uns in all dem etwas zuraunen will und von dem wir uns etwas gesagt sein lassen wollen. – Man braucht nur etwas genauer hinzuhören und entdeckt bei vielen der neuen Corona-Wörter Gelegenheit zu ähnlichen Assoziationen; sie bieten sich geradezu an, um dem Gott, der im Untergrund aller Wirklichkeit am Werk ist, auf die Spur zu kommen.

Eben in solchen Versuchen einer Entzifferung der „Zeichen der Zeit" könnte nun auch die Grundlage jener „Corona-Theologie" zu finden sein, derer wir so dringend bedürfen. Eine solche Theologie schreibt sich der Gegenwart ein, ohne ihr zu verfallen; sie nimmt sie ernst, indem sie sie sowohl auf ihre unabgegoltenen Möglichkeiten als auch auf ihre Fragwürdigkeiten hin abhorcht. Umgekehrt ist eine solche Theologie selbstbewußt genug, sich ihrerseits von der Zeit, in welcher sie lebt, nicht nur einzelne Fragen vorgeben, sondern sich von diesen geradewegs in Frage stellen zu lassen. Sie kann das, weil sie darauf vertraut, daß die Wahrheit größer ist als alle Menschenmeinung, von wem immer diese auch geäußert wird: von unfehlbaren Kirchenfürsten, szientistischen Naturalisten, aufgeklärten Skeptikern, achselzuckenden Agnostikern, biblizistischen Rechthabern. Wenn, wie es biblische Überzeugung ist, der Gott Israels ein in Raum und Zeit, Kultur und Geschichte wirkender Gott ist, dann ist (um den großen Leopold von Ranke zu zitieren) jede Epoche und jede Generation „unmittelbar zu Ihm hin".[414] Im Grunde sagt Ranke damit nichts anderes, als was auch schon der Apostel Paulus wußte: „Niemandem von uns ist Er fern." (Apg 17,27b) Und so könnte es sein, daß gerade eine Zeit wie die gegenwärtige der Theologie dazu verhilft, ihre vergessenen oder ungehobenen Schätze (neu) zu entdecken, wie umgekehrt unserer Gegenwart vonseiten der Theologie jener erhellende Außenblick eröffnet wird, den sie braucht, um sich selbst genauer zu erfassen,

Nehmen wir uns zum Ende unserer unzeitgemäßen Betrachtungen also ein paar von jenen Neologismen vor, in denen sich die Corona-Zeit gegenwärtig wird, und erwägen wir sie im Licht der theologischen Tradition. Was gibt sich da zu sehen? Und was ergibt sich daraus für die Zusammenstellung unserer theologischen Hausapotheke?

1. Social Distancing —— Nähe und Berührung

Wer immer mit den Wundergeschichten des Neuen Testaments auch nur ein wenig vertraut ist, weiß, daß bald jede der Heilungen Jesu in Form von Berührung und Zuspruch vonstattengeht: *„Und er rührte ihn an ... "* (Mt 8,3) *„Und er legte ihnen die Hände auf ..."* (Lk 4,40) *„Und er nahm ihn beiseite, weg von der Menge, legte ihm die Finger in die Ohren, seufzte auf und sagte: ‚Effata' – ‚öffne dich'."* (Mk 7,33f.) *„Und er führte ihn vor das Dorf hinaus, bestrich ihm die Augen mit Speichel und fragte ihn: ‚Was siehst du?'"* (Mk 8,22ff.; Joh 9,6f.) Heilung hat elementar mit Berührung zu tun. Wer heilen will, muß berühren können. Berühren kann, wer selber berührbar ist. Berührbar ist, wer sich berührbar macht. Jesus, das lehren uns die neutestamentlichen Heilungsgeschichten, ist der berührbare Mensch schlechthin: Da ist ein spontanes Ergriffensein von der Not anderer (Lk 7,13), ein vorbehaltloses Liebhaben desjenigen, der sich vom Evangelium anrühren läßt (Mk 10,21). Da ist eine selbstverständliche Freundschaftsfähigkeit, man denke an Jesu herzliches Einvernehmen mit Maria, Martha und Lazarus (Joh 11,5.36), an den Jünger, von welchem das Johannesevangelium sagt, daß er es war, „den Jesus liebte" (Joh 13,23). Aber auch sein Umgang mit Frauen ist angesichts der patriarchalen Verhältnisse seiner Zeit ungewöhnlich: Jesus läßt sich berühren, küssen, salben, hat Freude an solchen Dingen (Lk 7,38.47), nimmt ohne Vorbehalt die Unterstützung der ihn begleitenden Frauen in Anspruch (Lk 8,3), schließt die Kinder in seine Arme und segnet sie (Mk 10,16), berührt Kranke, Krüppel, Aussätzige, wäscht seinen Jüngern die Füße (Joh 13,1–20) – man ist versucht zu sagen, er habe, was eine Frau ihn gelehrt hat (Lk 7,36ff. parr), an seine Freunde weitergegeben. Es ist das leibliche Moment der Begegnung, das überrascht; hier tritt ein Mensch auf, dem aus der Beziehung zu seinem Gott und Vater eine Freiheit im Umgang mit den Menschen zuwächst, die nicht nur seine Gegner verstört, sondern auch jene, die glauben, seine Freunde zu sein (vgl. Mk 10,13b-14; 14,4 par; Lk 7,39; Joh 4,27). Jesus läßt sich nicht nur berühren, er selber *berührt, rührt an*, und dies in der ganzen Doppeldeutigkeit des Wortes.

Berührung impliziert gleichwohl immer auch Distanz. In all seiner Fähigkeit zu Nähe und Intimität strahlt Jesus etwas Hoheitliches aus. So sehr er sich den Menschen zuwendet bis ins Äußerste, so sehr er sich stören läßt vom Bedürfen der Menge, den Fragen der Jünger, den Nöten der Kranken und Armen, sowenig verliert er sich darin. Jesus, dieser „Freund der Zöllner und Sünder" (Mt 11,19 par; Lk 7,34), setzt sich den Menschen aus, ohne sich gemein zu machen; er gibt sich preis, ohne zu taktieren; seine Haltung zeugt von einer Souveränität, die in ihrer Hoheitlichkeit zutiefst demütig ist und – nur scheinbar paradox – gerade deshalb den Konflikt nicht nur mit den politischen und religiösen Autoritäten, sondern auch mit den eigenen Freunden nicht scheut. (Vgl. Lk 9,54f.; Mk 8,33 par) Denn Liebe kann, wo es nötig ist, „zürnen, Gleichgültigkeit redet nach dem Mund", wie es bei Augustinus heißt[415] – ohne daß (um mit dem Apostel Paulus zu sprechen) eine solcherart erwachsene Liebe durch den leidenschaftlichen Eifer, zu dem sie sehr wohl fähig ist, verbittern würde (1 Kor 13,5). Leidenschaftliche Herzen empören sich, wenn sie das Leben bedroht sehen; sie nehmen nicht alles gleichmütig hin; sie werden zornig. Zorn ist die Eigenschaft eines gebildeten Herzens; es betrübt sich, wird unwillig, wenn es Unrecht sieht. Jesus, dieses liebende Herz Gottes, wird unwillig (Mk 10,14), traurig (Lk 12,50), zornig (Joh 11, 33.35.38) angesichts der ihn umgebenden Bigotterie, Dummheit und Gewalt (vgl. Joh 2,13–17; Lk 13,31–35).

Es scheint, daß sich in diesem eigentümlichen Zu- und Ineinander von Nähe und Distanz, Liebe und Zorn, Zärtlichkeit und Kraft eine elementare Seite jenes Gottes offenbart, den Jesus als seinen „Vater" erfährt. Man kann den Gott Israels als eine Art Ineinsfall der Gegensätze beschreiben, die einander wechselseitig hervortreiben: Demut und Souveränität, Zuneigung und Unaufdringlichkeit, Leidenschaft und Takt müssen keine sich ausschließenden Gegensätze sein. Im Gegenteil: Das eine ist Bedingung der Möglichkeit des anderen. Womöglich ließe sich in Zeiten wie den unsrigen, da das sog. „Social Distancing" unsere Beziehungsfähigkeit auf eine harte Probe stellt, von der Art und Weise, wie Jesus aus seinem Gott lebt, etwas lernen.

Was läßt sich lernen? Zunächst vielleicht dies: Das innerste Wesen des Gottes Israels, den Jesus als seinen „Vater" erfährt, ist nicht vor allem unnahbare Hoheitlichkeit (Jes 6,1ff.); es besteht vielmehr in dem, was die prophetische Tradition in einer höchst wagemutigen Formulierung Erbarmen nennt, hebräisch *racha-* ✗ *mim* (רַחֲמִים), wörtlich „Mutterschoß", „Eingeweide"; auf Griechisch *splánchna eléous theoū hämōn* (σπλάγχνα ἐλέους Θεοῦ ἡμῶν): „unseres Gottes innerstes Erbarmen" (Lk 1,78) wie Fridolin Stier übersetzt; wörtlich: „die glühenden Eingeweide unseres Gottes".[416]

Wir geraten hier vor einen Wesenszug Gottes, der christlich verbildeten Ohren zwar bis zur Banalität vertraut anmutet, den zu entdecken freilich mehr als 1000 Jahre Religionsgeschichte nötig waren. Daß die ewige Gottheit Liebe sein soll, Ineinsfall von Leidenschaft und Takt, Erbarmen und Hoheitlichkeit, wird nach einigen Vorläufen bei den alttestamentlichen Propheten in den insgesamt 73 Büchern des Alten und Neuen Testaments *expressis verbis* genau ein einziges Mal gesagt: nämlich ganz am Ende des biblischen Kanons im ersten der drei Johannesbriefe (1 Joh 4,8.16): *ho theós agápe estín* (ὁ Θεὸς ἀγάπη ἐστίν), *deus caritas est* – ein ungeheurer Satz! Gott in seinem innersten Wesen wäre Erbarmen. Aber nicht Erbarmen im Sinne schwächlicher Nachsicht, lendenlahmer Weichheit, hilflosen Schwammdrübers; sondern dieses Erbarmen hätte etwas Verheißungsvolles, Großmütiges, es wäre eine zarte Mächtigkeit, ein kraftvoll Gebietendes, starkmütig Aufrichtendes: „*Und er nahm das Mädchen bei der Hand und sprach: ‚Mädchen, ich sage dir, steht auf!'*" (Mk 5,41) „*Und er ging zur Bahre, faßte sie an und sprach: Ich befehle dir, junger Mann: Steh auf!*" (Lk 7,14) „*Und er rief mit lauter Stimme: Lazarus, komm heraus!*" (Joh 11, 43) „*Und er streckte die Hand aus, berührte den Aussätzigen und sprach: ‚Ich will es – werde rein.'*" (Mk 1,41)

In allen diesen Erzählungen geht es weniger um spektakuläre Totenerweckungen oder Krankenheilungen, sondern es sind symbolische Geschichten, die eine Blickwende einleiten. Da blitzt etwas von der Eigenart jenes Gottes auf, aus welchem Jesus lebt. Eine Kraft, die er an andere weiterreicht: „Und er faßte ihn an ..." „Und er nahm ihn bei der Hand ..." „Und er richtete sie auf ..."

Was wir in der derzeitigen Situation der Pandemie von den jesuanischen Heilungsgeschichten lernen können, ist zuerst und vor allem vielleicht dies: Es gibt Situationen, da sind Berührung, Nähe, Gegenwart das einzige, was uns bleibt. Alle medizinischen Möglichkeiten sind ausgeschöpft. Die Herztransplantation, die Chemotherapie, die Intubation hat den erhofften Erfolg nicht gebracht. Auf die verzweifelte Frage der Angehörigen, „Was können wir denn jetzt noch tun?", antwortet der Arzt: „Viel Liebe geben." Das ist keine Ausflucht, kein Lückenbüßer und vor allem kein Eingeständnis der Hilflosigkeit: Es ist Ausdruck dessen, was wir als Menschen dem bedrohlich heranrückenden Tod entgegensetzen können. Wir können dem Sterbenden das utopische *„non omnis confundéris"* zuzurufen: „Nicht gänzlich wirst du zuschanden!"[417] Ein solcher Satz ist anarchisch durch und durch. Er streckt dem Tod die Zunge heraus, denn er weigert sich, anzuerkennen, daß der geliebte Mensch, der gestorben ist, tot sein soll.[418] Man muß sich frühzeitig in solch eine anarchische, utopische Haltung einüben, und zwar indem man dem Kränkelnden, dem Kranken, dem Todkranken, schließlich dem Sterbenden die Treue hält. Treue hat mit Nähe zu tun, auch und nicht zuletzt mit physischer Nähe: das Halten der Hand, das Benetzen der trockenen Lippen, das Streichen über die heiße Stirn, das leise Summen eines Liedes: „Weißt du wieviel Sternlein stehen"; „Breit' aus die Flügel beide"; „In dieser Nacht sei du mir Schirm und Wacht"...

Freilich wird irgendwann ein letztes Lassen nötig. Man muß dem Sterbenden Gelegenheit geben, gehen zu können. Manche können nur gehen, wenn jemand bei ihnen ist bis zuletzt; andere nur, wenn sie allein sind. Der Mensch, der einem die Hand hält, hält einen auf. Für einen Moment war er dann aus dem Zimmer gegangen; die Nachtschwester wollte ihm etwas sagen. Als er nach wenigen Minuten zurückkommt, ist der geliebte Mensch gegangen ...

Spätestens hier wird deutlich, was uns das rabiate Hygieneregime der ersten Monate der Pandemie abverlangt hat. Und man fragt sich, ob hier nicht in deutlicher Weise Widerspruch nötig gewesen wäre – nicht zuletzt vonseiten der Kirchen. Darf man Sterbende tagelang alleine sterben lassen? Darf man alten Menschen, deren Leben dem Ende entgegengeht, über Wochen und Monate jeden unmittelbaren Kontakt mit ihren Kindern und Enkeln verweigern? Wieviele unter ihnen mögen zwar nicht an einer Corona-Infektion gestorben sein, wohl aber an den einsamkeitsproduzierenden Hygienemaßnahmen? Welcher Tod ist schlimmer? – Es ist merkwürdig, wie sehr wir hier geschwiegen haben; wie wenig wir es vermochten, das rechte Maß von Vorsicht und Wagemut, Abstand und Nähe, Distanz und Berührung zu finden. Aber eben dies ist das Problem von uns Sterblichen: Wir sind fast immer maßlos. Wir übertreiben fast immer. Auf rechte Weise maßvoll ist nur Gott, wie er uns offenbar geworden ist an der Art und Weise des Umgangs Jesu mit den Menschen. An ihm wäre Maß zu nehmen, gerade jetzt, in diesen maßlosen Zeiten.

2. Ansteckung —— Tapferkeit, Trost, Mitleid

Einer der merkwürdigsten Corona-Neologismen lautet „Nachverfolgungsstrategie". Nachverfolgt werden soll der Ansteckungsverlauf des Virus: Wo ist es zum ersten Mal aufgetaucht? Welchen Wirtsträger hatte es zunächst? Gibt es Zwischenwirte, und wo kam es zur ersten Übertragungskaskade auf den Menschen? Wie überhaupt hat es zur Übertragung kommen können? Welche Primärmutation mußte das Virus hierfür durchlaufen? Welche weiteren Mutationen hat es im Laufe der vielen Übertragungen dann freigesetzt? Wie reagieren die Infizierten auf die verschiedenen Mutationen? Und wie wiederum verändern diese den weiteren Infektionsverlauf? Gibt es „Superspreader" (Menschen, die in besonderer Weise infektiös sind)? Gibt es „superspreader events", plötzliche explosive Übertragungsereignisse?

Auch hier bietet die Corona-Metaphorik reichlich Anknüpfungspunkte für unsere Fragestellung nach einem geistlichen Umgang mit der Pandemie. So liegt es beispielsweise nahe, das Pfingstereignis, von welchem uns die Apostelgeschichte berichtet, als eine Art charismatisches *superspreader event* zu deuten. Die Ausgangssituation ist bekannt: *The doors being locked, they were shut down for fear* – so beginnt in der King-James-Bible die Geschichte der Begegnung des auferstandenen Christus mit dem ungläubigen Thomas (Joh 20,19). Bei verschlossenen Türen fing alles an, die Inkubationszeit der frühen Kirche zwischen Ostern und Pfingsten. Dann nach fünfzig Tagen (die Zeit der Quarantäne ist vorbei) die Geisteswehen, die Türen springen auf, die Jünger treten ans Licht einer verdutzten Öffentlichkeit; Geburtsfest dessen, was man bald schon „Kirche" nennen wird.

Und so stellen sich Fragen: Gab es in den Monaten der Pandemie solche Geisteswehen, Vorzeichen, daß da etwas Neues in uns geboren werden will? Oder verkümmerte alles nur und starb vor sich hin? Etwa die Gestalt einer altgewordenen Kirche? – Wovon lassen wir uns anstecken? Von der allgemeinen Depression und Mutlosigkeit, von den kursierenden Verschwörungstheorien (gegenüber denen ja selbst hochrangige Kirchenmänner nicht immun sind), oder von der Tapferkeit, der Solidarität, dem Einsatzwillen so vieler unbekannter wunderbarer Menschen?

Im Versuch einer Antwort auf diese Frage fällt einem der französische Philosoph Paul Ricœur ein. Dieser sagte einmal, „das Unheilvolle und Böse wirke durch Ansteckung. Es verbreite sich anonym-schleichend, während das Gute bezeugt, gedeutet und anerkannt werden müsse, in einem verletzlichen und mutigen Akt der Freiheit, worin der Mensch mit sich, der Welt und den anderen etwas anfangen könne, auch dort, wo er anscheinend am Ende sei. Und darin werde auch an die Freiheit der anderen appelliert, sie dürfe aufatmen und neu beginnen.“[419]

Nicht zuletzt diese Überwindung dumpfer Bedrohung durch das Zeugnis tapferer Menschen ist eines der Themen der Pestromane, die wir uns zu Beginn unserer Betrachtungen angeschaut hatten. Da stoßen Erschöpfung und Verzweiflung auf Selbstüberwindung und frischen Lebenswillen, etwa in der Gestalt des Dr. Rieux in Camus' *La Peste*, der hellsichtig und mutig agiert; des Arztes Juvenal Urbino im Cholera-Roman von García Márquez, dessen nüchtern-pragmatische Entscheidungen Unzähligen das Leben retten; schließlich des Fra Cristofero und des Kardinals Borromeo in Manzonis *Promessi Sposi*, die sich von der Bosheit des Don Rodrigo nicht beeindrucken lassen, sie vielmehr durch Klugheit und einen Schuß Bauernschläue ins Leere laufen lassen und so am Ende zur staunenswürdigen Wandlung von Bosheit in Güte, Gewalttätigkeit in Friedfertigkeit beitragen. Solche Handlungen klug erwogener Tapferkeit erwachsen aus zwei elementaren Haltungen: aus der Begabung zu Mitleid sowie aus dem Wunsch nach Trost. Von beiden Haltungen kann man sich anstecken lassen. Schauen wir sie uns deshalb etwas genauer an.

Trost, dieses durch und durch pfingstliche Wort, ist ein Theonym, ein gotthaltiger Name. *Consolator optime,* „höchster Tröster in der Zeit“, so wird seit alters der Heilige Geist genannt.[420] Wir hatten schon gehört, daß das deutsche Wort *Trost,* ähnlich wie die Wörter *Treue, vertraulich, tröstlich, getrost,* sowie das englische *to trust* bzw. dessen Derivate *true* und *the truth* dieselbe Herkunft haben. Hinter all diesen Wörtern steht die indoeuropäische Sprachwurzel *deru (Eiche, Baum, griechisch δρῦς; englisch *tree*); sie bezeichnet das innere Kernholz, das schlechterdings Feste, auf das man bauen kann.[421] Das deutsche Wort *Trost* benennt denn auch wie das lateinische Wort *consolatio* das, was solide ist und stabil, was einem festen Boden (lat. *solum*) unter die Füße gibt. – Nun ist jedoch das schöne Wort *Trost* auf merkwürdige Weise bei nicht wenigen in Mißkredit geraten. *Trösten* hat für sie den Beiklang von *vertrösten, beschwichtigen, abwiegeln, schönreden.* Natürlich gibt es in der Welt der Religion ähnlich wie in der Welt der Politik und der Wirtschaft die Schönredner, die Beschwichtiger, die Lügenpropheten, die mit falschem Trost das reale Elend verleugnen, naiv, geflissentlich oder auch kaltschnäuzig darüber hinwegreden – man denke an die drei Freunde Hiobs, die anfänglich kamen, um ihn in seinem Elend zu trösten und zuletzt in ihrem Rationalisierungsbestreben alles zu Tode vernünfteln. (Ijob 2,11–13; 12,1–6) Und so gilt heutzutage als aufgeklärt und ehrlich, wer sich nicht trösten läßt – noch einmal die Schriftstellerin Thea Dorn: „*Ich gehöre eher zu den strukturell trostlosen Menschen. Wir sind eine vom Glauben abgefallene Gesellschaft, die nicht mehr an ein Paradies oder das ewige Leben glaubt.*" Und die Mitdiskutanten in der Talkshow nicken.[422] So notwendig und berechtigt es ist, theologische Argumente hartnäckig zu prüfen, so merkwürdig ist jene Hermeneutik des Verdachts, die jeden Trostgedanken von vorneherein mißtrauisch beargwöhnt. Wie soll man auch nur einen selbstbestimmten Schritt ins Leben wagen, wie je dem Leben trauen, wenn stets und vor allem gilt: „Ungetröstet/sollst du sein/denn du suchst Trost/in verbrauchten Formen/dem Halt dir/bisher."[423] Neue Formen des Trostes lassen sich nicht einfach intentional erfinden. Überhaupt wird man fragen müssen, ob die alten Formen wirklich nur verbraucht und entleert sind, oder ob sie nicht, eben weil sie es vermochten, sich über die Jahrhunderte hinweg immer wieder zu erneuern, die eigentlich tragfähigen sind. So wenig man Gott oder die Religionen erfinden kann, so wenig läßt sich Trost erfinden. Man muß ihn vielmehr finden, sich von ihm finden lassen. Nur wer sich vom Trost finden läßt, ist recht bei Trost, d.h. bei Verstand. Trostlosigkeit läßt ja nicht nur das Herz verdorren, sondern auch die Fähigkeit, neugierig zu sein auf das Leben. So sehr im Recht ist, wer sagt, Vertröstung sei frömmlerisch und bigott, so sehr ist jenen zuzustimmen, die sagen, ein starker, tragfähiger Trost sei fromm und zeuge von Gott. Wer jeden Trost ablehnt, weil das „ehrlicher" ist, lehnt Gott ab. Ein solcher ist nicht recht bei Trost. Man muß das so deutlich sagen – auch gegen Autoritäten wie Freud[424], Camus[425], Adorno.[426]

Damit geraten wir vor ein anthropologisches Grunddatum. *„Unser Bedürfnis nach Trost ist unersättlich"* betitelte der schwedische Schriftsteller Stig Dagerman (1923–1954) seinen autobiographischen Essay, kurz bevor er Hand an sich legte.[427] Der Grund für diese Unersättlichkeit ist offensichtlich. Aufgrund seiner Geistbegabtheit ist der Mensch ein Wesen, das über den Tod eines geliebten Menschen oder Tieres, über den Verlust eines geliebten Gegenstandes schier untröstlich sein kann. Und so sind, wie Hans Blumenberg mit Blick auf eine berühmte Bemerkung von Georg Simmel schreibt, die Sterblichen „bis an den Grenzwert der Untröstlichkeit" trostbedürftig: „Der Mensch ist zweifellos ein Wesen, welches aus seiner Vorgeschichte heraus nicht beliebig flüchten kann, auch nicht vor dem Schmerz. Dies muß in der Anthropogenese irgendwann eine entscheidende Rolle gespielt haben: nicht mehr flüchten zu können", weshalb es nötig wurde, „andere Formen der Herausarbeitung aus der Sackgasse zu finden [...]."[428]

Eben hier setzt an, was das Wort Trost meint. Trost im Leid ist überlebenswichtig. Trostlosigkeit treibt in die Depression, lähmt noch den elementarsten Lebenswillen. Man kann an einem gebrochenen Herzen sterben. Trost ist freilich „etwas anderes als Hilfe – [d]ie sucht auch das Tier; aber der Trost ist das merkwürdige Erlebnis, das zwar das Leiden bestehen läßt, aber sozusagen das Leiden am Leiden aufhebt, er betrifft nicht das Übel selbst, sondern dessen Reflex in der tiefsten Instanz der Seele. Dem Menschen ist im großem und ganzen nicht zu helfen. Darum hat er die wunderbare Gabe des Trostes ausgebildet."[429]

So sehr Simmels Beobachtung zuzustimmen ist, daß seelischer Trost über die merkwürdige Kraft verfüge, zwar nicht das Leiden selbst, wohl aber „das Leiden am Leiden" zu lindern, so sehr bleibt gegen ihn zu fragen, ob dem Menschen „im großem und ganzen" wirklich „nicht zu helfen" ist. Natürlich ist „das Große und Ganze" nicht Gegenstand der Soziologie; der Soziologe hält sich, wenn er bei seinem Leisten bleiben will, von den Gebieten der Theologie fern. Und doch kann gerade der Soziologe nicht in Abrede stellen, daß die Antworten auf die Frage nach dem „Großen und Ganzen" Einfluß haben auf das Kleine und Halbe des täglichen Lebens. Wer im Metaphysischen ungetröstet ist, ist es nicht selten auch im Physischen. Das Umgekehrte gilt freilich genauso (und vielleicht sogar noch öfter). Und so ist an dieser Stelle an einen weiteren großen Essayisten zu erinnern, an Ludwig Börne: „Trost", schreibt Börne in einer seiner Postillen, „gibt es im Himmel. Von den Menschen erwartet man Beistand.""[430] Börne weiß, wovon er spricht. Wie sehr war er in den bewegten Zeiten des Vormärz und später dann im Pariser Exil des Beistandes seiner Freunde bedürftig. Und wie oft hat er ihn *nicht* gefunden.

Was ist Beistand? Beistand ist Rettung, Bergung, Ausweg, Hilfe. Beistand leistet, wer sich anrühren läßt von der Not eines Menschen. Sich anrühren lassen heißt, Mitleid empfinden, *compassio, sympátheia*. Aber zum Mitleid kann man sich nicht einfach aus dem Stand heraus entscheiden. Man wird vom Leid eines anderen affiziert und macht es sich zu eigen. Und plötzlich merkt man: Was mich da affiziert und mich dazu verleiten möchte, daß ich mich zum Handeln bestimme, hat Macht über mich. Aber es ist eine leise, eine zarte Macht. Ich kann mich ihr widersetzen. Da sprang mir ein Leid in die Augen, doch „ich machte mein Gesicht hart wie einen Kiesel." (vgl. Jes 50,7) Ich wollte nichts wissen von dem Leid dessen, der mir da begegnete. Ich ließ mich nicht erweichen. „Soll er doch zusehen, wo er bleibt. Mir schenkt auch keiner was." „Ich hab' jetzt grad' keine Zeit. Ein anderer wird sich schon drum kümmern." „Wenn jeder an sich denkt, ist an alle gedacht." – Und so verhallt der Anruf. Der Gott, der hier eine kleine Epiphanie feierte, bleibt hilflos. Und der Mensch, dessen Leid mich ansprang, ungetröstet.

Wovon lassen wir uns affizieren, infizieren, anstecken? Von welchem Gott? Von welchem Dämon? Und wovon legen wir Zeugnis ab? – Das sind die Fragen, die uns die Corona-Pandemie stellt.

3. Maske –– Erkennen und Verzeihen

Neben dem sog. „Social Distancing", über das wir schon nachgedacht haben, und der Impfung mit entsprechenden Vakzinen (darüber werden wir im übernächsten Abschnitt nachdenken) ist das Tragen einer „Mund-Nase-Bedeckung" (vulgo „Schutzmaske") das Mittel der Wahl, um sich vor einer Ansteckung mit SARS-CoV-2 zu schützen. Mögen die Expertenmeinungen hinsichtlich der Schutzwirkung der verschiedenen Formen von Gesichtsmaskierung auch auseinandergehen, so ist die Maske aus dem Straßenbild nicht mehr wegzudenken; sie in öffentlichen Verkehrsmitteln, auf Ämtern, in Schulen, Universitäten und Kirchen zu tragen seit dem Frühjahr 2020 europaweit Pflicht. Und die Bevölkerung hält sich daran, zumindest im Großen und Ganzen. Zeitweise wurde die Herstellung individueller Stoffmasken zu einem regelrechten Volkssport. Da grinsten einem in der Straßenbahn Clowns entgegen, Marilyn Monroes oder Totenköpfe. Es gab Firmen, die an ihre Mitarbeiter Masken mit dem Firmenlogo verteilten: das Gesicht als Werbefläche. Wer Bayern-München- oder Dortmund-Fan war, trug seine fußballerische Leidenschaft maskiert zu Markte. Und Donald Trump konnte wohl nur deshalb zum Tragen einer Maske motiviert werden, weil ihm auf diese Weise das MAGA-Emblem aus dem Gesicht sprang. Seit jedoch klar ist, daß die schönen Bastelarbeiten im Vergleich zu professionellem Virenschutz nur begrenzte Wirkung zeigen, ist diese Buntheit passé. Verkleidete Gesichter sieht man spätestens seit dem Jahresbeginn 2021 nicht mehr, nur noch die weiße bzw. graublaue Öde der FFP2- oder OP-Masken. – Was läßt sich jenseits ästhetischer oder sanitärer Fragen zum Thema „Maske" sagen? Inwieweit kommt der Maske „sakramentaler" Charakter zu?

Nun, die Maske (lat. *persona*, griech. *prósōpon, prosōpeîon*) ist ein Requisit aus der Welt des antiken Theaters; sie ist ein künstliches Gesicht, um aus dem Träger im wörtlichen Sinne eine andere Person zu machen oder überhaupt ein anderes Wesen, etwa einen

Dämon, einen Gott oder ein Tier. Das in alle europäischen Sprachen eingewanderte Lehnwort *Person* („the person", „la personne", „la persona") kommt bekanntlich vom lateinischen Verbum *per-sonare*, hindurchtönen; die Stimme des Tragöden klingt durch das Mundloch seiner Maske hindurch. Die Tragödie aber ist ein Schauspiel zu Ehren des Gottes.[431] Insofern hat die Maske in der antiken Welt immer auch kultische Funktion gehabt. Auf den großen Lykosura- und Dionysosfeiern der Peloponnes wurden tiergestaltige Masken getragen; die Träger verwandelten sich solcherart in die ekstatischen Verehrer des Gottes, nahmen deren *per-sonare (personale)* Gestalt an: die Frauen die Gestalt der Mänaden, die Männer die Gestalt der Satyrn oder des Silen.[432] Ohne solche Vermummung wäre ein solcher Rollenwechsel nie möglich.

Die Maske spielt mit der Differenz von Sein und Schein, Abstand und Nähe, der Vertauschung der Rollen, der Infragestellung kultureller Normen – man denke in unseren Breiten vor allem an den Karneval. Anscheinend braucht es solche Möglichkeiten des geduldeten Tabubruchs. Für einen streng begrenzten Zeitraum darf alles auf den Kopf gestellt werden: die Diener sind die Herren, die Kinder die Lehrer, die Könige die Knechte und die Götter Esel.[433] Hinter solchen Brauchtümern steht das Wissen um die Fragwürdigkeit aller Sozialordnung, nicht zuletzt aber auch das Wissen um die Fragwürdigkeit dessen, was wir das festgefügte, klarumrissene „Ich" nennen. Der berühmte Ausspruch „Cogito ergo sum" („Ich denke, also bin ich"), mit welchem René Descartes das seiner selbst mächtige Subjekt zum Ausgangspunkt aller Reflexion nimmt, ist zwar nicht falsch, aber doch höchst unpräzise. Wer ist denn jenes „Ich", das da denkt? Weiß der, welcher so redet, um die Nichtfeststellbarkeit seines Ich? Müßte der Satz nicht eher lauten „cogitans sum": Denkend bin ich? Oder vielleicht noch vorsichtiger: „Nicht *ich* denke, ,Es denkt in mir'"?[434]

Das Wissen um die Vielschichtigkeit unserer Person, um ihre Ambivalenzen und Fragwürdigkeiten, ihr Vieldeutiges, Doppelbödiges, Prekäres ist von der Psychoanalyse tausendfach ausgeleuchtet worden. Carl Gustav Jung, der große Konkurrent von Sigmund Freund, spricht von der „Persona" des Menschen. Wer wir letztlich sind, kann niemand sagen. Wir spielen voreinander Theater, übernehmen Rollen, werden mit ihnen identisch. Man ist nicht mehr Heinz Schibalski, man ist der Herr Direktor. Hinter der Maske der Persona, diesem Aushängeschild von Amt und Würde, läßt sich vieles verbergen, z.B. daß man gar nicht der souveräne Herr Direktor ist, als der man sich zeigt und als der man gelten möchte, sondern eher ein erbarmungswürdiges Menschlein. Oder wir zeigen heute dieses und morgen jenes Gesicht, weil das Ich, das sich mit diesen Masken Ausdruck zu verschaffen sucht, unsicher ist und fragil und es ihm nicht gelingt, die verschiedenen Rollen, die je nach Situation zu spielen sind, auseinanderzuhalten. Auf der Beerdigung erscheint dann ein solcher Mensch im Freizeitlook, und auf dem Kollegenausflug ist er hoch seriös. Während wir es im ersten Fall mit einem zwanghaften Charakter zu tun haben (die Persona als Schutzschild), so im zweiten Fall eher mit einem hysteroiden Naturell (ich weiß nicht, wer ich bin, und so probiere ich immer wieder neue Rollen aus). „Eine sozusagen richtig sitzende und funktionierende Persona", schreibt Jolande Jacobi, die langjährige Mitarbeiterin von C.G. Jung, „ist also eine Hauptbedingung psychischer Gesundheit und von größter Wichtigkeit, wenn die Forderungen der Außenwelt erfolgreich bewältigt werden sollen. Wie eine gesunde Haut den Stoffwechsel der darunterliegenden Gewebe vermitteln hilft, hingegen, wenn sie hart wird und abstirbt, den inneren Schichten das Leben abschneidet, ebenso kann eine ‚gut durchströmte' Persona den Beschützer und Regulator im Austausch zwischen der inneren und der äußeren Welt spielen, wird aber, wenn sie ihre Elastizität und Durchlässigkeit verliert, ein lästiges Hindernis oder gar eine tödliche Schranke."[435]

Ohne sich dessen zu versehen, gerät man von diesen anthropologischen Beobachtungen ins Theologische. Denn vom Antlitz eines Menschen, von seinem Ansehen und Aussehen, seinem Gesichtsausdruck und seinen Gesichtszügen geht etwas Urphänomenales, Gestalthaftes aus. Einem Menschen in die Augen schauen, ihn sein Gesicht wahren lassen, ihm einen Wunsch von den Augen ablesen – solche Redewendungen machen deutlich, wie sehr wir auf das offene Gesicht angewiesen sind, das eigene wie das der anderen. Es ist das Mienenspiel, das einem Menschen ein Gesicht verleiht. *In* dieser Antlitzhaftigkeit erblicke ich den ganzen Menschen, sein Ich, seine Seele; in ihr erscheint er mir als der, der er ist.[436] Die Maske hingegen vermummt uns. Ob jemand die Zähne zusammenbeißt, die Nase rümpft, den Mund verzieht, das alles ist nicht mehr sichtbar. Wo und wie sind wir erkennbar? Wie geben wir uns zu erkennen? Wo zeigen wir uns erkenntlich?

Mit solchen Fragen, vor die uns der allgemeine Maskenzwang stellt, geraten wir ins Zentrum unserer Existenz. In jemandes Schuld stehen, ihm dankbar sein, sich ihm gegenüber erkenntlich zeigen, heißt im Französischen *„être reconnaissant envers quelqu'un".* *Reconnaissance,* das französische Wort für Dankbarkeit, meint wörtlich ein unverstelltes Wiedererkennen. Das Wort ist vielsagend:

Da ist einmal die Dimension des *„être reconnu",* des Sich-Anerkannt-Wissens. Da erkennt mich einer, wie ich bin, dies aber nicht mit stechendem Röntgenblick, sondern freundlich, nachsichtig, vergebend. Der nachsichtige Blick ist das gerade Gegenteil des kalten Durchschaut-Werdens, wo alles schonungslos bloßgestellt und entlarvt wird. Das Wort „Entlarvung" hat ja etwas Unbarmherziges, Unerbittliches. Jemanden entlarven heißt wörtlich, ihm die Larve vom Gesicht ziehen. „Larve" ist ein altes Wort für Maske.[437] Wir werden genötigt, uns zu zeigen, wie wir (scheinbar) sind; wir werden gezwungen, der zu sein, als welchen der uns Entlarvende sieht. Wie freundlich dagegen die *Reconnaissance,* jenes Erkennen, von welchem die biblische Sprachtradition sagt, daß ihm ein lebenszeugender, geburtlicher Charakter zukomme: *„Adam* e r k a n n t e *Eva, sein Weib, und sie wurde schwanger"* (Gen 4,1); *„Keiner wird mehr den anderen belehren, man wird nicht mehr zueinander sagen:* E r k e n n t d e n H e r r n !, *sondern sie alle, klein und groß,* w e r d e n m i c h e r k e n n e n – *Spruch des Herrn. Denn ich verzeihe ihnen die Schuld, an ihre Sünde denke ich nicht mehr"* (Jer 31,34). Schließlich der Apostel Paulus am Ende seines großen Hymnus auf die Liebe: *„Dann werde ich* e r k e n n e n, *so wie auch ich durch und durch* e r k a n n t *bin"* (1 Kor 13,30). Es ist überaus vielsagend, daß sowohl das alttestamentliche Hebräisch als auch das neutestamentliche Koiné-Griechisch das eine Wort „erkennen" (יָדַע/jada'; γινώσκειν bzw. γιγνώσκειν) sowohl für die erotische Begegnung von Mann und Frau als auch für die mystische Begegnung von Gott und Mensch benutzen.[438] Wo wie in der *visio beatifica* sinnliche und geistige, see-lische und leibliche Apperzeption in einer für uns nicht mehr vor-stellbaren Weise ineinandergehen, ist die erotische Begegnung von Mann und Frau, ihr wechselseitiges Einander-Erkennen, viel-leicht das einzig adäquate Analogon, um das Einander-Erkennen von Gott und Mensch halbwegs ins Wort zu bringen.[439]

Man sieht hieran, wie wenig liebendes Erkennen *(Connais-sance)*, dankbare Erkenntlichkeit *(Reconnaissance)* und kreative Ge-burtlichkeit *(Naissance)* voneinander zu trennen sind, wie elemen-tar sie zusammengehören, das eine aus dem anderen hervorgeht.

Und damit geraten wir vor das intelligible Moment der *Recon-naissance*: Wissen, Einsicht, Bildung, Verständnis, Kundigkeit. Daß ein wirkliches Welt- und Menschenwissen nie etwas Solipsisti-sches ist, sondern immer nur zu zweit oder zu dritt gelingt (eben *Con-Naissance* im echten Sinn des Wortes), wußte niemand besser als Hannah Arendt.[440] Deswegen ihr unermüdliches Bestreben, mit ihren Freunden im Gespräch zu sein, das Monologische ins Proslogische, ins Ansprechende zu überführen, das Maskenhafte ins Antlitzhafte. Das Antlitzhafte spricht von einer Wirklichkeit, die größer ist als wir und doch unser Eigenstes ist. Gerade aber unserem Eigensten sind wir oft entfremdet. Eben deshalb tra-gen wir Masken, spielen Theater voreinander. Denn wer könnte schon sagen, wer er wirklich ist? Solches weiß nur Gott. Selig der Mensch, der sich Ihm anzuvertrauen weiß, denn der biblische Gott, so heißt es, komme, weil Er in sich lauter und klar sei, ohne Masken aus: *„Ich bin der ich bin und als solcher bei Euch"* (Ex 3,14ff.) – reine Gegenwart *(présence réelle)*, reine Antlitzhaftigkeit. Jesus wird neutestamentlichem Zeugnis zufolge als die Verdichtung dieser Gegenwart angeschaut, als die *„vera icon"*, das wahre Inbild des Menschen und seines Gottes (vgl. Kol 1,15a). Denn in ihm ist eine Lauterkeit am Werk, die uns unerschwinglich ist, da wir auf selt-same Weise uns selber fremd und verborgen sind. „Deshalb kön-nen wir auch nie wirklich maskenfrei leben – das ist unsere Not, aber vielleicht auch unser Spielraum in dieser endlichen Welt."[441]

Worin besteht dieser Spielraum? Er besteht darin, von uns selbst befreit sein zu können. Wir sind nicht genötigt, stets un-erbittlich wir selbst sein zu müssen. Wir können Abstand nehmen von uns, wenigstens ein bißchen, wir dürfen uns selbst vergessen, dürfen uns fallen lassen in eine Wirklichkeit, die größer ist als wir und die uns deshalb in doppelter Weise befreit: sowohl *von* uns als auch uns *zu* uns. Es ist dieser Abstand zwischen mir und mir, mir und dir, dir und uns, uns und den anderen, in welchem etwas aufleuchtet von dem, was man Gnade nennt: ein Atemraum, eröffnet von jenem Gott, der, weil er von Ewigkeit her Dreifaltiges Gespräch ist, uns von unserer Kurzatmigkeit erlöst; ein Gott, *vor* welchem und *in* welchem wir leben dürfen; ein Gott, der uns nicht erdrücken will, sondern uns freispricht; der kein monströs uns fixierendes Absolu*tes* ist, sondern ein Absolu*tum*, das uns auf heilsame Weise *absolviert*, losspricht. Dieser ins dreifaltige Gespräch seiner selbst vertiefte und darin einen kosmischen Resonanzraum eröffnende Gott hat Freude am Entstehen von Freiheit *(vacatio)*, Trost *(consolatio)*, Milde *(clementia)*, Geduld *(patientia)*. Mehr noch: Er ist, weil dreipersonal eins, allumfassendes *Geschehen* von Freiheit, Trost, Milde, Geduld. Dieser Gott *ist* nicht, er *geschieht*: „In ihm leben wir, bewegen wir uns und sind wir." (Apg 17,28)

Stellen wir uns vor, wir würden, da der allgemeine Maskenzwang uns in Atemnot, in Beklemmung und Überdruß stürzt, solcherart *vor*, *in* und *mit* Gott leben – und in dieser Weise dann auch miteinander: Wir könnten die inneren Masken und Verlarvungen ablegen; wir bräuchten uns nicht mehr in uns selbst zu verbeißen. Wir könnten die *particula veri* in der Meinung des anderen wahrnehmen und schätzen; wir würden einander Anteil geben und darin uns nichts vergeben, sondern, im Gegenteil, zu uns selbst befreit werden. *„Ertragt einander in Geduld und Liebe"*, mahnt der Autor des Epheserbriefes; *„Wenn einer dem anderen etwas vorzuwerfen hat, vergebt einander"* (Eph 4,2; Kol 3,13) – um nichts anderes bat Jens Spahn, der damalige Bundesgesundheitsminister, im Frühjahr 2020 im Deutschen Bundestag, als er angesichts der allgemeinen Ratlosigkeit um Verständnis dafür warb, daß die Regierung mit der einen oder anderen jetzt zu treffenden Entscheidung am Ende womöglich falsch gelegen haben werde: *„Wir werden in ein paar Monaten einander wahrscheinlich viel verzeihen müssen."*[442] Wieviel an innerer Verkrampfung würde sich lösen, wollte uns in atemlosen, maskierten Zeiten wie den gegenwärtigen eine solche Haltung des wohlwollenden Vertrauensvorschusses, ja der Vergebungsbereitschaft gelingen. Die Masken würden durchsichtig; sie gäben etwas von unserer Antlitzhaftigkeit zu erkennen. Wir würden Menschen sein, die – bei Trost sind.

4. Lockdown —— Einsamkeit, Stille, Unterbrechung

Lockdown ist ein merkwürdiges Wort. Es hat vielleicht nicht nur deshalb so schnell Eingang in unseren Wortschatz gefunden, weil die Anglizismen überhaupt unsere Alltagssprache überschwemmen, sondern weil das deutsche Pendant an schlimme Zeiten erinnert: Ausgangssperre. In Amsterdam und Madrid, in London und in Rom, insbesondere aber in Paris erinnerte das Frühjahr 2020 vorübergehend tatsächlich an die Zeit des Zweiten Weltkriegs. Außer für kurze Einkäufe beim nächstgelegenen Lebensmittelhändler war es streng verboten, das Haus zu verlassen; Polizei und Militär kontrollierten, ob sich die Bevölkerung an die Ausgangssperre hielt.

Vielleicht sagt man deswegen im Französischen auch nicht *Lockdown, couvre-feu* oder *cordon sanitaire* (das alles sind militärische Begriffe), sondern *confinement*. Das Wort ist nicht nur klanglich freundlicher, es ist treffender, denn es bedeutet wörtlich „Einhegung", freilich auch Stallpflicht, Stubenarrest, Isolierung. Wer genötigt wird, sich ins *confinement* zu begeben, ist umgeben von seinen vier Wänden, und dies für Wochen, vielleicht sogar für Monate. Und damit liegen die Probleme auf dem Tisch. Wie soll man das aushalten, allein oder mit der Familie auf engem, womöglich engstem Raum? Wie rasch geht man sich da auf die Nerven, wie schnell stört einen die Fliege an der Wand! Ob sich aus den Traditionen monastischen bzw. eremitischen Lebens Hinweise entnehmen lassen, wie umzugehen wäre mit Einsamkeit, Langeweile, Unruhe, in die einen das *confinement*, der Lockdown, die Ausgangssperre stürzt?

Fulbert Steffensky (* 1933), in seinem ersten Leben Mönch der Benediktinerabtei Maria Laach, gibt in einigen seiner Texte hierzu gute Hinweise. Da heißt es: „Das Alleinsein ist ja oft eine wilde Bestie, die man mit vielen Tricks zähmen muß."[443] Welche Tricks bieten sich an?

Zunächst gar keine Tricks, sondern präzise Beobachtungen. Als Wesen von Fleisch und Blut leben wir Menschen „nicht nur von innen nach außen, sondern auch von außen nach innen. Das heißt: Die Innerlichkeit der Menschen, ihr Selbstbewußtsein, [...] ihr Gefühl von Zusammenhang und Sinn des Lebens findet sich nicht nur innen als reiner Geist [...]. Der Mensch liest seine Innerlichkeit auch am Außen ab; an den Symbolen, Zeichen und Überlieferungen, die seine Lebenslandschaft prägen; an den Regeln, Ritualen, Rhythmen und Methoden, die er seinem eigenen Leben gegeben hat [...]."[444] Gerade in Zeiten der Not (und der Lockdown ist so eine Zeit) müssen solche Rhythmisierungen in besonderer Weise gepflegt werden. Steffensky erklärt, warum:

„Ich habe immer wieder mit Studierenden zu tun, deren Depression, Arbeitsunfähigkeit oder die Unfähigkeit, Zeit zu gestalten, gerade vor ihrem Examen aufbricht. Es ist wie ein Zusammenbruch aller Lebenskonturen. Sie können sich die Zeit nicht einteilen; sie verschieben es, aufzustehen. Sie können Abmachungen nicht einhalten. Sie können weder arbeiten noch die arbeitsfreie Zeit genießen. Sie versinken in Formlosigkeit. Sie verlieren Kontur und Struktur. Solche Studierende besuchen mich nun einmal in der Woche, und wir treffen bescheidene Abmachungen, die eine Figur und eine Form in den ungegliederten Ablauf der Zeit bringen. Wir ritualisieren den Alltag. Wir machen zunächst ab, wann der Student aufsteht. Wir verabreden, daß er einmal am Tag ein Essen ißt, das als Mahl gekennzeichnet ist; das heißt, daß er nicht nur aus dem Kühlschrank ißt, wenn er Hunger hat. Wir verabreden, daß er zu bestimmten Zeiten des Tages ein Gedicht liest, einen Spaziergang macht; daß er sich bescheidene Lesezeiten vornimmt. So bauen wir in Wochen Form an Form, bis das Leben wieder eine erkennbare Figur hat. Diese Figur baut den Menschen von außen nach innen. Er findet sich bezeichnet und gegliedert, und das äußere Ritual wird zu einer inneren Ordnung; er fühlt sich nicht mehr im Meer der ungegliederten Zeitlosigkeit. Dieser Mensch läßt sich auf Grenzen ein: Tag und Nacht werden unterschieden, Arbeit von Freizeit, Sonntäglichkeit von Alltäglichkeit, Arbeitsecke in seinem Zimmer von der Freizeitecke. Zeit und Ort werden wieder erfahrbar durch ihre Gliederungen."[445]

Im Grunde haben wir hier eine Handvoll feiner Regeln beieinander, wie man das Eingesperrtsein strukturieren, wie man dem Zwang, bei sich selber sein zu müssen, eine lebbare Gestalt geben kann. Es mit und bei sich auszuhalten, ist ja längst nicht jedem gegeben; viele haben die Fähigkeit, auf sinnvolle Weise bei sich selber sein zu können, nie gelernt. Da ist eine innere Unruhe, die sie nötigt, immer wieder außerhalb ihrer selbst zu leben: in der Zerstreuung, in der Abwechslung, in der permanenten Ablenkung von sich selbst. Denn mit sich selbst konfrontiert zu sein, ist nicht unbedingt schön. Es kann anstrengend sein, ungemütlich oder schlicht langweilig.

Der Witz ist alt und trotzdem treffend: „Geh mal in dich", sagt der Lehrer zum Schüler. „War ich schon", so die flapsige Antwort, „ist auch nichts los." Eben weil in uns „nichts los" ist, ist, wenn man wirklich einmal „in sich geht", nur allzubald viel zu viel los. Und so flüchtet man. Jeder, der einmal den Versuch unternommen hat, in die Stille zu gehen und sich dort selber auszuhalten, weiß, welche Kämpfe da zu bestehen sind. Man versucht, zur Ruhe zu kommen, und schon melden sich die Dämonen.[446] Wohl nicht zuletzt aus diesen Erfahrungen rührt der berühmte Satz Pascals: *„Alles Unglück der Menschen entstammt diesem einen, daß sie unfähig sind, in Ruhe allein in ihrem Zimmer bleiben zu können."*[447] Und weiter: *„Nichts ist dem Menschen so unerträglich, wie in völliger Ruhe zu sein, ohne Geschäfte, ohne Ablenkung und Aufgabe. Dann fühlt er sein Nichts, seine Verlorenheit, sein Ungenügen, seine Abhängigkeit, seine Ohnmacht, seine Leere."*[448]

Der Zwang, von sich selbst abzulenken, das eigene Lebenshaus zu fliehen, deutet auf eine tieferliegende Unzufriedenheit. Man weiß mit sich selber nichts anzufangen. Und so weiß man irgendwann überhaupt nichts mehr anzufangen; das Leben stagniert.

Solche seelischen Lähmungen lassen sich mit Videospielen, Internetsurfen, Bloggen, Chatten oder Twittern vielleicht eine Zeitlang überspielen; beheben lassen sie sich dadurch nicht. Und so rufen sie in uns die Frage nach einem Leben wach, das sich nicht erschöpft, das vielmehr alle Morgen neu ist, immer Anlaß zu Freude und Quelle des Glücks. Sie fragen auch nach einem Menschen, der sich freuen und glücklich sein kann in ständiger Erneuerung, dem also Glück nicht zum Zustand, also zur Gewohnheit, also zur Langeweile wird.

Auch da kann uns Pascal weiterhelfen. Der gelangweilte Mensch, sagt er, lebt nicht gegenwärtig, sondern immer nur für die Zukunft: „So leben wir nie, sondern wir hoffen zu leben, und während wir uns immer in Bereitschaft halten, glücklich zu sein, ist es unvermeidlich, daß wir es nie sind.“[449] Dieser Satz enthält eine Gesellschaftskritik, wie sie treffender nicht sein könnte. Daß in unserer hyperaktiven, atemlosen Beschleunigungsgesellschaft[450] noch die letzte nicht vernutzte Zeit mit unzähligen Aktivitäten gefüllt wird, immer mehr Geschäfte auch am Sonntag geöffnet haben, die Nacht zum Tag wird (*„24 Stunden am Tag und sieben Tage die Woche sind wir für Sie da“*)[451], zeigt nur, wie stark die Fluchttendenzen sind: Weg von der Gegenwart! Weg von mir selber! Weg von der eigenen Leere und Verlorenheit!

Jedoch das Glück ist so nicht zu finden, die Flucht führt nirgendwohin. Früher oder später holt einen das alte Unglück wieder ein. Und so kommt Pascal schließlich zu der Erkenntnis: *„Das Glück ist weder außer uns noch in uns; es ist in Gott, und [deshalb] sowohl außer als in uns.“*[452] Dieser knappe Satz hört sich an wie eine arg simple Instant-Lösung für ein existentielles Problem. Doch Pascal war überzeugt, daß jede Form von Zerstreuung das menschliche Unglück nur vertiefe, während die Langeweile dazu zwinge, nach dem Eigentlichen zu fragen und nach dem zu suchen, was dem Leben Sinn und Bedeutung gibt.

Nun liegt freilich auf der Hand, daß die Frage nach der Präsenz Gottes in meinem Leben auf direktem Weg nie zu beantworten ist. Dazu ist diese Frage viel zu groß. Vielleicht kann gerade deshalb die von Fulbert Steffensky und anderen[453] empfohlene Strukturierung des Alltags im Sinne einer „Ritualisierung“ der Zeit eine so gute Hilfe sein. Wir Menschen sind Gewohnheitstiere. Was uns an Riten und Gebräuchen in Fleisch und Blut übergegangen ist, hilft uns, zu leben. Wir können uns nicht ständig neu erfinden; wir brauchen den festen Rahmen, die eingeübten Rhythmen von Wachen und Schlafen, Ruhen und Arbeiten, Fastzeiten und Festzeiten, Öffentlichkeit und Privatheit. Sich feste Zeiten und Orte einzuräumen, in und an denen das Nutzlose, Nicht-Zweckbestimmte, Freie, Spielerische seinen Platz hat, kann eine sabbatliche Ruhe in unser Leben bringen. Der Sabbat ist eine Gnadenzeit. Da leuchtet etwas in mein Leben hinein, das den Zwang von Arbeit und Konsum unterbricht, aber auch den Zwang, immer man selber sein zu müssen, immerzu Maßstab seiner selbst. Auch der Authentizitätszwang führt uns ja in die Verkrampfung; die Gesellschaft der Sin-

gularitäten[454] ist nur die letzte, extremste Ausblühung der „kapi-
talistischen ‚Anthropologie'"[455]: „Wir vergleichen uns nur mit uns
selber!", so der Reklamespruch einer Brauerei.[456] „Mir geht nichts
über mich"[457], so der Ausspruch des großen Solipsisten Max Stirner
(1806–1856). Die Sehnsucht, einzigartig zu sein, ein Original, ein
Unikat, führt in die trostlose Selbstbeschränkung.

Ob nicht genau hier die irritierende Unterbrechung, die der
Lockdown für viele bedeutet, zu einer illuminierenden Unterbrechung werden könnte, in dem *furchtbaren Stillstand* die Möglichkeit
einer *fruchtbaren Stillung* aufleuchtet?

Mit dieser Frage gerät uns einmal mehr die unterschwellig religiöse Dimension dieser merkwürdigen Ausnahmezeit vor Augen: „Unterbrechung" – die kürzeste Definition von Religion, so
die prophetisch getönte Theologie von Dorothee Sölle und Johann
Baptist Metz.[458] Daß es nicht so weitergeht, wie bisher, daß da etwas heilsam einbricht in unser Leben (*katastrophé* [καταστροφή]
ist das griechische Wort dafür), daß da etwas uns auf andere Ge-
leise führt, gar in ein Gelobtes Land, ist die Verheißung, aus der
sich die biblische Botschaft seit Jahrtausenden speist. *„O Heiland
reiß die Himmel auf"* – aus dieser Unterbrechung der Zeit ist eine
ganz neue Zeitrechnung entstanden (wir zählen gegenwärtig das
Jahr 2022 „nach Christi Geburt").

Und vielleicht relativiert sich auch im jetzigen Geschehen manches, das wir für unverzichtbar hielten, und bahnt sich eine mo-
difizierte Weltsicht und Lebenspraxis an, die uns Endlichen gemä-
ßer und unserem kleinen Planeten dienlicher wäre. Denn „daß es
‚so weiter' geht, *ist* die eigentliche Katastrophe", wußte schon Walter Benjamin.[459] Wie aber wäre sie zu denken, die Unterbrechung
dessen, was unser Leben fraglos bestimmt wie ein mythisches
Schicksal? Man denke an die fortlaufend sich akzelerierenden
Wirtschaftskreisläufe, an die immer absurder werdenden Kon-
sumgewohnheiten, an den fetischistischen Wachstumsglauben
(selbst die GRÜNEN sind davon überzeugt, daß die durch das Wirtschaftswachstum ausgelösten Probleme noch mehr Wirtschaftswachstum erfordern, man nennt das euphemistisch „ein anderes
Wirtschaftswachstum", denn nur durch neue technische Innovationen, die dann freilich ihrerseits wieder Probleme hervorrufen

werden, lassen sich die durch die alten technischen Innovationen heraufbeschworenen Probleme beheben). Man erinnere sich der herrischen Göttin *Anánke* (Ἀνάγκη)[460], jener mytho-dämonischen Zwingherrin „Notwendigkeit", deren „moderne Variante ‚Alternativlosigkeit' heißt"[461]: Wäre sie mit so vielen anderen Göttern nicht zu entthronen, um Platz zu schaffen für jenen Gott, dessen Ankunft sich immer nur in leisen Tönen vollzieht: *„Was ihr dem geringsten meiner Brüder getan habt, das habt ihr mir getan"* (Mt 25,45)? *„Hört ihr es nicht? Es kommt, das Neue. Ehe es wächst, lasse ich es euch erlauschen"*[462] (Jes 42,9; vgl. 48,6; Ps 95,7)? Oder sollte es am Ende so sein, daß statt zu einer heilsamen Unterbrechung es nur zu einer fruchtlosen Stillstellung kam, wie ja auch beim ersten Lockdown im Frühjahr 2020 die Feier der Heiligen Woche Gründonnerstag, Karfreitag, Ostern europaweit einfach gestrichen wurde (kulturgeschichtlich ein einzigartiger Bruch, Zeugnis nicht nur des ungeheuren Ansehens- und Bedeutungsverlustes des institutionellen Christentums, sondern der Unfähigkeit der Moderne zur gelebten Religion insgesamt)?

Im Rückblick wird uns der Lockdown vor folgende Frage stellen: Ließen wir uns aufstören von der Unterbrechung, die uns da zugemutet wurde? Änderte sich etwas an unserer Art, das Leben zu gestalten? Oder machten wir am Ende einfach nur weiter wie bisher? Das freilich führte womöglich ins apokalyptische Ende, in den totalen Lockdown.[463]

5. Impfung –– Hoffnung auf Immunität, Rechtfertigung und Gnade, Lachen und Humor

„Ein Versprechen von Hoffnung", titelte die Süddeutsche Zeitung in ihrer Feiertagsausgabe zum Fest Christi Himmelfahrt 2020.[464] Die Hoffnung, auf die sich die Schlagzeile bezog, war nicht der auferstandene Christus, sondern der ersehnte Impfstoff, und zu Wort kam Klaus Cichutek, Präsident des Paul-Ehrlich-Instituts, das in Deutschland für die Freigabe von Impfstoffen zuständig ist: „Nur der Impfstoff ist am Ende die Lösung des Problems."[465] Man liest die Schlagzeile und denkt: Wenn das so ist, kann man nur hoffen, daß der Impfstoff hält, was er verspricht.[466] Denn wenn nicht ... Man mag es sich gar nicht ausdenken.

Freilich – Impfstoffe versprechen nichts. Versprechen tun (sich) nur Menschen etwas. Man hofft, daß die Vakzine anschlagen. Man verspricht sich davon vielleicht nicht gleich das Ende der Pandemie, aber doch immerhin ein deutliches Abflachen der Inzidenzraten. Das wäre in der Tat ein großer Schritt hin zur Lösung des Problems. – Zehn Monate später, im Februar 2021, ist die Hoffnung zwar weiterhin lebendig, aber die Töne werden leiser: „Impfen ist die große Hoffnung, allerdings war Impfen bislang eher eine Enttäuschung", so der bayerische Ministerpräsident Markus Söder.[467] Man müsse Verläßlichkeit und Planbarkeit der bundesweiten Impfkampagne neu in den Blick nehmen. – Aber auch nach zwölf weiteren Monaten ist man nicht über den Berg. Zwar sind in den westeuropäischen Ländern mittlerweile 60 bis 80% der Bevölkerung geimpft, aber das Erfordernis sogenannter Auffrischungen, „Booster" genannt (nebenbei bemerkt, ist das Wort eine ziemliche sprachliche Entgleisung, man kann es gar nicht wuchtig genug aussprechen), zeigt, daß die Impfkampagnen lange nicht so erfolgreich waren, wie erhofft. Und so muß man weiter hoffen. Die Hoffnung stirbt zuletzt[468], wie allenthalben zu hören ist – und sei es nur, um sich Mut zu machen.

Sie ist in der Tat zählebig, die Hoffnung. Sie erwachte im Frühjahr 2020, als die Pandemie ausbrach; sie hielt sich wacker aufrecht zum Jahresbeginn 2021, als die zweite Viren-Welle kam, die sog. Delta-Variante; und auch im Frühjahr 2022 (wir sind mittlerweile bei der vierten Welle angelangt, bei „Omikron") wird die Hoffnung wohl nicht sterben, denn „das Kölsche Grundgesetz stimmt": Auch Christian Drosten, Institutsdirektor der Berliner Charité und allgegenwärtiger Pandemie-Berater der deutschen Bundesregierung, „weiß am Ende nur: ‚Et kütt wie et kütt'."[469] Mit anderen Worten: Man muß die Dinge mit Humor nehmen. Solange Humor, solange Hoffnung: „Et hätt noch emmer joot jejange."[470] Zumindest hoffen wir das.

Was hat es auf sich mit dieser Hoffnung? Und warum stirbt sie zuletzt? Ob das vielleicht mit dem Immunisierungspotential zu tun hat, das aller Hoffnung, die über den bloßen Zweckoptimismus hinausgeht[471], innewohnt? Und deswegen Impfung, Hoffnung und Immunität nicht zu trennen sind von Humor und Gnade?

Schauen wir uns die hier nur knapp in Erinnerung gerufenen Zusammenhänge zunächst von ihrer sprachlichen Seite her an.[472]

Das deutsche Wort „impfen" ist ursprünglich ein Fachwort aus dem Bereich des Obst- und Gartenbaus; es hat die Bedeutung „ein Pfropfreis einsetzen", „eine Blume oder einen Baum veredeln". Seine Herkunft ist das lateinische *imputare* bzw. das griechische *emphyteúein* (ἐμφυτεύειν): „einpflanzen", „aufpfropfen".[473] – Der fleißige Bibelleser ist mit dem botanischen Anschauungsfeld vertraut. In seinem Brief an die Gemeinde zu Rom schärft der Apostel Paulus den dortigen Heidenchristen ein, daß sie nach Art eines wilden Olivenzweigs dem Bundesvolk Israel als dem wahren Ölbaum eingepfropft seien. Und so hätten auch sie Anteil am Bundesversprechen Gottes. (Röm 11,17–25) – Dieselbe Metaphorik findet sich im Vorgang der Impfung. Bei der Pockenimpfung, die der englische Landarzt Edward Jenner im Jahr 1796 zum ersten Mal durchführte, wird der Erreger der für den Menschen ungefährlichen Kuhpocken mithilfe einer Lanzette in die Haut des zu Impfenden geritzt. Jenner nannte diesen Vorgang „Vaccination", nach *vacca*, dem lateinischen Wort für Kuh[474]: Der Kuhpockenbazillus wird dem Menschen okuliert, er wird auf ihn übertragen, er wird ihm regelrecht eingepfropft. Und dadurch wird er immun gegen den eigentlichen Pockenbazillus. Dieser kann ihm nichts mehr anhaben.

Auf übertragene Weise (metaphérein im Griechischen[475]) läßt sich, was „Impfen" ist, nun auch in einem neutestamentlichen Sinne verstehen. Nimmt man den Vorgang der Impfung, der Okulierung, der Einpfropfung, den Paulus der Gemeinde zu Rom so eindrücklich vor Augen stellt[476], beim Wort, dann ist man unmittelbar bei dem, was die Alte Kirche unter „Erlösung" verstand: Eingliederung in den Leib Christi durch die Taufe, Hineinnahme des ganzen Menschen in die neue Wirklichkeit Gottes, wie sie offenbar geworden ist in Leben und Geschick Jesu von Nazareth. Taufe ist ja nicht irgendwie ein Symbol für etwas, das man auch anders bekommen könnte; die Taufe hat neutestamentlichem Verständnis zufolge buchstäblich existenzverändernden Charakter, denn sie verändert den Charakter des Täuflings von Grund auf: Neuschöpfung, καινὴ κτίσις (2 Kor 5,17). Und damit ist nun auch der Vorgang der Impfung in seiner theologischen Drastik am Tag. Das aus dem Griechischen entlehnte Wort Charakter (χαρακτήρ) impliziert ein tiefgreifendes Geprägt- oder Geimpftsein: Charássein (χαράσσειν) bedeutet „einkratzen", „eingraben", „eingravieren", „markieren", „impfen" – so wie ein Sklave „markiert" ist oder der Charakter eines Menschen auf eine Seelenprägung schließen läßt, die etwas Grundlegendes hat. Seinen Charakter kann man nicht ändern, er ist etwas mir Vorgegebenes; in ihm kommt sichtbar an den Tag, wer ich bin: meine seelisch-geistige Grunddisposition.

Der Apostel Paulus behauptet nun nichts Geringeres als dies: Das, was erfahrungsgemäß nicht zu ändern ist, weil ja ich es bin: mein Charakter, tief eingraviert in meine Seelentafel (und deshalb im Wortsinn „indelebilis", „unzerstörbar"), könne gleichwohl geändert werden, und zwar fundamental: „Wenn also jemand in Christus ist, dann ist er eine neue Schöpfung: Das Alte ist vergangen, Neues ist geworden." (2 Kor 5,17) – Wie das?

Nun, wir werden, um diese Zusammenhänge in ihrer existentiellen Bedeutung wenigstens ansatzweise zu verstehen, dem Begriff der Impfung bzw. der Imputation noch einmal genauer nachgehen müssen. Er führt uns vor einen weiteren Begriff aus dem

Vokabular der Bakteriologie bzw. Virologie: den Begriff der Immunität. „Immunität" ist ursprünglich ein Terminus aus dem Staats- bzw. Völkerrecht. Wer *im-munis* ist, ist frei von zu erbringenden *munera*, Leistungen: Steuern etwa oder Militärdiensten.[477] In diesem Sinne genießen Diplomaten Immunität gegenüber dem Landesfürsten, zu welchem sie als Vertreter ihres Herrn geschickt werden. Ausschließlich diesem sind sie verpflichtet; der Fürst, an dessen Hof sie die Interessen ihres Herrn bzw. ihres Landes vertreten, hat keinerlei Ansprüche auf sie. In genau diesem Sinne versteht der Apostel Paulus die Immunität derer, die sich in den Dienst *(munus)* Christi begeben haben: Sie sind gegenüber allen anderen Herren dieser Welt im Wortsinn „*im-munis*", frei (vgl. Gal 5,1).

Wer ist der Herr bzw. der Fürst dieser Welt, gegenüber welchem der Christenmensch frei ist? Die Antwort ist für Paulus, ähnlich wie für den Johannesevangelisten, völlig klar: Herrscher dieser Welt ist der Widersacher Gottes, der Tod. Ihn gilt es zu entmachten. (Röm 15,26; 1 Kor 15,51–57; Joh 12,31; 14,30; 16,11) Den Tod entmachten kann freilich nur, auf wen der Tod keinen Zugriff hat, weil er ihm gegenüber *immun* ist. Keinen Zugriff hat der Tod auf jenen Menschen, der sich ausschließlich aus der Quelle des Lebens, aus Gott, schöpft. Dieser Mensch ist Jesus von Nazareth, genannt der Christus. Gegenüber ihm, der vollmächtig die Liebe Gottes lebte und deshalb bis in den Tod hinein auf Gott vertraute, hat der Tod alle Macht verloren. Denn die Macht des Todes besteht in der Angst vor dem Tod. Wer diese Angst hinter sich gelassen hat, ist gegenüber dem Tod immun. Von einem solchen gilt, was für Christus, den „Erstgeborenen der Toten" (Kol 1,18), gilt: „*[…] auferweckt von den Toten, stirbt er nicht mehr; der Tod hat keine Macht mehr über ihn. Denn durch sein Sterben ist er ein für allemal gestorben für die Sünde, sein Leben aber lebt er für Gott.*" (Röm 6,9f.) Wer immer, so der Apostel Paulus, sich mit ganzem Herzen, mit ganzer Seele und mit ganzer Kraft (vgl. Röm 10,9f.) dem aus dem Tode auferweckten Christus anschließt (und das aussagekräftigste Zeichen hierfür ist die sakramentale Einswerdung mit Christi Tod im Akt der Taufe), der hat seinerseits Anteil an dessen neuem Leben in Gott. Für einen solchen gilt, was für Christus gilt: Der Tod hat keine Macht mehr über ihn, denn er lebt schon in diesem endlichen, gegenwärtigen Leben „in der Neuheit des Lebens": ἐν καινότητι ζωῆς (Röm 6,4). Nun weiß natürlich auch der Apostel Paulus, daß in den von ihm gegründeten Gemeinden die Leute sterben. Gleich im ersten der uns erhaltenen Briefe aus seiner Feder, dem Ersten Brief an die Thessalonicher, muß Paulus Antwort geben auf die Beunruhigung, die der Tod einzelner Gemeindeglieder hervorruft. War ihnen denn nicht in der Taufe die definitive Überschreitung der Todesgrenze zugesagt worden? Und jetzt das.

In gewisser Weise spricht Paulus so, wie gute fünfzig Jahre später auch der Schreiber der Johannesbriefe reden wird:

> „Brüder, wir wollen euch über die Verstorbenen nicht in Unkenntnis lassen, damit ihr nicht trauert wie die anderen, die keine Hoffnung haben. Wenn Jesus – und das ist unser Glaube – gestorben und auferstanden ist, dann wird Gott durch Jesus auch die Verstorbenen zusammen mit ihm zur Herrlichkeit führen. [...] Darum tröstet und ermahnt einander, und einer richte den anderen auf, wie ihr es ja schon tut. [...] Ermutigt die Ängstlichen, nehmt euch der Schwachen an, seid geduldig mit allen! Seht zu, daß keiner dem anderen Böses mit Bösem vergilt, sondern bemüht euch immer, einander und allen Gutes zu tun. [...] Und der Gott des Friedens heilige euch ganz und gar und bewahre euren Geist, eure Seele und euren Leib unversehrt, damit ihr ohne Tadel seid, wenn Jesus Christus, unser Herr, kommt." (1Thess 4,13f.; 5,14b-15.23)

Man sieht an dieser Mahnrede des Paulus, wie die futurische Eschatologie (die Hoffnung auf den kommenden Herrn) immer schon verschränkt ist mit einer präsentischen Eschatologie, der zufolge die Gläubigen schon jetzt Anteil haben an der Herrlichkeit des auferstandenen Christus. Die schönsten Früchte dieser Teilhabe sind die Geistesgaben des Auferstandenen: „Liebe, Freude, Friede, Langmut, Freundlichkeit, Güte, Treue, Sanftmut und Selbstbeherrschung" usw. (Gal 5,22f.; vgl. Kol 3,12–17). Mögen solche und ähnliche Beschreibungen[478] auch stilisiert sein und eher ein Idealbild zeichnen als die konkrete Alltagswirklichkeit des paulinischen Gemeindelebens, so scheint die Art des Umgangs der frühen Christen untereinander doch einen gewissen Eindruck auf die pagane Umwelt gemacht zu haben: *Vide, inquiunt, ut invicem se diligunt"* („‚Schau', sagen sie, ‚wie sie einander lieben'").[479] In solchen und ähnlichen Sätzen[480] artikuliert sich das Erstaunen über einen Lebensstil, der so ganz anders ist als der, den man sonst kennt – menschenfreundlich, uneigennützig und liebevoll, ein Lebensstil, der sich aus der Überzeugung speist, schon jetzt im Sinne eines Vorgeschmacks Anteil zu haben an den „Gütern der kommenden Welt".[481] (Vgl. 1 Kor 12,1 – 13,13; 2 Kor 3,4–11) Und weil man schon jetzt Anteil hat am Leben des auferstandenen Christus, braucht man keine Angst mehr zu haben um sich. Und so lebt man selbstvergessen, unbekümmert und fröhlich.

Ganz ähnlich formuliert es der Johannesbriefschreiber:

> „Wir wissen, daß wir aus dem Tod in das Leben hinübergegangen sind, weil wir die Brüder lieben. Wer nicht liebt, bleibt im Tod." (1 Joh 3,14)

Und dann weiter:

> „Wenn jemand Vermögen hat und sein Herz vor dem Bruder verschließt, den er in Not sieht, wie kann die Gottesliebe in ihm bleiben?" (3,17)

Für den Johannesbriefschreiber ist völlig klar, daß die konkrete Bruderliebe (*philadelphía*; *fraternité*, wie man im Französischen sagt[482]) der Lackmustest aller Gottesliebe ist. Wie soll einer, der für seinen in Not geratenen Bruder Verachtung empfindet, Gott lieben? Liebe ist immer konkret, und auch die Gottesliebe muß konkret werden. Wenn ich sie nicht an meinem Mitmenschen, der genauso wie ich Geschöpf Gottes ist und dem die Liebe Christi genauso gilt wie mir, konkret werden lasse, bleibt die Gottesliebe, aus der ich zu leben vermeine, blaß. (4,20f.)

Gottesliebe (*amor/caritas Dei*) ist ein doppelpoliges Geschehen, passiv und aktiv zugleich. Ich weiß mich von Grund auf affirmiert, d.h. gerechtfertigt. Und so kann ich in Antwort auf die mir zuvorkommende, weil mich von Grund auf affirmierende Liebe Gottes mich meinerseits nun jenen zuwenden, die meiner bedürfen. (4,10f.19)

Damit gerät noch einmal aus einer anderen Perspektive in den Blick, was der Begriff „Immunität" meint. Jeder Versuch, sich selbst zu immunisieren, läuft ja auf die Dauer ins Leere. Nichts peinlicher als jene breitbeinigen Gesellen, die einem allenthalben zu verstehen geben, wie toll sie sind. In einer Gesellschaft der Singularitäten und Selfie-Spießer scheint Narzißmus zur zivilisatorischen Grundkrankheit aufzusteigen: „Mir kann keiner was!" Dagegen gilt: Wer aus eigener Kraft sein Leben affirmieren will, hat schon verloren. Selbstrechtfertigung geht auf Dauer immer nach hinten los – egal ob man Heinz Schibulski aus Bottrop ist oder britischer Premierminister, Schweizer Großbankpräsident oder Welttennisspieler aus Serbien. Überall werden diese Spielchen gespielt, daher auch die ewigen Schuldzuweisungen samt dem entsprechenden Rechtfertigungsbedarf in unserer überaufgeklärten Gesellschaft. Da stehen der Mensch, der Bürger, der Mann („alt und weiß"), die europäische Geschichte, der Staat und die Kirche, die Mediziner, die Pharmaindustrie und die Regierung unter Daueranklage. Entsprechend groß ist das chronisch schlechte Gewissen gegenüber der ausgebeuteten Natur, der Dritten Welt, den Armen, den Frauen, den Homo- und Transsexuellen, dem Frieden, also den unerbittlichen Dogmen der politischen Korrektheit. „Es ist, also ob wir 2000 Jahre nach Paulus das Gesetz und sein Elend neu erfunden hätten!"[483]

Ob der gnadentheologische Begriff der Imputation (er leitet sich vom Begriff der Impfung ab) hier nicht einen Lichtblick gewähren könnte? Imputation bedeutet im wörtlichen Sinn „Zurechnung". Was der Mensch aus eigener Kraft zu leisten vermag, wird ihm nicht angerechnet (die eigenen Verdienste sind immer fragwürdig); es wird ihm vielmehr Christi Gerechtigkeit zugerechnet.[484] Das Wort vom „heilsamen Wechsel" *(salutaris commutatio)* bzw. vom „wunderbaren Tausch" *(admirabile commercium)* hat hier seinen Ort. Was ich zu leisten nicht imstande bin, leistet an meiner statt ein anderer: die Gnade Gottes in Christus. Da kein Mensch aus eigener Kraft sich rechtfertigen kann *(Niemand ist die causa sui, der Grund seiner selbst; keiner kann die Beweislast für seine Existenz übernehmen*[485]*)*, ist ein erlöstes Leben nur möglich, wo man sich aus einem Vorgebenden empfangen darf, aus einem mich mir Zutrauenden: *Ich entdecke mich von einem Unvordenklichen her als mir zugesprochen, ich entdecke mich als mir zugetraut (bisweilen freilich auch als mir und anderen zugemutet), ich entdecke mich als das mir anvertraute Pfund, mit dem ich wuchern darf.* Wo man hingegen für alles Handeln, ja für sein bloßes Sein und Sosein die Verantwortung übernehmen soll, da gerät man in eine „Übertribunalisierung' der menschlichen Lebenswirklichkeit"[486], da bekommt der Alltag etwas Gnadenlos-Verkniffenes, Unbarmherziges. Man muß sich fragen, ob die schmallippige, ängstlich-aggressive, stets empörungsbereite Art, die wir in diesen Zeiten der Pandemie allzu oft im Umgang miteinander zeigen, nicht auf einen solchen Mangel an gnadenvoller Gelassenheit zurückzuführen ist: *„Können Sie Ihr Verhalten rechtfertigen?"* *„Merken Sie gar nicht, was für eine unmögliche Meinung Sie da vertreten?"* *„Schämen Sie sich nicht, die Gesundheit der Bevölkerung zu gefährden?"* *„Bist du jetzt auch so ein Angepaßter, der den ganzen Impfschwachsinn mitmacht?"* *usw. usf.*

Wie erlösend wäre da eine handfeste Gnadenimpfung! Wie erleichternd die Gewißheit, daß selbst, wenn ich mich mit SARS-CoV-2 infiziert haben, COVID-19 bei mir ausbrechen und die Krankheit mein Leben um ein Weniges, vielleicht sogar um ein Beträchtliches verkürzen sollte, dies nicht das Ende wäre. Eugen Drewermann hat es zu Beginn der Pandemie auf den Punkt gebracht:

> „Wir brauchen eine Perspektive über die Endlichkeit hinaus. Sonst werden wir genau das machen, was wir jetzt wie hysterisch tun: Die gesamte Bevölkerung vor der bloßen Möglichkeit, daß eine Corona-Infektion im Einzelfall tödlich verlaufen kann, unter allen Umständen zu bewahren."[487]

In der Tat hat uns die jahrzehntelange Tabuisierung von Sterben und Tod unfähig gemacht, der Begrenztheit unseres Lebens nüchtern ins Auge zu blicken. Und so erstarren wir angesichts der Tatsache, daß in Deutschland, Österreich und der Schweiz in den vergangenen 24 Monaten 144.565 Menschen an und mit Corona verstorben sind[488], vergessen aber dabei, daß in diesen drei Ländern im gleichen Zeitraum insgesamt 2.337.203 Menschen verstarben[489], der Anteil der an und mit Corona Verstorbenen an der Gesamtmortalität der Jahre 2020/21 also etwa 6,18% beträgt.[490] Bekannt ist, daß die in den drei deutschsprachigen Ländern an und mit Covid-19 Verstorbenen vielfach schwere Vorerkrankungen hatten, im Durchschnitt 82 Jahre alt waren und daß dies über der Lebenserwartung in Deutschland von aktuell 81,00 Jahren liegt, über der Lebenserwartung auch in Österreich von derzeit 80,70 Jahre, allerdings etwas unter der Lebenserwartung von 83,05 Jahren in der Schweiz.[491/492] Was man allerdings am meisten vergißt, ist die Tatsache, daß viele dieser Hochbetagten in Isolation starben; der Besuch ihrer Angehörigen und überhaupt eine angemessene psychologische oder seelsorgerliche Begleitung über Monate untersagt war; Trauergespräche und Beerdigungen unter deprimierenden Umständen stattfanden, vom alten Brauch des Leichenschmauses für die Angehörigen und Freunde (dieser elementar seelenkurativen Tradition) ganz zu schweigen. Über all das wurde hier und da zwar geklagt, aber eine Lockerung dieses z. T. grotesken Hygieneregimes war praktisch nirgendwo möglich. Daß nicht zuletzt das Pflegepersonal unter diesen Regularien ähnlich litt wie die direkt Betroffenen, wurde im Grunde nur achselzuckend zur Kenntnis genommen. (Kein Wunder, daß das Pflegepersonal überall kündigt.) Es ist nun einmal so: Wer im Sterben eine reine Vernichtung sieht, kann dem Tod nur mit technokratischen Verordnungen zu Leibe rücken. Davon läßt sich der Tod freilich wenig beeindrucken, die Sterbenden hingegen werden um das betrogen, was man einmal „eine gute Sterbestunde" nannte.

Was ist eine gute Sterbestunde? Das Wort ist recht eigentlich ein Oxymoron. Kann „die Stunde unseres Todes", wie es im *Ave Maria* heißt, gut sein? Christlichem Glauben und jahrhundertealter christlicher Glaubenspraxis zufolge ist dies sehr wohl möglich.[493] Denn seit Ostern hat der Tod es mit Gott zu tun. Die Osterikone der Ostkirche (eigentlich eine Karfreitagsikone, eben aber eine österliche durch und durch) zeigt das geöffnete Höllenloch, über welchem die beiden Kreuzesbalken liegen; auf diesen steht Christus. Er neigt sich herab und packt, stellvertretend für das ganze Menschengeschlecht, Adam und Eva bei den Handgelenken, um ihnen aus der Finsternis des Todes herauszuhelfen. In der Ecke sieht man den Teufel, gefesselt, seine Marterwerkzeuge sind zerbrochen. Er macht einen bemitleidenswerten Eindruck. Und plötzlich fallen einem die alten Geschichten vom Osterlachen *(risus paschalis)* ein.[494] Ja wirklich, an Ostern lacht man den Teufel aus. Er hat sein Spiel verloren, er ist entmachtet, der Sieg ist ihm entwunden, er hat sich an Christus verschluckt, der Brocken war selbst für ihn, den Teufel, zu groß.

Das Osterlachen hat nichts mit Galgenhumor zu tun, ganz im Gegenteil: Man lacht dem Tod offen ins Angesicht. Man verlacht ihn. (Vgl. 1 Kor 15,54c-55) Und merkt: Wo man sich das Recht herausnehmen darf, selbst dem schärfsten Widersacher, dem Tod, eine Nase zu drehen, darf man sich selbstverständlich auch das Recht herausnehmen, dem bitterernsten Coronaregime mit Humor zu begegnen.

Was ist Humor? Berühmt die Kurzdefinition von Karl Valentin: „Humor ist, wenn man trotzdem lacht." Man lacht über das, was einen ängstet. Gerade im Lachen aber überwindet man zeitweilig die Angst. Vermutlich ist Humor deshalb für totalitäre Systeme so gefährlich, denn der Humor relativiert alles, was sich selber für absolut nimmt. Im Humor lebt ein „Dennoch", geistreich, witzig, anarchisch, die Welt relativierend. Wo die Angst wohnt, ist ein „Dennoch" nicht vorgesehen. Wer es dennoch spricht, relativiert den todernsten Ernst der Lage. (Sören Kierkegaard nannte deshalb den Humor „das Inkognito des Religiösen".[495]) Ein solcher bestreitet der Angst das Recht, alles Land zu okkupieren. Ein solcher ist jemand, der zwar sorgfältig die nötigen Regeln beachtet, sich aber von ihnen nicht erdrücken läßt. Und so spottet er über sie[496] – etwa, wie in den Anfangswochen der Pandemie, mit Witzen der folgenden Art: *„Heute kamen zwei Leute mit Atemschutzmasken in die Bank. Sofort entstand Panik. Gott sei Dank war es nur ein Überfall, so haben wir uns alle schnell beruhigt."* Oder dann in der Phase des ersten Lockdowns: *„Früher habe ich einfach so rumgesessen, heute rette ich damit Leben."* Und dann die Verschwörungswitze: *„Aber das weiß doch jedes Kind: Corona ist ein Komplott der internationalen Klopapierkonsortien, um den Klopapierabsatz unter ihre Kontrolle zu bringen."*

Solche Witze „gehen viral", wie man treffend sagt. Ihre relativierende Kraft ist Ausdruck dessen, was der amerikanische Soziologe Peter L. Berger (1929–2017) in einem seiner großartigen Bücher „die niedere Transzendenz des Komischen" nennt; im Lachen über eine komische Situation wird für einen kurzen Moment der Ernst der normalen Realität aufgehoben. Dagegen gebe es, so Berger, auch „die höhere Transzendenz" des Komischen; diese verweise auf eine andere, nämlich göttliche Ordnung. In diesem Sinne spricht Berger vom „Erlösenden Lachen". Zwar kann jedes Lachen über einen gelungenen Witz uns für einen Moment das Leben erleichtern. Aber für den, der an Gott glaubt, liegt in diesem flüchtigen Moment ein Aufschein wahrer Erlösung: Das Lachen verweist auf eine „Welt, die geheilt und in der das Elend der menschlichen Existenz ausgelöscht worden ist."[497] Der alte Brauch des Osterlachens (mag er hier und da auch zum Klamauk heruntergekommen sein) ist ein solcher Vorverweis auf das Lachen der Kinder Gottes: Da sind die Ängste gelöst, die Tränen sind getrocknet, da ist Fröhlichkeit und stilles Vergnügen, Lust, Wonne und Herzensfreude.

Ist uns eigentlich klar, was wir da taten, als wir im Frühjahr 2020 so mir-nichts-dir-nichts die Feier des *Triduum Paschale*, die liturgische Begängnis von Tod und Auferstehung Christi ausfallen ließen und damit die erlösende Kraft des Osterlachens?

Nein, wir wußten es nicht. Wir vergaßen, daß wir längst geimpft sind.

6. Corona -- Schmerz, Ergebung, Gesundung, Heil

Corona, dieser wunderbare Frauenname, ist in aller Munde. Doch wieso „Corona" für eine Virusinfektion?

Ihren Namen hat die Corona-Viruserkrankung von der geometrischen Form der Coronaviridae, einer Virusfamilie innerhalb der Ordnung der Nidovirales. Die Viren fallen im Elektronenrastermikroskop durch einen Kranz blütenblattartiger Fortsätze auf, die an eine Sonnenkorona erinnern; deshalb werden sie fachumgangssprachlich „Coronaviren" genannt.[498]

Mag sich die Findung von Namen oft auch dem Zufall verdanken, so kommt in ihnen doch zuweilen an den Tag, was *der Fall* ist. Beim Coronavirus ist die onomastische Trefferquote nun freilich so hoch, daß man nicht mehr recht an den Zufall glauben mag. Wenn irgendwo, so trifft auf das Coronavirus das alte Sprichwort zu: *nomen est omen.* Was gibt uns dieser Name alles zu sehen?

Da wäre natürlich zunächst zu erinnern an die hl. Corona selbst, geboren entweder 162 oder 287, eine frühchristliche Märtyrerin aus dem syrischen oder kleinasiatischen Raum, die zusammen mit ihrem Ehemann Viktor, einem römischen Offizier, unter den Kaisern Antoninus Pius oder Diokletian den Martertod erlitt. Ob der Name der jungen Frau schon vor ihrem Tod „Corona" lautete, oder ob ihr dieser Name aufgrund ihrer Standhaftigkeit ehrenhalber verliehen wurde („Corona" ist das lateinische Pendant zum griechischen „Stephanos": die bzw. der Gekrönte, und zwar mit der Ehrenkrone des Martyriums, wodurch eine besondere Christusnähe unterstrichen wird), muß offen bleiben. In jedem Fall aber ist die hl. Corona das weibliche Pendant zu den hll. Rochus und Sebastian. Gelten diese als Schutzheilige gegen die Pest, so ist die hl. Corona Schutzpatronin gegen Seuchenerkrankungen allgemein. Verehrungstraditionen gibt es in der griechischen, der lateinischen und der äthiopischen Kirche. In Nord- und Mittelitalien galt Corona schon im 6. Jahrhundert als Vorbild an Glaubenstreue. Reliquien von ihr und ihrem Ehemann finden sich in Castelfidardo an der Adriaküste bei Ancona, wo es schon früh eine dem Paar geweihte Kirche gab. Durch Kaiser Karl IV. gelangten Reliquien nach Prag. Von Prag aus verbreitete sich die Verehrung der hl. Corona dann im süddeutschen und niederösterreichischen Raum. Daß die österreichische Münzeinheit bis 1924 nach der Heiligen „Krone" hieß, ist wohl dem Umstand zuzuschreiben, daß Corona nicht nur Schutzpatronin gegen Seuchen ist, sondern auch in Geldangelegenheiten, bei der Schatzsuche und sogar in der Lotterie um Hilfe angerufen wird.[499] – Warum auch nicht, möchte man sagen. Ob man sich, allen Schutzmaßnahmen zum Trotz, mit dem Coronavirus infiziert oder nicht, ist zuletzt ein Lotteriespiel; die Suche nach effektiven Impfstoffen gleicht einer Schatzsuche, und da die Corona-Pandemie für viele Menschen gravierende wirtschaftliche und finanzielle Konsequenzen hat, liegt es nahe, bei jener Heiligen auf Hilfe zu dringen, die, wie es scheint, beim Ausbruch der Pandemie im Frühjahr 2020 geschlampt hat. Soll sie jetzt wenigstens ihre anderen Jobs gut machen.

Soweit eine erste launige Bemerkung zur Schutzpatronin gegen Seuchen. Aber auch jenseits solcher Glossen bleibt festzuhalten, daß das lateinische Substantiv *Corona* (Krone) bzw. das lateinische Partizip *coronatus* (gekrönt) uns auf eine wichtige Spur setzen.

Die Rede von der *martyrii corona* (Märtyrerkrone) bzw. der *corona fidei* (Krone des Glaubens) ist ältestes kirchliches Traditionsgut. Nach Vorläufen in den frühkirchlichen Märtyrerakten sowie bei Cyprian von Karthago[500] und bei Tertullian (letzterem verdanken wir eine Abhandlung, deren Titel ganz einfach lautet: *De corona*)[501] findet sich die Rede von der *Corona martyrum* voll entfaltet im *Liber peristephanon* des Prudentius (* 348; † nach 405)[502]: *coronari*, gekrönt werden, „kann jetzt geradezu ‚Märtyrer werden' bedeuten".[503] Die Bildsymbolik nimmt Bezug sowohl auf die Dornenkrone, mit welcher Jesus zum Spottkönig gekrönt wurde[504], als auch auf die Ruhmes- bzw. Siegerkranz-Metaphorik, die sich schon bei Paulus[505], in den Deuteropaulinen[506] sowie in der weiteren Briefliteratur des Neuen Testamentes[507] findet: Da ist die Rede von einem unverwelklichen Siegeskranz (*incorrupta corona*; στέφανος ἄφθαρτος), den erhält, wer in den Bedrängnissen der Zeit den Glauben an den auferstandenen Christus treu bewahrt[508] – besonders deutlich wird dies in der Offenbarung des Johannes, der letzten Schrift der Bibel: „Sei getreu bis in den Tod, so will ich dir die Krone des Lebens geben" (Offb 2,10); lateinisch: „*Esto fidelis usque ad mortem, et dabo tibi coronam vitae.*"[509]

Wie wäre unter den gegenwärtigen Umständen diese urchristliche Dialektik näherhin zu denken: Im Blick auf Christi Kreuz und Auferstehung empfange, wer immer das Coronavirus tapfer und demütig durchtrage, die Krone des Lebens? Hat man es hier, wie die moderne Religionskritik sogleich argwöhnt, mit schwächlicher Vertröstung zu tun? Oder wird hier appelliert an eine subtil-herbe Widerstandskraft, die sich aus einer Quelle jenseits der eigenen Möglichkeiten speist?

Wir rühren mit dieser Frage an jenes Problem, das Nietzsche unter das Stichwort der „großen Gesundheit" gestellt hatte.[510] Ausgehend von seinen Überlegungen ist zu fragen, inwieweit die Corona-Pandemie nicht geeignet ist, unsere herkömmlichen Auffassungen von Gesundheit und Krankheit neu zu bedenken. Denn die Ambivalenz von Dornenkrone *(corona spinarum)* und Ehrenkranz *(corona gloriae)* spielt womöglich in jeder ernsthaften Erkrankung eine Rolle. Aber wie?

Nun, es ist in hohem Maße erhellend, daß Nietzsche, dieser Mann der Schmerzen, der seit seiner Jugend an chronischer Gastroenteritis und mit zunehmendem Alter an immer heftigeren Migräneattacken bis hin zu Sprachfindungsstörungen, zeitweiliger Erblindung und Ohnmachtsanfällen litt,[511] eine Philosophie der Gesundheit entwickelt hat, die dem Begriff der Krankheit eine positive Bedeutung zuerkennt. Überhaupt, so Nietzsches Überzeugung, ist „Gesundheit" ein komplexer Begriff:

„[E]ine Gesundheit an sich gibt es nicht [...]. Es kommt auf dein Ziel, deinen Horizont, deine Kräfte, deine Antriebe, deine Irrthümer und namentlich auf die Ideale und Phantasmen deiner Seele an, um zu bestimmen was selbst für deinen Leib Gesundheit zu bedeuten habe. Somit giebt es unzählige Gesundheiten des Leibes; und je mehr man dem Einzelnen und Unvergleichlichen wieder erlaubt, sein Haupt zu erheben, je mehr man das Dogma von der ‚Gleichheit der Menschen' verlernt, um so mehr muss auch der Begriff einer Normal-Gesundheit, nebst Normal-Diät, Normal-Verlauf der Erkrankung unsern Medicinern abhanden kommen. Und dann erst dürfte es an der Zeit sein, über Gesundheit und Krankheit der S e e l e nachzudenken und die eigenthümliche Tugend eines Jeden in deren Gesundheit zu setzen: welche freilich bei dem Einen so aussehen könnte, wie der Gegensatz der Gesundheit bei einem Anderen."[512]

Diese Bemerkungen sind in hohem Maße erstaunlich. Was bei dem einen Gesundheit, ist bei dem anderen Krankheit. Mehr noch, es scheint, daß die simple Entgegensetzung „gesund – krank", wie sie die Medizinbücher des 19. Jahrhunderts mit ihrer „fatalistische[n] Unterwerfung unter das Thatsächliche"[513] postulieren, in hohem Maße fragwürdig ist. Es gibt Menschen, die sind, obgleich rein äußerlich einigermaßen gesund, innerlich krank und morbid. Ein solcher Typus von Mensch „kann nicht gesund werden, noch weniger sich selbst gesund machen." Hingegen „für einen typisch Gesunden kann [...] Kranksein sogar ein energisches Stimulans zum Leben, zum Mehr-leben sein."[514] Überhaupt gilt: „Die Krankheit ist ein mächtiges Stimulans. Nur muß man gesund genug für das Stimulans sein."[515]

In Nietzsches Gesundheitsphilosophie ist vorderhand nicht nur eine gehörige Portion stoischer Voluntarismus, sondern auch ein gewisser Heroismus am Werk. Es ist der starke, seiner selbst gewisse Mensch, der durch seine inneren Wertsetzungen sich die Welt schöpferisch aneignet. Ein solcher kann sich die Unbilden, die ihm widerfahren (und darunter zählen nicht zuletzt die Krankheiten des Leibes), zunutze machen, um an ihnen zu wachsen, denn es gilt: „[D]as Wesentliche am Lebensprozeß ist gerade die ungeheure gestaltende, von Innen her formschaffende Gewalt, welche die ‚äußeren Umstände' ausnützt, ausbeutet ..."[516] In diesem Sinne ist auch eine Erkrankung des Leibes ein „äußerer Umstand", der uns zu einer Blickänderung nötigt; die Schmerzen, die mit ihr in der Regel einhergehen, zwingen uns, die Dinge in einem neuen Licht zu betrachten. Was soeben noch als selbstverständlich galt, wird mit einem Mal in seiner Kostbarkeit gesehen. Manches gewinnt an Gewicht, was bis eben bedeutungslos war; anderes büßt von dem Wert, den man ihm zugemessen hatte, ein. Man sieht die Welt neu.

Was Nietzsche hier beschreibt, kennen viele, die durch Perioden der Krankheit, Sorge und Angst hindurchgegangen sind. So erzählt Fulbert Steffensky von dem dramatischen Zusammenbruch seiner Frau Dorothee Sölle im Jahr 1993, zehn Jahre vor ihrem Tod:

„Wir haben Wochen um ihr Leben gebangt. Dann erholte sie sich, langsam und vollständig. Sie und wir haben gelernt, daß das Leben Frist ist. Und dies gab unserem Leben eine neue Intensität. Wir lernten die Selbstverständlichkeiten des Lebens als große Gaben zu schätzen. Daß ein neuer Morgen kam, war nicht mehr selbstverständlich, das Lachen unserer Enkel und daß wir zusammen weiter leben duften, waren nicht mehr selbstverständlich. Der Alltag hatte einen neuen Glanz. Wir haben die Bäume anders gesehen, wir haben unsere Liebe intensiver erfahren, wir haben gelernt, was Brot und was Zeit ist. Wir haben die Gaben des Lebens als uns ungeschuldete und als unverdienbare kennengelernt. Die Dankbarkeit ist eine neue Schöpfung der Dinge. Und auch der nach zehn Jahren erfolgte Tod meiner Frau hat diese Dankbarkeit nicht durchstreichen können. Wer weiß, daß er sich verdankt, ist des Lebens fähig, vielleicht auch des Sterbens."[517]

Es scheint, daß Nietzsches pathetische Philosophie der „großen" bzw. „neuen Gesundheit" etwas Ähnliches im Blick hat. Hier geht es ja nicht um Wellness oder *Fit for Fun*, wie es unsere neuerdings als Gesundheitskassen betitelten Krankenkassen suggerieren: „Weil Gesundheit alles ist" – so der Werbeslogan der Schweizer Gesundheitskasse SwissCare.[518] Es geht vielmehr um eine Gesundheit, die im Wissen um die Fragilität und Kontingenz des Leibes genau dieses erlittene Wissen in das eigene Leben zu integrieren weiß und deswegen in ganz anderer Weise „gesund" ist, als jene kernige, pudelwohle Munterkeit der immer nur Gesunden. In den Augen Nietzsches sind solche Leute nicht nur im Wortsinn *harmlos*, weil sie um das Härmende der Krankheit nicht wissen – sie sind recht eigentlich krank, weil sie vom Leben nichts wissen. Und deswegen kann die Krankheit sie kränken. Denn sie verstehen es nicht, Schwäche, Leiden, Übelbefinden und Gebrechlichkeit tapfer anzugehen und genau daraus Kraft zu schöpfen, um auf vertieftere Weise ins Leben und seine Endlichkeit hineinzufinden.

Es geht Nietzsche bei solchen Gedanken nicht im mindesten um einen fragwürdigen Dolorismus, der den Schmerz sucht, um das Leben zu intensivieren. Es geht vielmehr um das nüchterne

Wissen, daß das Leben verliert, wer sich an seine Krankheit verliert. Man muß sich seine Krankheiten zu Nutze machen, man muß aus ihnen gleichsam „Kraft saugen", nur dann wissen sie einen etwas zu lehren: „Pathei Mathos" (πάθει μάθος) nannten das die Griechen: Leiden ist Lernen.[519] Wer wirklich ein Lernender ist, durchleidet im Prozeß des Lernens im Grunde eine Art Metamorphose: Sein Denken wandelt sich, sagt der Apostel Paulus (vgl. Röm 12,2); sein Blick auf die Welt wird neu. Die Welt ist einem solchen eine andere geworden – ob sie ihm eine bessere geworden ist, mag zwar zweifelhaft sein; in jedem Fall, so Nietzsche, ist ein solcher aber sich selbst ein besserer geworden, weil er ein über sich neu und anders Belehrter ist. In der Krankheit, so Nietzsche in Rückgriff auf eine Hegelsche Denkfigur, „war der Geist *außer sich*. Im Zuge der Genesung kehrt er wieder zu sich selbst zurück – aber nicht als derselbe, der er vor der Krankheit war, sondern als ein durch die Krankheit veränderter, erst jetzt wahrhaft freier Geist, als ein Geist, der erst jetzt ganz bei sich selbst ist [...]."[520]

Nietzsche geht aber noch weiter: Da der Schmerz es ist, der uns zwingt, „in unsre letzte Tiefe zu steigen"[521], können wir, wollen wir wahrhaft gesunden, der Krankheit, des Schmerzes und des Leids nicht entbehren. Die Krankheit nötigt den Menschen, sich der Kontingenz des Lebens zu stellen. Man kann sich nicht mehr gehen lassen; Gesundheit im Sinne körperlichen, geistigen und seelischen Selbstbesitzes ist nichts Selbstverständliches, sie ist ein Geschenk, dessen man sich als würdig erweisen muß; sie ist eine schwere, kostbare Gnade. Und so scheint es, daß Nietzsches „große" bzw. „neue Gesundheit", obgleich ihr ein stoischer Voluntarismus nicht abgesprochen werden kann, der neutestamentlichen Coronasymbolik nähersteht als man auf den ersten Blick für möglich hält. Die zentrale Stelle hierzu findet sich im fünften Kapitel des Hebräerbriefs:

> Als Christus auf Erden lebte, hat er mit lautem Schreien und unter Tränen Gebete und Bitten vor den gebracht, der ihn aus dem Tod retten konnte, und er ist erhört und aus seiner Angst befreit worden. Obwohl er der Sohn war, hat er durch Leiden den Gehorsam gelernt [ἔμαθεν ἀφ᾽ ὧν ἔπαθεν τὴν ὑπακοήν – wörtlich: Er lernte an dem, was er litt, Gehorsam]; zur Vollendung

gelangt, ist er für alle, die ihm gehorchen, der Urheber des ewigen Heils geworden und wurde von Gott angeredet als ‚Hoherpriester nach der Ordnung Melchisedeks'. (Hebr 5,7–10)

Da ist sie wieder, die ins Sprichwörtliche verdichtete Formel „Durch Leiden lernen" (πάθει μάθος). Sie taucht in dieser Form erstmals bei Aischylos auf (525 – 456 v. Chr.), und zwar in der Tragödie *Agamemnon*.[522] Dort hat sie einen tiefgründigen Sinn; es geht in der Tragödie nicht vor allem darum, daß wir durch Schaden klug werden und die richtigere Erkenntnis der Dinge erst durch Täuschung und Enttäuschung erwerben müssen. So verstanden dürfte die Formel so alt sein wie die menschliche Erfahrung selbst. „Aischylos meint mehr. Er meint den Grund dafür, warum es so ist. Was der Mensch durch Leiden lernen soll, ist nicht dieses oder jenes, sondern die Einsicht in die Grenzen des Menschseins, die Einsicht in die Unaufhebbarkeit der Grenze zum Göttlichen hin. Es ist am Ende eine religiöse Erkenntnis – diejenige Erkenntnis, aus der die Geburt der griechischen Tragödie erfolgt ist."[523]

Hier springt ins Auge, wie nahe griechische Tragödie und neutestamentliches Christusdrama einander sind und wie sehr sie sich gerade in der Berührung gleichwohl um ein Ganzes unterscheiden. Denn so sehr dem Hebräerbrief zufolge Christus im Leiden den Unterschied von Gott und Mensch bzw. von „Vater" und „Sohn" zu respektieren lernt (nichts anderes meint ja Gehorsam), so sehr kommt ihm gerade *in* diesem Gehorsam die unerhörte Nähe seines Gottes und Vaters entgegen: *„Er ist erhört und aus seiner Angst befreit worden."* Eben darin unterscheiden sich nicht nur griechische Tragödie und christliches Kultdrama, sondern auch Nietzsches Lebensphilosophie und christlicher Glaube: Das Wissen um die radikale Differenz von Göttern und Menschen, *immortales* und *mortales*, wie das Leiden sie lehrt, wird im Christusdrama zum Medium der Nähe Gottes. An ihm, dem Christus (der in ganz anderer Weise Schmerzensmann ist als der stoisch-heroische Nietzsche), ersteht jenen, die sich auf Christi Spur setzen, ein Mittler, der ihnen im Leiden die rettende Nähe des Gottes verbürgt. Die Spottkrone, die *corona spinarum*, wird zur *corona gloriae*; im Sterben mit Christus (man denke an die beiden letzten Strophen von Paul

Gerhardts großem Kreuzeshymnus „O Haupt voll Blut und Wunden"[524]) leuchtet ein Vorschein dessen auf, was der Glaube Auferstehung nennt – jener unendlich zarte Gedanke einer nicht weiter benennbaren Wandlung des Schmerzes in Freude, des Sterbens ins Leben, der Dunkelheit ins Licht, der der griechischen Tragödie fremd war und auch von Nietzsche nie wirklich erfaßt wurde.

Damit stehen wir vor dem letzten, tiefsten Sinn der Corona-Symbolik. Griechische Tragödie, Nietzscheanische Lebensphilosophie und neutestamentliches Christusdrama zeigen, wie prekär dieses endliche Leben ist und wie doch gerade aus diesem Prekären (lateinisch *precarius* bedeutet „des Bittens bedürftig") etwas entstehen kann, das größer ist als dieses fragwürdige Leben.

Vielleicht ist es ja dies, was uns die Pandemie lehren kann: Nur wo einem „das Leben selbst zum Problem"[525] geworden ist, verflüchtigt sich jene selbstzufriedene Haltung fragloser Gesundheit, wie sie zu Nietzsches Zeiten in der Sport- und Ertüchtigungsbewegung um den Turnvater Jahn propagiert wurde[526] und im grassierenden Gesundheits- und Fitnesskult unserer Tage fröhliche Urständ feiert. Wo gilt „Hauptsache gesund", hat man das Wesentliche schon verfehlt, die Frage nämlich, was für ein Mensch man sein möchte. Dazu bedarf es der Einsicht in die Fragwürdigkeit unseres Lebens und (folgt man Nietzsche und den Tragikern) womöglich auch der Krankheit als eines schmerzlichen Lernorts der Endlichkeit.[527] Erst so wird man im echten Sinne des Wortes gesund[528] – wobei christlich gesehen niemand anderer als der Mittler Christus der „göttliche Arzt", der „wahre Therapeut", der „Geber aller Gesundheit" ist[529]: *„Durch seine Wunden sind wir geheilt."* (Jes 53,5; vgl. 1Petr 2,24f.) Wohingegen im Sinne der geltenden Definition der Weltgesundheitsorganisation Gesundheit als „ein Zustand des vollständigen körperlichen, geistigen und sozialen Wohlergehens" beschrieben wird[530], da ist jeder Mensch krank, ohne daß je Aussicht auf Genesung bestünde. Vielleicht skandalisieren uns ja deshalb Gedanken wie die hier vorgetragenen. Denn in unserer postchristlichen „Brave New World" gilt Gesundheit als das höchste Gut („Gesundheit ist nicht alles, aber ohne Gesundheit ist alles nichts", so ein weiterer niederschmetternder Werbeslogan der Gesundheitsindustrie).[531] Und so erhebt sich einmal mehr der

Teufelskreis von Selbstoptimierungswille und Endlichkeitserfahrung, schweißtreibendem Body Enhancement auf der Streckbank
der Fitnessstudios und programmiertem Burnout – ein Kreislauf,
der weder zu Selbsterkenntnis führt noch zu Gesundung, sondern
geradewegs in die Depression. Nietzsche, dieser in Gesundheits-
dingen so überaus lebenserfahrene Mensch[532], hätte über uns nur
den Kopf geschüttelt.

7. Intubation –– Seufzen, Bitten, Rühmen, Klagen, Danken, Schweigen, Resignieren

Coronaviren lösen beim Menschen Infektionen der Atemwege aus. Deren gravierendste ist gegenwärtig das von der genetischen Variante CoV-2 ausgelöste Schwere Akute Atemwegssyndrom, in englischer Abkürzung SARS-CoV-2 *(Severe acute respiratory syndrome coronavirus 2)*. Das Virus ist Auslöser der SARS-Pandemie COVID-19 *(Corona Virus Disease 19)*, benannt nach dem Jahr 2019, in welchem das Virus zum erstenmal infektiös auffällig wurde.

Die Symptome von COVID-19 ähneln denen einer Erkältung: Nach einer Inkubationszeit von fünf bis sechs Tagen kommt es zu leichten bis mittleren Krankheitsmerkmalen wie trockenem Husten, Schnupfen, Fieber, zeitweise auch zu Störungen des Geschmacksempfindens. Der Verlauf ist bei ca. 80% der Infizierten harmlos. Gefürchtet ist hingegen die schwer verlaufende Viruspneumonie. Hier kommt es insbesondere in der zweiten Krankheitsphase (nach 7–11 Tagen) zu einer überschießenden Immunaktivierung mit einer generalisierten Entzündung in den kleinen Blutgefäßen. Daher die hohe Rate an Embolien und Thrombosen mit z. T. gravierenden Schädigungen von Lunge, Herz, Niere und Zentralnervensystem. Bei langen Erkrankungsverläufen kann sich das Lungengewebe versteifen, und es kann zur Lungenfibrose kommen. Unter Umständen wird dann eine Beatmung abwechselnd in Bauch- und Rückenlagerung nötig, um den Gasaustausch zu verbessern. Bei Verschlechterung der Atmung und weiter abfallender Sauerstoffsättigung muß intubiert werden. Das heißt, daß die Beatmungsmaschine die Atemarbeit übernimmt und dem Patienten mittels eines Schlauches invasiv ein Luft-Sauerstoffgemisch verabreicht wird.[533] Spätestens hier merkt man, wie elementar das Atmenkönnen ist. Wo einem Menschen der Atem schwindet, wo es ihm eng wird in der Brust, ist am Ende nicht einmal mehr ein Hilfeschrei möglich. Atmen können, Schreien können, Klagen, Rühmen, Danken können ist Leben. Hingegen ohne Atem kein Schrei, kein Seufzer, keine Klage, keine Rühmung, kein Jubel, kein Gebet. Aber auch keine Stille, in die ein Wort fallen könnte. Und auch kein Schweigen, diese passive Seite des aktiven Lauschens. Denn auch das Schweigen ist noch getragen von einem regelmäßigen Atmen; auch die Stille ist durchzittert von jenem Herzschlag, dem der Atem als respiratorischer Resonanzraum korrespondiert. Wie unser Leib atmender Rhythmus von Systole und Diastole ist, Herzschlag und Blutkreislauf, so ist auch das Gebet, diese andere Seite unserer somatischen Existenz, auf den Atem angewiesen. Der Erstickungstod, egal ob körperlich oder seelisch, ist die furchtbarste Art zu sterben.

Karlfried Graf Dürckheim (1896 – 1988), Zen-Meister und Psychotherapeut, hat aus diesem Wissen heraus eine Form der Tiefenmeditation entwickelt, in deren Mitte das Verströmen des Atems steht: *„Ausatmen, Niederkommen, Einswerden, Gott"*. In diesem wortlos gesprochenen Mantra überläßt sich der Beter ganz dem Rhythmus seines verströmenden Atems; nicht er atmet, der Atem atmet ihn. Der Beter läßt sich vom Rhythmus des Atemstroms, der durch ihn hindurchgeht, mitnehmen; er läßt sich tragen vom Atem, der in ihn hineinstürzt. Ebbe und Flut, Kommen und Gehen, Auflaufen und Abfließen an den Gestaden des Lebens: ein unablässiger Gezeitenstrom, den wir uns nicht erst intentional zu eigen machen müssen, in dessen Rhythmus wir vielmehr immer schon hineingenommen sind, weil er unser Leben ist, seit je, ganz einfach.[534]

Das Leben, so will uns diese Art des Betens sagen, könnte in der Tat ganz einfach sein, wie ja eigentlich auch das Atmen etwas ganz Einfaches ist. Man kann es vom Augenblick des Geburtsschreis an. Hier füllten sich erstmals die Lungenflügel mit Sauerstoff, hier falteten sie sich auf und ließen uns fliegen. Ja, fliegen. Atmen ist Fliegen. Wer nicht atmen kann, bleibt am Boden kleben und stirbt. Hingegen im Atmen wird der Mensch leicht und weit, alle Enge und Beklemmung löst sich von ihm. Deswegen vertreibt ja der kraftvolle Gesang die Angst. Denn im Gesang werden die Lungen weit, man gewinnt Raum. Mit gutem Grund wird der Heilige Geist deshalb seit alters mit dem Atemwind, dem heiligen Pneuma, mit der belebenden *ruach* identifiziert: *âtum uuîhan* bzw.

uuîho âtum, wehender Atem, oder auch *uuînt, uuînda* und *blasden* lauteten die ersten fränkisch-karolingischen bzw. altsächsischen Übersetzungen für das lateinische *spiritus*[535] (*spirare* bedeutet „atmen"). *„Denn wir wissen nicht, worum wir in rechter Weise beten sollen; der Geist selber tritt für uns ein mit unaussprechlichem Seufzen"*, sagt der Apostel Paulus (Röm 8, 26) – das lateinische Wort *suspirare*, (französisch *soupirer*, seufzen, leitet sich von ihm her) bedeutet wörtlich „tief Athem holen, seufzen, ächzen, schmachten, etwas oder jemanden ersehnen".[536] *„Du bist mein Atem, wenn ich zu dir bete"* übersetzt Huub Osterhuis, der große Dichtertheologe aus Amsterdam, diese paulinische Erfahrung.[537] Beten ist Atemholen, und Atemholen kann zum Gebet werden.

Was wäre das für eine Theologie, die, ausgehend von solchen sinnlichen Leiberfahrungen, begänne, Grundworte des christlichen Glaubens wie Dreifaltigkeit und Geistbeseelung, Menschwerdung und Gotteskindschaft, Inspiration und Offenbarung, Gnade, Sünde, Freiheit und Erlösung, Wunder und Verklärung in Zeitwörter umzuwandeln, ganz dem schon früher einmal zitierten Wunsch von Kurt Marti entsprechend, Gott möge „ein Tätigkeitswort werden"![538] Ob eine solche Theologie nicht nur lebensnäher und erfahrungsgesättigter wäre als das, was man sonst so zu hören bekommt auf unseren Kanzeln und Kathedern? Ob sie nicht gerade in diesen Zeiten der Pandemie, da wir immer kurzatmiger werden und zugleich schmallippiger, auch substantiell etwas zu sagen hätte, und zwar aus dem eigenen Erbe heraus (also etwas, das nicht schon von der Bundeskanzlerin, dem Robert-Koch-Institut oder bei Markus Lanz und Sandra Maischberger gesagt und oft besser gesagt worden ist)?

Was hätte eine solche Theologie zu sagen? Nun, sie hätte von sich selber her gar nichts zu sagen. Wohl aber hätte sie viel zu zeigen.[539] Zu zeigen hätte sie bspw., daß menschliches Beten nicht vor allem das Fallenlassen von Wörtern ins Leere ist, adressiert an eine personifizierte Unbegreiflichkeit, genannt „Gott", sondern ein elementares Resonanzgeschehen von Ich und Welt. Denn wie sich in den Atemwegen Innen und Außen nicht unterscheiden lassen („es ist sinnlos zu fragen, ob die eingeatmete Luft noch Teil der Außenwelt oder schon Teil des Leibes ist"[540]), so verhält es sich auch mit dem Gebet. Ähnlich wie das Atmen ist das Gebet in vorzüglicher Weise ein Resonanzphänomen. In ihm rühre ich an mein Innigstes, wie Hölderlin sagt: an „die tiefste Innerlichkeit" meiner selbst.[541] Dieses Innigste ist nun aber nicht einfach „in" mir wie das Kleid im Kleiderschrank oder die Sprungfeder in der Taschenuhr. Das Innig-Intime kann auch außen sein (noch einmal sei an die Dialektik des Atmens erinnert: Im Atemholen strömt das Außen in mich hinein, wiederum im Ausatmen entäußere ich mein Inneres, Innigstes in die Welt).[542] Und so wird mit einem Mal deutlich: Das Innige, von mir als *mein* Innigstes erlebt, erlebe ich womöglich nur deshalb als das *mir* innig Intime, weil es mich gleichsam atmosphärisch umhüllt und umgibt, weil ich nie, nicht einmal einen Atemzug lang, aus ihm herausfallen kann. Das Intime ist mein „innigstes Inneres" deshalb, weil es als das mich Umfangende zugleich das mich Tragende ist. Als solches ist es das, was mich transzendiert.

Der Kirchenvater Augustinus hat diese merkwürdige Dialektik auf die Formel gebracht, Gott oder die Seele als „das mir Innigste" („interior intimo meo") sei zugleich das mich vollkommen Übersteigende und insofern „das mir und der Welt Äußerste" („superior summo meo"). Nur was mich übersteige, könne mein Innigstes sein, denn mein Innigstes als das mir Grund und Halt Gebende sei notwendig größer und anders als ich.[543] Aus dieser Dialektik entsteht die Verheißung einer „‚Tiefenresonanz'" von menschlicher Seele und göttlichem Weltgrund. Wo man diese Verheißung beim Wort nimmt und ihr Ausdruck zu verleihen sucht, ergeben sich ganz von selbst die *Gestalt des Gebets* wie auch die *Haltung des Betens*. Daß das Beten auf das Hervorrufen einer „‚Tiefenresonanz'" von Seele und Weltgrund abzielt, wird ersichtlich an der Tatsache, daß es – analog dem Atmen – „gleichermaßen nach *innen* wie nach *außen* gerichtet ist: Der Betende schließt die Augen und wendet sich nach innen, adressiert jedoch zugleich ein Draußen mit dem Ziel, eine intensive Verbindung zwischen beiden spürbar werden zu lassen. Weil und insofern Resonanz einen Moment der Verflüssigung der Selbst-Welt-Beziehung bezeichnet, läßt sich in dieser Haltung für den Beter gar nicht mehr genau angeben, was *innen* und was *außen* ist."[544] Mit andern Worten: Im

Gebet steht Gott mir gegenüber, doch zugleich unterfängt, über-wölbt und durchdringt er mich.[545] Eindrucksvoll illustriert finden sich diese Zusammenhänge bei Augustinus; im Proöm seiner *Bekenntnisse* denkt Augustinus betend *vor* Gott über sein Gebet *zu* Gott nach und findet sich darin ständig selber *in*volviert:

> „Wie aber soll ich meinen Gott anrufen, meinen Gott und Herrn, da ich ihn doch hereinrufen muß zu mir, wenn ich zu ihm rufe? Wo ist der Raum in mir, wohin mein Gott zu mir käme [...], *der Himmel und Erde geschaffen?* (Gen 1,1) Ist also, Herr, mein Gott, etwas in mir, das dich fassen könnte? Aber fassen dich denn Himmel und Erde, die Du geschaffen und in deren Umkreis du mich geschaffen hast –: Fassen die dich denn? Oder faßt dich alles, was ist, weil alles, was ist, nicht wäre ohne dich? Da nun aber auch ich bin: Was bitte ich, daß Du zu mir kommst, der ich nicht wäre, wenn Du nicht wärest in mir? [...] Ich wäre also nicht, mein Gott, ich wäre gar nicht, wenn Du nicht wärest in mir. Oder nein, ich wäre nicht, wenn ich nicht wäre in Dir, *aus dem alles, durch den alles, in dem alles ist* (Röm 11,36). Ja, so ist es, Herr, so ist es! Wohin denn soll ich dich rufen, da ich in Dir bin? Oder von woher solltest du zu mir kommen? Wohin denn sollte ich gehen, hinaus aus Himmel und Erde, daß dort zu mir käme mein Gott, der gesagt hat: *Himmel und Erde fülle ich* (Jer 23,24)?"[546]

Diese Sätze bringen auf überraschende Weise die Paradoxie jeglichen Gebets an den Tag: Der ersehnte Adressat ist immer schon da. Nur ich bin nicht da. Und so ruft der Beter im Herbeirufen Gottes nicht so sehr Gott, sondern sich selber herbei[547]: *„Du meine Seele, singe!"*[548] Wo immer ein Mensch sich solcherart selber präsent wird („Da singt etwas in mir!" „Da rührt sich etwas in mir!"), da rührt er an den trans-immanenten Grund seiner selbst. Und so rührt er an Gott. Denn zwar ist Gott als der tiefste Grund *meiner selbst* das mir Eigenste, Innigste; aber als mein eigener *Grund* ist Gott mir selbst gerade nicht zu eigen, sondern jenseits von mir. Er ist jene Transzendenz, auf die ich inmitten meiner Immanenz stoße.[549]

Mit diesen Überlegungen geraten wir wieder in die Nähe von Atem und Gebet. Beten können ist, bildlich gesprochen, die Fähigkeit der Seele, Atem zu holen. Beten in diesem Sinne ist nicht vor allem intentionale Rede des Beters zu Gott; es ist zunächst etwas ganz Spontanes: Es ist staunende Rühmung; es ist die Verblüffung, daß es mich gibt und die Welt; es ist Dank im Sinne eines Sich-Haltens in der Gegenwart dessen, der mich mir gibt. Und erst dann mag solches Beten im Sinne eines An-Denkens an den Grund aller Welt sich wenden in eine stillhoffende Bitte; es mag sich artikulieren als zagende und doch tapfere, aufrechte Klage, als Schrei nach jenem Gott, der mir fehlt. Beten in diesem Sinne eines (Wieder-)Atmen-Könnens ist womöglich aber auch zarte Besänftigung einer von Depression oder Verzweiflung umgetriebenen Seele; es ist schüchterne, humorvolle, zuletzt stille Einwilligung jenseits allen Ressentiments.

Was läßt sich aus diesen Zusammenhängen von Atem und Gebet lernen für unsere Zeit? – In den *Sonetten an Orpheus* von Rainer Maria Rilke findet sich als mögliche Antwort folgende Mahnung: *„Nur im Raum der Rühmung darf die Klage gehen"*[550], andernfalls das Klagen kläglich würde, das Hadern bitter und das Bitten jämmerlich. Alles Leben gründet in einer zuvorkommenden Resonanz, in einem Gegenhalt, der als mich meinende Affirmation erlebt wird; ohne sie gäbe es weder Glück noch Schmerz. Und so gilt es, diese unvordenkliche, mir zuvorkommende Affirmation erinnernd herbeizurufen, sich ihr dankbar zu ergeben, denn nur so *er-gibt* und *er-innert* sich (d. h. wird *offen-bar*), was dem Leben *Gefüge* verleiht, *Aura und Glanz*.

Damit geraten wir vor das Grundgesetz allen Betens; Fulbert Steffensky formuliert es folgendermaßen: „Die Gewißheit, daß Gott unsere Gebete hört, finden wir nur im Beten selbst."[551] Und weiter:

„Das Gebet ist die einzige Stelle der Kühnheit, an der man mehr behauptet, als am Leben abzulesen ist. Im Gebet kann man [...] die Gewichte fälschen: Man lobt, als wäre alles Leben lobenswert. Man dankt, als wäre das Leben ein einziges Glück. Man hofft und behauptet gegen allen Augenschein, daß alles gut wird. ‚Alles wird gut!' heißt eine Kneipe in Hamburg. Wenn ich den kühnen Namen lese, wundere ich mich über den Mut oder über die Ironie dieser Selbstbezeichnung. Das Gebet ist die einzige Stelle, an der ich die Kraft habe, dem Kneipentitel zuzustimmen [...; in der großen Dunkelheit der Welt ist es] die einzige Stelle, wo man niemanden aufgeben und für verloren erklären muß. Es ist die Stelle, an der man Gott lobt und sagt wie der Wirt jener Kneipe: Alles ist gut und alles wird gut. Es ist die Stelle, an der die Blumen nicht verbrannt werden von der grellen Sonne des Zweifels. Ich nenne das Lob das Herz des Gebetes [...]. Es gibt andere Formen des Gebetes, z. B. das Bittgebet, die Klage und das mit Gott hadernde und kämpfende Gebet. Das schönste Gebet scheint mir das Lobgebet. Es ist schön, weil es die wenigsten Absichten hat und so wundervoll unnütz ist."[552]

Dagegen jene magersüchtige, schmallippige Theologie, die sich im Jammer der Theodizeefrage erschöpft und daher Gefahr läuft, ihrerseits jämmerlich zu werden – sie hilft uns nicht weiter. Gerade jetzt in den Zeiten der Pandemie hilft sie nicht weiter, denn sie schneidet uns, die wir kurzatmig sind, noch einmal mehr den Atem ab. Gegen sie gilt, was Fulbert Steffensky, alt geworden, im Rückblick auf seine eigene Glaubensbiographie so formuliert:

„Ich habe [in den hinter mir liegenden Jahrzehnten] gelernt, daß es gute Argumente gegen den Gottesglauben gibt. Aber ich kümmere mich nicht um sie, weil ich niemanden aufgeben will, nicht einmal mich selbst. [...] Und der Gott im hohen Alter? Ich habe über ihn mehr verlernt als gelernt. Manchmal weiß ich nicht einmal, ob ich an ihn glaube. Nun gut! Dann muß er mit meinem Unglauben leben, er wird damit fertig."[553]

Ein wunderbares Wort – gelassen und im besten Sinne resignierend zugleich (*resignare*, ein Wort aus dem Militär: die *signa* zurückgeben, den Legionsadler niederlegen, die Fahne strecken, sich zur Ruhe begeben, sich ergeben, reine Entwaffnung).

Ist dies das letzte Wort auf dem Beipackzettel unserer theologischen Hausapotheke? – Vielleicht ja. Und wieso auch nicht? Es ist ein schönes Wort, denn aller Ernüchterung zum Trotz angesichts des Unfaßbaren, das die Pandemie über uns gebracht hat, unbeschadet aber auch aller Skepsis gegenüber sich selbst und den eigenen (Un-)Gewißheiten, spricht aus diesem Wort eine tiefe Gelassenheit. Gerade eine solche fehlt uns gegenwärtig überall. In einer Zeit, die bei aller Bedrohung auch eine gesegnete ist (man denke an die Spanische Grippe vor ziemlich genau 100 Jahren, die sich so desaströs auswirkte, weil die Mittel, die uns heute ganz selbstverständlich zur Verfügung stehen, nicht existierten), in einer solchen Zeit gehen wir nicht selten hart und unerbittlich miteinander um. Wie, wenn wir uns der Einsicht erinnerten, daß wir, als endliche Wesen, nicht alles zugleich haben können: uneingeschränkte Freiheit und ständige Steigerung der Lebensqualität bei ebenso total garantierter Sicherheit, Prävention und Vorsorge. Es scheint, daß die Corona-Pandemie uns einlädt, Abschied zu nehmen von so mancher Lebenslüge. Vielleicht lernen wir dadurch, den schwierigen Segen des Endlichen und Begrenzten neu zu schätzen: Daß unser Leben in seiner Einmaligkeit unersetzlich ist und doch angesichts des Ewigen Gottes auf wohltuende Weise etwas höchst Relatives. Hat man dies einmal verinnerlicht, lichtet sich das Feld. Die uns geliehenen Jahre sind nicht unsere „letzte Gelegenheit", wir haben es deshalb auch nicht nötig, sie bis ins letzte auszupressen. Wir können sie vielmehr in Demut, Aufmerksamkeit und mit einer gehörigen Portion Humor hinnehmen lernen als das, was sie sind: eine uns auf Zeit gewährte Lebensspanne, in der im Kleinen Großes möglich ist. Wir könnten lernen, „das Zeitliche zu segnen", wie man früher einmal sagte. Zur Kultivierung einer solchen im Angesicht der Corona-Pandemie hochgemuten und doch demütigen Haltung dem Leben und seinem Gott gegenüber etwas beizutragen – darin läge nicht nur die eminente Aufgabe, sondern auch die große Chance einer christlichen Lebenskunst in postchristlicher Zeit.

215

Frage

Wir befinden uns in einer Zeit des Innehaltens. Wird es nur ein kurzer Stillstand gewesen sein – oder eine Gelegenheit, uns Geschichten zu erzählen, eine Möglichkeit, über uns nachzudenken? Es könnte unsere Chance sein, alles noch einmal neu zu betrachten. Oder: Es hätte unsere Chance sein können. Der Ausgang liegt nicht in den Sternen, er liegt an uns.

Elisabeth Bronfen

Bitte

Wir werden eingetaucht
und mit dem Wasser der Sintflut gewaschen
wir werden durchnäßt
bis auf die Herzhaut

Der Wunsch nach der Landschaft
diesseits der Tränengrenze
taugt nicht
der Wunsch, den Blütenfrühling zu halten
der Wunsch, verschont zu bleiben
taugt nicht

Es taugt die Bitte
daß bei Sonnenaufgang die Taube
den Zweig vom Ölbaum bringe
daß die Frucht so bunt wie die Blüte sei
daß noch die Blätter der Rose am Boden
eine leuchtende Krone bilden

Und daß wir aus der Flut
daß wir aus der Löwengrube und dem feurigen Ofen
immer versehrter und immer heiler
stets von neuem
zu uns selbst
entlassen werden.

Hilde Domin

Anmerkungen

Die bibliographischen Nachweise der unseren *Unzeitgemäßen Betrachtungen* vorangestellten sechs Voten lauten wie folgt:

Fulbert Steffensky, Ein tückischer Frühling. Notizen aus der Zeit wankender Selbstverständlichkeiten, in: Zeitzeichen. Evangelische Kommentare zu Religion und Gesellschaft Juni-Heft 2020, S. 8–11, hier S. 10.

Thea Dorn, Zweites Deutsches Fernsehen, Talkshow „Markus Lanz", 21. April 2020 (s. u. Anm. 15).

Christian Lehnert, Windzüge. Gedichte, Suhrkamp Verlag Berlin 2010, S. 49.

Fridolin Stier, Vielleicht ist irgendwo Tag. Aufzeichnungen und Erfahrungen eines großen Denkers, Herder Verlag Freiburg i. Br. 1993, S. 379.

Thea Dorn, Trost. Briefe an Max, Penguin Verlag München ³2021, S. 61.

Von Psalm 91 sind zitiert die Verse 5f. und 9f.

I. Anamnese – oder:
Situationsbeschreibung. Eine Gemengelage der Stimmungen und Gefühle

1 Damit soll nicht behauptet sein, daß kirchliche Broschüren und theologische Postillen die Corona-Krise ignorieren würden; das Gegenteil ist der Fall. (Vgl. dazu die Auswertung von ca. 100 Artikeln aus der Feder z. T. prominenter Theologinnen und Theologen in Zeitschriften, Tageszeitungen, Sammelbänden und Internetfeuilletons, die von Norbert Mette erstellt und unter dem Titel „Covid-19, Kirche und Gott – theologische Voten zur Corona-Pandemie" am 3. Mai 2021 im Münsteraner Forum für Theologie und Kirche veröffentlicht wurde: http://www.theologie-und-kirche.de/mette-corona-theologie.pdf [abgerufen am 17. September 2021].) Was hier behauptet werden soll, ist vielmehr folgendes: Es fehlt eine dezidiert *theologische Phänomenologie* dessen, was uns derzeit auf allen Ebenen von Gesellschaft, Wirtschaft, Wissenschaft, Medizin, Gesundheitspolitik und Kultur widerfährt. Ob man zum wiederholten Male die unlösbare Theodizeefrage scharf macht, die klassische Soteriologie bemüht oder der Krise pastoraltheologisch, liturgieästhetisch oder kirchenpolitisch zu Leibe rückt –: Man bekommt das Phänomen selbst (und damit sich selbst!) kaum in den Blick. Ausnahme unter den vielen theologischen Publikationen zum Thema ist der Ende des Jahres 2020 im Vier-Türme-Verlag Münsterschwarzach veröffentlichte Corona-Blog der beiden Gerlever Benediktinermönche Elmar Salmann und Marcel Albert: *77 Tage Ausnahme Leben – oder: Wie uns ein Virus auf andere Gedanken brachte.* In Anschluß daran Elmar Salmann, Corona. Vorläufiger Rückblick auf ein epochales Ereignis, einsehbar unter: https://www.guardini.de/projekte/guardini-akut/guardini-akut-kw-48-elmar-salmann.html. (Zuletzt abgerufen am 20. April 2021.)
Zu erwähnen sind ferner die zum Teil sehr sorgsamen Veröffentlichungen von Ralf Frisch, Fulbert Steffensky, Christoph Schwöbel, Ulrich Körtner, Thomas Kaufmann, Günter Thomas, Stephan Kosch, Heike Springhart, Johannes Fischer und Petra Bahr in der Zeitschrift „Zeitzeichen. Evangelische Kom-

mentare zu Religion und Gesellschaft" in den Monaten April bis Juni und August bis Oktober 2020 (4; 5; 6; 8; 9; 10/2020).

2 Walter Kardinal Kasper/George Augustin (Hg.), Christsein und die Corona-Krise. Das Leben bezeugen in einer sterblichen Welt, Mainz 2021, 6.

3 Vgl. Christiane Bundschuh-Schramm: „Die Corona-Krise bedeutet eine theologische Krise, die die vormals tauglichen Gottesbilder zum Verschwinden bringt. Die Kirche ist in der Krise genau deshalb so schweigsam, weil sie tatsächlich nichts zu sagen weiß. Ihr sind die starken Worte abhanden gekommen, weil sie den starken Gott verloren hat, der die Krise besiegt, der den guten Ausgang kennt und der uns wie damals aus Ägypten aus der Krise herausführt, notfalls nach dem Tod." (*Corona und die Theologie – Wie aus der Krise hervorgehen?*, in: feinschwarz.net vom 27. Mai 2020 [letzter Zugriff: 9. April 2021]).

4 Joachim Neander [1680], Lied: Lobe den Herren, den mächtigen König der Ehren (Strophe 2).

5 „Die wohl größte Herausforderung für den biblischen Schöpfungsglauben stellt die moderne Evolutionslehre dar. Sie dynamisiert den statischen Begriff einer Schöpfungsordnung und begreift Leiden, Krankheit und Tod als notwendige Nebenfolgen des evolutionären Prozesses. Mangelerfahrungen, Ressourcenknappheit und Rivalität sind so zugleich auch Motor für die Entwicklung des Lebens." (Jan-Heiner Tück, Pandemie – eine Geißel Gottes? Ein Deutungsangebot zwischen Straftheologie und Gottesbeschimpfung, in: Walter Kardinal Kasper/Georges Augustin [Hg.], Christsein und die Corona-Krise [Anm. 2], 135–158, 149.)

6 Adolph von Harnack, Marcion: Das Evangelium vom fremden Gott. Eine Monographie zur Geschichte der Grundlegung der Katholischen Kirche, Leipzig 1921.

7 Erinnert sei etwa an Leonardo Boff, *As origens do Coronavirus* [Die Ursprünge des Coronavirus], veröffentlicht am 30. März 2020 auf der brasilianischen Website „A terra e redonda", der im Anschluß an den Naturwissenschaftler und Umwelttheoretiker James Lovelock und dessen Gaia-Hypothese (der Theorie von „Mutter Erde" als eines lebendigen, sich selbst regulierenden Superorganismus) die These vertritt, Covid19 sei wie alle Virenkrankheiten eine Reaktion von Mutter Erde auf den Raubbau des Menschen an der Natur. Boff stellt das Virus in eine Reihe mit vom Menschen erzeugten Ereignissen wie der globalen Klimaerwärmung und dem Artensterben. – Zur weiteren Untermauerung seiner These vgl. den Nachfolgeaufsatz „Theoretischer Rahmen zum Verständnis der aktuellen Covid19-Krise": https://leonardoboff.org/2021/08/22/theoretischer-rahmen-zum-verstandnis-der-aktuellen-covid-19-krise/ (aufgerufen am 23. August 2021).

8 Erinnert sei hier an Fridolin Stier, Reinhold Schneider und Joseph Bernhart. Alle drei haben im 20. Jahrhundert diese Frage in einer Dringlichkeit gestellt, die bis heute nicht eingeholt ist.

9 Den diesbezüglich letzten Versuch, den *Discours sur l'histoire universelle* von Jacques Bénigne Bossuet aus dem Jahr 1681, in welchem als lenkende Kraft aller materiellen und ideellen Ursachen und Wirkungen der Wille Gottes zur Ausbreitung des Christentums und zum ewigen Heil der Menschen zur Darstellung kommt, muß man als grandios gescheitert ansehen. – Zur Thematik insgesamt Karl Löwith, Weltgeschichte und Heilsgeschehen. Die theologischen Voraussetzungen der Geschichtsphilosophie [1949/1953], in: Sämtliche Schriften, Stuttgart 1983, 7–279. – Hingegen bleibt Walter Benjamins Weigerung, „Geschichte grundsätzlich atheologisch zu begreifen", im Konzert der Philosophie des 20. Jahrhunderts eine einsame Stimme. In seinen Vorarbei-

ten zum „Passagenwerk" heißt es: Historiographie ist „nicht allein eine Wissenschaft sondern nicht minder eine Form des Eingedenkens [...]. Das Eingedenken kann das Unabgeschlossene (das Glück) zu einem Abgeschlossenen und das Abgeschlossene (das Leid) zu einem Unabgeschlossenen machen. Das ist Theologie; aber im Eingedenken machen wir eine Erfahrung, die uns verbietet, die Geschichte grundsätzlich atheologisch zu begreifen, so wenig wir sie in unmittelbar theologischen Begriffen zu schreiben versuchen dürfen." (GS V/1, 589.)

10 Atheisten und Gläubige. Karl Rahner im Gespräch mit der Redaktion von „Vigilia", Budapest 1984, in: Glaube in winterlicher Zeit. Gespräche mit Karl Rahner aus den letzten Lebensjahren, hrsg. von Paul Imhof und Hubert Biallowons, Düsseldorf 1986, 159–168, hier 162.

11 Jürgen Habermas, Nachmetaphysisches Denken. Philosophische Aufsätze, Frankfurt a.M. 1989, 36–40; ders., Auch eine Geschichte der Philosophie, Bd. 1: Die okzidentale Konstellation von Glaube und Wissen, Berlin 2019, 21–174.

12 Pindar, Pythische Oden VIII (5), 95–97 (zitiert nach Pindar, Oden griechisch/deutsch, übersetzt und hrsg. von Eugen Dönt, Stuttgart 1986, 152–155).

13 Vgl. Peter L. Berger, Zur Dialektik von Religion und Gesellschaft. Elemente einer soziologischen Theorie, Frankfurt a.M. 1973.

14 Vgl. Charles Taylor, Ein säkulares Zeitalter, aus dem Englischen von Joachim Schulte, Frankfurt a.M. 2009.

15 Zweites Deutsches Fernsehen, „Markus Lanz" mit Stephan Weil (niedersächsischer Ministerpräsident), Hendrik Streeck (Virologe), Thea Dorn (Publizistin) u.a., 21. April 2020; https://www.youtube.com/watch?v=giKrJ_t8EvA (Zitat: Min. 59:48–1:01:05) – aufgerufen am 31. Oktober 2021.

16 Vgl. Karl Wallner, Die Krise als missionarische Chance. Durch die Corona-Pandemie kommt die Verkündigung endlich in den Medien an, in: Walter Kardinal Kasper/George Augustin (Hg.), Christsein und die Corona-Krise (Anm. 2), 170–190.

17 Thomas Pröpper, Erlösungsglaube und Freiheitsgeschichte. Eine Skizze zur Soteriologie, München ³1991, 30.

18 Erich Kästner, Dr. Erich Kästners lyrische Hausapotheke [1936], München ¹⁸1999. – Heinrich Heine, *Spätere Note* (März 1854) zu seinen *Denkworten* auf Ludwig Marcus (1798–1843), den großen jüdischen Orientalisten, *geschrieben zu Paris den 22. April 1844*, in: Heinrich Heine, Werke und Briefe in zehn Bänden, hrsg. von Hans Kaufmann, Berlin und Weimar 1980, Bd. 7, 283–300, hier 300.

19 Vgl. Werner Ross, Der ängstliche Adler. Friedrich Nietzsches Leben, München 1979, Neuausgabe München: Kastell Verlag 1997, 345–369, 407–412, 441f. – Zur Stichomythie, wie sie Nietzsche, sich implizit immer wieder gegen sich selber wendend, über sein Gesamtwerk verstreut, vgl. etwa die Riposte von 1873 „Ueber Wahrheit und Lüge im aussermoralischen Sinn" (KSA 1, 873–890) und die ihr entsprechende Kontreriposte § 344 in der Fröhlichen Wissenschaft von 1882 „Inwiefern auch wir noch fromm sind" (KSA 3, 574–577). – Das seine Betrachtungen als „unzeitgemäß" charakterisierende Epitheton wird von Nietzsche selber in der zweiten seiner Abhandlungen „Vom Nutzen und Nachtheil der Historie" wie folgt gedeutet: „So viel muss ich mir aber selbst von Berufs wegen als classischer Philologe zugestehen dürfen: denn ich wüsste nicht, was die classische Philologie in unserer Zeit für einen Sinn hätte, wenn nicht den, in ihr unzeitgemäss – das heisst gegen die Zeit und dadurch auf die Zeit und hoffentlich zu Gunsten einer kommenden Zeit – zu wirken." (KSA 1, 247.)

20 Wer mit den Schriften Elmar Salmanns vertraut ist, weiß, daß die Rede von der Stereophonie des Hörens auf die aus den verschiedenen Jahrhunderten zu uns sprechenden Stimmen von ihm stammt. Das Unternehmen einer dialektisch verschlungenen Hermeneutik der unterschiedlichen Denkstile und -epochen, wie sie mir in meinem Corona-Buch vor Augen steht, ist von Salmann beispielhaft durchgeführt worden in seinem Aufsatz „Die Dialektik eingelöster Ideale. Kirche und Sozialdemokratie stehen vor ähnlichen Problemen" (in: Die neue Gesellschaft / Frankfurter Hefte, April 2000, wiederveröffentlicht in: Elmar Salmann, Zwischenzeit. Postmoderne Gedanken zum Christsein heute, Warendorf 2004, 49–62).

21 Vgl. Holger Pyka, Austherapiert. Plädoyer für eine palliative Ekklesiologie (aus Anlaß der letzten Kirchenaustrittsstatistik). In: https://kirchengeschichten.blogspot.com/2020/06/austherapiert-pladoyer-fur-eine.html (aufgerufen am 22. August 2021).

Intermezzo und Übergang
Literarische Verarbeitungen von Seuchen- und Epidemieerfahrungen

22 Philip Roth, Nemesis. Roman [2010], aus dem Amerikanischen von Dirk van Gunsteren, München 2011.

23 Hans Erich Nossack, Bereitschaftsdienst. Bericht über die Epidemie [1973], Frankfurt a. M. 1987.

24 Gabriel García Márquez, Die Liebe in den Zeiten der Cholera [1985], aus dem Spanischen von Dagmar Ploetz, Köln 1987; Neuauflage Frankfurt a. M. ³2020.

25 Ljudmila Ulitzkaja, Eine Seuche in der Stadt. Szenario [1978], aus dem Russischen übersetzt von Ganna-Maria Braungardt, München 2021.

26 Alessandro Manzoni, Die Brautleute. Roman [1827/1840–42], aus dem Italienischen übersetzt von Burkhard Kroeber, München 2003. – Manzonis Roman ist allein ins Deutsche mindestens fünfzehn Mal (!) übersetzt worden.

27 Die Schilderung der großen Mailänder Pestepidemie (Kap. 31–37) stellt den Höhepunkt und die dramatische Peripetie in Manzonis Roman dar: ebd. 667–831.

28 Alle Zitate Gisela Hesse, Art. „[Alessandro Manzoni] I promessi sposi. Storia milanese del secolo XVII, scoperta e rifatta da Alessandro Manzoni [ital.; Die Verlobten. Mailänder Geschichte aus dem 17. Jh., entdeckt und neu gestaltet]", in: Kindlers Neues Literaturlexikon, hrsg. von Walter Jens, Bd. 11, München 1990, Sp. 113a, 112a-b.

29 Alessandro Manzoni, Die Brautleute (Anm. 26), 854f.

30 Gisela Hesse, Art. „[Alessandro Manzoni] I promessi sposi" (Anm. 28), Sp. 112a-b.

31 Debora Donnini – Città del Vaticano: Quei Promessi Sposi che ci parlano oggi – „Manzoni mi ha dato tanto". Così Papa Francesco nel 2013 parlò del suo interesse per „I Promessi Sposi", letti da lui più volte e richiamati anche in questo periodo. Il grande classico della letteratura italiana, ambientato in un periodo di pestilenza, tratteggia infatti l'umanità con grande attualità (https://www.vaticannews.va/lt/mondo/news/2020–04/coronavirus-i-promessi-sposi-manzoni-peste.html [aufgerufen am 12. November 2021]).

32 Albert Camus, Die Pest, Reinbek bei Hamburg (RoRoRo 15) 1981, 142f. (Übersetzung von Guido Meister; im Abgleich mit dem frz. Original vom Vf. leicht modifiziert.)

33 Alle Zitate ebd. 143.

34 Hans Erich Nossack, Bereitschaftsdienst. Bericht über die Epidemie (Anm. 23), 122.

35 Ebd. 90; vgl. 124. – Zum Ganzen Manfred Richter, Art. „[Hans Erich Nossack] Bereitschaftsdienst. Bericht über die Epidemie", in: Kindlers Neues Literaturlexikon, hrsg. von Walter Jens, Bd. 12, München 1991, 512f.

36 Philip Roth, Nemesis (Anm. 22), 62–64.

37 Ebd. 175, 178, 179, 180

38 Ebd. 206.

39 Ebd. 207.

40 Ebd. 189.

41 Ebd. 207f.

42 Robert Gernhardt, „‚Geh aus mein Herz' oder: Robert Gernhardt liest Paul Gerhardt während der Chemotherapie", in: ders., Später Spagat. Gedichte, Frankfurt a. M. 2008, 19.

43 Hier im wesentlichen zitiert nach der deutschen Übersetzung von Ruth Macchi unter Verwendung der Verse der ersten drei Tage von August Wilhelm Schlegel, zwei Bände, Berlin/Weimar: Aufbau-Verlag 1988. Teilweise beziehe ich mich auch auf die Übersetzung von Kurt Flasch (s. u. Anm. 45).
   Neben Boccaccio ist natürlich zu erinnern an die allererste der großen literarischen Schilderungen einer Seuche bei Thukydides, Der Peloponnesische Krieg II 47 (2) – 54 (5), dessen Pestbeschreibung Boccaccio für seinen eigenen Bericht über die Florentiner Zustände im Frühjahr 1348 manches Detail entnommen haben dürfte. Erinnert sei ferner an Homer, Ilias I, 10 (Pest im Lager der Griechen), und Ovid, Metamorphosen VII, 518–613 (Pest auf Ägina).
   Aus der neueren und neuesten Zeit sind zu nennen: Daniel Defoe, Die Pest zu London (A Journal of the Plague Year. Being Observations or Memorials, Of the most Remarkable Occurrences, As well Publick as Private, which happened in London During the last Great Visitation in 1665) [1722], aus dem Englischen von Werner Barzel, München 1987; Heinrich Heine, Französische Zustände [Bericht VI für die Augsburger Allgemeine Zeitung, 19. April 1832 ‹Cholera-Epidemie in Paris›], in: Werke und Briefe in zehn Bänden (Anm. 18), Bd. 4, 446–463; Jens Peter Jacobsen, Die Pest in Bergamo [1881], aus dem Dänischen von Mathilde Mann, Göttingen 2020; Thomas Mann, Der Tod in Venedig [1912], in: ders., Die Erzählungen, Frankfurt a. M. 1986, 493–584; Jean Giono, Le husard sur le toit [1951]; Der Husar auf dem Dach, ins Deutsche übersetzt von Thomas Dobberkau, Köln 1989; Andrzej Szczypiorski, Eine Messe für die Stadt Arras [1971], aus dem Polnischen von Karin Wolff, Zürich 1991; José Saramago, Die Stadt der Blinden [1995], aus dem Portugiesischen von Ray-Güde Mertin, Reinbek bei Hamburg 1997; Stewart O'Nan, A Prayer fort the Dying [1999], unter dem Titel „Das Glück der anderen" aus dem Amerikanischen von Thomas Gunkel, Reinbek bei Hamburg 2013. – Zu weiteren literarischen und cineastischen Verarbeitungen der Pest-, Cholera- oder Epidemiethematik allgemein oder im Besonderen vgl. Elisabeth Bronfen, Angesteckt. Zeitgemäßes über Pandemie und Kultur, Zürich 2020, bes. 21–45, 73–99, 101–160; Angela Oster/Jan-Henrik Witthaus (Hg.), Pandemie und Literatur, Wien/Berlin 2021.

44 Volker Reinhardt, Die Macht der Seuche. Wie die Große Pest die Welt veränderte 1347 – 1353, München 2021, 77.

45 Zur internen Dialektik des Decamerone, des „Zehntagewerks", gegenüber dem biblischen Hexahemeron, dem „Sechstagewerk" des biblischen Schöpfungsberichtes Gen 1 („Neben dem Sechstagewerk der Theologen gibt es jetzt auch das Zehntagewerk der Poesie", wobei für Boccaccio Theologie natürlich eine stark poetische Seite hat und die Poesie von der Theologie nie zu trennen ist), vgl. Kurt Flasch, Giovanni Boccaccio, Poesie nach der Pest. Der An-

fang des *Decamerone* – Vorwort, Erster Tag: Einleitung, Novelle I–IV, Italienisch-deutsch. Neu übersetzt und erklärt von Kurt Flasch, Main 1992, 33f.

46 Zum idyllischen Experimentalcharakter der Rahmenhandlung samt ihrem heiter-rationalistischen Konzept eines Ineinsfalls von Vernunft und Vergnügen vgl. den instruktiven Kommentar von Kurt Flasch: Giovanni Boccaccio, Poesie nach der Pest (Anm. 45), 95–114, bes. 106–112.

47 Decamerone I, 8–9 (Anm. 43), Bd. 1, 15.

48 S.o. Anm. 43.

49 Decamerone I, 10–12 (Anm. 43), Bd. 1, 15f.

50 Decamerone I, 47 (Anm. 43), Bd. 1, 25.

51 Genauere Auskünfte über die Zahl der Pesttoten in den oberitalienischen Städten des 14. Jahrhunderts bietet Volker Reinhardt, Die Macht der Seuche (Anm. 44), 33–38, 57–108.

52 Volker Reinhardt, Die Macht der Seuche (Anm. 44), 83.

53 Magnus Striet, Theologie im Zeichen der Corona-Pandemie. Ein Essay, Ostfildern 2021, 49–55, „unsensible Mainstreamtheologie" (ebd. 53).

54 Kurt Flasch, Giovanni Boccaccio, Poesie nach der Pest (Anm. 45), 82f.

55 Vgl. Ex 7,13; 8,15; 9,35; 10,1; 11,9; Jos 11,20; Jes 6,9/Joh 12,40 u. ö.

56 Aus der abundanten Literatur zur Thematik verwiese ich hier nur auf vier wichtige Titel: Walter Gross/Karl-Josef Kuschel, „Ich schaffe Finsternis und Unheil". Ist Gott verantwortlich für das Übel?, Mainz 1992; Walter Dietrich/Christian Link, Die dunklen Seiten Gottes: Willkür und Gewalt, 2 Bde., Neukirchen-Vluyn 1995; Ralf Miggelbrink, Der Zorn Gottes. Geschichte und Aktualität einer ungeliebten biblischen Tradition, Freiburg i. Br. u. a. 2000; Navid Kermani, Der Schrecken Gottes. Attar, Hiob und die metaphysische Revolte, München 2005.

57 Walter Gross/Karl-Josef Kuschel, „Ich schaffe Finsternis und Unheil". Ist Gott verantwortlich für das Übel? (Anm. 56), 60–103, hier 60.

58 Vgl. ebd. (Anm. 56) die theologiegeschichtlichen und systematischen Durchblicke von Karl-Josef Kuschel, 60–103, 170–218. – Zum Ganzen auch Martin H. Thiele, Gott – Allmacht – Zeit. Ein theologisches Gespräch mit Johann Baptist Metz und Eberhard Jüngel (MBT 67), Münster i. Westf. 2009.

59 Eberhard Jüngel, Die Leidenschaft, Gott zu denken. Ein Gespräch über Denk- und Lebenserfahrungen, hrsg. von Fulvio Ferrario, Zürich 2009, 27.

60 Insofern ist das Bild, das Magnus Striet in seinem Corona-Essay (s. o. Anm. 53) von „der" traditionellen Theologie zeichnet („zynisch", „zeitgeistkonform", „theologisch absurd", „intellektueller Offenbarungseid"), doch reichlich statisch und einlinig. – Die hier angeschnittenen Aspekte einer wechselseitigen Erhellung von biblischem Text, existentieller Situation des Lesers und ontologischer Fundierung der Welt stellen das Herzstück mittelalterlicher Exegese dar; noch die modernen Existentialexegesen eines Rudolf Bultmann oder Eugen Drewermann verorten sich in diesen Zusammenhängen. – Vgl. dazu folgende wichtige Arbeiten: Ivan Illich, Im Weinberg des Textes. Als das Schriftbild der Moderne entstand (Ein Kommentar zu Hugos ‚Didascalicon'), Frankfurt a. M. 1991; Ulrich H. Körtner, Der inspirierte Leser. Zentrale Aspekte biblischer Hermeneutik, Göttingen 1994; ferner die unschätzbaren Bücher von Paul Ricœur nicht nur zur philosophischen Valenz biblischer Exegese, sondern auch und insbesondere zur Frage nach dem Ursprung des Bösen und dem Umgang mit ihm: Paul Ricœur, Symbolik des Bösen (Phänomenologie der Schuld II), Freiburg i. Br./München ²1988; ders., Le Mal. Un défi à la philosophie et à la théologie, Genève: Labor et Fides 1996; ders./André LaCocque, Penser la Bible. Paris: Les Éditions du Seuil 1998.

61 Kurt Flasch, Giovanni Boccaccio, Poesie nach der Pest (Anm. 45), 82.

62 Kurt Flasch, Giovanni Boccaccio, Poesie nach der Pest (Anm. 45), 83.
63 Diese Haltung findet in der an seine Freundin Leukonoë gewidmeten Ode des Horaz ihren präzisen Ausdruck; deren Schlußwort „carpe diem" (wörtl. „Pflücke den Tag") ist sprichwörtlich geworden:

> Frage nicht, Leukonoë, (denn solches Wissen ist Frevel), welches Ende
> die Götter mir,
> welches sie dir zugedacht haben, und versuch dich auch nicht an
> Babylonischen Berechnungen!
> Besser ist's, was immer da kommen mag, zu ertragen!
> Ganz gleich, ob Jupiter dir noch weitere Winter zuteilt oder ob dieser jetzt,
> der gerade das Tyrrhenische Meer an widrige Klippen branden läßt, dein
> letzter ist:
> Zeige Vernunft, filtre den Wein und verzichte auf jede weiter reichende
> Hoffnung!
> Denn das Leben ist kurz. Noch während wir reden allhier, ist uns bereits die
> mißgünstige Zeit entflohn:
> Genieße den Tag, und verlaß dich so wenig wie möglich auf den, der noch
> kommt!

(Ode I, 11, zitiert nach den Übersetzungen von Will Richter und Johann Heinrich Ernesti: Horaz, Oden und Epoden. Lateinisch und deutsch, nach der Übersetzung von Will Richter, überarbeitet und mit Anmerkungen versehen von Friedemann Weitz, Darmstadt 2010, 60f.)
64 Decamerone X [Titulatur] (Anm. 43), Bd. 2, 391.
65 Verwiesen sei auf die letzte Geschichte des Decamerone, die Boccaccio dem leichtfüßigen Dioneo in den Mund legt: die Geschichte vom bösen Marchese di Saluzzo, genannt Gualtieri, der durch die aufopferungsvolle Liebe seiner Frau Griselda, die er aus reiner Bosheit geheiratet hat, zur wahren Liebe bekehrt wird. (Decamerone X, 10 [Anm. 43], Bd. 2, 512–528.)
66 Dies wird nicht zuletzt am parallelen Aufbau der beiden Werke deutlich: Den hundert Gesängen der Göttlichen Komödie entsprechen die hundert Novellen des Decamerone.
67 Boccaccio hat sein Werk den „feinfühlenden Frauen mehr als den Männern" gewidmet, sind diese doch „durch Pläne, Wünsche und Befehle ihrer Väter, Mütter, Brüder und Ehemänner [...] im engen Kreis ihrer Zimmer eingeschlossen". Zugleich gilt: „Fortuna geizt immer dort mit ihrer Hilfe, wo ohnehin weniger Kraft ist. Das können wir besonders bei den zarten Frauen sehen. Um diesen Fehler der Fortuna etwas auszugleichen, will ich hundert ‚Novellen' erzählen [...] als Hilfe und Zuflucht für Frauen, aber nur für jene, die lieben, den anderen genüge Nadel, Spindel und Haspel." (Decamerone, Proöm 9f. und 13, Bd. 1 [Anm. 43], 8f. – hier zitiert nach der Übersetzung von Kurt Flasch [Anm. 45], 202–205.)
68 Decamerone X [Schlußwort des Verfassers] (Anm. 43), Bd. 2, 539. Vgl. auch ebd. 533: „Edle Damen, zu deren Erheiterung ich mich dieser langwierigen Mühe unterzogen habe, ich glaube, daß ich mit Gottes Beistand, den ich wahrscheinlich mehr euren frommen Gebeten als meinen eigenen Diensten verdanke, alles, was ich euch zu Anfang dieses Werkes versprach, voll und ganz erfüllt habe. Ich danke daher an erster Stelle Gott und dann euch und kann nunmehr der Feder und der ermüdeten Hand Ruhe gönnen."
69 Gabriel García Márquez, Die Liebe in den Zeiten der Cholera (Anm. 24), 505.
70 Ebd. 509.
71 Ebd. 394.
72 Daher auch die berühmte Formulierung im alttestamentlichen Hohelied

Anmerkungen

8,6bc: „*Liebe ist stark wie der Tod, und Leidenschaft unwiderstehlich wie das Toten-*
reich. Ihre Glut ist feurig und eine Flamme des Herrn [שַׁלְהֶבֶתְיָה]*, so daß auch viele Was-*
ser die Liebe nicht auslöschen und Ströme sie nicht ertränken können." (Hld 8,6bc) –
Man beachte, wie Martin Luther die Form שַׁלְהֶבֶתְיָה übersetzt: Die Glut der
Liebe ist „eine Flamme des Herrn"; „*der Liebe Gluten sind gotteshaltig*". Ähnlich
Martin Buber: „*Gewaltsam wie der Tod ist die Liebe, hart wie das Gruftreich das*
Eifern, ihre Flitze Feuerflitze, – eine Lohe oh von Ihm her!"
73 Gabriel García Márquez, Die Liebe in den Zeiten der Cholera (Anm. 24), 11.
74 Ebd. 326: „Nichts in der Welt ist schwieriger als die Liebe."
75 Ebd. 445.
76 Ebd. 416.
77 Ebd. 509.
78 Man vergleiche die entsprechenden Ausführungen im Roman: ebd. 95f., 165–
172, 370.
79 Kurt Marti, Zärtlichkeit und Schmerz, Darmstadt 1979, 117.

II. Diagnose – oder:
Erinnerungen an das Grundlegende, Triviale

80 Das „Triviale" ist das Grundlegende; in den *septem artes liberales* der mittelalterlichen Universitäten waren die *Trivia* Grammatik, Dialektik, Rhetorik
die Grundlage allen Studierens; erst wenn man sich in ihnen hinreichende
Kenntnisse erworben hatte, durfte man zu den *Quadrivia* hinüberwechseln:
Arithmetik, Geometrie, Astronomie, Musik.

1. „Das Leben währet siebzig Jahr, und wenn es hoch kömmt, sind es achtzig ... "
(Ps 90,10) – oder: Von der Angst vor dem Tod

81 Interview mit der Zeitung „Der Tagesspiegel" (26. April 2020).
82 „Gegenüber den Jüngeren ist mein natürliches Lebensende ein bißchen näher. Meine Angst ist aber begrenzt. Wir sterben alle." (Ebd.)
83 Friedrich Schiller, Die Braut von Messina IV, 10 (Vers 2838f.). – Das Zitat endet
bekanntlich wie folgt: „... der Übel größtes aber ist die Schuld."
84 Platon, Resp. 379a – 380c. – Vgl. auch Symp. 202d-e; Resp. 379a-c; 380b-c;
Phaidr. 246d; Theait. 176b.
85 Marianne Gronemeyer, Das Leben als letzte Gelegenheit. Sicherheitsbedürf-
nisse und Zeitknappheit, Darmstadt 1993.
86 Platon, Phaid. 64a, 80e-81a.
87 Epikur, Ep. ad Men. 126. – Epiktet, Diss. II, 1,34; Cicero, Tusc. Disp. I, 31, 75.
88 Vgl. neben den bis heute höchst lesenswerten Ausführungen von Romano Guardini [die letzten Dinge [1940]; Der Tod des Sokrates [dritte erweiterte Aufl.
1947]; Die Lebensalter. Ihre ethische und pädagogische Bedeutung [1959]; Die
Annahme seiner selbst [1960]; Vom Sinn der Schwermut [1963]) auch das wunderbare Buch von Paul Rabbow, Seelenführung. Methodik der Exerzitien in
der Antike, München 1954.
89 Seneca, Brief an Lucilius IV, 5. Vgl. ebd. XXVI, 8; XXXVI, 8; LXIX, 6; LXXXII, 8.
Ders., De brev. vitae VII, 3.
90 Vgl. die entsprechenden Ausführungen von Wilhelm Schmid, Philosophie
der Lebenskunst. Eine Grundlegung, Frankfurt a. M. 1998, 333–355.
91 Erinnert sei an die „Gebete um einen guten Tod", die bis in die frühen 1970er
Jahre als eigene Rubrik in den katholischen Diözesangesangbüchern auf-
tauchten. In dem 1974 an deren Stelle getretenen überdiözesanen Gesangbuch „Gotteslob" ist diese Rubrik dann gestrichen worden. Zur selben Zeit

wurde römischerseits auch das Sterbesakrament der Letzten Ölung *(unctio extrema)* umbenannt in „Krankensalbung" *(unctio infirmorum)*.

92 „Hier liegt/ruht N.N. in Erwartung seiner Auferstehung."

2. „Und es rang ein Mann mit ihm, bis die Morgenröte aufstieg" (Gen 32,25) – oder: Von der Fremde und Dunkelheit Gottes

93 Allerheiligenlitanei, in: ‹Schott› Das vollständige Römische Meßbuch, lat./dt., hrsg. von den Mönchen der Erzabtei Beuron, Freiburg i. Br. [8]1941, 552–560, 554, 555, 556. – In genau dieselbe Richtung geht übrigens die seit einiger Zeit immer öfter kritisierte sechste Vaterunser-Bitte „Und führe uns nicht in Versuchung". Im französischen Sprachgebiet (der Frankophonie) ist man zum 1. Advent 2019 dazu übergegangen, auf Anordnung der französischen Bischofskonferenz in den Gemeinden statt der alten Formel „Et ne nous soumets pas à la tentation" zu beten: „Et ne nous laisse pas entrer en tentation". – Dazu die beiden wichtigen Aufsätze von Hans-Christoph Askani, „Une tentation à prix réduit". À propos de la nouvelle traduction du *Notre Père*, in: ders., Le pari de la foi, Genève: Labor et fides 2019, 195–207; Dieu tente-t-il?, in: ebd. 209–248.

94 Robert Gernhardt, Später Spagat. Gedichte (Anm. 42), 19.

95 Christoph Türcke, Umsonst leiden. Der Schlüssel zu Hiob, Lüneburg 2017. – Ähnlich auch Navid Kermani, Der Schrecken Gottes. Attar, Hiob und die metaphysische Revolte (Anm. 56).

96 Johann Baptist Metz, Die Rede von Gott angesichts der Leidensgeschichte der Welt, in: *Stimmen der Zeit* 210 (1992), S. 311–320.

3. „Gedenke meiner, o Herr" (Ps 106,4 / Lk 23,42) – oder: Von der Vergänglichkeit des menschlichen Gedächtnisses

97 Fridolin Stier, Vielleicht ist irgendwo Tag. Aufzeichnungen eines großen Denkers, Freiburg i. Br. 1991: „Von welcher Art ist das wissenschaftliche, forschende Denken, fragt man sich im Aufblitz der Erkenntnis, daß ursprungshaftes Denken die Frage nach dem Sinn im Sinne hat. Wissenschaft schafft Wissen von den ‚Sachen' (und nur als Sache ist auch der Mensch ihre ‚Sache'), das Denken aber forscht nach dem Sinn: Woher komme – wohin gehe – was bin – wozu bin ich? Die Antworten, die aus dem Munde der Wissenschaft auf diese Fragen zu vernehmen sind, befriedigen das Denken nicht ... [/] Aus der Urfrage des Denkens nach dem Sinn, als Antwort darauf, stammen die Ursprungsmythen. Danach hat der Mensch *zuerst* gefragt, danach wird er auch *zuletzt* fragen. Die (positivistische) Wissenschaft der Neuzeit scheint diese Frage nicht zu denken, sie klammert sie aus, beantwortet sie aber doch, indem sie forschend und fabrizierend, in Begriff und (technischem) Zugriff mit den Elementen der bewältigten Welt die Eigenwelt des Menschen zu erschaffen trachtet. Mit anderen Worten: Die Frage nach dem Sinn wird nicht gefragt, pragmatisch aber wird eine Antwort darauf *vollzogen*. Aus- oder unausgesprochen hat auch die Neuzeit ihren Mythos, indem sie ihn ‚lebt'." (Ebd. 158 [Aufzeichnung vom 14. Januar 1972].) – Der Kern dieses Mythos lautet: Wahr im strengen Sinn des Wortes ist nur, was man empirisch messen kann. Alles andere mag für das subjektive Empfinden wichtig sein; aufs Ganze der Welt gesehen kommt ihm jedoch keine Bedeutung zu.

98 Zur Frage nach dem geschichtlichen Ereignischarakter der von den neutestamentlichen Bekenntnisschriften bezeugten Erfahrung der Begegnung der Jesusjünger mit ihrem aus dem Tode erretteten Meister vgl. Georg Essen, Historische Vernunft und Auferweckung Jesu. Theologie und Historik im Streit um den Begriff geschichtlicher Wirklichkeit, Mainz: Grünewald (1995).

Anmerkungen

99 [Johann Baptist Metz] Unsere Hoffnung. Ein Bekenntnis zum Glauben in dieser Zeit. Gemeinsame Synode der deutschen Bistümer, in: Gemeinsame Synode der Bistümer der Bundesrepublik Deutschland, Bd. 1. Beschlüsse der Voll-
versammlung, Freiburg i. Br. 1976, 71–111, hier 91.
100 Vgl. Christoph Münz, Der Welt ein Gedächtnis geben. Geschichtstheologi-
sches Denken im Judentum nach Auschwitz, Gütersloh 1995.
101 Erinnert sei hier an die berühmten Worte Adornos: „[...] der Gedanke, der
Tod sei das schlechterdings Letzte, [ist] unausdenkbar. [...] Wäre der Tod jenes
Absolute, das die Philosophie positiv vergebens beschwor, so ist alles überhaupt nichts, auch jeder Gedanke ins Leere gedacht, keiner läßt mit Wahrheit irgend sich denken. Denn es ist ein Moment von Wahrheit, daß sie samt
ihrem Zeitkern dauere; ohne alle Dauer wäre keine, noch deren letzte Spur
verschlänge der absolute Tod. Seine Idee spottet des Denkens kaum weniger
als die von Unsterblichkeit." (Negative Dialektik, Frankfurt a. M. 1988, 364.) Und
weiter: „Daß keine innerweltliche Besserung ausreiche, den Toten Gerechtigkeit widerfahren zu lassen; daß keine ans Unrecht des Todes rührte, bewegt die Kantische Vernunft, gegen Vernunft zu hoffen. Das Geheimnis seiner Philosophie ist die Unausdenkbarkeit der Verzweiflung. Genötigt von der
Konvergenz aller Gedanken in einem Absoluten, beließ er es nicht bei der absoluten Grenze zwischen dem Absoluten und dem Seienden, die zu ziehen
er nicht minder genötigt war. Er hielt an den metaphysischen Ideen [sc. Gottes und der Unsterblichkeit der Seele] fest und verbot dennoch, vom Gedanken des Absoluten, das einmal so sich verwirklichen könne wie der ewige
Friede, überzuspringen in den Satz, das Absolute sei darum. Seine Philosophie kreist, wie übrigens wohl eine jede, um den ontologischen Gottesbeweis. [...] Verschmäht hat er den Übergang zur Affirmation." (Ebd. 378.)

4. „Der Tor spricht in seinem Herzen: ‚Es gibt keinen Gott!'" (Ps 14,1) – oder:
Von der Fragwürdigkeit des modernen Wissenschaftspositivismus

102 Das sich selber aporetisierende Problem des naturalistischen Reduktionis-
mus besteht ja darin, daß der Naturalismus die Rückführung menschlicher
Erkenntnisleistung auf ein komplexes Neuronengestöber immer noch als
Wahrheit im strengen Sinn des Wortes postuliert. Wie aber kann ein Neuronengestöber sich selber als Neuronengestöber erkennen? Mit anderen Worten: Wie kann Materie (und ein Neuronengestöber ist Materie) wahrheitsfähig
werden? Ist der Materialismus dann noch Materialismus? Wenn ja, hat sich
der Materialismus (im Sinne eines reduktiven Naturalismus) zur Metaphysik
nobilitiert und sich dadurch selbst widerlegt. Wenn nein, hat er geleugnet,
daß der Materialismus sich als Materialismus erkennen kann – und hat sich
dadurch erneut selbst widerlegt. Man drehe und wende es, wie man will: Ein
konsequent materialistischer Naturalismus ist eine epistemisch unhaltbare
Behauptung. – Dazu ausführlich Hans-Dieter Mutschler, Halbierte Wirklichkeit: Warum der Materialismus die Welt nicht erklärt, Darmstadt 2014; Thomas Nagel, Geist und Kosmos – oder: Warum die materialistische neodarwinistische Konzeption der Natur so gut wie sicher falsch ist, Berlin ³2013.
103 Werner Heisenberg, Der Teil und das Ganze. Gespräche im Umkreis der
Atomphysik, München ¹²1991, 123f.: „Die Natur ist [...] so gemacht, daß sie
verstanden werden kann. Oder vielleicht sollte ich richtiger umgekehrt sagen, unser Denkvermögen ist so gemacht, daß es die Natur verstehen kann.
Die Begründung für diese Überzeugung [...:] Es sind die gleichen ordnenden
Kräfte, die die Natur in allen ihren Formen gebildet haben und die für die
Struktur unserer Seele, also auch unseres Denkvermögens verantwortlich

228

sind." Vgl. ebd. 14f., 77f., 120f. – Karl Löwith, Vermittlung und Unmittelbarkeit bei Hegel, Marx und Feuerbach, in: Ders., Sämtliche Schriften Bd. 5: Hegel und die Aufhebung der Philosophie im 19. Jahrhundert, Stuttgart 1988, 186–222, hier 212: „Zwingend, ohne Zwang, ist nur Evidenz, das unmittelbar Einleuchtende. Und weil die menschlichen Sinne denselben Ursprung haben wie das, was sich ihnen zeigt, ist anzunehmen, daß sie in jedem lebendigen Wesen auf die entsprechende Erscheinung abgestimmt sind." – Für Nikolaus von Kues, der in christlich-neuplatonischer Tradition beheimatet ist, sind die hier in Frage stehenden erkenntnistheoretischen Zusammenhänge – anders als für Löwith (Heisenberg bleibt in dieser Frage eigentümlich unklar [vgl. Der Teil und das Ganze, aaO. 277–288]) – metaphysisch fundiert: „Notwendigerweise gehen die Mutmaßungen aus unserem Geist so hervor, wie die reale Welt aus dem unendlichen göttlichen Geist" (De conject. I, 1, n. 5. 3f.), was bedeutet, daß „der menschliche Geist die Wesensform der mutmaßlichen Welt ist, wie der göttliche Geist die Wesensform der realen Welt" (I, 1, n. 5. 7f.); denn der menschliche Geist ist Abbild Gottes („alta dei similitudo" [I, 1, n. 5. 5]) und partizipiert demzufolge an Gottes schöpferischer Kraft. Deswegen auch stehen die vom Menschen ersonnenen mutmaßlichen Welten sowohl in gnoseologischer als auch ontologischer Hinsicht in Beziehung zu der von Gott erschaffenen resp. aus ihm hervorgegangenen realen Welt. (De coniecturis/Die Mutmaßungen, in: Philosophisch-Theologische Schriften. Studien- und Jubiläumsausgabe Lat.-Dt., hrsg. von Leo Gabriel, Wien 1982, Bd. II, 1–209, hier 6/7.)

104 Friedrich Nietzsche, Götzendämmerung – oder: Wie man mit dem Hammer philosophiert, KSA 6, 55–161, hier 78.12f. – Niedergeschrieben im September 1888, veröffentlicht im Oktober desselben Jahres.

105 Thomas von Aquin, STh I, q. 16 art. 1.

106 Vgl. in dem instruktiven, von Christian Geyer hrsg. Sammelband „Hirnforschung und Willensfreiheit. Zur Deutung der neuesten Experimente" (Frankfurt a.M. 2004) etwa die Aufsätze von Wolfgang Prinz (ebd. 20ff.), Wolf Singer (ebd. 30ff.) Gerhard Roth (ebd. 218ff.), Holk Cruse (ebd. 223ff.) und Christof Koch (ebd. 229ff.). – Zur Problematik insgesamt sei auf die überaus differenzierten Ausführungen des Heidelberger Psychiaters und Philosophen Thomas Fuchs, Inhaber des Karl-Jaspers-Lehrstuhls für Phänomenologische Psychopathologie und Psychotherapie, verwiesen, vorgelegt insbesondere in seinem Grundlagenwerk „Das Gehirn – ein Beziehungsorgan. Eine phänomenologisch-ökologische Konzeption", Stuttgart ²2009.

107 Folgt man Nietzsche, so legt unsere Sprache, die uns eine sinnvolle, weil nach Menschenmaß perzipierbare Welt suggeriert, Zeugnis davon ab, wie sehr der Mensch die Welt nach seinen eigenen Maßstäben perzipiert, d.h. wie sehr er sich selbst in die Welt hineinprojiziert, um in dieser sich dann selber wiederzufinden. Als eindrucksvollster Text hierzu der posthum veröffentlichte Traktat „Ueber Wahrheit und Lüge im aussermoralischen Sinn", in: KSA Bd. I, 873–890. Ferner der § 344 in Die fröhliche Wissenschaft. Fünftes Buch, überschrieben mit dem Titel „Inwiefern auch wir noch fromm sind" (KSA 3, 574–577.)

108 Michel Foucault, Die Ordnung des Diskurses. Inauguralvorlesung am Collège de France, 2. Dezember 1970: „Wir müssen uns nicht einbilden, daß die Welt uns ein lesbares Gesicht zuwendet, welches wir nur zu entziffern haben. Die Welt ist kein Komplize unserer Erkenntnis." (Frankfurt a.M. 2003, 34.)

109 Eberhard Schockenhoff, Wir Phantomwesen. Über zerebrale Kategorienfehler, in: Christian Geyer (Hg.), Hirnforschung und Willensfreiheit (Anm. 106), 166–170.

110 Thomas von Aquin, De veritate q. 22 art. 2 ad 1. – Vgl. dazu Josef Pieper, Krea-
türlichkeit. Bemerkungen über die Elemente eines Grundbegriffs, in: Werke
(Hg. Bertold Wald), Bd. II, Hamburg 2001, 441–464, hier insbes. 443–454;
ders., Wahrheit der Dinge. Eine Untersuchung zur Anthropologie des Hochmittelalters, in: ebd. Bd. V, Hamburg 1997, 99–179, hier 116–134.

111 So ist bspw. für Karl Rahner „das Geheimnis [sc. Gottes] in seiner Unumgreif-
barkeit [...] das *Selbstverständliche*“. Transzendenz ist nicht irgendein „metaphysischer Luxus unseres intellektuellen Daseins“, sondern „die schlichteste,
selbstverständlichste, notwendigste Bedingung der Möglichkeit *allen* geistigen Verstehens und Begreifens“. „Denn alles [...] Begreifen, so klar es sich zunächst einmal vorkommen mag, gründet ja auf dieser Transzendenz, alles
helle Begreifen gründet im Dunkel Gottes.“ (Grundkurs des Glaubens, Freiburg i. Br. 1991, 32f. 72.)

112 Hans Kessler, Evolution und Schöpfung in neuer Sicht, Kevelaer ²2009, 92 (mit
Zitat aus Thomas Nagel, Das letzte Wort, Stuttgart 1999, 190).

113 Hans-Dieter Mutschler, Von der Form zur Formel. Metaphysik und Naturwissenschaft, Zug 2011, 9 – mit Bezug auf den Physiker Stephen Weinberg, der
sagt: „„Je begreiflicher uns das Universum wird, umso sinnloser erscheint
es auch‘“, um gleich daran anzufügen: „„Doch wenn die Früchte unsrer Forschung uns keinen Trost spenden, finden wir zumindest eine gewisse Er-
mutigung in der Forschung selbst ... Das Bestreben, das Universum zu verstehen, hebt das menschliche Leben ein wenig über eine Farce hinaus und
verleiht ihm einen Hauch von tragischer Würde.‘“ Mutschler kommentiert:
„Das ist ein erstaunlicher Satz: Das Weltall erscheint in dieser Perspektive
wie eine völlig sinnlose Veranstaltung, bringt aber einen Menschen hervor,
der Sinn im Akt des Forschens erfährt. Wie geht das zusammen? Entsteht der
Sinn aus dem Nichts?“ (Ebd. 8f. – mit Zitat Stephen Weinberg, Die ersten drei
Minuten. Der Ursprung des Universums, München ¹⁰1991, 162f.)

114a Dieser letzte Halbsatz ist selbstverständlich nicht darauf ab, die Gesetze
der Physik teleologisch, d. h. als Sinnzusammenhänge zu lesen. Auch der
Theologe muß die Gefahr des Kategorienfehlers vermeiden, wie ihn bspw.
Weinberg begeht (s. o. Anm. 113). Kategorienfehler resp. naturalistische Fehl-
schlüsse sind nun aber gerade auf szientistischer Seite nicht selten. Erinnert
sei nur an die sprichwörtlich gewordene Formulierung des Evolutionsbiolo-
gen und Nobelpreisträgers Jacques Monod, der Mensch habe durch die Einsichten der Naturwissenschaften die für ihn schmerzliche Einsicht akzeptieren müssen, „ein Zigeuner am Rande des Universums“ zu sein, einsam „in
der teilnahmslosen Unermeßlichkeit“ eines Kosmos, der „für seine Musik
taub ist und gleichgültig gegen seine Hoffnungen, Leiden oder Verbrechen“.
Der Mensch sei ein Wesen, das sein „Dasein als sonderbar empfinden“ müsse
wie jemand, der in einem völlig aberwitzigen, 14 bis 16 Milliarden Jahre wäh-
renden „Glücksspiel“ unter den 10^{40} möglichen Kombinationen die einzige
passende „‚Losnummer‘“ gezogen habe. Monod empfiehlt deshalb seinen Lesern, Abschied zu nehmen von „animistischen Ideologien“ wie denen des
Christentums oder des Marxismus, denn der Mensch werde durch das von
ihm selbst aufgestellte „Objektivitätspostulat“ der Naturwissenschaften zu
einem solchen Schluß genötigt. (Zufall und Notwendigkeit. Philosophische
Fragen der modernen Biologie, München ⁹1991. Reihenfolge der Zitate: ebd.
151, 157, 129, 156, 154.)

   Der Wissenschaftstheoretiker Bernulf Kanitscheider hingegen been-
det sein Kosmologiebuch mit einer kritischen Anmerkung zu Monod. Der
Mensch sei, insofern er das Universum als eine sich selbst organisierende
Totalität *erkenne*, von welcher er selber ein Teil sei, imstande, seine Lebens-

spanne sinnvoll zu nutzen, wobei Kanitscheider hierzu einen reflektierten Hedonismus empfiehlt. Durch eine solche Lebenspraxis, die sich den evolutionsbiologischen Zusammenhängen nachahmend anschmiege, würde der Mensch auch „ein wenig von unserer großräumigen Einbettung [...] verstehen [...], unserem Universum, das uns hervorgebracht hat, unserer Heimat." (Liebe, Lust und Leidenschaft: Sexualität im Spiegel der Wissenschaft, Stuttgart 1990; ders., Das hedonistische Manifest, Stuttgart 2011. Zitat: ders., Kosmologie. Geschichte und Systematik in philosophischer Perspektive, Stuttgart ²1991, 468.)

Mutschler kommentiert: „Solche Spekulationen sind keine Ergebnisse der Fachwissenschaft." Was Kanitscheider anbetrifft, so stellt sich folgende Frage: Wie soll mir ein Universum zur Heimat werden, das jedes lebensweltliche Entsprechungsverhältnis zwischen Mensch und Natur ad absurdum führt? „Entweder man lebt in einem ‚partizipatorischen' Universum, in dem sich Mensch und Natur entsprechen" gemäß der Aristotelischen Formel „anima quodammodo omnia" – dann jedoch treibt man keine strenge Naturwissenschaft mehr, sondern Metaphysik, „oder man versteift sich auf die strenge Wissenschaft, dann verliert man jene Mensch-Natur-Entsprechung aus dem Blick." Beides zugleich geht nicht, weshalb die Aufforderung zur kosmischen „Heimat"-Entdeckung durch hedonistische Lebenspraxis nicht naturwissenschaftlicher Forschung entspringt, sondern der Haltung eines Feuilleton-Ästhetizismus. Umgekehrt ist im Blick auf Monod zu sagen, daß seine Argumentation ihre Suggestivkraft aus der Winzigkeit des Menschen im Vergleich zu den kosmischen Größenordnungen bezieht. „Aber dieses Argument gilt nur unter quantitativer Rücksicht. Qualitativ gesehen ist der Mensch ein Maximum. Das menschliche Gehirn hat so viele Neuronen wie das Weltall Sonnen hat. Die komplexe Vernetzung dieser Neuronen macht den Menschen zu einem Komplexitätsmaximum im Weltall nach allem, was wir wissen. Es ist eine Frage des Maßstabes, ob man den Menschen für eine vernachlässigbare Größe ansieht oder für ein herausragendes Phänomen. Ihn für einen ‚Zigeuner am Rande des Universums' zu halten, setzt jedenfalls gewisse Maßstäbe voraus, die nicht aus der Naturwissenschaft selber stammen." (Hans-Dieter Mutschler, Weltentstehungstheorien, in: Rainer Koltermann [Hg.], Universum – Mensch – Gott. Der Mensch vor den Fragen der Zeit, Graz 1997, 15–33. Reihenfolge der Zitate: ebd. 30, 16, 32.)

114b Als Begründer der evolutionären Erkenntnistheorie darf neben dem Verhaltensforscher Konrad Lorenz (Die Rückseite des Spiegels. Versuch einer Naturgeschichte menschlichen Erkennens, München 1973) der Physiker und Philosoph Gerhard Vollmer (Evolutionäre Erkenntnistheorie, Stuttgart ¹1975 / ⁸2002) gelten, der Lorenzens Überlegungen unter Rückgriff auf Poppers Wissenschaftstheorie (Logik der Forschung. Zur Erkenntnistheorie der modernen Naturwissenschaft 1935/ 1934) zu einem weltanschaulichen Materialismus umformte. Erwähnt werden ferner der Psychologe und Wissenschaftsphilosoph Donald T. Campbell, der Biologe Franz Wuketis sowie der Zoologe Rupert Riedl. Letzterer schreibt: „Mit Konrad Lorenz' Einsicht, daß die angeborenen Formen unserer Anschauung wohl aus denselben Gründen in diese Welt passen, aus denen die Flosse des Fisches ins Wasser paßt, noch bevor er aus dem Ei geschlüpft ist, entwickelte sich die ‚Evolutionäre Erkenntnistheorie'. Sie lehrt, daß Leben, [d. h. die] Evolution selbst, einen erkenntnisgewinnenden Prozess darstellt, gleichgültig, ob die Kenntnis auf genetischem Wege vorauserworben oder durch den assoziativen Lernvorgang des Individuums hinzugefügt wurde." (Kultur: Spätzündung der Evolution? Antworten auf Fragen an die Evolutions- und Erkenntnistheorie, München 1987, 197.) Auf demselben Wege, so wiederum Gerhard Vollmer, sei bei bestimmten Primaten dann auch das Bewußtsein entstanden; es bot ihnen im Evolutionsprozeß einen erheblichen Überlebensvorteil: „Unser Erkenntnisapparat ist ein Ergebnis der Evolution. Die subjektiven Erkenntnisstrukturen passen auf die Welt, weil sie sich im Laufe der Evolution in Anpassung an diese reale Welt herausgebildet haben. Und sie stimmen mit den realen Strukturen (teilweise) überein, weil nur eine solche Übereinstimmung das Überleben ermöglichte." (Evolutionäre Erkenntnistheorie, aaO. 102) – Zur Kritik der Evolutionären Erkenntnistheorie vgl. Hans-Dieter Mutschler, Halbierte Wirklichkeit: Warum der Materialismus die Welt nicht erklärt (Anm. 102), 236–264.

115 Thomas Nagel hat in seinem Buch „Der Blick von Nirgendwo" (Frankfurt a. M. 2012), und zwar besonders im dortigen vierten Kapitel unter dem Titel „Das objektive Selbst" (ebd. 97–117), allen Scharfsinn daran gewendet, dieses Argument zu widerlegen, denn es widerspricht seiner (in jenem Buch vorausgesetzten, später dann erheblich modifizierten) Position eines metaphysischen Naturalismus. Diese Position lautet: *Das Ganze der Wirklichkeit ist mit den Methoden der empirischen Naturwissenschaften hinreichend, wenn nicht gar erschöpfend zu erklären.* Jedoch die Erste-Person-Perspektive ist empirisch gerade nicht reduzier- bzw. erklärbar! Wie soll ein neuronaler Reflex, der mir den Gedanken suggeriert, es gäbe „mich", wissen, daß er nichts anderes ist als ein neuronaler Reflex?! Die Münchhausiade des metaphysischen Naturalismus ist mit Händen zu greifen (s. o. Anm. 102), und man fragt sich, weshalb solche Pseudowissenschaften an unseren Universitäten mit solchen Mengen an Steuergeldern finanziert werden. (Nebenbei bemerkt: Schon im Verfassen des Forschungsantrages, man möge den Nachweis der Rückführung alles Mentalen auf Physisches ausreichend finanzieren, hat der Vertreter eines metaphysischen Naturalismus sich selbst widerlegt.) Damit ist selbstverständlich nichts gegen die Berechtigung eines *methodischen* Naturalismus oder Physikalismus gesagt. Wir verdanken ihm die Fortschritte in den theoretischen Naturwissenschaften und damit die in hohem Maße begrüßenswerten Möglichkeiten unserer technischen Welt. (Daß die Technisierung unserer Welt auch ihre Schattenseiten hat, ist evident, kann hier aber nicht vertieft werden.) Wo hingegen der empirische Naturalismus sich zur alles erklärenden Metaphysik aufspreizt und behauptet, die Grundlagen dieser Metaphysik auch noch empirisch bewiesen zu haben, da ist von seiten der Philosophie (und wenn sie dieser Aufgabe nicht nachkommt, von seiten der Theologie) Einspruch geboten.

116 Selbstverständlich sind auch Tiere und Pflanzen, insofern ihnen das Vermögen innewohnt, auf von ihnen „erkannte" Ziele hinzustreben, verschiedenstufig geistbegabt, d. h. in Hinsicht auf das Wirkliche unterscheidungsfähig. – Vgl. hierzu etwa bei Aristoteles, De anima I 1 (402a 7): ἡ ψυχή] ἔστι γὰρ οἷον ἀρχὴ τῶν ζῴων; II 2 (413a 21–27); II 3 (414a 30 – 414b 1).

117 Dazu Rüdiger Safranski: „Ist es nicht wie ein Wunder, daß die Evolution ein Bewußtsein hervorgebracht hat, das die Evolution begreifen kann? Das ist das ungeheure Faktum, aus dem auch die Gottesintuition entspringt. Es ist zugleich selbstverständlich und völlig rätselhaft. Eine Art Zielgerichtetheit kommt darin zum Ausdruck: Die Natur hat zu ihrer Selbstsichtbarkeit geführt. Das ist auch der Triumph über den Materialismus: Begreifen ist mehr als nur ein materieller Vorgang. Das ist für mich eine Art Glaubensbekenntnis." („Im Naturganzen ist der Geist am Werk". Interview mit dem Philosophen Rüdiger Safranski aus Anlaß seines 70. Geburtstags, in: Die Presse, 30. Dezember 2014 [https://diepresse.com/home/kultur/literatur/4628982/Ruediger-Safranski_Im-Naturganzen-ist-der-Geist-am-Werk «aufgerufen am

5. Januar 2019›].) Vgl. hierzu näherhin Thomas Nagel, Geist und Kosmos. Warum die materialistische neodarwinistische Konzeption der Natur so gut wie sicher falsch ist (Anm. 102).

118 Dies ist die Kernthese des objektiven Idealismus, die ich mir hier zu eigen mache. Vgl. etwa Vittorio Hösle, Die Krise der Gegenwart und die Verantwortung der Philosophie: Transzendentalpragmatik, Letztbegründung, Ethik, München 1990, 205–208.

119 Ich kann die hier ins Spiel kommenden, überaus elementaren Zusammenhänge nicht näher entfalten und verweise deshalb neben meinem eigenen Entwurf zum Thema (Was würde fehlen, wenn die Osterhoffnung fehlte? Eine philosophisch-theologische Erkundung, in: Vf., Welt als Gabe. Hermeneutische Grenzgänge zwischen Theologie und Phänomenologie, JThF 26, Münster 2013, 649–748) auf folgende hilfreiche Literatur: Friedrich Hermanni, Metaphysik. Versuche über letzte Fragen, Tübingen 2011, 167–190; Oliver Dürr, Auferstehung des Fleisches. Umrisse einer leibhaftigen Anthropologie, Münster 2020; Jürgen Moltmann, Auferstanden in das ewige Leben. Über das Sterben und Erwachen einer lebendigen Seele, Gütersloh 2020, bes. 61–91; Gerhard Lohfink, Am Ende das Nichts? Über Auferstehung und Ewiges Leben, Freiburg i. Br. [6]2018, bes. 152–260.

120 Selbstwiderspruch insofern, als im Falle der Dementierung der Wirklichkeit Gottes als des transzendentalen Horizontes menschlicher Selbstreflexivität nicht nur die Unendlichkeit menschlicher Selbstreflexivität zusammenbräche (vgl. Anm. 111), sondern auch eine ihr korrespondierende Erkennbarkeit der Welt nicht mehr denkbar wäre (vgl. dazu oben Anm. 103). Zugleich würde aber auch ganz unverständlich, wie Welt und Natur sich uns nicht nur als ein Kausal-, sondern auch als ein Sinnzusammenhang darstellen können. Aus den Argumentationsfiguren der Naturwissenschaften, in denen die Rede von Schönheit, Gerechtigkeit, Liebe, Sinn etc. *per definitionem* nicht vorkommt, ist ein solcher Zusammenhang nicht erhebbar, sondern allein von einem umfassenderen Standpunkt aus, der dann im Sinne eines religionsphilosophischen Idealismus metaphysisch zu begründen wäre. Will man diese Position nicht einnehmen, so muß man zugeben, daß die unbezweifelbare Verstehbarkeit der Welt aufgrund der sie durchwaltenden Naturgesetzlichkeiten rational nicht erklärbar ist. – Vgl. zu letzterem Hans-Dieter Mutschler, Alles Materie – oder was? Das Verhältnis von Naturwissenschaft und Religion, Würzburg 2016, 164–169; ders., Halbierte Wirklichkeit: Warum der Materialismus die Welt nicht erklärt (Anm. 102), 236–264.

121 So heißt es bei dem US-amerikanischen Philosophen Thomas Nagel: „Der Gedanke, daß die Beziehung zwischen Geist und Welt etwas Grundlegendes sei, macht viele Menschen unseres Zeitalters nervös. Nach meiner Überzeugung ist das die Äußerung einer Religionsangst [...]. Dabei rede ich aus Erfahrung, denn ich selbst bin dieser Angst in hohem Maße ausgesetzt: Ich will, daß der Atheismus wahr ist, und es bereitet mir Unbehagen, daß einige der intelligentesten und am besten unterrichteten Menschen, die ich kenne, im religiösen Sinne gläubig sind. Es ist nicht nur so, daß ich nicht an Gott glaube und natürlich hoffe, mit meiner Ansicht recht zu behalten, sondern eigentlich geht es um meine Hoffnung, es möge keinen Gott geben! Ich will, daß es keinen Gott gibt; ich will nicht, daß das Universum so beschaffen ist." (Das letzte Wort, Stuttgart 1999, 191.) Ähnliche Formulierungen finden sich in dem sehr erfolgreichen Buch des Berliner Emeritus für Erziehungswissenschaft und Psychologie Uwe Lehnert, Warum ich kein Christ sein will. Mein Weg vom christlichen Glauben zu einer naturalistisch-humanistischen Weltanschauung, Marburg [7]2018. – Der Berliner Wissenschaftsphilosoph Holm Te-

tens konstatiert zu Recht eine „Theismusphobie so vieler Philosophen" und umschreibt jenes atheistische Lebensgefühl, wie es exemplarisch bei Thomas Nagel zum Ausdruck kommt, folgendermaßen: „Wer heute fragt, wie vernünftig es ist, an Gott zu glauben, dem schallt ein ‚Indiskutabel unvernünftig!' von der Mehrheit der Intellektuellen, zumal von der Mehrheit der Philosophen unter den Intellektuellen entgegen. Die meisten Intellektuellen, vor allem aber die meisten Philosophen glauben heutzutage an den Naturalismus." Denn, so die nicht weiter befragte Voraussetzung dieses Denkens: „Allein die Wissenschaft ist erkenntnistheoretisch vorurteilsfrei offen für die Wirklichkeit, nur die Wissenschaft hat kein Brett vor dem Kopf, im Gegensatz zu den Anti-Naturalisten aller Couleur." (Gott denken. Ein Versuch rationaler Theologie, Stuttgart ⁶2015, 82, 12.)

122 Holm Tetens, Gott denken. Ein Versuch rationaler Theologie (Anm. 121), 82.

123 Dazu in feuilletonistisch griffiger Zuspitzung die Literaturkritikerin und Autorin Thea Dorn in einer Fernsehsendung mit dem Talkmaster Markus Lanz: „Ich gehöre eher zu den strukturell trostlosen Menschen. Wir sind eine vom Glauben abgefallene Gesellschaft, die nicht mehr an ein Paradies oder das ewige Leben glaubt." (S.o. Anm. 15.)

124 Dazu Theodor W. Adorno: „Die metaphysischen Kategorien leben, säkularisiert, fort in dem, was dem vulgären höheren Drang die Frage nach dem Sinn des Lebens heißt. Der weltanschauliche Klang des Wortes verurteilt die Frage. Unweigerlich fast gesellt sich die Antwort, der Sinn des Lebens sei der, den der Fragende ihm gibt. [...] Die Antwort ist falsch. Der Begriff des Sinns involviert Objektivität jenseits allen Machens; als gemachter ist er bereits Fiktion, verdoppelt das [...] Subjekt und betrügt es um das, was er zu gewähren scheint." (Negative Dialektik [Anm. 101], 369.)

125 Holm Tetens formuliert die Position eines durchschnittlichen Naturalismus wie folgt: „Der Mensch ist sowohl als Individuum als auch als Gattung eine zufällige, randständige und temporäre Episode in einem sinnleeren, unermeßlichen, weitläufigen und fast überall extrem lebensfeindlichen Universum. Das Glück und die Moralität des Menschen sind diesem Universum vollständig gleichgültig." (Holm Tetens, Gott denken [Anm. 121], 55.) – Der Gießener Philosoph und Marquard-Schüler Franz-Josef Wetz formuliert diese Überzeugung noch einmal drastischer: „Meinem stark naturalistischen Ansatz zufolge sind wir Menschen nichts weiter als schmalzarme Säugetiere, die aus dem Wirbel einer ungerichteten Evolution emporgeschleudert wurden, ungefähr 30.000 Tage leben und dann wieder ins Nichts verschwinden." („Wir sind gottlos, aber Gott noch nicht losgeworden." Ein atheistischer Theologe, der traurig über seinen Glaubensverlust ist, und ein Philosoph, der über guten Sex und die wundesten Punkte unserer Kultur nachdenkt: Franz Josef Wetz, in: Tiroler Tageszeitung, 6. Mai 2012 [http://www.tt.com/home/4710687–91/wir-sind-gottlos-aber-gott-noch-nicht-losgeworden.csp; aufgerufen am 30. August 2016].) Zum Ganzen auch ders., Die Gleichgültigkeit der Welt, Frankfurt a.M. 1994; ders., Abschied ohne Wiedersehen. Die Endgültigkeit des Verschwindens, in: ders./Hermann Timm (Hg.), Die Kunst des Überlebens. Nachdenken über Hans Blumenberg, Frankfurt a.M. 1999, 28–54.

5. „In jenen Tagen waren Worte des Herrn selten ... " (1Sam 3,1b) – oder: Von der Mut- und Einfallslosigkeit der Christen

126 Vgl. dazu in dem großen Buch „Albert Camus. Die Freiheit leben" von Martin Meyer (München 2013) das erste Kapitel: „Sprung ins Absurde" (ebd. 11–56).

127 Max Frisch, Stiller. Roman, Frankfurt a.M. ⁶1976, 249.

128 1 Kor 15,32 (Jes 22,13).

129 Alfred Delp, Gesammelte Schriften, hrsg. von Roman Bleistein, Bd. 4: Aus dem Gefängnis, Frankfurt a. M. 1984, 26. – Der Text ist einem Brief an Luise Oestreicher, Delps Sekretärin, geschrieben am 17. November 1944, entnommen.

130 „Corona ist keine Strafe Gottes". Die beiden großen Kirchen in Deutschland wenden sich übereinstimmend gegen die These, das Corona-Virus als Strafe Gottes zu sehen (KNA/SK), in: Vatican News 30. März 2020 (https://www.vaticannews.va/de/kirche/news/2020–03/corona-virus-kirche-strafe-gottwilmer-bedford-bibelwerk-deutsch.html [abgerufen am 28. August 2021]).

131 Erinnert sei an Fridolin Stier und seine großartige Kindheitserinnerung „Wie man mit ‚Gott' hantieren kann oder ‚Die Hagelpredigt'", in: ders., Vielleicht ist irgendwo Tag (Anm. 97), 16f.

132 Vgl. dazu die Stellungnahme des emeritierten evangelischen Militärbischofs Hartmut Löwe, Das Schweigen der Bischöfe, in: Frankfurter Allgemeine Zeitung, 16. Mai 2020 (https://www.faz.net/aktuell/politik/warum-schweigen--die-evangelischen-bischoefe-zu-corona-16771983.html [abgerufen am 28. August 2021]).

133 Vgl. oben Anm. 7.

134 So der Churer Weihbischof Marian Eleganti: „Wenn wir ins Alte Testament schauen, in die Heilige Schrift, dann sehen wir eigentlich immer einen Zusammenhang zwischen der spirituellen Befindlichkeit und Treue des Volkes Israels und den historischen Ereignissen, die es durchmacht, Angriffe der Feinde, aber auch Seuchen, Krankheiten. Da gibt es nun welche, die sagen, man dürfe nicht supranaturalistisch eine Verbindung ziehen. Die Heilige Schrift sieht das aber ganz anders. Das Vertrauen auf Gott, das ist existenziell." (https://www.youtube.com/watch?v=VpojupcS-2U [abgerufen am 5. September 2021])

135 Joh 9,1–3.

136 Predigt von Bischof Dr. Rudolf Voderholzer am Ostersonntag, 12. April 2020, im Hohen Dom zu Regensburg: „Die Grenzen der Autonomie", https://bistum-regensburg.de/fileadmin/Dateien/pdf/20200412_Predigt_Final_Ostersonntag_Corona.pdf (abgerufen am 31. August 2021).

137 Ebd.

138 „Fest scheint […] zu stehen: Die Pandemie und ihre Auswirkungen sind die Folge einer Kette von Schuld und menschlichem Versagen, in der sich menschliche Hybris, Stolz, Leichtsinn und Profitgier zu einer unheilvollen Allianz verbinden. [/] Nein, liebe Schwestern und Brüder, Gott hat das Corona-Virus nicht geschickt. Das brauchte er nicht. Der Mensch hat es sich geholt und verbreitet in einer komplexen Verbindung vieler Elemente einer ‚Kultur des Todes'. Und nun leiden alle, und wie so oft trifft es die Ärmsten am schlimmsten." (Ebd.) Deshalb gilt: „Wir brauchen, so scheint mir, eine Reformulierung der Naturrechtslehre, die die Schöpfungsordnung und Erlösungsordnung aufeinander bezieht und daraus eine Antwort entwickelt auf die Katastrophe der Gegenwart." (Ebd.) – Ähnlich in der argumentativen Stoßrichtung der Artikel von Simon Kajan in der „Tagespost" vom 27. März 2020: Ist die Corona-Epidemie die Strafe Gottes? (https://www.die-tagespost.de/kirche-aktuell/aktuell/Ist-die-Corona-Epidemie-die-Strafe-Gottes;art4874,206650 [abgerufen am 31. August 2021])

139 Vgl. zu diesem schroff anmutenden Urteil den Eindruck der Freiburger Religionspädagogin Mirjam Schambeck: „Im Grunde wirft Corona zutiefst religiöse Fragen auf: Die Pandemie zeigt uns, daß unser Leben nicht glatt läuft, so sehr wir es auch perfektioniert haben. Ein Virus, das nicht einmal sicht-

bar ist, setzt unsere Routinen außer Kraft und hebt eine ganze Welt aus den Angeln. Es führt uns unmißverständlich vor Augen, daß wir sterblich sind, verletzlich, von jetzt auf gleich unseren Alltag umstellen müssen [...]. Der erfahrene Kontrollverlust wirft existentielle Fragen auf und läßt nach verläßlichen Sicherheiten in dieser außergewöhnlichen Situation fragen, die mit den gewohnten Mitteln nicht beherrschbar ist. Dort, wo es um die Existenz geht, um das Eingemachte und Letzte, dort geht es auch um Religion. Die Frage aber ist, taugt Religion noch für Krisen? [...] Als die Kirchen besonders nötig gewesen waren, sind sie in die Versenkung abgetaucht. Ja man konnte sich des Eindrucks nicht erwehren, daß man in manchen Bistumsleitungen und Pfarrhäusern froh war, endlich ein vorzeigbares Alibi aufweisen zu können, um von der Bildfläche zu verschwinden. Gottesdienste wurden auch dort abgesagt, wo die Hygieneregeln eingehalten werden konnten. Internetübertragungen transportierten die Leere und Ratlosigkeiten der Kirchen in Form klerikalisierter und sterilisierter Gottesdienste sinnenfällig in die Wohnzimmer. Und auch als sich Philosoph*innen und Soziolog*innen längst schon um Deutungen mühten, wie wir mit den existentiellen Fragen, die die Pandemie aufwirft, umgehen können, haben wir Theolog*innen uns eher noch zögerlich eingemischt. [...] Die Ressource Religion fehlte und fehlt in den öffentlichen Debatten, auch weil Religionsvertreter*innen und Theolog*innen in der Öffentlichkeit – und d. h. weitgehend medial – wenig vernehmbar waren." (Spoiled youth – betrogen durch Corona!, in: Feinschwarz.net vom 24. November 2020 [Zugriff am 17. September 2021]) – Im darauf folgenden Abschnitt verweist Schambeck allerdings auf die Vielzahl vorbildlicher karitativer und poimenischer Aktivitäten in vielen Pfarrgemeinden, die jedoch in weiten Teilen unterhalb der Aufmerksamkeitsschwelle der medialen Öffentlichkeit stattfanden.

140 Ein überaus erstaunliches Begründungsszenario bot die Evangelisch-Lutherische Kirche in Norddeutschland in ihrer Handreichung vom 13. März 2020: „Die Nordkirche schließt sich den Empfehlungen an, alle nicht notwendigen Veranstaltungen abzusagen. Die Nordkirche empfiehlt deshalb, vorerst auch auf Gottesdienste und andere kirchliche Veranstaltungen zu verzichten." (https://www.nordkirche.de/fileadmin/user_upload/20200313_Nordkirche_Handlungsempfehlung_Corona.pdf [aufgerufen am 25. Januar 2022].) Nimmt man ernst, was die Leitung der Evangelisch-Lutherischen Nordkirche hier aus der Feder geschlüpft ist, so fallen die liturgischen Feiern von Tod und Auferstehung Jesu Christi unter die Rubrik „nicht notwendige Veranstaltungen". Was soll man dazu noch sagen?
Bei den katholischen Diözesen Deutschlands und der Schweiz sah es zu Beginn der Pandemie im Frühjahr 2020 nicht viel besser aus. In diesem Sinne ist das engagierte Wort von Henning Theißen zu verstehen: „Die Kirchen, derzeit Musterschüler in der Umsetzung der Infektionsschutzmaßnahmen, sollten [...] ohne alle Polemik unbequem sein und für die Wiedereröffnung der Gotteshäuser in einer Weise streiten, für die die wenigen (abgelehnten) Eilanträge der Karwoche auf Erlaubnis von Ostergottesdiensten Vorhutgefechte sein können. Daß der EKD-Ratsvorsitzende in seiner Osterpredigt menschliche Nähe und Gemeinschaft in den Kirchen unter den aktuellen Umständen als ‚Feind des Lebens' bezeichnete, ist eine sehr zugespitzte Einschätzung und wäre als generelle Verzichtserklärung auf Gottesdienste während der Corona-Krise innerkirchlich kaum begreiflich." Es wäre freilich auch außerkirchlich kaum begreiflich, es sei denn, daß man dort realisiert hätte, wie wenig sich die Kirchen selber noch ernst nehmen. (Henning Theißen, Die Krone der Digitalisierung – Theologie in Zeiten von Corona, in: ders., Er-

schöpfte Schöpfung. Theologische Aufsätze aus der Corona-Krise [Texte aus der VELKD Nr. 187, Juli 2020], Hannover 2020, 5–9, hier 8. Theißen bezieht sich auf die Osterpredigt des EKD-Vorsitzenden Heinrich Bedford-Strohm, aufgezeichnet in der Münchener Matthäus-Kirche für den am 12. April 2020 aus dem Berliner Dom übertragenen Ostergottessdienst: https://www.youtube.com/watch?v=MiC1SCUbKKo [aufgerufen am 25. Januar 2022]. Das hier in Frage stehende Zitat findet sich ebd. Min 0'55 – 1'16.)

141 Friedrich Nietzsche, Die fröhliche Wissenschaft. Fünftes Buch: Wir Furchtlosen, Abschnitt 382: Die große Gesundheit, in: KSA 3, 635–637. – Vgl. zum Ganzen Heinrich Schipperges, Am Leitfaden des Leibes. Zur Anthropologik und Therapeutik Friedrich Nietzsches, Stuttgart 1975.

6. „Seh' ich den Himmel, das Werk deiner Finger ..." (Ps 8,4) – oder: Von der ungeheuerlichen Weite und Tiefe des Kosmos und der nicht minder ungeheuerlichen Größe des Menschen darin

142 Vgl. hierzu als ein Beispiel unter vielen die religionssoziologischen Untersuchungen von Karl Gabriel, Christentum zwischen Tradition und Postmoderne (Quaestio disputata 141), Freiburg i.Br. [1]1992/[7]2000. – Zum Thema Katholische Kirche und Irland ist zu sagen, daß der gewaltige Traditionsabbruch, der dort in den vergangenen 20 Jahren zu verzeichnen ist, noch einmal ganz andere Gründe hat als in den übrigen erwähnten Ländern: nämlich die hochproblematische Verquickung von Staat, Gesellschaft und Katholischer Kirche, die zu einer viele Jahrzehnte geduldeten, wo nicht geförderten Mißbrauchspraxis auf den verschiedenen Ebenen geführt hat. – Vgl. dazu den erschütternden Aufsatz von Irene Polke, Irland. Eine Fallstudie, in: Erneuerung als Gabe und Aufgabe. Beiträge zur Zukunft von Theologie und Kirche (hrsg. von Walter Dürr, Margareta Gruber, Nicolas Matter, Karl Pinggéra), Münster 2021, 174–203.

143 Lieven Boeve, Unterbrechung und Identität in der pluralistischen Welt von heute – Spiritualität und das offene christliche Narrativ, in: Ralph Kunz/Claudia Kohli-Reichenbach (Hg.), Spiritualität im Diskurs – Spiritualitätsforschung in theologischer Perspektive, Zürich 2012, 161–179, hier 173ff. – Ich verdanke den Hinweis auf diesen Aufsatz meinem Habilitanden Dr. Michael Hoeffner, Münster.

144 Jürgen Habermas, Wozu noch Philosophie?, in: ders., Philosophisch-politische Profile, Frankfurt a.M. [1]1971 / [3]1998, 15–37, hier 36. – Für eine nähere Analyse der mentalitätsgeschichtlichen und wissenschaftstheoretischen Prozesse, die zu diesem Resultat geführt haben vgl. folgende wichtige Bücher: Lucien Febvre, Das Problem des Unglaubens im 16. Jahrhundert. Die Religion des Rabelais. Mit einem Nachwort von Kurt Flasch, Stuttgart 2002, 295–406; Giacomo Marramao, Die Säkularisierung der westlichen Welt, Frankfurt a.M./Leipzig 1996; Rémie Brague, La sagesse du monde. Histoire de l'expérience humaine de l'univers, Nouvelle édition révisée par l'auteur, Paris: Fayard 1999; Paul Hazard, La Crise de la Conscience Européene 1680 – 1715 [1935], Paris: Librairie générale française [3]2009; ders., La Pensée Européenne au XVIIIe Siècle: de Montesquieu à Lessing, Paris: Boivin 1946; Paolo Rossi, Die Geburt der modernen Wissenschaft in Europa, München 1997. – Für den lebensweltlichen Kontext, aus dem diesen Veränderungen resultiert, vgl. Arthur E. Imhof, Die verlorenen Welten. Alltagsbewältigung durch unsere Vorfahren – und weshalb wir uns heute so schwer damit tun, München [2]1985.

145 Ich kann zu diesem Ausspruch Blochs, den ich irgendwo einmal gelesen habe, die Referenz leider nicht beibringen.

146 Charles Taylor, Ein säkulares Zeitalter (Anm. 14), 927.

147 David Hume, A Treatise on Human Nature/Ein Traktat über die menschliche Vernunft], Buch I, Teil II, Abschnitt VI. (Englisch: London & Toronto, published by J.M. Dent & Sons 1926, S. 72; Deutsch mit Anmerkungen und Register von Theodor Lipps. Mit einer Einführung neu hrsg. von Reinhard Brandt, Hamburg 1972, S. 92.)

148 Charles Taylor, Ein säkulares Zeitalter (Anm. 14), 895.

149 Alle Zitate ebd. 629.

150 Ebd. 895.

151 Johannes Röser, Ein Sommernachtstraum, in: Christ in der Gegenwart 29 (2020) 319f., hier 319.

152a So im berühmten „Beschluß" am Ende der Kritik der Praktischen Vernunft: „Zwei Dinge erfüllen das Gemüt mit immer neuer und zunehmender Bewunderung und Ehrfurcht, je öfter und anhaltender sich das Nachdenken damit beschäftigt: *Der bestirnte Himmel über mir, und das moralische Gesetz in mir.* Beide darf ich nicht als in Dunkelheiten verhüllt, oder im Überschwenglichen, außer meinem Gesichtskreise, suchen und bloß vermuten; ich sehe sie vor mir und verknüpfe sie unmittelbar mit dem Bewußtsein meiner Existenz. Das erste fängt von dem Platze an, den ich in der äußern Sinnenwelt einnehme, und erweitert die Verknüpfung, darin ich stehe, ins unabsehlich-Große mit Welten über Welten und Systemen von Systemen, überdem noch in grenzenlose Zeiten ihrer periodischen Bewegung, deren Anfang und Fortdauer. Das zweite fängt von meinem unsichtbaren Selbst, meiner Persönlichkeit, an, und stellt mich in einer Welt dar, die wahre Unendlichkeit hat, aber nur dem Verstande spürbar ist, und mit welcher (dadurch aber auch zugleich mit allen jenen sichtbaren Welten) ich mich nicht, wie dort, in bloß zufälliger, sondern allgemeiner und notwendiger Verknüpfung erkenne. Der erstere Anblick einer zahllosen Weltenmenge vernichtet gleichsam meine Wichtigkeit, als eines *tierischen Geschöpfs*, das die Materie, daraus es ward, dem Planeten (einem bloßen Punkt im Weltall) wieder zurückgeben muß, nachdem es eine kurze Zeit (man weiß nicht wie) mit Lebenskraft versehen gewesen. Der zweite erhebt dagegen meinen Wert, als einer *Intelligenz*, unendlich, durch meine Persönlichkeit, in welcher das moralische Gesetz mir ein […] selbst von der ganzen Sinnenwelt unabhängiges Leben offenbart, wenigstens so viel sich aus der zweckmäßigen Bestimmung meines Daseins durch dieses Gesetz, welche nicht auf Bedingungen und Grenzen dieses Lebens eingeschränkt ist, sondern ins Unendliche geht, abnehmen läßt." (KprV A 289f.)

152b So gleich zu Beginn der Einleitung in das *System des transcendentalen Idealismus* [1800] § 1: „Die vollendete Theorie der Natur würde diejenige seyn, kraft welcher die ganze Natur sich in eine Intelligenz auflöste. – Die todten und bewußtlosen Produkte der Natur sind nur mißlungene Versuche der Natur sich selbst zu reflektiren, die sogenannte todte Natur aber überhaupt eine unreife Intelligenz, daher in ihren Phänomenen noch bewußtlos schon der intelligente Charakter durchblickt. – Das höchste Ziel, sich selbst ganz Objekt zu werden, erreicht die Natur erst durch die höchste und letzte Reflexion, welche nichts anderes als der Mensch, oder, allgemeiner, das ist, was wir Vernunft nennen, durch welche zuerst die Natur vollständig in sich selbst zurückkehrt, und wodurch offenbar wird, daß die Natur ursprünglich identisch ist mit dem, was in uns als Intelligentes und Bewußtes erkannt wird." (In: F.W.J. Schelling, Ausgewählte Schriften Bd. 1, 1794–1800, Frankfurt a.M. 1985, 409.) – Vgl. Hans-Dieter Mutschler, Spekulative und empirische Physik. Aktualität und Grenzen der Naturphilosophie Schellings (Münchner Philosophische Studien, NF 5), Stuttgart 1990.

152c Daß selbst in einem scheinbar so geschlossenen Werk wie dem von Jürgen Habermas an diesem Problem innere Friktionen aufbrechen, weshalb das Projekt eines „nachmetaphysischen Denkens", das gleichwohl unter Aufrechterhaltung der weltanschaulichen Klammer eines monistischen Materialismus an der Moralität des Menschen als eines aus der Evolution hervorgegangenen Wesens festhalten will, hat Hans Dieter Mutschler gezeigt: Halbierte Wirklichkeit. Warum der Materialismus die Welt nicht erklärt (Anm. 102), 262–264.

153 Vgl. Erhart Kästner, Zeltbuch von Tumilat, Frankfurt a.M. ^{8}1992, 83–90. – Mir sei die persönliche Bemerkung gestattet, daß ich während meiner Zeit als Dekan des Theologischen Studienjahres Jerusalem (2004 – 2009) das seltene Privileg genossen habe, mit den DAAD-Stipendiaten fünfmal auf Sinai-Exkursion gegangen zu sein. Fünfmal zwei Wochen im Sirbalgebirge unter nächtlichem Wüstensternenhimmel gelebt zu haben –: Das vergißt man bis zum Ende seines Lebens nicht.

154 Johannes Röser, Ein Sommernachtstraum (Anm. 151), 319. Röser hat seine im CiG-Artikel eher literarisch umrissenen Gedanken soeben in folgendem Buch genauer dargestellt und begründet: Auf der Spur des unbekannten Gottes. Christsein in moderner Welt, Freiburg i.Br. 2021, 25–33. – Zum Ganzen vgl. auch Stefan Klein, Das All und das Nichts. Von der Schönheit des Universums, Frankfurt a.M. ^{2}2017, 32–45; 131–151; 175–220.

155 So das berühmte, in verschiedenen Variationen dem frühen Schelling zugeschriebene Zitat. Vgl. neben dem Zitat aus Schellings *System des transcendentalen Idealismus* (s.o. Anm. 152b) Rüdiger Safranski, Ein Meister aus Deutschland, Heidegger und seine Zeit, München 1994, 426. Dazu auch oben Anm. 117.

156 Auf 300 Milliarden Sonnensysteme wird allein unsere Galaxie, die Milchstraße, geschätzt. Die Zahl der Galaxien im gesamten Kosmos beträgt etwa 100 Milliarden (10^{11}). Die Zahl der Sonnensysteme im Kosmos beträgt demnach 3×10^{22}.

157 Vgl. Eugen Drewermann, Glauben in Freiheit. Bd. III/4: Atem des Lebens: Die moderne Neurologie und die Frage nach Gott. Teilband. 1: Das Gehirn. Grundlagen und Erkenntnisse der Hirnforschung, Düsseldorf 2006, 172–174 (dort auch die einschlägige Fachliteratur).

158 S.o. Anm. 110 + 111.

159 S.o. Anm. 114.

160 Vgl. Hans-Dieter Mutschler, Von der Formel zur Form. Metaphysik und Naturwissenschaft (Anm. 113), 162: Selbst der Radikalempirist muß „ein Letztes" postulieren, hinter das nicht mehr zurückgefragt werden kann – etwa „die Materie". M.a.W.: „Selbst der Radikalempirist kann das vertikale Denken nicht vermeiden. Eine rein horizontale Weltanschauung ist unmöglich." Und so entpuppt sich der den Metaphysikdiskurs partout vermeiden wollende Radikalempirist wider Willen als in der Wolle gefärbter Metaphysiker. Mutschler führt als Beispiele so prominente Namen wie Jacques Monod, Bernulf Kanitscheider, Eckhart Volland, Gerhard Vollmer, Stephen Hawking oder Bertrand Russell an. (Vgl. zum Ganzen ebd. 146–190.) – Daß hier eine argumentative Fehlstelle des Empirismus vorliegt, wird auch von prominenten Vertretern des Naturalismus anerkannt. Deshalb bekennt sich, um hier nur einen Namen zu nennen, etwa der Biologe und Wissenschaftstheoretiker Martin Mahner (ein Schüler des argentinischen Physikers und Wissenschaftsphilosophen Mario Bunge) zum Naturalismus als der „Metaphysik der Wissenschaft". Diese Metaphysik sei jedoch nicht axiomatisch postuliert, sondern ergebe sich notwendig aus den empirisch eruierten Ergebnissen der

harten Naturwissenschaften Physik, Biologie, Chemie. (Naturalismus. Die Metaphysik der Wissenschaft, Aschaffenburg 2018.)

161 Hans-Dieter Mutschler, Physik und Religion. Perspektiven und Grenzen eines Dialogs, Darmstadt 2005, 268–279.

162 Diese Behauptung kann hier nicht näher ausgeführt werden. Man vgl. Hans-Dieter Mutschler, Halbierte Wirklichkeit. Warum der Materialismus die Welt nicht erklärt (Anm. 102), 236–328 – und dazu näherhin begründungslogisch Arbogast Schmitt, Beginnt der Glaube, wo das Wissen endet? Plädoyer für einen rationalen Gottesbegriff, Heidelberg (Universitätsverlag Winter) 2019.

163 Vgl. die entsprechende Bemerkung von Octavio Paz, Die doppelte Flamme. Liebe und Erotik, Frankfurt a. M. 1997, 210. – Folgt man Paz (und wir folgen ihm hier), dann ist nicht zu helfen Ludger Lütkehaus, Nichts. Abschied vom Sein, Ende der Angst (Zürich 1999), Franz-Josef Wetz (Anm. 125) und Lawrence Krauss, Ein Universum aus dem Nichts (München 2018).

164 Nicht nur wenig sinnvoll, sondern regelrecht irreführend ist diese Bezeichnung deswegen, weil beim sog. „Urknall" („Big Bang") natürlich nichts geknallt hat. Die Metapher „Knall" suggeriert Lärm, Krach, Geräusch. Wo jedoch kein Raum ist, können sich auch keine Schallwellen ausbreiten. Mit anderen Worten: Jene nur approximativ zu errechnende Singularität, die man redensartlich als „Urknall" bezeichnet, war ein in höchstem Maße stilles „Ereignis". – Es sei in diesem Zusammenhang noch angemerkt, daß nicht dem US-amerikanischen Physiker Edwin Hubble (1889 – 1953), sondern dem belgischen Physiker, Theologen und Priester Georges Lemaître (1894 – 1966) die Ehre zukommt, Begründer der sog. „Urknall"-Theorie zu sein. Die Titulatur „Big Bang" stammt freilich nicht von ihm, sondern von dem britischen Theoretiker Fred Hoyle (1915 – 2001), einem Vertreter der seinerzeit konkurrierenden Steady-State-Theorie (Fließgleichgewichtstheorie). Der Ausdruck war von ihm als Spottname gemeint. Hoyle hat Lemaîtres Theorie zeit seines Lebens abgelehnt; sie kam ihm aufgrund des zeitlichen Beginns des Universums zu sehr in die Nähe eines Weltentstehungsmodells zu liegen, das in seinen Augen auch theistisch lesbar gewesen wäre. Hoyle war aber erklärter Atheist. Man sieht daran, daß weltanschauliche Vorurteile nicht selten auch den angeblich „objektiv" und „voraussetzungslos" arbeitenden Naturwissenschaftler leiten. – Vgl. zum Ganzen Hans-Joachim Blome, Die Entdeckung des Urknalls. Georges Lemaître und die moderne Kosmologie, München 2016.

165 Vgl. Apg 17,23.

166 So das jeweils erste Wort in Gen 1,1 und in Joh 1,1.

167 Aristoteles, Met. XII 7; Thomas von Aquin, STh I, q. 2, art. 3 resp. – Zur immanenten Begründungslogik der sog. „Gottesbeweise" der Scholastik, die vertikal-qualitativ argumentieren und nicht horizontal-quantitativ und deshalb auch nicht von der neuzeitlichen Kritik getroffen werden, welche ontologisch gesehen ganz andere, von der modernen Physik herkommende Ausgangsprämissen hat, vgl. Klaus Müller, Glauben Fragen Denken. Bd. I: Basisthemen in der Begegnung von Philosophie und Theologie, Münster 2006, 292–338; ders., Gottes Dasein denken. Eine philosophische Gotteslehre für heute, Regensburg 2001, 37–63; Hans-Dieter Mutschler, Von der Formel zur Form. Metaphysik und Naturwissenschaft (siehe Anm. 113), 150–168.

168 So die berühmte Definition des Marburger Theologen Rudolf Otto (1869 – 1937): Das Heilige. Über das Irrationale in der Idee des Göttlichen und sein Verhältnis zum Rationalen [1917], München 1987.

169 Friedrich Nietzsche, Jenseits von Gut und Böse § 53, in: KSA 5, 72.25 – 73.3.

170 Hans-Joachim Höhn, Im religiösen Dunkelfeld? Coronare Assoziationen, in:

Pastoralblatt für die Diözesen Aachen, Berlin, Hildesheim, Köln und Osnabrück, 1/2021, 10–15, hier 14.

171 Zitiert nach Willi Lambert, Aus Liebe zur Wirklichkeit. Grundworte ignatianischer Spiritualität, Main ³1994, 22. Den genauen Stellennachweis im Schrifttum des Ignatius führt Lambert leider nicht.

172a Die unendliche Vielfalt von Schneekristallen (keiner gleicht dem anderen) wurde erstmals von dem autodidaktischen Kristallographen Wilson A. Bentley (1865 – 1931) dokumentiert: Wilson A. Bentley/William J. Humphreys, Snow Crystals, New York: McGraw-Hill 1931. Vgl. auch den entsprechenden Artikel in der Zeitschrift Geo: https://www.geo.de/natur/naturwundererde/18129-rtkl-schneeflocken-forschung-voellig-einzigartig-wie-verschieden (aufgerufen am 14. November 2021).

172b Stefan Mancuso/Alessandra Viola, Die Intelligenz der Pflanzen, München 2015.

173 „Si comprehendis non est Deus": Augustinus, Serm. 117, 3. 5; Enn. in Ps. 85, 12. – Vgl. zum Ganzen Erich Przywara, Augustinus. Die Gestalt als Gefüge, Leipzig 1934, 198ff. [Nr. 135–138].

174 „Deus definiri nequit": Thomas von Aquin, Summa contra gentiles I, cap. 25.

175 „Deus experiri non potest": Rodericus de Arriaga SJ, Disputationes theologicae in tertiam partem D. Thomae de Incarnatione Divini Verbi. Universi Cursus Theologici tomus sextus, Lyon 1654, II/II 22, 26.

176 Jesus Sirach 43,27: „Sagten wir nochmal soviel, wir kämen an kein Ende; darum sei der Rede Schluß: Er ist alles!" (Πολλὰ ἐροῦμεν καὶ οὐ μὴ ἀφικώμεθα, καὶ συντέλεια λόγων Τὸ πᾶν ἐστιν αὐτός.)

177 Platon, Resp. 509b 8f.: Gott ist „jenseits des Seins" (ἐπέκεινα τῆς οὐσίας), wie Platon dies für den Quell alles Guten, das ἀγαθον oder θεῖον annimmt.

178 Nikolaus von Kues, De Non-Aliud/Das Nicht-Andere, in: Philosophisch-Theologische Schriften. Studien- und Jubiläumsausgabe (Anm. 103), Bd. II 443–565. – Vgl. dazu Gerhard Schneider, Gott – das Nichtandere. Untersuchungen zum metaphysischen Grunde bei Nikolaus von Kues (BCG 4), Münster: Aschendorff (1970), bes. 120–170.

7. „Ich habe aus dem Osten einen Adler gerufen ... " (Jes 46,11a) – oder: Von der hilfreichen secunda manus der Fremdprophetie

179 Friedrich Nietzsche, Jenseits von Gut und Böse § 53, in: KSA 5, 72.25 – 73.3.

180 So der Titel der großen Nietzsche-Biographie von Werner Ross: Der ängstliche Adler. Friedrich Nietzsches Leben (Anm. 19), 10.

181 Eben dies ist ja der Einspruch des „tollen Menschen" gegen jene Salon-Atheisten, die, den griechischen Sophisten gleich, auf dem Marktplatz herumstehen und gar nicht begreifen, was von ihnen ins Werk gesetzte Abschaffung Gottes eigentlich bedeutet: „Wie vermochten wir das Meer auszutrinken? Wer gab uns den Schwamm, um den ganzen Horizont wegzuwischen? Was thaten wir, als wir diese Erde von ihrer Sonne losketteten? Wohin bewegt sie sich nun? Wohin bewegen wir uns? Fort von allen Sonnen? Stürzen wir nicht fortwährend? Und rückwärts, seitwärts, vorwärts, nach allen Seiten? Giebt es noch ein Oben und ein Unten? Irren wir nicht durch ein unendliches Nichts? Haucht uns nicht der leere Raum an? Ist es nicht kälter geworden? Kommt nicht immerfort die Nacht und mehr als Nacht? [...] Wie trösten wir uns, die Mörder aller Mörder? Das Heiligste und Mächtigste, was die Welt bisher besass, es ist unter unseren Messern verblutet, – wer wischt diess Blut von uns ab? Mit welchem Wasser könnten wir uns reinigen? Welche Sühnfeiern, welche heiligen Spiele werden wir erfinden müssen? Ist

nicht die Grösse dieser That zu gross für uns. Müssen wir nicht selber zu Göttern werden, um nur ihrer würdig zu erscheinen? [...]" (Die fröhliche Wissenschaft [Anm. 141] 481. 3–23.)

182 Ebd. (Anm. 141).

183 Vgl. Norbert Mette, Art. „Fremdprophetie", in: ³LThK 4, 127f.

184 Hingewiesen sei hier nur auf die schärfste der Polemiken, die Nietzsche an die Adresse der christlichen Religion gerichtet hat: die im Spätsommer und Herbst 1888 verfaßte und 1894 erstmals vom Nietzsche-Archiv Weimar veröffentlichte Schmähschrift Der Antichrist. Fluch auf das Christenthum (KSA 6, 165–254).

185 Friedrich Nietzsche, Ueber Wahrheit und Lüge im aussermoralischen Sinne, in: KSA 1, 873–890, hier 875. 16.

186 Friedrich Nietzsche, Die fröhliche Wissenschaft (Anm. 141), 480.22–482.7.

187 Friedrich Nietzsche, Nachgelassene Fragmente Herbst 1887, Frgm. 9 [91], in: KSA 12, 385. 1–22.

188 Friedrich Nietzsche, Ueber Wahrheit und Lüge im aussermoralischen Sinne (Anm. 185) 883.32–884.1

189 Vgl. zum Ganzen die instruktive Nietzsche-Interpretation von Christoph Türcke, Der tolle Mensch. Nietzsche und der Wahnsinn der Vernunft, Lüneburg ²1999.

8. „... wie ein Mann, der sein Gesicht im Spiegel betrachtet, dann weggeht und im selben Moment vergessen hat, wie er aussieht" (Jak 1,22–24) – oder: Von der Fluidität der Welt, der Wankelmütigkeit des Menschen und dem Nichtvermissen Gottes

190 Der Begriff ist terminologisch natürlich ganz unscharf. Vgl. näherhin Wolfgang Welsch, Unsere postmoderne Moderne, Weinheim ³1991.

191 Platon, Phaid. 110d.

192 Andreas Ernst, „Ein Holländer will sich per Gerichtsentscheid zwanzig Jahre jünger machen lassen." Man kann den Namen ändern, das Geschlecht oder die Nationalität. Warum nicht auch das Alter? Ein Gericht im niederländischen Arnhem muss das nun entscheiden. In: Neue Zürcher Zeitung, 12. November 2018.

193 Ausgangspunkt der Genderdebatte ist der berühmte Satz von Simone de Beauvoir: „Man kommt nicht als Frau zur Welt, man wird es." (Das andere Geschlecht [1949], Reinbek 2000, 334.) In systematischer Hinsicht findet dieser Satz seine Entfaltung in dem Buch von Judith Butler: Gender Trouble (dt.: Das Unbehagen der Geschlechter) von 1990, das als eine Art Gründungsmanifest der modernen Genderstudies gelten darf. – Zu den nur selten diskutierten philosophischen Hintergrundannahmen der Gender-Debatte vgl. Sarah Pines, Es bleiben ein paar Tropfen Blut. Männer können Frauen werden. Aber sind sie dann Frauen? Und was bleibt der Frau, wenn sie Frau sein dürfen?, in: Neue Zürcher Zeitung 15. Januar 2022, S. 40.

194 Sarah Pines, „Wieder ein Fall einer weissen Amerikanerin, die sich eine afroamerikanische Identität zulegt. Kommt nun die Ära von ‚transrace'?" Jessica Krug hat sich jahrelang als Afroamerikanerin ausgegeben. Die soziale Ächtung, der sie und andere, die es ihr gleichtun, ausgesetzt sind, wirft Fragen auf. In: Neue Zürcher Zeitung, 9. September 2010.

195 In diesem Sinne der schöne Aphorismus des israelischen Dichters Elazar Benyoëtz: „Das Leben aber ist eine Geschichte. Man muß sie gut erzählen, um gelebt zu haben." (Elazar Benyoëtz, Anschluss. Herrlingen bei Ulm 1999, o. S.) – Dazu in systematischer Hinsicht Wolfgang Kraus, Das erzählte Selbst. Die narrative Konstruktion von Identität in der Spätmoderne, Pfaffenweiler 1996.

196 Christoph Türcke, Natur und Gender. Kritik eines Machbarkeitswahns, München 2021, 218f.

197 Das Folgende nach ebd. 81–93.

198 Thomas Nagel, Der Blick von nirgendwo (Anm. 115).

199 Giambattista Vico, Scienza Nuova §§ 331 und 339. – Als zwei Beispiele für die höchst gegensätzlichen Deutungen, die dieses Axiom erfahren hat, siehe einerseits Karl Löwith, Vicos Grundsatz: verum et factum convertuntur. Seine theologische Prämisse und deren säkulare Konsequenzen (in: Sämtliche Schriften 9, Stuttgart 1986, 195–227), andererseits Stephan Otto, Interprétation transcendantale de l'axiome „verum et factum convertuntur". Réflexions sur le „Liber metaphysicus" de J.B. Vico (Archives de Philosophie 40 [1977] 13–39).

200 Giambattista Vico, Liber metaphysicus cap. I, 1: „verum esse ipsum factum [...] ita verum humanum sit, quod homo, dum novit, componit item ac facit"; cap. 3: „nam sit id verum est quod factum, probare per causas idem est ac efficere".

201 Tobias Sedlmaier, „Ein Dokumentarfilm über Binjamin Wilkomirski zeigt: Auch die ganze Wahrheit kennt keinen Kern". Er schrieb ein autobiografisches Buch über die Shoah – und wurde als Betrüger entlarvt. Diesen Literaturskandal greift nun der vielschichtige Dokumentarfilm «W. – Was von der Lüge bleibt» auf. In: Neue Zürcher Zeitung, 12. November 2020.

202 Urs Hafner, „Du bist, was dein Gender ist: Die Sache mit der Geschlechtsidentität ist viel komplizierter als gedacht – oder viel einfacher?" Nicht nur das biologische Geschlecht, auch die Geschlechtsidentität solle neurobiologisch nachweisbar sein, sagen Wissenschafter. Schön, aber die Frage ist doch, was das nun genau bedeutet. In: Neue Zürcher Zeitung, 5. März 2020.

203 Florian Coulmas, „Wer darf Amanda Gorman übersetzen?" In den Niederlanden streitet man darüber, wer das Poem übertragen darf, das die junge amerikanische Dichterin bei Joe Bidens Amtseinsetzung vorgetragen hat. Um literarische Fähigkeiten geht es dabei zuletzt. In: Neue Zürcher Zeitung, 2. März 2021.

204 Lucien Scherrer, „Der Prozeß gegen Klaus K." In einer Diskussion mit Studenten kritisiert der deutsch-französische Professor Klaus Kinzler den Begriff ‚Islamophobie'. Kurze Zeit später benötigt er Polizeischutz. In: Neue Zürcher Zeitung, 14. September 2021, S. 30f.

205 Thomas Bauer, Die Vereindeutigung der Welt. Über den Verlust an Mehrdeutigkeit und Vielfalt, Stuttgart ⁵2018.

206 Jürgen Habermas, Auch eine Geschichte der Philosophie. Bd. 2: Vernünftige Freiheit. Spuren des Diskurses über Glauben und Wissen, Berlin 2019, 807.

207 Elmar Salmann, Zwischenzeit. Postmoderne Gedanken zum Christsein heute (Anm. 20), 88.

208 „Forscher enträtseln das Wunder Gehirn"; „Die Physik des Geistes"; „Warum Sex Spaß macht"; „Glück: Das schönste Gefühl wird von Wissenschaftlern entschlüsselt"; „Das Virus, das traurig macht" – so eine beliebige Auswahl von populärwissenschaftlichen Titeln aus den Magazinen und Zeitungen „Der Spiegel", „Die Zeit", „Focus" und „Stern" aus den Jahren 1995 bis 1999, zitiert nach Axel Heinrich, Soziobiologie als kulturrevolutionäres Programm (ratio fidei 6), Regensburg 2001, 245–249. Aufgeführt werden hier insgesamt 136 ausgewählte Beiträge aus den genannten drei Magazinen und der Wochenzeitung. Kommentiert werden diese Titel ebd. 61–150.

209 Peter Sloterdijk, Kritik der zynischen Vernunft, Frankfurt a.M. 1983, Bd. I, 198.

210 Ebd. 199f.

211 Andreas Reckwitz, Das Ende der Illusionen. Politik, Ökonomie und Kultur der Spätmoderne, Berlin ¹2019/⁴2020.

212 Andreas Reckwitz, Die Gesellschaft der Singularitäten. Zum Strukturwandel der Moderne, Berlin ¹2017 / ⁶2018.

213 Richard David Precht, Wer bin ich – und wenn ja, wie viele?, München ¹2007/⁴³2020. – Das Buch ist mittlerweile in 32 Sprachen übersetzt. Bis 2012 waren weltweit 3 Millionen Exemplare verkauft.

214 Arthur Rimbaud, Sämtliche Dichtungen. Zweisprachige Ausgabe. Aus dem Französischen übersetzt und mit Anmerkungen und einem Nachwort herausgegeben von Thomas Eichhorn, München ⁶2016, 368/369. – Der Satz findet sich im ersten der „Lettres dites ‚du voyant‘“, geschrieben an seinen früheren Lehrer Georges Izambard am 13. Mai 1871.

215 Jean Baudrillard, Agonie des Realen (aus dem Französischen übersetzt von Lothar Kurzawa und Volker Schaefer), Berlin 1978.

216 Erinnert sei an die höchst merkwürdige, um nicht zu sagen schizophrene Behauptung der Beraterin von Präsident Donald Trump, Kellyanne Conway, der Pressesprecher des Weißen Hauses Sean Spicer habe hinsichtlich der Frage nach der Zahl der Besucher, die bei der Amtseinführung des Präsidenten am 20. Januar 2017 zugegen gewesen seien, „alternative Fakten" („alternative facts") vorgelegt. – Vgl. dazu den entsprechenden Artikel auf Wikipedia: https://de.wikipedia.org/wiki/Alternative_Fakten (zuletzt aufgerufen am 10. Oktober 2021).

217 Alle Zitate Ariadne von Schirach, Die psychotische Gesellschaft. Wie wir Angst und Ohnmacht überwinden, Stuttgart 2019, 119f.

218 Ebd. 120.

219 Obgleich nicht wenige behaupten, dieses *wirklich* Wirkliche sei gar nicht wirklich, sondern eingebildet, gemacht, gefaked: *fake news!* – Man sieht: Die Frage, ob es die Wirklichkeit gibt, werden wir ebenso wenig los wie die Frage nach Gott. Vgl. dazu in dem großen Essay von Christoph Türcke, Natur und Gender. Kritik eines Machbarkeitswahns (Anm. 196), die Seiten 216–222.

9. „Wer ist der Mensch, der das Leben liebt und bessere Tage zu sehen wünscht?" (Ps 34,13) – oder: Von der Hoffnung auf den Himmel, um der Erde die Treue zu halten

220 Friedrich Nietzsche, Jenseits von Gut und Böse (Anm. 169), 79.1–13 (Sperrung im Original).

221 Friedrich Nietzsche, Also sprach Zarathustra, in: KSA 4, 136.6–8.14–16.

222 Vgl. Friedrich Nietzsche, Jenseits von Gut und Böse (Anm. 169), 35f.: „Von den Vorurtheilen der Philosophen § 21".

223 Friedrich Nietzsche, Also sprach Zarathustra. (Anm. 221), 295.25 – 296.3.20–22. – Der altgewordene Zarathustra, so heißt es zu Beginn des vierten Buches, dessen erster Abschnitt mit dem Titel „Das Honigopfer" überschrieben ist, habe – wie „alle[.] Früchte, die reif werden" – Honig in seinen Adern. Diesen wolle er auf einem hohen Berg „opfern". Aber nicht ein Opfer des Verzichts sei dies, sondern eines der Selbstverschwendung: „Was opfern! Ich verschwende, was mir geschenkt wird, ich Verschwender mit tausend Händen: wie dürfte ich das noch – Opfern heißen!" Zarathustra muß, damit sein Reich der Erde, der Lebensfülle, der ewigkeitssehnsüchtigen Lust anbreche, sein Glück „[hinaus]werfe[n] in alle Weiten und Fernen […]." (Ebd. 297.7f.)

224 Friedrich Nietzsche, Also sprach Zarathustra (Anm. 221), 403. 20f.: „Lust will *aller* Dinge Ewigkeit, *will tiefe, tiefe Ewigkeit!*"

225 Ebd. (Anm. 221) 19.18f.: „Ich sage euch, man muss noch Chaos in sich haben, um einen tanzenden Stern gebären zu können. Ich sage euch: ihr habt noch Chaos in euch."

226 Alfred Delp, Gesammelte Schriften, hrsg. von Roman Bleistein. Bd. 3: Predigten und Ansprache, Frankfurt a.M. 1983, 214. – Die „Stern"-Metaphorik findet sich noch einmal dramatisch entfaltet in Delps Meditation zum Epiphaniefest (6. Januar) 1945 – man darf diesen Text getrost als sein persönliches Testament bezeichnen. Daraus zwei Zitate: „Zwei Tage vor Beginn des Prozesses, in dem ich mich nur auf Gott stellen kann, auf keine andre Zuversicht. Was habe ich gebetet um einen Weihnachtsstern, sein Licht in der Sache. Der Herrgott ließ alles offen und verlangt von mir das *franchir le pas*: den absoluten Sprung von mir weg in ihn hinein. [...] In dieser Stunde meines Lebens wird mir eines klarer als es sonst manchmal war: ein Leben ist verloren, wenn es nicht in ein inneres Wort, in eine Haltung, eine Leidenschaft sich zusammenfaßt. Der Mensch muß unter einem geheimen Imperativ stehen, der jede seiner Stunden verpflichtet und jede seiner Handlungen bestimmt. Nur der so geprägte Mensch wird Mensch sein können, jeder andere wird Dutzendware, über den andere verfügen. Der geprägten Menschen sind heute so wenige; das macht ja das Leben so spannungslos und beziehungsarm. Es gibt keine echten Dialoge mehr, weil es keine echten Partner mehr gibt. Die Menschen wagen es nicht mehr, die Grenzen ihrer Wirklichkeit ernsthaft und ehrlich abzuschreiten, weil sie die Entdeckungen fürchten, die ihrer an den Grenzen warten. Der Mensch muß sich immer schon als unheimliches Wesen wissen, das sich ins Grenzenlose erstrecken muß, wenn es seinen eigenen Grenzen und Gesetzen treu sein und zu sich selbst kommen will. Gerade das fürchten wir aber: die Entdeckung des Ungeheuren und des Unendlichen, dessen wir fähig sind. Fähig und bedürftig. Hier wird über des Menschen Wert und Würde entschieden." Und dann am Ende des Textes: „Unsere Stunde ist die Stunde der Wüste noch. Noch fleht unser Herz die Urbitten der Kreatur. Das gilt für uns alle und gilt für mich persönlich. [...] Aber diese Wüste ist Bewährung zur großen Freiheit, nicht endgültiges Schicksal. Die Wüsten müssen bestanden werden. Und ich weiß dies: ich bin nicht allein [...]: der Stern wird über der Wüste stehen." (Gesammelte Schriften, hrsg. von Roman Bleistein. Band. 4: Aus dem Gefängnis [Anm. 129], 215–224, hier 215f., 223f.)
227 Friedrich Nietzsche, Also sprach Zarathustra (Anm. 221), 19f.
228 Formulierung nach Annemarie Pieper, Glückssache. Die Kunst, gut zu leben, Hamburg 2001, 127.
229 Alfred Delp, Theonomer Humanismus, in Gesammelte Schriften Bd. 4 (Anm. 129), 309–311, hier 309f.
230 Friedrich Nietzsche, Jenseits von Gut und Böse [35], KSA 5, 54.13.
231 Alfred Delp, [Meditationen] Epiphanie 1945, in: Gesammelte Schriften Bd. 4 (Anm. 129), 215–224, hier 216.
232 Ebd. 217.
233 Vgl. etwa Götzendämmerung [37], KSA 6, 136–139; Nietzsche contra Wagner [Wir Antipoden], KSA 6, 424–427; u.ö.
234 Alle Zitate Alfred Delp, Tragische Existenz. Zur Philosophie Martin Heideggers, in: Gesammelte Schriften, hrsg. von Roman Bleistein, Bd. 2: Philosophische Schriften, Frankfurt a.M. ²1985, 39–143, hier 56.
235 Also sprach Zarathustra I [Zarathustra's Vorrede 3], (Anm. 221), 15.1f.
236 Friedrich Kellner, „Vernebelt, verdunkelt sind alle Hirne." Tagebücher 1939–1945, hrsg. von Sascha Feuchert u.a., Göttingen 2011.
237 Alfred Delp, Das Schicksal der Kirchen [1944/45], in: Gesammelte Schriften Bd. 4 (Anm. 129), 318–323, hier 319.
238 Friedrich Nietzsche, Also sprach Zarathustra (Anm. 221), 19f.
239 Alle Zitate Konrad Paul Liessmann, Alle Lust will Ewigkeit. Mitternächtliche Versuchungen, Wien 2021, 40. – Das Folgende in Anschluß an ebd. 40–45.

240 „Der Vorwurf des Rassismus ist schon mal ganz lächerlich". Die Schriftstellerin Elke Heidenreich kritisiert die deutsche Betroffenheitskultur, in: Neue Zürcher Zeitung 10. November 2021, S. 1 + 32.

241 Konrad Paul Liessmann, Alle Lust will Ewigkeit. Mitternächtliche Versuchungen (Anm. 239), 41f.

242 Ebd. 42.

243 Friedrich Nietzsche, Nachgelassene Fragmente Frühjahr 1888 15[63], KSA 13, 449.17–22.

244 Alexander Kenneth-Nagel, Corona und andere Weltuntergänge – Apokalyptische Krisenhermeneutik in der modernen Gesellschaft, Bielefeld 2021.

245 Peter Sloterdijk, Kritik der zynischen Vernunft (Anm. 209), Bd. I, 198–202. – Zum Ganzen Ariadne von Schirach, Die psychotische Gesellschaft (Anm. 217), passim, bes. 84–99, 115–132.

10. „Stark wie der Tod ist die Liebe ... " (Hld 8,6bc) – oder: Vom Mut zu Risiko und Kontingenz

246 Grundlegend Roman Bleistein, Alfred Delp. Geschichte eines Zeugen, Frankfurt a. M. 1989. Hingewiesen sei auch auf das „Lebensbild", das Bleistein dem ersten Band der von ihm hrsg. Gesammelten Schriften Delps vorangestellt hat, sowie auf die „Einleitung zu den Texten" aus der Feder Karl Rahners im selben Band: Bd. 1: Geistliche Schriften, Frankfurt a. M. ²1985, 11–42; 43–50.

247 Roman Bleistein, Alfred Delp. Geschichte eines Zeugen (Anm. 246), 78, 82, 87, 88–95, 186–188. Zu Delps intensiver Auseinandersetzung mit der sog. „Deutschen Glaubensbewegung" vgl. ebd. 96–115. Zu Delps Versuchen, trotz zunehmenden Drucks der Reichsschrifttumskammer auf die Jesuitenzeitschrift „Stimmen der Zeit", politisch genehme Artikel zu platzieren, weiterhin kritisch zu schreiben, wenn auch in verdeckter Form, vgl. ebd. 157–174.

248 Ebd. 77f. Vgl. ebd. 445–450.

249 Ebd. 145–174, 206–219, 427–430.

250 „Es reicht nicht, die Opfer unter dem Rad zu verbinden. Man muß dem Rad selbst in die Speichen fallen." – Dietrich Bonhoeffer, Die Kirche vor der Judenfrage (1. Juli 1933), in: Werkausgabe Bd. 12, 353.

251 Inschrift auf der Gedenktafel der Alfred-Delp-Kaserne Donauwörth. – Zitiert nach Rita Haub, Alfred Delp. Im Widerstand gegen Hitler, Kevelaer 2015, 61.

252 Alfred Delp, Tragische Existenz. Zur Philosophie Martin Heideggers (Anm. 234), 143.

253 Formulierung nach dem Titel einer 1955 vom Alsatia-Verlag Colmar herausgegebenen Textsammlung: „Der Mensch vor sich selbst", die Delp im Laufe der zweiten Hälfte des Jahres 1944 dort zu publizieren gedachte, was aufgrund der Kriegsumstände aber nicht mehr möglich war. – Alfred Delp, Gesammelte Schriften Bd. 2 (Anm. 234), 475–556, hier 465 (editorische Vorbemerkung), 546–556.

254 Ebd. 549f.

255 Alfred Delp, Der Mensch und die Geschichte [1943], in: Gesammelte Schriften Bd. 2 (Anm. 234), 349–429, hier 379.

256 Alfred Delp, Das Schicksal der Kirchen [1944/45], in: Gesammelte Schriften Bd. 4 (Anm. 129), 318–323, hier 319.

257 Alfred Delp, Gestalten der Weihnacht (Dezember 1944), in: Gesammelte Schriften Bd. 4 (Anm. 129), 196–214, hier 197f.

258 Ebd. 198.

259 Alfred Delp, Das Schicksal der Kirchen [1944/45], in: Gesammelte Schriften Bd. 4 (Anm. 129), 320.

260 S. o. Anm. 236.
261 Alfred Delp, Epiphanie 1945, in: Gesammelte Schriften Bd. 4 (Anm. 129), 215–224, 217.
262 Alfred Delp, Das Schicksal der Kirchen [1944/45], in: Gesammelte Schriften Bd. 4 (Anm. 129), 320.
263 Alfred Delp, Christ und Gegenwart [1939], in: Gesammelte Schriften Bd. 2 (Anm. 234), 183–204, hier 195, 194.
264 Ebd. 200.
265 Alfred Delp, Über den Tod. Ein Briefwechsel von Alfred Delp SJ und Paul Bolkovac SJ [1940], in: Gesammelte Schriften Bd. 2 (Anm. 234), 223–237, hier 225.
266 Alfred Delp, Brief an Marianne Hapig/Marianne Pünder (22. November 1944), in: Gesammelte Schriften Bd. 4 (Anm. 129), 28.
267 Alfred Delp, Brief an Luise Oesterreicher (17. November 1944), in: Gesammelte Schriften Bd. 4 (Anm. 129), 26.
268 Alfred Delp, Brief an Luise Oesterreicher (Ende November 1944), in: Gesammelte Schriften Bd. 4 (Anm. 129), 30.
269 Alfred Delp, Theonomer Humanismus, in: Gesammelte Schriften 4 (Anm. 129), 309–311.
270 Alfred Delp, Predigt am Fest der Erscheinung (6. Januar 1942), in: Gesammelte Schriften Bd. 3 (Anm. 226), 160–166, hier 162.
271 Alfred Delp, Predigt am Fest Unschuldige Kinder (undatiert, vermutlich Anfang Januar 1943), in: Gesammelte Schriften Bd. 3 (Anm. 226), 132.

11. „Denk an deinen Schöpfer in deinen frühen Jahren, ehe die Tage der Krankheit kommen und die Jahre dich erreichen, von denen du sagen wirst: Ich mag sie nicht!"
(Koh 12,1) – oder: Vom Hinter-sich-Lassen aller Versuche einer Theodizee

272 Seneca, Briefe an Lucilius 108, 28: „senectus enim insanabilis morbus" (L. Annaeus Seneca, Philosophische Schriften. Lateinisch und deutsch, hrsg. und übersetzt von Manfred Rosenbach, Darmstadt 1995, Bd. 4, 652/653.)
273 Epikur Frgm. 374. In: Epicurea, hrsg. von Hermann Usener, Leipzig 1887, Neudruck Stuttgart 1966, 252f. – Bei Laktanz (250–320 n.Chr.) zitiert in dessen Buch Liber de ira Dei/Vom Zorne Gottes cap. XIII 19 (PL 7, 0115A), hier zitiert nach der Übersetzung der Bibliothek der Kirchenväter, Serie I, Bd. 36, München 1919, 102:

Entweder will Gott die Übel beseitigen und kann es nicht:
Dann ist Gott schwach, was auf ihn nicht zutrifft.
Oder er kann es und will es nicht:
Dann ist Gott mißgünstig, was ihm fremd ist.
Oder er will es nicht und kann es nicht:
Dann ist er schwach und mißgünstig zugleich, also nicht Gott.
Oder er will es und kann es, was allein für Gott ziemt:
Woher aber kommen dann die Übel und warum nimmt er sie nicht hinweg?

274 Tertullian, Adversus Marcionem Libri Cinque, in: Fontes Christiani 4. Folge, Bd. 63/1–5.
275 Auf folgende exemplarische Titel sei verwiesen: Christian Weidemann, Die Unverzichtbarkeit natürlicher Theologie, Freiburg i.Br./München 2007, 170–370; Armin Kreiner, Gott im Leid. Zur Stichhaltigkeit der Theodizee-Argumente, Freiburg i.Br. 2005; Medard Kehl, Und Gott sah, daß es gut war. Eine Theologie der Schöpfung (unter Mitwirkung von Hans-Dieter Mutschler und Michael Sievernich), Freiburg i.Br. u.a. ²2008, 262–278; Helmut Gollwitzer, Krummes Holz – aufrechter Gang. Zur Frage nach dem Sinn des Lebens, Mün-

chen [8]1979, 83–175, 229–296, 373–381. – In dokumentarischer Hinsicht sind die folgenden beiden Buchtitel wichtig: Walter Sparn, Leiden – Erfahrung und Denken. Materialien zum Theodizeeproblem, München 1980; Wolfgang Breidert (Hg.), Die Erschütterung der vollkommenen Welt. Die Wirkung des Erdbebens von Lissabon im Spiegel europäischer Zeitgenossen, Darmstadt 1994.

276 Boëthius, Consol. I 4, 29f (Trost der Philosophie/Consolatio Philosophiae, lat./dt., hrsg. und übersetzt von Olof Gigon, München und Zürich 1990, 20–23).

277 Hartmut Rosenau, Art, „Theodizee IV. Dogmatisch", in: Theologische Realenzyklopädie Bd. 33, 222–229, 223 und 227.

278 Friedrich Nietzsche, Nachgelassene Fragmente Frühjahr 1884, 25 [358], in: KSA 11, 107.

279 Konrad Paul Liessmann, Alle Lust will Ewigkeit. Mitternächtliche Versuchungen (Anm. 239), 251f.

280 Odo Marquard, Entlastungen. Theodizeemotive in der neuzeitlichen Philosophie, in: ders., Apologie des Zufälligen. Philosophische Studien, Stuttgart 1986, 11–32, hier 22.

281 Ebd.

282 Georg Büchner, Dantons Tod. Ein Drama (Dritter Akt, 1. Szene), in: Werke und Briefe (Münchner Ausgabe), hrsg. von Karl Pörnbacher u.a., München [2]1990, 67–133, hier 107.

283 In Reichweite genau dieser Gefahr scheint mir der im übrigen respektable Versuch einer theologischen Modalanthropologie von Hans-Joachim Höhn zu geraten: zustimmen. Der zwiespältige Grund des Daseins [Reihe Glaubens-Worte], Würzburg 2001, 116f.

284 Johann Wolfgang von Goethe, Faust. Der Tragödie erster Teil (vv. 1338–1341).

285 Johann Baptist Metz, Memoria Passionis. Ein provozierendes Gedächtnis in pluralistischer Gesellschaft, Freiburg i.Br. 2006, bes. 93–107; vgl. auch 3–68. – Ähnlich und z.T. noch schärfer Heinz Robert Schlette, Konkrete Humanität. Studien zur praktischen Philosophie und Religionsphilosophie, hrsg. von Johannes Brosseder u.a., Frankfurt a.M. 1991, 385–438; ders., Glaube und Distanz. Theologische Bemühungen um die Frage, wie man im Christentum bleiben könne, Düsseldorf 1981, 148–156.

286 Ariadne von Schirach, Du sollst nicht funktionieren. Für eine neue Lebenskunst, Stuttgart [1]2014/[4]2019, 11f.

287 Thomas von Aquin, STh I, q. 5, a. 3 sed contra.

288 Julia Knop, Zeitenwende Corona-Krise. Gott und Welt mit und nach der Pandemie. Magdeburger ökumenisches Neujahrsgespräch, 9. Dezember 2020. (Mitschrift von Christiane Bundschuh-Schramm, (https://www.an-vielen-orten.de/files/an-vielen-orten/2%20Viele-Orte/Lesetipp/Zeitenwende%20Corona.pdf [aufgerufen am 30. November 2021]).

289 Hans-Joachim Sander, Wenn das Große Sterben droht, wird Gottes Präsenz zerbrechlicher und anonymer, weil anormaler (Vortrag auf der Tagung „Corona-Krise: Gottes-Krise? Gott und Glaube in der Pandemie, Domberg Akademie München-Freising, 19./20. März 2021).

290 Magnus Striet, Theologie im Zeichen der Corona-Pandemie (Anm. 53), 92.

291 Hans-Joachim Höhn, Beim Wort genommen. Über die Zwecklosigkeit des Betens, in: Magnus Striet (Hg.), Hilft beten? Schwierigkeiten mit dem Bittgebet, Freiburg i.Br. 2010, 59–86, 81f. – Dieselbe Argumentationsfigur findet sich in Höhns aktuellen „Corona"-Veröffentlichungen (s. Anm. 170 und 331). Seinen im Pastoralblatt für die Diözesen Aachen, Berlin, Hildesheim, Köln und Osnabrück (Anm. 170) veröffentlichten Artikel *Im religiösen Dunkelfeld? Coronare*

Assoziationen beendet Höhn mit folgendem Satz: „Wie kann man Ja zum Leben sagen, wenn es im Leben zu viel gibt, zu dem man ohne Wenn und Aber Nein sagen muß? Was macht das Leben annehmbar angesichts dessen, was wir nicht hinnehmen können? Das Christentum behauptet, für ein Ja im Angesicht des Nein gute Gründe zu haben. Es ist höchste Zeit, diese Gründe zu benennen und für ihre Überzeugungskraft ausdrucksstarke Zeichen zu setzen." (Ebd. 15.) – Freilich benennt auch Höhn die von ihm eingeklagten Gründe nicht. Sein Artikel erschöpft sich, wie so viele, zuletzt in der Klage darüber, daß die Theologie mit der Theodizee-Frage nicht zurande komme. Ist angesichts des allgemeinen Ausfalls der Gottesfrage die Theodizeefrage für viele aber überhaupt noch eine Frage?

292 Fjodor M. Dostojewskij, Die Brüder Karamasoff (II. Teil, 5. Buch, 4. Kapitel „Die Auflehnung"), ins Deutsche übertragen von Karl Noetzel, München 1958, 305.

293 Thea Dorn, Trost. Briefe an Max, München 2021, hier bes. 48f.

294 Marianne Gronemeyer, Das Leben als letzte Gelegenheit (Anm. 85).

295 S. o. Anm. 15.

12. „Es ist der Herr!" (Joh 21,7) – oder: Von der nahen Ferne Gottes

296 Fulbert Steffensky, Mut zur Endlichkeit. Sterben in einer Gesellschaft der Sieger, Stuttgart 2007.

297 Rainer Maria Rilke, Sonette an Orpheus, Zweiter Teil XIII (in: Sämtliche Werke, hrsg. vom Rilke-Archiv in Verbindung mit Ruth Sieber-Rilke, besorgt durch Ernst Zinn, Frankfurt a.M. 1987, Bd. I, 759f.):

Sei allem Abschied voran, als wäre er hinter
dir, wie der Winter, der eben geht.
Denn unter Wintern ist einer so endlos Winter,
daß, überwinternd, dein Herz überhaupt übersteht.

Sei immer tot in Eurydike -, singender steige,
preisender steige zurück in den reinen Bezug.
Hier, unter Schwindenden, sei, im Reiche der Neige,
sei ein klingendes Glas, das sich im Klang schon zerschlug.

Sei – und wisse zugleich des Nicht-Seins Bedingung,
den unendlichen Grund deiner innigen Schwingung,
daß du sie völlig vollziehst dieses einzige Mal.

Zu dem gebrauchten sowohl, wie zum dumpfen und stummen
Vorrat der vollen Natur, den unsäglichen Summen,
zähle dich jubelnd hinzu und vernichte die Zahl.

298 Siehe oben die Anmerkungen 173–177.

299 Ex 33,18.20–23.

300 „Der Unbegreifliche wollte begriffen werden" – so der berühmte Ausspruch des Papstes Leo III., genannt „der Große" (400–461 n.Chr.): Tomus Leonis ad Flavianum c. 4 (DH 294).

301 1 Kor 2,9.

302 Joh 1,39.

303 Lk 18,41 parr.

304 Lk 15,2.

305 Mk 1,35.

306 Mt 11,25.

307 Joh 11,41b-42a.

308 Lk 22,42–44 parr.
309 Mk 1,22.
310 Mk 11,27–33 parr.
311 Joh 18,19–23; Lk 22,66–71; Mk 14,55–65 par.
312 Lk 23,6–12. Vgl. Lk 9,9.
313 Joh 18,33–38; Mk 15,1–5 parr.
314 Elmar Salmann, Gottesverlust und Spurensuche. Religiöse Archetypen und die neue Laienreligion, in: Stephan Pauly (Hg.), Spiritualität in unserer Zeit, Stuttgart 2002, 81–92, hier 89
315 Offb 3,14; 1 Tim 6,13.
316 Kol 1,18.
317 2 Kor 5,17.
318 S. o. Anm. 282.
319 Röm 6,3–11. – Röm 8,17.21; 1 Joh 3,2; vgl. auch Lk 20,36.
320 Gerd Theißen, Die Religion der ersten Christen. Eine Theorie des Urchristentums, Gütersloh ⁴2008, 167.
321 1 Joh 1,1.
322 Joh 1,3; Kol 1,16.
323 Vgl. Phil 2,6–8.
324 2 Kor 3,18.
325 Rainer Maria Rilke, Die Sonette an Orpheus, Zweiter Teil XII (Anm. 297), 758.
326 Die zitierten Doppelwörter entstammen bekanntlich den Werken von Dietrich Bonhoeffer, Roger Schutz, Leonardo Boff und Dorothee Sölle.
327 Vgl. folgende sprechende Buchtitel: Manfred Prisching, Das Selbst Die Maske Der Bluff. Über die Inszenierung der eigenen Person, Wien u. a. 2009; Ulrich Bröckling, Das unternehmerische Selbst. Soziologie einer Subjektivierungsform, Frankfurt a. M. ¹2007 / ⁷2019; Andreas Reckwitz, Die Gesellschaft der Singularitäten. Zum Strukturwandel der Moderne (Anm. 212); Alain Ehrenberg, Das erschöpfte Selbst. Depression und Gesellschaft in der Gegenwart [1998], aus dem Französischen von Manuela Lenzen und Martin Klaus, Frankfurt a. M. 2004; Meinhard Miegel, Hybris. Die überforderte Gesellschaft, Berlin 2014. – Zum Ganzen als moderneanalytische Grundlagenreflexion Hartmut Rosa, Beschleunigung. Die Veränderung der Zeitstrukturen in der Moderne, Frankfurt a. M. ¹2005/¹¹2016.
328 Fulbert Steffensky, Mut zur Endlichkeit. Sterben in einer Gesellschaft der Sieger (Anm. 296), 19.
329 Alle Zitate ebd. 19–23.
330 S. o. S. 78.
331 Hans-Joachim Höhn, Ohne Gott vor Gott. Corona und die Sprachlosigkeit der Theologie, in: Publik Forum 1 (2021), S. 14f., hier 15.
332 1 Kön 8,27: „Die Himmel und die Himmel der Himmel können dich nicht fassen."
333 Weish 12,1: „In allem ist dein unvergänglicher Geist."
334 Apg 17,28.
335 Hans-Joachim Höhn, Ohne Gott vor Gott. Corona und die Sprachlosigkeit der Theologie (Anm. 331), 15.
336 Zur Ineinanderlagerung der drei Arten des Sprechens von Gott (via affirmationis, negationis, emminentiae) sowie den philosophie- und theologiegeschichtlichen Hintergründen der sog. „Negativen Theologie", die ihre Lösung findet im Analogiedenken, vgl. Josef Hochstaffl, Negative Theologie. Ein Versuch zur Vermittlung des patristischen Begriffs, München 1976, bes. 120–155. – Hingewiesen sei auf das Lebenswerk von Erich Przywara (1889 – 1972), der die Formel des Vierten Lateranense zum Inbegriff aller christlichen Theologie, auch und insbesondere der Christologie, erhoben hat.

337 Es ist merkwürdig, daß eine der genialsten Konzilsdefinitionen, nämlich die berühmte Analogieformel des Vierten Laterankonzils (1215), es nie zu homiletischer Prominenz gebracht hat: „Zwischen dem Schöpfer und dem Geschöpf kann man keine so große Ähnlichkeit feststellen, daß zwischen ihnen nicht eine noch größere Unähnlichkeit festzustellen wäre." („... quia inter creatorem et creaturam non potest tanta similitudo notari, quin inter eos maior sit dissimilitudo notanda." [DH 806].) Wie sähen Predigten aus, die dieser Grundformel aller theologischen Rede zu entsprechen versuchten? – Ich kann hier unbescheidenerweise nur auf meine eigenen Versuche verweisen: Vf., Kugelworte. Ein Grundkurs des Glaubens in 24 Predigten, Rheinbach ¹⁻²2020/³2022.

338 Elias Canetti, Das Buch gegen den Tod (mit einem Nachwort von Peter von Matt), München 2014.

339 Leo N. Tolstoj, Der Tod des Iwan Iljitsch [1886], in: ders., Die großen Erzählungen (mit einem Nachwort von Thomas Mann), Frankfurt a. M. 1975, 11–82.

340 Émile Zola, La joie de vivre [1884], dt.: Die Freude am Leben, aus dem Französischen von Elisabeth Eichholtz, Berlin 1983. (Dort das Kapitel über das Sterben der Madame Chanteau.)

341 Präfation zur Totenmesse (Requiem): Missale Romanum, Praefatio I De Defunctis: De spe resurrectionis in Christo (Liberia Editrice Vaticana 1975, S. 439; Die Feier der Heilige Messe. Messbuch. Für die Bistümer des deutschen Sprachgebietes, Einsiedeln-Köln/Freiburg i. Br./Basel u. a. ²1988, 452f.).

342 Hans-Joachim Höhn, Ohne Gott vor Gott. Corona und die Sprachlosigkeit der Theologie (Anm. 331), 15.

343 Zitiert ebd. – Hier zitiert nach Dietrich Bonhoeffer, Brief an Eberhard Bethge vom 16. Juli 1944, in: ders., Widerstand und Ergebung. Briefe aus der Haft, hrsg. von Eberhard Bethge, München ¹³1985, 177f. (Kursivierung des letzten Satzes: JN.)

344 Hans-Joachim Höhn, Ohne Gott vor Gott. Corona und die Sprachlosigkeit der Theologie (Anm. 331), 15.

345 Das deutsche Verbum „trauen" leitet sich von derselben gemeingermanischen Sprachwurzel her, wie im Deutschen die Wörter *treu, traut, vertraulich, tröstlich, getrost* und im Englischen die Wörter *true, truth* und *to trust*. Hinter all diesen Wörtern steht die indoeuropäische Sprachwurzel *deru (Eiche, Baum), die das innere Kernholz, das schlechterdings Feste meint, auf das man bauen kann. (Duden Bd. 7. Das Herkunftswörterbuch. Eine Etymologie der deutschen Sprache, Mannheim 1963, 716, 719, 721f.: s. v. „trauen", „treu", „Trost".)

13. „Die ganze Welt könnte die Bücher, die man schreiben müßte, nicht fassen" (Joh 21,25) – oder: Von der Erzählbarkeit der Trauer und der Auferstehung

346 Mirja Kutzer, In Wahrheit erfunden. Dichtung als Ort theologischer Erkenntnis (ratio fidei 30), Regensburg 2006. – Für das Folgende vgl. auch die grundsätzlichen Überlegungen von Fulbert Steffensky, Geschichten von der Rettung des Lebens, in: ders., Das Haus, das die Träume verwaltet (s. u. Anm. 348), 81–94.

347 Nur ein paar von Bachls Buchtiteln seien genannt; sie sprechen, meine ich, für sich: Der beschädigte Eros. Mann und Frau im Christentum [1989]; Der schwierige Jesus [1994]; Mailuft und Eisgang. 100 Gebete [1998]; Der beneidete Engel. Theologische Skizzen [2001]; Gottesbeschreibung. Reden und Lesestücke [2002]; Spuren im Gesicht der Zeit. Ein wenig Eschatologie [2008]. – Die von Bachls Freunden und Schülern zu seinem 60. Geburtstag 1992 hrsg. und

im Herder Verlag Freiburg i. Br. erschienene Festschrift trägt mit Recht den schönen Titel: Gottesgeschichten.

348 Ich denke neben *Gottfried Bachl* an so originelle Autoren wie *Tiemo Rainer Peters* (Entleerte Geheimnisse. Die Kostbarkeit des christlichen Glaubens, Mainz 2017), *Alex Stock* (Poetische Dogmatik I–XI, Paderborn 1995–2016; Liturgie und Poesie. Zur Sprache des Gottesdienstes, Kevelaer 2010; Andacht. Zur poetischen Theologie von Huub Osterhuis, St. Ottilien 2011), *Gotthard Fuchs* (insbesondere seine seit vielen Jahren wöchentlich in der Zeitschrift Christ in der Gegenwart erscheinende Kolumne „Mystik im Alltag", die man gerne einmal in einem eigenen Buch versammelt sähe), *Corona Bamberg* (Was Menschsein kostet. Aus der Erfahrung frühchristlicher Mönche gedeutet, Mainz 2001; Askese. Faszination und Zumutung, St. Ottilien 2008), *Gilbert Keith Chesterton* (Ketzer. Eine Verteidigung der Orthodoxie gegen ihre Verächter, Frankfurt a. M. 1998; Orthodoxie. Eine Handreichung für die Ungläubigen, Frankfurt a. M. 2000), *Clive Staples Lewis* (The Problem of Pain [1941], dt. Über den Schmerz, München 1978; A Grief Observed [1961], dt. Über die Trauer, Zürich u. a. 1982), *Fulbert Steffensky* (Das Haus, das die Träume verwaltet, Würzburg 1998; Schwarzbrotspiritualität, Stuttgart 2005; Wo der Glaube wohnen kann, Stuttgart 2008; Der Schatz im Acker. Gespräche mit der Bibel, Stuttgart 2010); *Fridolin Stier* (Vielleicht ist irgendwo Tag [Anm. 97]; An der Wurzel der Berge, aus dem Nachlaß hrsg. von Karl Heinz Seidl, Freiburg i. Br. 1984), *Jürgen Ebach* (Kassandra und Jonas. Gegen die Macht des Schicksals, Frankfurt a. M. 1987; ferner die als „Theologische Reden" herausgegebenen exegetisch-literarischen Essays insbesondere zu den Texten und Geschichten des Alten Testaments, Bd. 1–10, Bochum, später Uelzen, 1989–2012).

349 Dorothee Sölle, Die Hinreise. Zur religiösen Erfahrung. Texte und Überlegungen, Stuttgart ⁴1977, 7–23.

350 Dschelalad Dīn Rumi, Wohl endet Tod des Lebens Not [übersetzt von Friedrich Rückert]. In: Friedrich Rückert, Gedichte, hrsg. von Johannes Pfeiffer, Stuttgart 1969, 24 – hier zitiert nach Eberhard Jüngel, Gott als Geheimnis der Welt, Tübingen ⁶1992, 442.

351 Joh 2,15–17; Mt 21,10–17 parr; Joh 11,33.

352 Vgl. Mt 11,29.

353 Lk 17,21; 11,20 parr.

354 Vgl. Mt 18,10.

355 2Petr 3,13; Offb 21,1 – 22,5.

356 Joh 8,28; 10,30.

357 Mk 16,17f. – Apg 3,1–10; 4,1–22; 4,32–37; 5,12–16 usf. – Joh 15,9–12.

358 Der hier zitierte Heroldsruf ist der Titel eines Liedes von Wilhelm Willms (Vertonung Peter Janssens). Im Hintergrund stehen Röm 13,11; Eph 5,14; 1 Thess 5,6.

359 Das Wort von der „tiefen Diesseitigkeit" im Gegensatz zur flachen oder banalen Diesseitigkeit, stammt bekanntlich von Dietrich Bonhoeffer: Widerstand und Ergebung (Anm. 343), 183: „Ich habe in den letzten Jahren mehr und mehr die tiefe Diesseitigkeit des Christentums kennen und verstehen gelernt. Nicht ein homo religiosus, sondern ein Mensch schlechthin ist der Christ, wie Jesus – im Unterschied wohl zu Johannes dem Täufer – Mensch war. Nicht die platte und banale Diesseitigkeit der Aufgeklärten, der Betriebsamen, der Bequemen oder der Lasziven, sondern die tiefe Diesseitigkeit, die voller Zucht ist, und in der die Erkenntnis des Todes und der Auferstehung immer gegenwärtig ist, meine ich."

360 Tiemo Rainer Peters, Entleerte Geheimnisse. Die Kostbarkeit des christlichen Glaubens (Anm. 348), 82.

361 Ebd. 82.
362 Ebd. 75.
363 Kurt Marti, Zärtlichkeit und Schmerz. Notizen, Darmstadt/Neuwied ⁴1980, 135.
364 Vgl. Gerd Theißen, Die Religion der ersten Christen. Eine Theorie des Urchristentums (Anm. 320), 101–122 (= § 4: „Die beiden Grundwerte urchristlichen Ethos': Nächstenliebe und Statusverzicht"); 123–146 (= § 5: „Der Umgang mit Macht und Besitz im Urchristentum").
365 Vgl. Peter Brown, Der Schatz im Himmel. Der Aufstieg des Christentums und der Untergang des römischen Weltreiches, Stuttgart 2017, passim, siehe bes. aber 136–142, 258–262, 271–287.
366 Verwiesen sei hier nur auf drei in kultur-und frömmigkeitsgeschichtlicher, vor allem aber auch in ökonomischer Hinsicht höchst unterschiedliche Beispiele, das eine aus dem Nicaragua der späten 1960er, das zweite aus dem Deutschland der frühen 1980er, das dritte aus dem Frankreich der 2000er Jahre: (i) Ernesto Cardenal, Das Evangelium der Bauern von Solentiname I–IV, Wuppertal 1976–1978; (ii) Gerhard Lohfink, Wie hat Jesus Gemeinde gewollt? Zur gesellschaftlichen Dimension des Glaubens, Freiburg i. Br. 1982; vgl. dazu auch Rolf Zerfaß, Seelsorge als Gastfreundschaft, in: ders., Menschliche Seelsorge. Für eine Spiritualität von Priestern und Laien im Gemeindedienst, Freiburg i.Br. ³1986, 11–32; (iii) Christoph Theobald, Présences d'Evangile II. Lire l'Evangile de Luc et les Actes des apôtres en Creuse et ailleurs, Paris: Atelier 2011.
367 Zur Rede von der „Innenseite der Dinge", dem „Weltinnengrund" oder „Weltinnenraum" vgl. die entsprechenden Stellen bei Rainer Maria Rilke (aufgelistet bei Gerhard Wehr, „Nirgends, Geliebte, wird Welt sein als innen". Lebensbilder der Mystik im 20. Jahrhundert, Gütersloh 2011, 99–111) und Fridolin Stier (Vielleicht irgendwo Tag [Anm. 97], 93, 279).
368 Vgl. Dietrich Bonhoeffer, Widerstand und Ergebung (Anm. 343), 183.
369 Walter Benjamin, Über den Begriff der Geschichte, in: GS I/2, 704.
370 Zu letzterem vgl. die höchst lesenswerte Analyse des Journalisten Jürgen Wiebicke, Zu Fuß durch ein nervöses Land. Auf der Suche nach dem, was uns zusammenhält, Köln 2016.
371 Gabriele Wohmann, Erzählen Sie mir was vom Jenseits. Gedichte, Erzählungen und Gedanken, Mainz 1994, 100f.
372 Dagegen fällt mir das Beispiel einer Freundin ein, evangelische Pfarrerin, die bei einem Kondolenzbesuch die trauernden Angehörigen fragt: „Gesetzt den Fall, es gibt den Himmel – was würde Ihre Schwester dort jetzt tun?" Antwort: „Sie würde in ihrem besten Sonntagsstaat, weißes Sommerkleid, großer weißer Hut, weiße Spitzenhandschuhe, in einem großen weißen Auto, einem Buick mit offenem Verdeck, ganz langsam durch das Dorf fahren und allen Leuten, die am Straßenrand stehen, freundlich zuwinken." „Ja, dann erfreuen Sie sich doch an dieser Vorstellung", so der Zuspruch an die verblüfften Angehörigen. (Mitteilung von Pfarrerin Elisabeth Krause-Vilmar, Gronau bei Bad Vilbel.) – Man sieht an diesem herrlichen Beispiel: Das Drama unserer Seelsorge besteht darin, daß uns kaum noch verständliche und zugleich glaubhafte Metaphern für den Himmel einfallen.
373 Yuval Noah Harari, Homo Deus. Eine kurze Geschichte der Menschheit, München 2017; Raoul Schrott, Erste Erde Epos, München 2018. – Ich verdanke den Hinweis auf diese beiden Werke meinem Freiburger Kollegen Gregor Emmenegger. – Eine hellsichtige Kritik an Hararis Menschheitserzählung samt den ihr zugrundeliegenden wissenschafts- und erkenntnistheoretischen Axiomata bietet Gernot Böhme, Wie es mit dem Menschen zu Ende geht. Der Historiker Yuval Noah Harari erklärt uns eine Welt, die wir selbst dann nicht

verstehen könnten, wenn es sie schon gäbe, in: Neue Zürcher Zeitung 15. Januar 2022, S. 36f.

374 Aristoteles, Politika I, 2 (1253a 1–11) und III, 6 (1278b 17–25): der Mensch sowohl als ζῷον πολιτικόν (animal sociale) wie auch als ζῷον λόγον ἔχον (animal habens verbum).

375 Wolfgang Kraus, Das erzählte Selbst. Die narrative Konstruktion von Identität in der Spätmoderne (Anm. 195).

376 Eric-Emmanuel Schmitt, La nuit de feu, Paris: Albin Michel 2015, 67. (Übersetzung JN.)

377 Joh 1,1–3.

378 Eine herrliche Persiflage des platonischen Höhlengleichnisses, angewendet auf jene Form von Naturwissenschaft, die sich in metaphysischer Hinsicht als „absolutes Wissen" aufspreizt und dem Menschen als einzigen Ausweg den elaborierten Hedonismus anbietet (vgl. etwa Bernulf Kanitscheider und Franz-Josef Wetz), findet sich bei Fridolin Stier, Vielleicht ist irgendwo Tag (Anm. 97), 127:

„Miseria: Die nicht wissen, daß sie ‚im Finstern und in Todesschatten sitzen':

Es sprach der Olm
im tiefsten Karst,
in ew'ger Nacht
sprach Olm zu seinem Weib:

Wenn ich es recht bedenke, du,
sind wir die seligsten Geschöpfe!
Unsere Welt ist reich und schön,
wir nähren und wir lieben uns
und pflanzen uns mit Wonne fort,
und unsere Kinder olmen weiter.

Die Finsternis, die's hörte, schwieg
und dachte nur: Ihr Armen!
Von Augen habt ihr nie gehört.
Von Mond und Sternen nie,
und eines Tages sinkt ihr hin,
seid tot und stinkt und fault,
und eure Kinder olmen weiter.

Sie wußte, daß sie finster war
und unselig, sie war sich klar,
und doch und doch
sprach voll Erbarmen
die Finsternis: Ihr Armen!
Weil ihr nicht wißt, wie's anders wäre,
sprecht ihr selig die Misere.

Niederschlag des schweren Welthöhlengefühls, das mich überkommt, wenn mir, auf Jacques Monods Weltschau mich einlassend, der Mensch als Olm par excellence erscheint, nur mit dem Unterschied vom Karstolm, daß er wie dieser in der Finsternis lebt, aber lieber sieht, wie es ist und wie es sein sollte, als olmisch selig zu leben. Vielleicht habe ich den Olm in animalisch weltzufriedenen Menschen gesehen ..."

379 Eric-Emmanuel Schmitt, La nuit de feu (Anm. 376), 70f. (Übersetzung JN.)
380 Platon, Phaidr. 144d: ἐπᾴδειν ἑαυτῷ.

381 Christine Lavant, „Vielleicht ist alles nicht ganz wahr" (Strophe 4), in: dies.,
Die Bettlerschale. Gedichte, Salzburg ⁶1956, 75.
382 Ebd., Strophe 3, Zeile 3 und 4.
383 Ebd., Strophe 1, Zeile 1, 2 und 4.
384 Ebd., Strophe 2, Zeile 2 und 4.

Intermezzo und Übergang
„aber antwortet bescheiden und ehrfürchtig ..." (1Petr 3,15f.) – oder: Von der Notwendigkeit und der Schwierigkeit, auf undogmatische Weise Dogmatik zu betreiben

385 Das Harnack-Beispiel und die entsprechende Apostrophierung der Sprache
des Glaubens als „verbindliche Dichtung" entlehne ich Hans-Martin Barth:
Authentisch glauben. Impulse zu einem neuen Selbstverständnis des Christentums, Gütersloh 2010, 125.
386 Die komplexen Zusammenhänge, die es hier zu bedenken gälte, übersteigen
die Möglichkeiten dieser kleinen Einleitung zum dritten Teil unserer „Betrachtungen". Ich verweise deshalb summarisch auf die beiden sehr guten
Einleitungskapitel in dem (überhaupt sehr guten) Buch von Marius Reiser:
„Und er wurde vor ihren Augen verwandelt". Fiktion und Wahrheit in neutestamentlichen Geschichtserzählungen, Freiburg i. Br. 2021: (1) „Das Problem
der Geschichte und ihrer Darstellung" (ebd. 17–62); (2) „Fiktion und Wahrheit
als Problemfeld" (ebd. 63–113).
387 Paul Klee, Schöpferische Konfession, in: Tribüne der Kunst und der Zeit. Eine
Schriftensammlung, Bd. XIII (Hg. Kasimir Edschmid), Berlin 1920, 28.
388 Nathalie Clifford-Barney, Éparpillements [1910], présenté par Jean Chalon. Paris: Éditions Persona 1998, 71.
389 Bonhoeffers diesbezügliche Einlassungen sind (ihrer Entstehungssituation
im Gefängnis geschuldet) viel zu fragmentarisch, als daß man darauf eine
ganze Theologie der Offenbarung, der Schöpfung und Rechtfertigung, aufbauen könnte. Das wird von denen zu wenig bedacht, die sich auf ihn als
Kronzeugen einer „nach-theistischen" Theologie berufen.
390 Louis-Marie Chauvet, Du symbolique au symbole. Essai sur les sacrements, Paris: Cerf 1979, 87–94; Jean-Luc Marion, Dieu sans l'Être, Paris: Quadrige/PUF
1991, 197–222, hier bes. 207–216; ders., L'Idole et la distance. Cinq études, Paris: Grasset 1977, 150–165, bes. 154f. Danach Tobias Specker, Einen anderen
Gott denken? Zum Verständnis der Alterität Gottes bei Jean-Luc Marion (FTS
64), Frankfurt a. M. 2002, 328–338; Vf., Welt im Modus des Dativs. Zur Phänomenologie der eucharistischen Gabe bei Jean-Luc Marion und Kenneth L.
Schmitz (Auch ein Beitrag zur Frage nach der Möglichkeit eucharistischer
Gastfreundschaft zwischen den Konfessionen), in: ders., Welt als Gabe (Anm.
119), 115–161, bes. 135–140.
391 Mirja Kutzer, In Wahrheit erfunden (Anm. 346), 214.
392 Ebd. 215 (Zitat Jürgen Ebach, Ursprung und Ziel. Erinnerte Zukunft und erhoffte Vergangenheit. Biblische Exegesen, Reflexionen, Geschichten, Neukirchen-Vluyn 1986, 18).
393 Ludwig Wittgenstein, Tagebücher 1914–1916, in: Werkausgabe Bd. I, Frankfurt a. M. 1984, 87–187, hier 168.
394 Siehe oben Anm. 142. – Vgl. Thomas Peterson, Gehört das Christentum noch
zu Deutschland?, in: Frankfurter Allgemeine Zeitung, 22. Dezember 2021:
„[D]ie Erosion des Christentums [scheint sich] in drei Stufen zu vollziehen:
Zuerst verlieren die Menschen den Glauben an die wesentlichen Inhalte des
Christentums. Dieser Prozess ist inzwischen weit fortgeschritten, nur noch

eine Minderheit bekennt sich zu den zentralen Inhalten der christlichen Lehre, und nur jeder Zehnte fühlt sich einer der christlichen Kirchen eng verbunden. Erst nach dieser inneren Abwendung folgt in einem zweiten Schritt der Kirchenaustritt. Die verbreitete Vorstellung, wonach viele tiefgläubige Menschen die Kirche aus Protest verlassen, ist falsch. Der dritte Schritt ist die Abwendung von der christlichen Kulturtradition, doch diese wird auch ohne die religiöse Fundierung zumindest eine gewisse Zeit lang weitergepflegt und wertgeschätzt." (https://www.faz.net/aktuell/politik/inland/weihnachtengehoert-das-christentum-noch-zu-deutschland-17695452.html?GEPC=s3&premium=0x3a66425899f6ae1d35ebc74aa2e6c6a5 [aufgerufen am 28. Dezember 2021])

395 Vgl. Albert Camus, Der Mythos von Sisyphos [1942], Hamburg (1982) 61–72. Anhand der Figuren des Don Juan und des Komödianten verdeutlicht Camus, daß die Intensivierung der seelischen Innenwelt eine Relativierung der materiellen Außenwelt zur Folge hat: „Die Menschen, die von der Hoffnung leben, richten sich schlecht ein in dieser Welt" (ebd. 62).

396 S. o. S. 94f. + 98.

397 Siehe oben Anm. 3: Feinschwarz.net (27. Mai 2020)

398 Vgl. die faire und doch schonungslose Analyse von Doris Reisinger / Christoph Röhl, Nur die Wahrheit rettet: Der Mißbrauch in der katholischen Kirche und das System Ratzinger, München 2021.

399 So der Osnabrücker Bischof Franz-Josef Bode in einem öffentlichen Statement als Vorsitzender der Pastoralkommission der Deutschen Bischofskonferenz im Sommer 2021. (Ich kann die entsprechende Internetquelle – Youtube – leider nicht mehr ausfindig machen. Womöglich ist sie aus dem Netz genommen worden.)

400 Der *Katechismus der katholischen Kirche* aus dem Jahr 1992 „mit seinen 2.865 Artikeln ist das perfekte – auch irgendwie erschreckende – Beispiel eines völlig rationalisierten Mythos!" (Christoph Theobald, Christentum als Stil. Für ein zeitgemäßes Glaubensverständnis in Europa [Veröffentlichungen der Papst-Benedikt XVI.-Gastprofessur an der Fakultät für Katholische Theologie der Universität Regensburg], Freiburg i. Br. 2018, 27.)

401 So die Antwort der Römischen Glaubenskongregation vom 18. September 2020 auf das vom „Ökumenische Arbeitskreis evangelischer und katholischer Theologen" erarbeitete und am 6. Januar 2020 der Öffentlichkeit vorgestellte Votum „Gemeinsam am Tisch des Herrn", das unter bestimmten Kautelen eine wechselseitige Einladung zur eucharistischen *communio in sacris* vorsah.

402 So die implizite Antwort des Vorsitzenden der Deutschen Bischofskonferenz Georg Bätzing auf die Frage, was denn passiere, wenn er sich dem römischen Votum gegen eine für den Dritten Ökumenischen Kirchentag (13.–16. Mai 2021 Frankfurt am Main) geplante wechselseitige Einladung von Katholiken und Protestanten zum Abendmahl resp. zur Eucharistie widersetze: „Dann gibt es den Bischof Bätzing nicht mehr."

403 Tomáš Halík, Die Zeit der leeren Kirchen. Von der Krise zur Vertiefung des Glaubens, Freiburg i. Br. 2021.

404 Das Folgende nach Hans-Joachim Höhn, Im religiösen Dunkelfeld (Anm. 170), 14.

405 Mk 4,35–41.

406 Papst Franziskus, Predigt beim Gebet in der Pandemie am 27. März 2020, zitiert nach https://www.vaticannews.va/de/papst/news/2020-03/wortlaut-papstpredigt-gebet-corona-pandemie.html (abgerufen am 18. Dezember 2021).

407 Norbert Bauer, Kirchensound mit Pessimismus-Bass (Sonntag, 29. März 2020), zitiert nach http://theosalon.blogspot.com/2020/03/kirchensound-mit-pessimismus-bass.html (abgerufen am 18. Dezember 2021).

408 Papst Franziskus, Predigt beim Gebet in der Pandemie am 27. März 2020 (Anm. 406).

409 Wilhelm Pape, Griechisch-Deutsches Handwörterbuch, Braunschweig 1906, Bd. I, 1199 s. v. „ϑεράπευμα" und „ϑεραπευτικός".

410 S. o. Anm. 166.

411 Fulbert Steffensky, Das Lied vom guten Ausgang – Ewiges Leben, in: ders., Das Haus, das die Träume verwaltet (Anm. 348), 61–70, hier 61.

412 „Einen Arzt gibt es, und das ist Jesus Christus, unser Herr", schreibt um das Jahr 100 n. Chr. Ignatius von Antiochien an die Epheser. Und Ambrosius von Mailand ruft in einer Predigt emphatisch aus: „Alles haben wir in Christus. Willst du eine Wunde heilen? Er ist der Arzt. Glühst du im Fieber? Er ist der Quell. Brauchst du Hilfe? Er ist die Kraft. Brauchst du Speise? Er ist das Brot." (Zitate nach Heinrich Schipperges, Die Kranken im Mittelalter, München 1990, 203. – Zum Ganzen ebd. 203–234.)

III. Therapeutische Ratschläge in schwierigen Zeiten – oder: Die kleinen Sakramente des Alltags, einzunehmen am Abend und am Morgen

413 Anselm Grün, Quarantäne! Eine Gebrauchsanweisung. So gelingt friedliches Zusammenleben zu Hause. Mit Simon Biallowons, Freiburg i. Br. 2020.

414 Leopold von Ranke, Über die Epochen der neueren Geschichte. Vorträge dem Könige Maximilian II. von Bayern im Herbst 1854 zu Berchtesgaden gehalten. Vortrag vom 25. September 1854. Historisch-kritische Ausgabe, hg. v. Theodor Schieder und Helmut Berding, München 1971, S. 60.

1. Social Distancing –– Nähe und Berührung

415 Augustinus, In ep. Ioan. ad Parthos 7,8 (MPL 35, 2033); Serm. de temp. 49, 4 (MPL 38, 322) – zitiert nach Josef Pieper, Über die Liebe, in: Werke in acht Bänden (hrsg. von Berthold Wald), Hamburg 1996, Bd. IV, 296–414, 334.

416 Helmut Köster, Art. „σπλάγχνον κτλ", in: Theologisches Wörterbuch zum Neuen Testament Bd. 7, 548–559, hier 549.11 – 549.13: „als anthropologischer Begriff ein besonders kräftiger Ausdruck für den menschlichen *Unterleib*, besonders aber der Zeugungskraft"; „σπλάγχνα als Sitz der *triebhaften Eigenschaften*: des *Zornes* […]; der ängstlichen Begierde […]; der *Liebe* […]; schließlich auch gleichbedeutend mit unserem Wort *Herz* [… allerdings] im Unterschied zu καρδία […], das mehr Sitz der edleren Gefühle ist wie Liebe und Haß, Mut und Furcht, Freude und Trauer, ist σπλάγχνα entweder der umfassendere Ausdruck, oder aber oft derber, kräftiger und ‚eindeutiger' als καρδία. Das Gegenteil von σπλάγχνα ist „ἄσπλαγχνος": feig, ohne Saft und Kraft". – In LXX ist σπλάγχνα einmal als griechisches Äquivalent für רַחֲמִים zu finden (Spr 12,10); ansonsten wird רַחֲמִים mit οἰκτιρμοί oder ἐλεέω wiedergegeben. (Ebd. 550.1–16.) In den frühjüdischen Schriften findet sich dann mehr und mehr die übertragene Bedeutung der σπλάγχνα ἐλέους: liebevolles Erbarmen. Von dort wandert diese Bedeutung weiter ins neutestamentliche Griechisch: διὰ σπλάγχνα ἐλέους ϑεοῦ ἡμῶν: „durch die barmherzige Liebe unseres Gottes … " (Lk 1,78)

417 Der Satz ist, wie jeder mit der Liturgie halbwegs vertraute weiß, dem Schlußsatz des „Te Deum" nachgebildet: „Non omnis confundar" (Nicht gänzlich werde ich zuschanden). – Ernst Bloch war von diesem anarchischen Pro-

test, der dem Tod die Zunge zeigt, entzückt: Das Prinzip Hoffnung, Fünfter Teil, Kap. 52, Abschnitt V („Exterritorialität zum Tode"), Frankfurt a. M. 1985, 1390f.

418 Zu erinnern ist hier an das schon erwähnte Buch von E. M. Magnis *Gott braucht dich nicht. Eine Bekehrung* (Reinbek bei Hamburg ^{1}2012 / ^{4}2013). In diesem Buch stellt die Ich-Erzählerin den Protest gegen den drohenden Tod ihres Vaters ins Zentrum ihrer Gottessuche: „Ich lasse niemanden, den ich liebe, sterben. Das ist das Häßlichste, was man über einen Menschen sagen kann: daß er tot ist." Gegen das Wort „Papa stirbt", mit dem die ältere Schwester die jüngere Esther auf das Unvermeidliche vorbereiten will, „konnte ich nur versteinern. Oder ausrasten, mir ein Schwert machen lassen und jeden bedrohen, der so über meinen Vater lügt. Papas Leben ist Papa. Unser Leben sind wir. Wenn es kein Leben mehr gibt, gibt es uns nicht. Und das ist die größte Frechheit, das ist das Häßlichste, was man über einen Menschen sagen kann, dieses: Er ist tot. Dann scheiß auf die Menschenwürde, [...] scheiß auf die Nachkommen, die auch noch abkratzen, scheiß auf die Welt, wenn ‚tot' wahr ist. [...] Wie konnten Menschen sagen: ‚Esther, du mußt ihn gehen lassen' – wohin denn? Wohin sollte ich ihn gehen lassen? Ich lasse niemanden, den ich liebe, gehen ins Nichts, ich lasse niemanden, der zu mir gehört, in den Tod gehen. Mir schlug das Herz bis in den Hals." (72) – Der zornig-verzweifelte Schrei gegen die ältere Schwester: „*Aber das geht nicht! Er kann nicht sterben, Steffi!*" (70) ist ein einziger Protest gegen die härteste Macht, die sich der Liebe entgegenstellt – und man versteht angesichts der vulgären Drastik, mit der die siebzehnjährige Esther gegen den Tod ihres Vaters revoltiert, schlagartig, was der französische Dramatiker und Philosoph Gabriel Marcel mit seinem vielzitierten Wort im Sinn hatte: „*Einen Menschen lieben heißt sagen: ‚Du wirst nicht sterben!'*" (Geheimnis des Seins, Wien 1952, 472.) Wirkliche Liebe ist unfähig, sich den geliebten Menschen als vernichtet vorzustellen; sie revoltiert gegen alles, was den Geliebten verneint, denn Liebe will nur dieses Eine: daß der Geliebte sei! (Vgl. bei Magnis 128f.; 163)

2. Ansteckung –– Tapferkeit, Trost, Mitleid

419 Elmar Salmann/Marcel Albert, 77 Tage Ausnahme Leben. Wie ein Virus uns auf andere Gedanken brachte (Anm. 1), 33. – Vgl. Paul Ricœur, Kritik und Glaube. Gespräch mit François Azouvi und Marc de Launay, aus dem Französischen von Hans-Jörg Ehni, Freiburg i. Br. / München 2009, 249f. + 247f.

420 Pfingstsequenz „Veni Sancte Spiritus", dem englischen Benediktinermönch Stephen Langton (um 1200) zugeschrieben. Die dritte Strophe lautet: „Consolator optime, / dulcis hospes animae, / dulce refrigerium." (Bester Tröster / Süßer Gast der Seele / Süße Kühlung). In der deutschen Nachdichtung von Marie Luise Thurmair und Markus Jenny lautet die Strophe wie folgt: „Höchster Tröster in der Zeit, / Gast, der Herz und Sinn erfreut, / köstlich Labsal in der Not."

421 S. o. Anm. 345.

422 S. o. Anm. 15.

423 Gisela Dreher-Richels, Letzte Kraft, in: dies., Spur im Sand. Texte für unterwegs, Verlag am Eschbach 1983, 22.

424 Die entsprechenden Belege insbesondere aus Freuds Korrespondenzen finden sich zusammengeführt in: Vf., Ambivalentes Opfer. Studien zur Symbolik, Dialektik und Aporetik eines theologischen Fundamentalbegriffs, Paderborn u. a. 2005, 385–391.

425 Albert Camus, Der Mythos von Sisyphos (Anm. 395), 54: „Der absurde Mensch [...] kann sich dazu entschließen, das Leben in einem solchen [sc. sinnentleerten] Universum anzuerkennen und aus ihm seine Kraft zu gewinnen,

seinen Verzicht auf Hoffnung und die eigensinnige Bekundung eines Lebens ohne Trost." – Albert Camus, Le Mythe de Sisyphe. Nouvelle édition augmentée d'une étude sur Franz Kafka, 15ème édition, Paris: Gallimard 1942, 83f.: „L'homme absurde [...] peut alors décider d'accepter de vivre dans un tel univers [sc. insensé] et d'en tirer ses forces, son refus d'espérer et le témoignage obstiné d'une vie sans consolation."

426 Theodor W. Adorno, Minima Moralia. Reflexionen aus dem beschädigten Leben, Frankfurt a. M. 1987, 21f. [Aphorismus I/5: „Herr Doktor, das ist schön von Euch"].

427 Schwedischer Originaltitel: „Vårt behov av tröst är omättligt" [1954], ins Englische übersetzt von Steven Hartman, Our Need for Consolation is Unsatiable, veröffentlicht in: Little Star. A journal of poetry and prose #5, 2014, S. 301–307. Teilveröffentlichung in http://blog.dagerman.us/?p=668 (aufgerufen am 2. Januar 2022).

428 Hans Blumenberg, Trostbedürfnis und Untröstlichkeit des Menschen, in: ders., Beschreibungen des Menschen. Aus dem Nachlaß hrsg. von Manfred Sommer, Frankfurt a. M. 2006, 623–655, 626f.

429 Georg Simmel, Fragmente und Aufsätze. Aus dem Nachlaß und Veröffentlichungen der letzten Jahre, hrsg. und mit einem Vorwort von Gertrud Kantorowicz, München 1923; reprographischer Nachdruck Hildesheim 1967, 17.

430 Herkunft obskur.

3. Maske –– Erkennen und Verzeihen

431 Zur Herkunft der Tragödie aus den Kultfeiern zu Ehren des Gottes (daher auch der Name: „Tragödie" kommt von griech. ὁ τράγος, der Ziegenbock; ἡ τραγῳδία ist der Bocksgesang) vgl. Walter Burkert, Griechische Tragödie und Opferritual, in: ders., Wilder Ursprung. Opferritual und Mythos bei den Griechen, Berlin ³1991, 13–39.

432 Curt Fensterbusch, Art. „Maske (πρόσωπον, προσωπεῖον, persona)", in: Der kleine Pauly. Lexikon der Antike in fünf Bänden, München 1979, Bd. 3, Sp. 1063–1065.

433 Florens Christian Rang, Historische Psychologie des Karnevals, hrsg. von Lorenz Jäger, Berlin 1983, 5–45; Michail Bachtin, Rabelais und seine Welt. Volkskultur als Gegenkultur, hrsg. und mit einem Vorwort versehen von Renate Lachmann, Frankfurt a. M. 1995. – Zum Ganzen das schöne Radio-Feature von Harry Lachner, Karneval – Masken der Ordnung, Deutschlandfunk 2. März 2014 (https://www.deutschlandfunk.de/karneval-masken-der-ordnung-100. html [abgerufen am 2. Januar 2022]).

434 Georg Christoph Lichtenberg, Sudelbücher, in: Schriften und Briefe in vier Bänden (hrsg. von Franz H. Mautner), Frankfurt a. M./Leipzig 1992, Bd. I, 592: „Wir werden uns gewisser Vorstellungen bewußt, die nicht von uns abhängen; andere glauben, wir wenigstens hingen von uns ab; wo ist die Grenze? Wir kennen nur allein die Existenz unserer Empfindungen, Vorstellungen und Gedanken. Es denkt, sollte man sagen, so wie man sagt: es blitzt. Zu sagen cogito, ist schon zuviel, sobald man es durch Ich denke übersetzt. Das Ich anzunehmen, zu postulieren, ist praktisches Bedürfnis" ([Frg. I/ 99, 1]; vgl. ebd. 581 [Frg. L/ 713]). – Ähnlich Gabriel Marcel: Être et avoir, Paris: Aubier 1935, 35: „On ne dira jamais assez combien la formule ‚es denkt in mir' est préférable au ‚cogito' qui nous expose au pur subjectivisme."

435 Jolande Jacobi, Die Psychologie von C.G. Jung. Eine Einführung in das Gesamtwerk (mit einem Geleitwort von C.G. Jung), Frankfurt a.M. ³1980, 39.

436 Vgl. Romano Guardini, Die Sinne und die religiöse Erkenntnis, 2., erweiterte

Aufl., Würzburg 1958, 11–35 (= „Das Auge und die religiöse Erkenntnis"), hier bes. 17ff.; ders., Der geistliche Leib, in: ders., Die letzten Dinge, Würzburg 1952, 52f.

437 Kluge. Etymologisches Wörterbuch der deutschen Sprache, bearbeitet von Elmar Seebold, 23., erweitere Auflage, Berlin u. a. 1995, 503 (s. v. „Larve").

438 „Es gibt", schreibt Helmuth Gollwitzer, „eine Unerschöpflichkeit der Erfahrung, die wir schon kennen: die Unerschöpflichkeit im Liebesverhältnis von Menschen", das die Bibel bezeichnenderweise mit demselben Ausdruck „Erkennen" (יָדַע) belegt wie das eschatologische Erkennen „von Angesicht zu Angesicht" zwischen Gott und Mensch. „Der Mitmensch als Mittel zum Zweck erschöpft sich, auch der Mitmensch als Mitarbeiter. Wo hingegen Menschen in jenem Eros miteinander verbunden sind, den wir Liebe im ernsthaften Sinn des Wortes nennen, wird der andere in seiner Unerschöpflichkeit entdeckt: bekannt und doch immer wieder überraschend, – in gewohnter Nähe, die doch nie Routine wird, – durch erlebte Geschichte verbunden, die in Erinnerung mitspricht, und Künftiges, Neues erwarten lassend, – Gleichbleiben und Sich-Ändern, beides in gleicher Freude aneinander, – Sicherheit der Verbindung, die doch täglich unverhofftes Geschenk ist, – Kennen des Anderen und Staunen über ihn wie über neues, unvorhergesehenes Wunder. Das ist Gleichnis der Gottesbeziehung, Gleichnis und Verheißung der Unerschöpflichkeit Gottes für uns. Das ist ‚Ebenbild Gottes', – da ja mit diesem Wort (Gen 1,26f.) nach erwägenswerter Auslegung nicht nur ein zuständliches Abbild gemeint ist [...], sondern vor allem ein Geschehen zwischen Menschen, das dem wechselseitigen Geschehen zwischen Schöpfer und Geschöpf entspricht. Darum ist dem Ebenbildwort sofort angefügt: ‚als Mann und Frau schuf er sie'." (Helmut Gollwitzer, Krummes Holz – aufrechter Gang. Zur Frage nach dem Sinn des Lebens, München ⁸1978, 336f. Gollwitzer bezieht sich in seiner Auslegung von Gen 2,26f. auf Karl Barth: KD III/1, 206ff.)

439 Jürgen Ebach, Kassandra und Jona – Gegen die Macht des Schicksals, (Anm. 348), 37f.: „Was die Psychosomatik als Zusammenhang von Denken, Empfinden und Körperlichkeit wiederentdeckt, hält die biblische Sprache wie selbstverständlich fest. [...] Erkennen ist in der Sprache der Bibel gleichsam mit allen Körperteilen möglich. Deshalb kann man, nur scheinbar paradox, mit dem *Herzen hören* und Gottes *Wort sehen*. [/] Die Integration von denkender und fühlender Erkenntnis in ihrer Körperlichkeit schließt sich zusammen in der Bedeutung des hebräischen Wortes für ‚Erkennen' selbst. Die Formulierung ‚Und Adam erkannte sein Weib Eva' (Gen 4,1 [...]), die unzweifelhaft den Beischlaf bezeichnet, ist deshalb keine prüde Verhüllung des ‚eigentlich' Gemeinten, sondern das Gemeinte selbst: die intensivste Form von Erkenntnis, Sinnlichkeit, Körperlichkeit und In-eins-Gehen von Erkennendem und Erkanntem" – was im übrigen auf ganz ähnliche Weise auch für das menschliche Erkennen Gottes gilt (vgl. Ez 36,26; Jer 31,31ff.); „von der Vorstellung, man müsse, um zu Erkenntnis zu gelangen, die Empfindungen des Körpers überwinden, sind solche biblischen Hoffnungen weit entfernt."

440 Hannah Arendt, Wahrheit gibt es nur zu zweien. Briefe an die Freunde, hrsg. von Ingeborg Nordmann, München/Zürich 2013, 152 (Brief vom 1. August 1952 an Heinrich Blücher). Arendt zitiert aus zweiter Hand Nietzsche, bei dem es allerdings wörtlich heißt: „Einer hat immer Unrecht: aber mit zweien beginnt die Wahrheit." (Die fröhliche Wissenschaft. Drittes Buch, KSA III, 260.)

441 Elmar Salmann/Marcel Albert, 77 Tage Ausnahme Leben (Anm. 1), 97.

442 Sitzung des Deutschen Bundestages zu Berlin am 22. April 2020 (https://

www.welt.de/vermischtes/article207443999/Das-Update-zur-Corona-Krise-Wir-werden-viel-verzeihen-muessen-sagt-Jens-Spahn.html [abgerufen am 20. April 2021]).

4. Lockdown — Einsamkeit, Stille, Unterbrechung

443 Fulbert Steffensky, Gewagter Glaube, Stuttgart 2012, 58.
444 Fulbert Steffensky, Rituale als Lebensinszenierungen, in: ders., Das Haus, das die Träume verwaltet (Anm. 348), 95–105, 95f.
445 Ebd. 96f.
446 Man kennt die sprichwörtlichen „Versuchungen" des heiligen Antonius, des Urvaters der ägyptischen Mönchsbewegung, aufgeschrieben von seinem Biographen Athanasius von Alexandrien, eindrucksvoll ins Bild gesetzt von Hieronymus Bosch und Matthias Grünewald, James Ensor, Salvador Dalì und Max Ernst.
447 Blaise Pascal, Pensées Frgm. 139 (Edition Lambert Schneider, Über die Religion und über einige andere Gegenstände, hrsg. von Ewald Wasmuth, Gerlingen ⁹1994, 77).
448 Frgm. 131 (ebd. 75).
449 Frgm. 172 (ebd. 94).
450 Hartmut Rosa, Beschleunigung. Die Veränderung der Zeitstrukturen in der Moderne (Anm. 327).
451 Jonathan Crary, 24/7. Schlaflos im Spätkapitalismus, aus dem Englischen von Thomas Laugstien, Berlin 2014.
452 Blaise Pascal, Pensées (Anm. 447), Frgm. 465 (aaO. 216).
453 So etwa Anselm Grün: Quarantäne! Eine Gebrauchsanweisung (Anm. 413); Michael Bordt, Die Kunst sich selbst auszuhalten. Ein Weg zur inneren Freiheit, München 2013; Tomas Sjödin, Warum Ruhe unsere Rettung ist, Holzgerlingen ⁵2020; Gerhard Wehr, Unterwegs zu sich selbst. Abenteuer der Lebensmitte, Kevelaer 2009; Lorenz Marti, Wie schnürt ein Mystiker seine Schuhe? Die großen Fragen und der tägliche Kleinkram, Freiburg i. Br. 2004.
454 Andreas Reckwitz, Die Gesellschaft der Singularitäten (Anm. 212).
455 Fulbert Steffensky, Rituale als Lebensinszenierungen (Anm. 444), 104.
456 Ebd. 104.
457 Max Stirner (d.i. Johann Caspar Schmidt), Der Einzige und sein Eigentum [1844/45], Leipzig: Philipp Reclam jun. 1892, 14.
458 Johann Baptist Metz, Jenseits bürgerlicher Religion. Reden über die Zukunft des Christentums, München/Mainz 1980, 10 u.ö.; Dorothee Sölle, Phantasie und Gehorsam. Überlegungen zu einer künftigen christlichen Ethik, München 1968, 37–42, 61–65; dies., Mystik und Widerstand – »Du stilles Geschrei«, Hamburg 1997.
459 Walter Benjamin, Das Passagen-Werk (hrsg. von Rolf Tiedemann), Gesammelte Schriften Bd. V/1, 592: „Der Begriff des Fortschritts ist in der Idee der Katastrophe zu fundieren. Daß es ‚so weiter' geht, *ist* die Katastrophe." – Erinnert sei an Benjamins großen „Angelus-Novus-Aphorismus" in seinen „Thesen über den Begriff der Geschichte" (= These IX): „Es gibt ein Bild von Klee, das Angelus Novus heißt. Ein Engel ist darauf dargestellt, der aussieht, als wäre er im Begriff, sich von etwas zu entfernen, worauf er starrt. Seine Augen sind aufgerissen, sein Mund steht offen und seine Flügel sind ausgespannt. Der Engel der Geschichte muß so aussehen. Er hat das Antlitz der Vergangenheit zugewendet. Wo eine Kette von Begebenheiten vor uns erscheint, da sieht er eine einzige Katastrophe, die unablässig Trümmer auf

Trümmer häuft und sie ihm vor die Füße schleudert. Er möchte wohl verweilen, die Toten wecken und das Zerschlagene zusammenfügen. Aber ein Sturm weht vom Paradiese her, der sich in seinen Flügeln verfangen hat und so stark ist, daß der Engel sie nicht mehr schließen kann. Dieser Sturm treibt ihn unaufhaltsam in die Zukunft, der er den Rücken kehrt, während der Trümmerhaufen vor ihm zum Himmel wächst. Das, was wir den Fortschritt nennen, ist dieser Sturm." (GS I/2, 697f.)

460 Wolfgang Fauth, Art. „Ananke (Ἀνάγκη)", in: Der kleine Pauly. Lexikon der Antike in fünf Bänden (Anm. 432), Bd. 1, 332.

461 René Buchholz, Religion als Unterbrechung. Johann Baptist Metz zum 90. Geburtstag, 3. August 2018 (https://feinschwarz.net/religion-als-unterbrechung/ [abgerufen am 13. Januar 2022]).

462 Nelly Sachs, Lange haben wir das Lauschen verlernt, in: dies., Fahrt ins Staublose. Gedichte, Frankfurt a.M. 1988, 18f.

463 So wenig apokalyptische oder dystopische Szenarien weiterhelfen (vgl. Alexander Kenneth-Nagel, Corona und andere Weltuntergänge – Apokalyptische Krisenhermeneutik in der modernen Gesellschaft [Anm. 244]), so sehr ist doch an den Ernst der Lage zu erinnern. 1972 veröffentlichte der *Club of Rome* die Studie „Grenzen des Wachstums", in welcher er vor einer weiteren unkontrollierten Akzeleration auf den verschiedensten Ebenen (weltweites Bevölkerungswachstum, Energie- und Rohstoffverbrauch etc.) warnte. Der Schlußsatz dieses Dokumentes lautet: „Wenn die gegenwärtige Zunahme der Weltbevölkerung, der Industrialisierung, der Umweltverschmutzung, der Nahrungsmittelproduktion und der Ausbeutung von natürlichen Rohstoffen unverändert anhält, werden die absoluten Wachstumsgrenzen auf der Erde im Laufe der nächsten hundert Jahre erreicht." (https://de.wikipedia.org/wiki/Die_Grenzen_des_Wachstums [abgerufen am 25. Januar 2022].) Erinnert sei ferner an den vom damaligen US-amerikanischen Präsidenten Jimmy Carter in Auftrag gegebene Studie „Global 2000", die die Prognosen des Club of Rome teils präzisierte, teils intensivierte. (https://de.wikipedia.org/wiki/Global_2000_(Studie) [abgerufen 25. Januar 2022].) In den 50 Jahren, die seit der Studie „Grenzen des Wachstums" vergangen sind, hat sich hinsichtlich der vom *Club of Rome* angemahnten Korrekturen nicht nur nichts geändert; die Krise hat sich vielmehr verschärft. So sind seit 1979 ca. 50% der damals noch existierenden Spezies in Flora und Fauna weltweit unwiederbringlich ausgestorben, von der nicht mehr zu leugnenden globalen Klimaerwärmung ganz zu schweigen.

5. Impfung –– Hoffnung auf Immunität, Rechtfertigung und Gnade, Lachen und Humor

464 Hanno Charisius/Rainer Stadler, Ein Versprechen von Hoffnung. Die Suche nach einem Impfstoff weckt die Erwartung auf eine baldige Rückkehr in den Alltag. Doch bis die Menschheit vor dem Coronavirus geschützt ist, wird es noch dauern. Und das Gezerre um die Impfstoff-Patente beginnt schon jetzt. In: Süddeutsche Zeitung, 19. Mai 2020 (https://www.sueddeutsche.de/politik/coronavirus-impfung-forschung-patent-1.4912477 [abgerufen am 13. Januar 2022]).

465 Ebd.

466 Pharmazeutische Zeitung, 9. November 2020: BioNtech und Pfizer: mRNA-Impfstoff verspricht 90-prozentigen Schutz gegen Covid-19 (https://www.pharmazeutische-zeitung.de/mrna-impfstoff-verspricht-90-prozentigen-schutz-gegen-covid-19–121673/seite/alle/ [abgerufen am 13. Januar 2022]).

467 Süddeutsche Zeitung, 1. Februar 2021: Impfstoff-Hersteller sagen mehr Lieferungen zu. (https://www.sueddeutsche.de/gesundheit/gesundheit-impfstoff-hersteller-sagen-mehr-lieferungen-zu-dpa.urn-newsml-dpa-com-20090101–210201–99–249916 [abgerufen am 13. Januar 2022]).

468 So die in verschiedensten Zusammenhängen seit April 2020 immer wieder zu hörende Standardformulierung, wenn es darum geht, bei drohenden Absagen von Volks- und Sportfesten doch noch ein Hintertürchen offenzuhalten. – Vgl. etwa Jan Sternberg, Die ungewöhnlichen Feiertage: Advent, Advent, kein Lichtlein blinkt, in: Redaktionsnetzwerk Deutschland 25. November 2020 (https://www. rnd.de/politik/was-wird-aus-weihnachten-und-silvester-2020-UL7VG4JFDJCGFJE27FXGHMTR5E. html [abgerufen am 13. Januar 2022]); Jasmin Menrad, Corona-Krise: Warten auf die Wiesnabsage. Politiker und Wirte können sich die Volksfestgaudi heuer nicht vorstellen, haben aber Hoffnung. Einen Rettungsfonds der Stadt wird es nicht geben, in: Abendzeitung, 16. April 2020 (https://www.abendzeitung-muenchen.de/muenchen/corona-krise-warten-auf-die-wiesnabsage-art-491773 [abgerufen am 13. Januar 2022]).

469 Carolin Franz, 11 Dinge, die Corona uns über Köln gelehrt hat, aufzufinden unter: https://koeln.mitvergnuegen.com/2020/11-dinge-die-corona-uns-ueber-koeln-gelehrt-hat/ (abgerufen am 16. Januar 2022).

470 Eine entsprechende Gesichtsmaske ist im Januar 2022 in Köln erhältlich: https://www.jimmys-logo-shirts.de/sonstigeartikel/gesichtsmaske-et-haett-noch-emmer-joot-jejange-koeln-atemmaske-corona-11-farben_10351_269711. – Dagegen heißt es bei einem Kölner Blogger: „Et iss, wie et iss, un et kütt, wie et kütt … aber ob wir im April 2022 sagen können: ‚Et hätt noch immer joot je-jange‘, das wage ich doch sehr zu bezweifeln." (Kolumne von Dr. Gerd Dunkhase von Hinckeldey, abrufbar unter: https://www.halloherne.de/artikel/et-iss-wie-et-iss-un-et-kuett-wie-et-kuett-53643.htm [beide Adressen abgerufen am 16. Januar 2022].)

471 Terry Eagleton, Hope Without Optimism, London: Yale University Press 2015; dt. Hoffnungsvoll, aber nicht optimistisch (aus dem Englischen von Hainer Kober), Berlin 2016.

472 Die folgenden Überlegungen sind angeregt durch einen Aufsatz von Henning Theißen, Keine Rechnung ohne den Wirt – Hoffnung und Geduld in Zeiten von Corona, in: ders., Erschöpfte Schöpfung. Theologische Aufsätze aus der Corona-Krise (Anm. 140), 46–52, hier 50.

473 Duden Herkunftswörterbuch. Eine Etymologie der deutschen Sprache (Anm. 345), 283f. (s.v. „Impfen").

474 The Oxford Dictionary of English Etymology, Oxford: Clerendon Press 1983, 967 (s.v. „Vaccine").

475 Zur soteriologischen Relevanz einer gelingenden Metapher (Übertragung nicht eines Wortsinns auf einen anderen Wortsinn, sondern Übertragung einer Wirklichkeit auf eine andere Wirklichkeit, so daß Er-Leichterung im buchstäblichen Sinn passiert) vgl. das große Buch von Günter Bader, Symbolik des Todes Jesu (HUTh 25), Tübingen 1988.

476 Man muß freilich zugeben, daß Paulus für den Sachverhalt ein anderes Vokabular verwendet: nicht ἐμφυτεύειν, sondern ἐγκεντρίζειν, das zwar dieselbe Bedeutung hat wie ἐμφυτεύειν: einpfropfen, wörtlich aber „einwurzeln", genauer noch „einstacheln" bedeutet (tò kéntron [τὸ κήντρον] ist „der Stachel"). Hingegen ἐμφυτεύειν kommt von tò phytón (τὸ φῦτόν), Gewächs, Pflanze, Baum, Sprößling. Entsprechend präzise übersetzt die Vulgata nicht „imputare", sondern „inserere": einpflanzen, einsäen, aber eben auch einpfropfen: „inserere ramos", Zweige einpfropfen. (Nachweise bei Walter Bauer, Wörterbuch zum Neuen Testament; Karl Ernst Georges, Lateinisch-Deutsches Hand-

wörterbuch; Wilhelm Pape, Griechisch-Deutsches Handwörterbuch.) – Diese Zusammenhänge werden von Hennig Theißen, dem ich die Idee zu diesem Abschnitt verdanke (vgl. Anm. 472), nicht bedacht.

477 Duden Herkunftswörterbuch. Eine Etymologie der deutschen Sprache (Anm. 345), 283 (s.v. „immun").

478 Vgl. die beiden Zentralstellen Apg 2,43–47 („Das Leben der jungen Gemeinde") und 4,32–37 („Die Gütergemeinschaft der Urgemeinde") und dazu die unter Anm. 364 zitierten grundsätzlichen Überlegungen von Gerd Theißen, Die Religion der ersten Christen. Eine Theorie des Urchristentums (Anm. 320).

479 Tertullian, Apologeticum 39 (BKV 24, 143). Dieser sprichwörtliche Satz ist freilich ironisch gemeint. Tertullian will sagen, daß noch die argloseste Haltung der Mitglieder seiner Gemeinde und noch ihr freundlichstes Handeln von übelwollenden Zeitgenossen ironisiert und bespöttelt wird.

480 Zu erinnern ist an die Begründung des römischen Kaisers Julian (Regierungszeit 360–362), von christlicher Seite genannt „Apostata" („der Abtrünnige"), der das durch seinen Großonkel Konstantin im Römischen Reich privilegierte Christentum zurückdrängen wollte: Der Erfolg der christlichen Kirchen sei u. a. auch zurückzuführen auf die Sozial- und Bildungseinrichtungen der christlichen Gemeinden, weshalb, wolle man der römischen und griechischen Religion ihre vergangene Vormachtstellung zurückgeben, man es den Christen gleichtun müsse. – Vgl. Elisabeth Begemann, Altes oder neues Heidentum? Die Rückwirkungen des Christentums auf die Theologie und Religionspolitik Julianus Apostatas, Darmstadt 2006.

481 Eduard Schweizer, Art. „πνεῦμα κτλ.", in: ThWNT 6, 413.

482 Es fällt auf, wie oft in den vergangenen zwei Jahren der Pandemie Emmanuel Macron, Président de la République, in seinen öffentlichen Ansprachen den Dual „acte de justice, de fraternité" beschworen hat. Selbst in einem säkularen Staat wie Frankreich reicht es anscheinend nicht aus, an gesetzlich verankerte Reziprozitätsrechte zu erinnern: Gleichheit (égalité) aller vor dem Gesetz und Freiheit (liberté) in der Wahl der jeweiligen Lebensführung; man muß darüber hinaus an die „Brüderlichkeit" als einem noch einmal tiefer verankerten Lebensgefühl appellieren: die Bruderliebe (griech philadelphía).

483 Elmar Salmann, Vom unfaßbaren Charme alles Natürlichen: Was ist Gnade?, in: Stephan Pauly (Hg.), Glaubensfragen unserer Zeit, Stuttgart u. a. 1997, 51–63, hier 51f.

484 Zur Unterscheidung von „Anrechnung" meiner Verdienste (vergeblicher Versuch der Selbstrechtfertigung) und „Zurechnung" der Verdienste Christi (Rechtfertigung des Sünders allein aus Gnade) vgl. Gerhard Sauter, Art. „Rechtfertigung IV", in: TRE 28, 315–328, 318.

485 Odo Marquard, Der angeklagte und der entlastete Mensch in der Philosophie des 18. Jahrhunderts, in: ders., Abschied vom Prinzipiellen. Philosophische Studien, Stuttgart 2000, 39–66, 50.

486 Ebd. 47.

487 Eugen Drewermann, in: Mitteldeutsche Kirchenzeitung 30. Juni 2020 – zitiert nach Alexandra Grund-Wittenberg, Prophetisches Wächteramt. Eine Erinnerung, in: Markus Heidinsgfelder/Maren Lehmann (Hg.), Corona – Weltgesellschaft im Ausnahmezustand?, Weilerswist 2021, 272–295, 281. – Meine Zustimmung zu diesem Zitat impliziert keineswegs eine Zustimmung zu Drewermanns sonstigen Einlassungen zur Frage, wie man sich in Zeiten der Corona-Pandemie medizinisch und politisch positionieren soll. Drewermann trägt derzeit sehr zur allgemeinen Verunsicherung bei, weil er sich höchst fragwürdige Verschwörungstheorien zu eigen macht. Dazu gehört u. a. seine Unterstützung des sog. „Neuen Krefelder Appells" (November 2021), in wel-

chem es u.a. heißt: „Unter dem Deckmantel der Pandemie-Bekämpfung wird das Leben von Milliarden Menschen gefährdet. Das betrifft vor allem Länder der sogenannten ‚Dritten Welt‘. Allein in Indien hat der Lockdown nach Angaben der ‚World Doctors Alliance‘ Millionen Menschenleben gekostet. Eine noch größere Gefahr geht von der ‚Impf‘-Kampagne aus – für Milliarden von Menschen. Dahinter steht die Strategie des ‚Great Reset‘ des Forums der Superreichen, das sich ‚Weltwirtschaftsforum‘ nennt, mit dem der Kapitalismus über einen gezielten Zusammenbruch und einen ‚Neustart‘ auf eine noch perversere Stufe gehoben werden soll – unter weitergehender Verletzung der bürgerlichen Rechte, der Menschenrechte und des Völkerrechts – d.h. mit weniger Rechten und mehr Überwachung für den überwiegenden Teil der Menschheit.“ (https://peaceappeal21.de/ [abgerufen am 31. Januar 2022].) Drewermann gehört zu den Erstunterzeichnern dieses Appells.
Eine ganz ähnliche Erzählung findet sich in einem am 7. Mai 2020 von dem ehemaligen päpstlichen Nuntius in Washington Erzbischof Carlo Maria Viganò verfaßten und von den (Kurien)Kardinälen Gerhard Ludwig Müller, Robert Sarah und Joseph Zen sowie weiteren Bischöfen unterzeichneten Aufruf „Veritas liberavit vos“ (Joh 8,32), in welchem vor der Installierung einer Weltregierung gewarnt wird. Die Website www.veritasliberavitvos.info ist mittlerweile aus dem Netz entfernt. Der Text ist jedoch in englischer und deutscher Version unter folgenden Adressen einsehbar: https://www.kath.net/news/71579 (aufgerufen am 31. Januar 2022); https://insidethevatican.com/news/newsflash/letter-10-may-7–2020-appeal-for-dignity/ (aufgerufen am 31. Januar 2022). Darin heißt es: „In einer Zeit schwerster Krise erachten wir Hirten der katholischen Kirche, aufgrund unseres Auftrags, es als unsere heilige Pflicht, einen Appell an unsere Mitbrüder im Bischofsamt, an den Klerus, die Ordensleute, das heilige Volk Gottes und alle Männer und Frauen guten Willens zu richten. [...] Diejenigen, die eine Politik der drastischen Bevölkerungsreduzierung verfolgen, und sich gleichzeitig als Retter der Menschheit präsentieren – noch dazu ohne irgendeine politische oder soziale Legitimierung – befinden sich im offensichtlichen Widerspruch zu sich selbst. [...] Wir lassen nicht zu, dass Jahrhunderte christlicher Zivilisation unter dem Vorwand eines Virus ausgelöscht werden, um eine hasserfüllte technokratische Tyrannei zu begründen, in der Menschen, deren Namen und Gesichter man nicht kennt, über das Schicksal der Welt entscheiden können, um uns in einer nur virtuellen Wirklichkeit einzuschließen. Wenn dies der Plan ist, mit Hilfe dessen uns die Mächtigen der Erde beugen wollen, dann mögen sie wissen, dass Jesus Christus, König und Herr der Geschichte, versprochen hat, dass ‚die Tore der Unterwelt nicht siegen werden‘ (Mt 16,18).“
Es ist in hohem Maße revelatorisch, daß sowohl Kardinal Müller als auch Eugen Drewermann von einer „Kultur des Todes“ sprechen, die ihren schärfsten Ausdruck in der westlichen Gottes- und Glaubensvergessenheit finde. Kennzeichen dieser Gottesvergessenheit sei ein kalter Technik- und Medizinaberglaube, überhaupt der Kapitalismus sowie die repressive Toleranz einer Pseudodemokratie, die Teilhabe vorgaukele und doch nur von „den Konzernen“ und „den Amerikanern“ beherrscht werde. – Vgl. Eugen Drewermann, „Aufeinander zugehen in Zeiten der Spaltung“, Neujahrsansprache bei der Gesellschaft für Gesundheitsberatung GGB e.V. Bad Lahnstein am 1. Januar 2022 (https://www.youtube.com/results?search_query=drewermann+neujahrsansprache [aufgerufen am 20. Januar 2022].) Ähnlich wie der „Neue Krefelder Appell“ spricht auch Erzbischof Viganò von den weltweiten Impfkampagnen als einem „Great Reset“ (https://www.churchmilitant.com/news/article/open-letter-to-trump-resist-the-great-reset [aufgerufen am 31. Januar 2022]). Man sieht: Die Extreme berühren sich.

488 Für Deutschland: https://www.destatis.de/DE/Methoden/WISTA-Wirtschaft-und-Statistik/2021/03 /sterbefallzahlen-corona-pandemie-032021.pdf?_blob= publicationFile; für die Schweiz: https:// de.statista.com/statistik/daten/studie/1108171/umfrage/todesfaelle-aufgrund-des-coronavirus-covid-19-in-der-schweiz-nach-altersklasse/; für Österreich: https://de.statista.com/statistik/daten/studie/1104271/umfrage/todesfaelle-aufgrund-des-coronavirus-2019-ncov-in-oesterreich/ (alle Adressen abgerufen 20. Januar 2022).

489 Die Statistiken der entsprechenden nationalen Bundesämter sind über das Internet einsehbar (s. u. Anm. 491): Deutschland: 2021: 1'017'619 Sterbefälle; 2020: 985'572 Sterbefälle.
Österreich: 2020: 91'600 Sterbefälle; 2021: 90'054 Sterbefälle (https://de.statista.com/statistik/daten/studie/1195986/umfrage/veraenderung-der-todesfaelle-in-oesterreich-nach-wochen/#:~:text=Demographische%20 Auswirkungen%20der%20Corona%2DPandemie,2%20Todesf%C3%A4lle%20je-%201.000%20Einwohner); (https://www.statistik.at/web_de/presse/127411. html#:~:text=Mehr%20als%2090.000%20Sterbef%C3%A4lle%20im,2021%20 bislang%2090.054%20Sterbef%C3%A4lle%20gemeldet .
Schweiz: 2020: 76'195 Sterbefälle (https://www.bfs.admin.ch/bfs/de/home/statistiken/bevoelkerung/geburten-todesfaelle/todesfaelle.html).

490 Für Österreich wird eine Übersterblichkeit von 8,7% für das Jahr 2021 im Vergleich zum Fünfjahresdurchschnitt 2015–2019 ausgewiesen: https://www.statistik.at/web_de/presse/127411.html#:~:text=Mehr%20als%2090.000%20 Sterbef%C3%A4lle%20im,2021%20bislang%2090.054%20Sterbef%C3%A4lle%20 gemeldet. (Aufgerufen am 31. Januar 2022.)

491 Zahlen nach den entsprechenden offiziellen Stellen: Bundesamt für Statistik Wiesbaden; Österreichische Bundesanstalt für Statistik Wien; Schweizerische Eidgenossenschaft Bundesamt für Statistik: https://www.destatis. de/DE/Presse/Pressemitteilungen/2021/07/PD21_331_12621.html; https://www.statistik.at/web_de/statistiken/menschen_und_gesellschaft/bevoelkerung/sterbetafeln/index.html; https://www.bfs.admin.ch/bfs/de/home/aktuell/neue-veroeffentlichungen.gnpdetail.2021-0636.html. (alle Adressen abgerufen am 20. Januar 2022).

492 Gleichwohl hat die Corona-Pandemie zu einer höheren Sterberate (einer sog. Übersterblichkeit) in der Alterskohorte der über 65jährigen insgesamt geführt. Während in der Alterskohorte der bis 64jährigen gegenüber den Jahren 2018/19 praktisch keine Veränderungen festzustellen sind, gibt es in den beiden darüberliegenden Altersklassen eine Steigerung der Sterberate um ca. 8,57% bei den 65–79jährigen und eine Steigerung um ca. 15,5% bei denen, die 80 Jahre und älter sind. Diese Zahlen beziehen sich auf die Schweiz: https://www.bfs.admin.ch/bfs/de/home/statistiken/bevoelkerung/geburten-todesfaelle/todesfaelle.html (abgerufen am 20. Januar 2022) und sind prozentual für Deutschland und Österreich hochgerechnet.

493 Philippe Ariès, Geschichte des Todes [1982], frz. Originaltitel L'homme devant la mort [1978], aus dem Französischen übersetzt von Hans-Horst Henschen und Una Pfau, München ⁵1991.

494 Vgl. Volker Wendland, Ostermärchen und Ostergelächter. Brauchtümliche Kanzelrhetorik und ihre kulturkritische Würdigung seit dem ausgehenden Mittelalter (Europäische Hochschulschriften: Deutsche Literatur und Germanistik 306), Frankfurt a. M. 1980.

495 Sören Kierkegaard, Abschließende unwissenschaftliche Nachschrift zu den Philosophischen Brocken II (Gesammelte Werke, übersetzt und hrsg. von Emanuel Hirsch und Hayo Gerdes, Düsseldorf/Köln 1958), S. 209. – Dazu näherhin auch Michael Bongardt, Vom Gewicht des Leichten, in: ders. (Hg.), Hu-

mor – Leichtsinn der Schwermut. Zugänge zum Werk von Elazar Benyoëtz, Bochum 2010, 91–106; ders., Der Humor als Schritt ins Christentum. Zu einer überraschenden These Sören Kierkegaards, in: Georges Tamer (Hg.), Humor in der arabischen Kultur/Humor in Arabic Culture, Berlin/New York 2009, 77–93.

496 Arist von Schlippe, Lachen über Covis-19? Psychologische Wege des Umgangs mit der Corona-Krise, in: Markus Heidinsgfelder/Maren Lehmann (Hg.), Corona – Weltgesellschaft im Ausnahmezustand? (Anm. 487), 337–350, 342–345. – Zum Ganzen auch die herrliche Arte-Sendung „Viraler Humor. Was Corona-Witze über uns erzählen", 22. März 2021, abrufbar unter: (https://www.arte.tv/de/videos/098413–000-A/viraler-humor/ (aufgerufen am 20. Januar 2022).

497 Peter L. Berger, Erlösendes Lachen. Das Komische in der menschlichen Erfahrung (aus dem Amerikanischen übersetzt von Joachim Kalka), Berlin/New York 1998, 241.

6. Corona –– Schmerz, Ergebung, Gesundung, Heil

498 Wikipedia-Artikel „Coronaviridae", dort auch die entsprechenden Abbildungen. (Aufgerufen 24. Januar 2022.)

499 Alle Hinweise sind dem Ökumenischen Heiligenlexikon entnommen. Hier zitiert nach der Web-Seite der Katholischen Kirche Österreich: https://www.katholisch.at/aktuelles/129144/lexikon-heilige-corona-ist-patronin-gegenseuchen (aufgerufen 24. Januar 2022).

500 Mart. Pol. 17,1; 19,2; Mart. Ign. 5,1; Cyprian, Ep. 10,1.

501 Lateinische Quellenedition: Q. Septimi Florentis Tertulliani De Corona / Tertullien, Sur la couronne. Édition, introduction et commentaire de Jacques Fontaine (Collection „Érasme", 18), Paris 1966. – Deutsche Übersetzung: Tertullian, Vom Kranze des Soldaten, aus dem Lateinischen übersetzt von Karl Adolf Heinrich Kellner, in: Tertullian, Dogmatische und montanistische Schriften = Bibliothek der Kirchenväter, Bd. 24, Kempten 1915, 230–263.

502 Liber Peristephanon, in: Aurelii Prudenti Clementis Carmina (Hg. Johannes Bergman), CSEL 61, Wien/Leipzig 1926, 289–431.

503 Commodianus, Instr. II 20,3 (s. u. Anm. 508).

504 *corona de spinis*; στέφανος ἐξ ἀκανθῶν: Joh 19,2; vgl. Mt 27,29; Mk 15,17.

505 1 Kor 9,25 (στέφανος ἄφθαρτος); vgl. Phil 3,14 (τὸ βραβεῖον).

506 2Tim 2,5 (στεφανοῦται); 2Tim 4,8 (ὁ τῆς δικαιοσύνης στέφανος).

507 Hebr 2,9 (δόξῃ καὶ τιμῇ ἐστεφανωμένον), 1Petr 5,4 (τὸν ἀμαράντινον τῆς δόξης στέφανον), Jak 1,12 und Offb 2,10 (τὸν στέφανον τῆς ζωῆς); vgl. auch Offb 3,11; 4,4; 14,14 sowie 19,12 (διαδήματα πολλά).

508 Vgl. zum Ganzen Walter Grundmann, Art. „στέφανος κτλ D (Der Kranz im Neuen Testament); E (Kranz und Bekränzung in der Alten Kirche)", in: Theologisches Wörterbuch zum Neuen Testament VII, 627–635 (Zitat aus Commodianus, Instr. II nach ebd. 632. 27f.); Antonius J. Brekelmans, Märtyrerkrone. Eine symbolgeschichtliche Untersuchung im frühchristlichen Schrifttum (AnGr–SFHE. Sectio B 25), Rom: Libreria Ed. dell' Univ. Gregoriana 1965.

509 Ähnlich Offb 3,11: „Halte, was du hast, daß niemand deine Krone nehme" („teno quod habes, ut neom accipiat coronam tuam").

510 S. o. Anm. 141.

511 Zu Nietzsches Krankheitsgeschichte(n) vgl. die ausgezeichnete medizinhistorische Darstellung bei Pia Daniela Volz, Nietzsche im Labyrinth seiner Krankheit, Universität Tübingen Diss. med. 1988, Würzburg 1990.

512 Friedrich Nietzsche, Die fröhliche Wissenschaft. Drittes Buch 120, in: KSA 3, 477.

513 Friedrich Nietzsche, Nachgelassene Fragmente Herbst 1887 9[178], KSA 12, 442.
514 Friedrich Nietzsche, Ecce homo. Warum ich so weise bin 2, in: KSA 6, 266.
515 Friedrich Nietzsche, Nachgelassene Fragmente Frühjahr 1888 15[118], in: KSA 13, 480.
516 Friedrich Nietzsche, Nachgelassene Fragmente Ende 1886 – Frühjahr 1887 7[25], in: KSA 12, 304.
517 Fulbert Steffensky, Mut zur Endlichkeit. Sterben in einer Gesellschaft der Sieger (Anm. 296), 43f.
518 Die französische Version lautet: „Parceque la santé passe avant tout".
519 Vgl. Hans-Georg Gadamer, Schmerz. Einschätzungen eines Philosophen, in: ders., Schmerz. Einschätzungen aus medizinischer, philosophischer und therapeutischer Sicht. Mit einem Vorwort von Marcus Schiltenwolf und einem Nachwort von Hermann Lang, Heidelberg 2003, 21–29.
520 Friedhelm Decher, Vom Sinn der Krankheit. Nietzsches „große Gesundheit", in: Dietrich Grönemeyer/Theo Kobusch/Heinz Schott (Hg.), Gesundheit im Spiegel der Disziplinen, Epochen, Kulturen (Ars medicinae. Die Wissenschaft der Medizin und das Heil der Menschen, Bd. 1), Tübingen 2008, 277–287, hier 282 (mit Hinweis auf Friedrich Nietzsche, Menschliches, Allzumenschliches. Erster Band, Vorrede 5, in: KSA 2, 19).
521 Friedrich Nietzsche, Die fröhliche Wissenschaft. Vorrede zur zweiten Ausgabe 3, in: KSA 3, 350.
522 Lied des Kalchas auf Zeus:

Zeus, wer er auch sein mag, [...]
Ruf ich so ihn betend an.
Nicht beut mir sich sonst Vergleich –
Alles wäg ich prüfend ab –
Außer Zeus selbst, wenn ich Grübelns vergebliche Last soll
Wälzen mir von Seel und Herz.

[...]

Zeus aber freudigen Muts im Siegeslied feiernd,
Faßt des Denkens Kern man ganz,

Zeus, der uns der Weisheit Weg
Leitet, der dem Satz: ‚Durch Leid
Lernen!' vollste Geltung verleiht. [...]

Aischylos, Agamemnon vv. 160–178. (In: Aischylos, Tragödien griechisch/deutsch, übersetzt von Oskar Werner, hrsg. von Bernhard Zimmermann, Zürich 1996, 226–229.)
523 Hans-Georg Gadamer, Wahrheit und Methode, Grundzüge einer philosophischen Hermeneutik, 2. durch einen Nachtrag erweiterte Auflage, Tübingen 1965, 339.
524 Paul Gerhardt, O Haupt voll Blut und Wunden (1656), nach dem *Salve caput cruentatum* des Arnulf von Löwen (vor 1250), Str. 9 und 10, zit. nach Evangelisches Kirchengesangbuch, Ausgabe für die Landeskirchen Rheinland, Westfalen und Lippe, Gütersloh u.a., o.J., Nr. 63.

Wenn ich einmal soll scheiden, so scheide nicht von mir.
Wenn ich den Tod soll leiden, so tritt du dann herfür.
Wenn mir am allerbängsten wird um das Herze sein,
so reiß mich aus den Ängsten kraft deiner Angst und Pein.

Erscheine mir zum Schilde, zum Trost in meinem Tod,
und laß mich sehn dein Bilde in deiner Kreuzesnot.
Da will ich nach dir blicken, da will ich glaubensvoll
dich fest an mein Herz drücken. Wer so stirbt, der stirbt wohl.

525 Friedrich Nietzsche, Die fröhliche Wissenschaft. Vorrede zur zweiten Ausgabe 3, in: KSA 3, 350.

526 Friedrich Ludwig Jahn (1778 – 1852), genannt „der Turnvater", starb, als Nietzsche acht Jahre alt war, in Freyburg a. d. Unstrut, nur wenige Dutzend Kilometer entfernt von Nietzsches Heimat Röcken bzw. Naumburg a.d. Saale. – Nietzsche hat sich mehrfach despektierlich über den engstirnigen Patriotismus der deutschen Turnerbewegung geäußert.

527 Erinnert sei an Nietzsches letzte Schrift, *Nietzsche contra Wagner*, die er Ende 1888, wenige Tage vor seinem Zusammenbruch am 3. Januar 1889, fertigstellte, und in welcher er in Form eines Epilogs folgendes Credo formuliert: „Ich habe mich oft gefragt, ob ich den schwersten Jahren meines Lebens nicht tiefer verpflichtet bin als irgendwelchen anderen. So wie meine innerste Natur es mich lehrt, ist alles Nothwendige, aus der Höhe gesehn und im Sinne einer grossen Ökonomie, auch das Nützliche an sich – man soll es nicht nur tragen, man soll es lieben ... Amor fati [...]. – Und was mein langes Siechthum angeht, verdanke ich ihm nicht unsäglich viel mehr als meiner Gesundheit? Ich verdanke ihm eine höhere Gesundheit, eine solche, welche stärker wird von Allem, was sie nicht umbringt! – Ich verdanke ihm auch meine Philosophie ... Erst der große Schmerz ist der letzte Befreier des Geistes, als der Lehrmeister des grossen Verdachts, der aus jedem U ein X macht, ein echtes rechtes X, das heißt den vorletzten Buchstaben vor dem letzten ... Erst der große Schmerz, jener lange langsame Schmerz, in dem wir gleichsam wie mit grünem Holze verbrannt werden, der sich Zeit nimmt –, zwingt uns Philosophen in unsere letzte Tiefe zu steigen und alles Vertrauen, alles Guthmütige, Verschleiernde, Milde, Mittlere, wohin wir vielleicht vordem unsre Menschlichkeit gesetzt haben, von uns zu tun. Ich zweifle, ob ein solcher Schmerz ‚verbessert': aber ich weiss, dass er uns vertieft ... Sei es nun, dass wir ihm unsern Stolz, unsern Hohn, unsre Willenskraft entgegenstellen lernen, und es dem Indianer gleichtun, der, wie schlimm auch gepeinigt, sich an seinem Peiniger durch die Bosheit seiner Zunge schadlos hält; sei es, dass wir uns vor dem Schmerz in jenes Nichts zurückziehn, in das stumme, starre, taube Sich-Ergeben, Sich-Vergessen, Sich-Auslöschen: man kommt aus solchen langen, gefährlichen Übungen der Herrschaft über sich als ein andrer Mensch heraus, mit einigen Fragezeichen mehr, – vor Allem mit dem Willen, fürderhin mehr, tiefer, strenger, härter, böser, stiller zu fragen, als je bisher auf Erden gefragt worden ist ... Das Vertrauen zum Leben ist dahin, das Leben selber wurde ein Problem. – Möge man ja nicht glauben, dass Einer damit nothwendig zum Düsterling, zur Schleiereule geworden sei! Selbst die Liebe zum Leben ist noch möglich – nur liebt man anders ... [...]." (KSA 6, 436f.)

528 In diesem Sinne verstehe ich den Schlußsatz von Nietzsches großem Gesundheitsaphorismus: „Zuletzt bliebe noch die grosse Frage offen, ob wir der Erkrankung entbehren könnten, selbst zur Entwicklung unsrer Tugend, und ob nicht namentlich unser Durst nach Erkenntnis und Selbsterkenntnis der kranken Seele so gut bedürfe als der gesunden: kurz ob nicht der alleinige Wille zur Gesundheit ein Vorurtheil, eine Feigheit und vielleicht ein Stück feinster Barbarei und Rückständigkeit sei." (Friedrich Nietzsche, Die fröhliche Wissenschaft. Drittes Buch 120, in: KSA 3, 477.)

529 S.o. Anm. 412.

530 Verfassung der Weltgesundheitsorganisation, unterzeichnet in New York am 22. Juli 1946, Ratifikationsurkunde von der Schweiz hinterlegt am 29. März 1947, von der Bundesversammlung in Bern genehmigt am 19. Dezember 1946, für die Schweiz in Kraft getreten am 7. April 1948 (Stand am 8. Mai 2014). Hier zitiert nach: https://fedlex.data.admin.ch/filestore/fedlex.data.admin.ch/eli/cc/1948/1015_1002_976/20140508/de/pdf-a/fedlex-data-admin-ch-eli-cc-1948–1015_1002_976–20140508-de-pdf-a.pdf (abgerufen am 24. Januar 2022).

531 Der Spruch soll angeblich von Schopenhauer stammen, findet sich aber nirgendwo in seinem Werk. Stattdessen findet er sich auf unzähligen internetgestützten Gesundheitsplattformen. Vgl. als ein Beispiel unter vielen https://www.bruening-group.de/news/gesundheit-ist-alles-aber-ohne-gesundheit-ist-alles-nichts/ (abgerufen am 28. Januar 2022).

532 Vgl. Heinrich Schipperges, Am Leitfaden des Leibes. Zur Anthropologik und Therapeutik Friedrich Nietzsches (Anm. 141).

7. Intubation –– Seufzen, Bitten, Rühmen, Klagen, Danken, Schweigen … Resignieren

533 https://www.muenchen-klinik.de/infektionen-immunsystem-immunkrankheit/coronavirus/ (abgerufen am 30. Januar 2022).

534 Karlfried Graf Dürckheim, Meditieren – wozu und wie, Freiburg i. Br. 2001. – Dazu als theoretischer Hintergrund der von Dürckheim zusammen mit Maria Hippius entwickelten initianischen Therapie: Hara – Die energetische Mitte des Menschen, München [3]2012.

535 Vgl. Ernst Lutze, Die germanischen Übersetzungen von spiritus und πνεύμα. Ein Beitrag zur Frühgeschichte des Wortes ‚Geist‘, Diss.phil., Univ. Bonn (1950), Bonn 1960, 107ff., 112–119; Werner Betz, Die frühdeutschen Spiritus-Übersetzungen und die Anfänge des Wortes ‚Geist‘, in: Theodor Bogler (Hg.), Schöpfergeist und Neuschöpfung (LM 20), Maria Laach 1957, 48–55.

536 Karl-Ernst Georges, Ausführliches Lateinisch-Deutsches Handwörterbuch, Leipzig 1880, Bd. 2, Sp. 2675: s.v. „suspiro“. – Vgl. auch Jacqueline Picoche, Dictionnaire étymologique du Français [= Le Robert], Paris 1992, 468f.: s.v. „soupirer“.

537 Letzte Zeile der dritten Strophe des Liedes *Ik sta voor U in leegte en gemis* [1966] von Huub Oosterhuis. Die Übertragung ins Deutsche stammt von Lothar Zenetti [1973] und ist unter dem Titel „Ich steht vor dir mit leeren Händen, Herr“ im katholischen Gebet- und Gesangbuch Gotteslob [2013] unter der Nummer 422 zu finden. – Im niederländischen Original lautet der letzte Vers der dritten Strophe „Gij zijt toch zelf de ziel van mijn gebeden.“ Alex Stock bietet in einer Neuübersetzung die dem Original getreuere Variante „Du bist doch selbst die Seele meines Betens.“ (Alex Stock, Andacht. Zur poetischen Theologie von Huub Oosterhuis, St. Ottilien 2011, 56.)

538 S.o. Anm. 363.

539 Vgl. Walter Benjamin: „Ich habe nichts zu sagen. Nur zu zeigen.“ (Das Passagen-Werk [Anm. 459], 574.)

540 Thomas Fuchs, Leib – Raum- Person. Entwurf einer phänomenologischen Anthropologie, Stuttgart [2]2018, 119.

541 Hölderlin, Empedokles. Die tragische Ode, in: Sämtliche Werke und Briefe, hrsg. von Michael Knaupp, Darmstadt 1998, Bd. I, 865–881, 865, 867.

542 Die folgenden Gedanken nehmen Überlegungen auf, die Hartmut Rosa in seinem Buch *Resonanz. Soziologie der Weltbeziehung* (Berlin [7]2017, 83–143, hier bes. 92–98) entfaltet hat.

543 Augustinus, Conf. III 6,11. – Vgl. dazu die bei Erich Przywara (Augustinus. Die

Gestalt als Gefüge [Anm. 173]) aufgeführten Augustinuszitate: ebd. 195 (Nr. 125); 200 (Nr. 138); 225–232 (bes. Nr. 190).

544 Hartmut Rosa, Resonanz. Soziologie der Weltbeziehung (Anm. 542), 441.

545 Vgl. Elmar Salmann, Neuzeit und Offenbarung. Studien zur trinitarischen Analogik des Christentums (StAns 94), Rom 1986, 215–244; Peter Strasser, Der Gott aller Menschen. Eine philosophische Grenzüberschreitung, Graz/Wien/Köln 2002, 94, 107f., 191.

546 Augustinus, Conf. I 2,2 (Übersetzung Herman Hefele; Sperrungen J.N.). In einer Übersetzung von Otto F. Lachmann auch zitiert bei Hartmut Rosa, Resonanz. Soziologie der Weltbeziehung (Anm. 542), 441f., Anm. 167.

547 Vgl. Augustinus, Conf. V 2,2: „Und ich, wo war ich, als ich Dich suchte? Und Du standest doch vor mir; ich aber war auch von mir hinweggegangen und fand nicht einmal mich, geschweige Dich." (Übersetzung Joseph Bernhart.)

548 Paul Gerhardt, Lied: Du meine Seele, singe [1653] in: Evangelisches Kirchengesangbuch, Nr. 197.

549 Michael Theunissen, Der Andere. Studien zur Sozialontologie der Gegenwart, Berlin 1965, 326. – Vgl. zum Ganzen den von Simon Peng-Keller hrsg. Sammelband Gebet als Resonanzereignis. Annäherungen im Horizont von Spiritual Care, Göttingen 2017.

550 Rainer Maria Rilke, Sämtliche Werke (Anm. 297), Bd. I, 735. – Vgl. zur Thematik näherhin Elmar Salmann, Benedicere. Von Charme und Wahrheit des Lobpreisens, in: Glaube im Übergang. Predigten, Geistliche Worte und Essays aus der Benediktinerabtei Gerleve, Warendorf 2013, 150–153.

551 Fulbert Steffensky, Gewagter Glaube (Anm. 443), 21f.

552 Fulbert Steffensky, Wo der Glaube wohnen kann, Stuttgart 2008, 8

553 Fulbert Steffensky, Gewagter Glaube (Anm. 443) 18.

Die bibliographischen Nachweise der beiden das Buch abschließenden Voten lauten wie folgt:

Elisabeth Bronfen, Angesteckt. Zeitgemäßes über Pandemie und Kultur (Anm. 43).

Hilde Domin, Gesammelte Gedichte, Frankfurt a. M. ²1987, 117

Namenregister